충청남도교육청

교육공무직원 소양평가

시대에듀

2026 최신판 시대에듀 충청남도교육청 교육공무직원 소양평가
인성검사 3회 + 모의고사 7회 + 면접 + 무료공무직특강

Always with you

사람의 인연은 길에서 우연하게 만나거나 함께 살아가는 것만을 의미하지는 않습니다.
책을 펴내는 출판사와 그 책을 읽는 독자의 만남도 소중한 인연입니다.
시대에듀는 항상 독자의 마음을 헤아리기 위해 노력하고 있습니다. 늘 독자와 함께하겠습니다.

자격증·공무원·금융/보험·면허증·언어/외국어·검정고시/독학사·기업체/취업
이 시대의 모든 합격! 시대에듀에서 합격하세요!
www.youtube.com ▶ 시대에듀 ▶ 구독

머리말

PREFACE

충청남도교육청은 2026년에 교육공무직원을 채용할 예정이다. 채용절차는 「응시원서 접수 ➡ 서류심사 및 소양평가 ➡ 면접시험 ➡ 합격자 발표」 순서로 진행하며, 직종별로 서류심사 및 소양평가를 구분하여 실시하므로 반드시 확정된 채용공고를 확인해야 한다. 또한, 서류심사 및 소양평가 합격자에 한하여 면접시험에 응시할 수 있는 자격이 주어지므로 소양평가에서의 고득점을 통해 타 수험생과는 차별화된 전략이 필요하다.

이에 시대에듀에서는 충청남도교육청 교육공무직원 소양평가를 준비하는 수험생들을 위해 다음과 같은 특징의 본서를 출간하였다.

도서의 특징

❶ 충청남도교육청 기관 소개
- 충청남도교육청 소개를 수록하여 교육목표 및 교육공무직원 업무에 대한 전반적인 이해가 가능하도록 하였다.

❷ 5개년 기출복원문제
- 2025~2021년 시행된 충청남도교육청 5개년 기출복원문제를 수록하여 최근 출제경향을 파악할 수 있도록 하였다.

❸ 인성검사 소개 및 모의테스트
- 인성검사 소개 및 모의테스트 2회분을 통해 인성검사 문항을 사전에 익히고 체계적으로 연습할 수 있도록 하였다.

❹ 직무능력검사 핵심이론 및 기출예상문제
- 충청남도교육청 교육공무직원 직무능력검사 5개 영역별 핵심이론 및 기출예상문제를 수록하여 소양평가에 완벽히 대비하도록 하였다.

❺ 최종점검 모의고사
- 실제 시험과 같은 문항 수와 출제영역으로 구성된 모의고사 4회분을 수록하여 시험 전 자신의 실력을 스스로 점검할 수 있도록 하였다.

❻ 면접 소개 및 예상 면접질문
- 면접 소개 및 예상 면접질문을 통해 한 권으로 충청남도교육청 교육공무직원 채용을 준비할 수 있도록 하였다.

끝으로 본서를 통해 충청남도교육청 교육공무직원 채용을 준비하는 모든 수험생에게 합격의 행운이 따르기를 진심으로 기원한다.

SDC(Sidae Data Center) 씀

충청남도교육청 소개

교육이상

행복한 학교 학생중심 충남교육

기본방향

참학력을 갖춘 미래인재 육성
우리가 꿈꾸는 세상

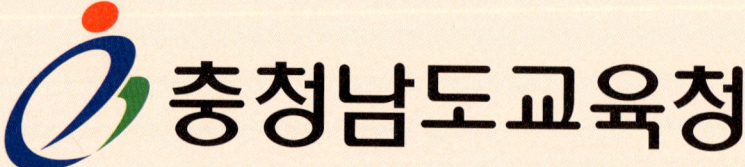

충청남도교육청

심벌마크

▶ 충청남도교육청의 상징표시는 한글 '충청남도'의 머리글자인 "ㅊ"자를 조형화하였으며, 영문 "e"자는 전자정보(electronic information) 시대에 걸맞은 새로운 교육을 지향한다.

▶ 태양을 의인화하여 사람 머리모양을 나타내는 적색 원은 인류의 공영과 발전을 위해 광활한 세계를 헤쳐 나가는 교육공동체의 열정적 의지를 담지하고 있으며, 신체 모양을 나타내는 타원형은 원만하고 역동적으로 살아가는 교육가족을 상징하고 있다.

▶ 적색, 청색, 녹색의 조화는 성장·젊음·생명으로 교육의 본질을 표현하고 있다.

홍보대사 풍자화

교육공무직원 소개

📗 교육공무직원의 8가지 의무

교육공무직원은 맡은 바 직무를 성실히 수행하여야 하며, 직무를 수행함에 있어 사용부서의 장의 직무상의 명령을 이행하여야 한다.

교육공무직원이 근무지를 이탈할 경우에는 사용부서의 장에게 허가를 받아야 한다. 다만, 불가피한 사유로 사전허가를 받을 수 없는 경우에는 구두 또는 유선으로 허가를 받아야 한다.

교육공무직원은 근무기간 중은 물론, 근로관계가 종료된 후에도 직무상 알게 된 사항을 타인에게 누설하거나 부당한 목적을 위하여 사용하여서는 아니 된다. 다만, 공공기관의 정보공개에 관한 법률 및 그 밖의 법령에 따라 공개하는 경우는 그러하지 아니하다.

교육공무직원은 직무의 내·외를 불문하고 그 품위를 손상하는 행위를 하여서는 아니 된다.

교육공무직원은 공과 사를 명백히 분별하고 국민의 권리를 존중하며, 친절·공정하고 신속·정확하게 모든 업무를 처리하여야 한다.

교육공무직원은 직무와 관련하여 직접 또는 간접을 불문하고 사례를 주거나 받을 수 없다.

교육공무직원은 다른 직무를 겸직할 수 없다. 다만, 부득이한 경우에는 사용부서의 장에게 신청하고 사전 허가를 받아야 한다.

사용부서의 장은 업무에 지장을 주거나 교육기관 특성상 부적절한 영향을 초래할 우려가 있는 경우 겸직을 허가하지 아니하거나 겸직 허가를 취소할 수 있다.

교육공무직원의 업무

구분	내용
늘봄실무사	• 늘봄학교 운영 관련 업무 　– 늘봄학교 프로그램 관련 업무 　– 방과후학교 운영 업무 전반 　– 학습형 늘봄 운영 업무 전반 　– 기타 늘봄학교 운영 관련 업무
교무행정사	• 학교 교무행정 지원 업무(병설학교 포함) 　– 공문서 기안 및 각종 통계 관리 　– 에듀파인 품의, 학습준비물 관리 　– 학교상황에 맞는 학교장 지정 업무 　– 그 외 행사지원 및 교육지원 업무 등
특수교육실무원	• 특수교육대상 학생 지원 업무 　– 학습자료 및 학용품 준비, 학습자료 제작 지원, 이동보조, 등·하교 지도, 급식 및 방과후활동 등 교내·외 활동 지원 　– 용변 및 식사 지도 등 신변처리, 보조기 착용, 의복 착·탈의, 건강보호 및 안정된 학교생활을 위한 지원 활동 　– 적응 행동 촉진 및 부적응 행동관리 지원, 또래와의 관계 형성 지원, 행동지도를 위한 프로그램 관리 　– 그 외 특수교육대상 학생 지원에 관한 업무 등
초등돌봄전담사	• 학교 초등 돌봄교실 지원 업무 　– 학생 출결 관리, 생활·안전·귀가지도 　– 돌봄교실 관리, 연간·월간·주간 운영 계획 작성 　– 프로그램 관리, 개인활동 관리 　– 급식·간식 준비 및 제공, 사후처리 　– 그 외 돌봄교실 관련 업무 등
교육복지사	• 교육복지우선지원사업 업무 　– 교육복지우선지원사업 운영 업무 　– 교육취약계층 학생을 지원하기 위해 필요한 업무 　– 지역사회 교육복지 자원의 발굴과 활용 업무 　– 기타 학교장이 지정하는 업무
언어재활사	• 특수교육대상자 지원 업무 　– 특수교육대상자 순회 언어치료 지원 및 진단평가 　– 특수교육지원센터 치료 지원 업무 지원 　– 그 외 기관장이 지정하는 업무

교육행정서비스헌장

▶ 교육행정서비스헌장이란?

교육행정기관이 제공하는 ❶ 행정서비스의 기준과 내용, ❷ 제공방법 및 절차, ❸ 잘못된 서비스에 대한 시정 및 보상조치 등을 구체적으로 정하여 공표하고, 이의 실현을 민원인인 국민에게 약속하는 제도

▶ 도입배경

❶ 행정환경의 변화에 따라 행정서비스도 행정기관 편의 위주에서 고객 편의 위주로 일대 쇄신의 필요성 제기
❷ 교육청 추진상황 행정기관 서비스의 고객 기대 충족 목적
❸ 정부 개혁의 성공적 추진을 뒷받침하기 위한 개혁 전략의 차원

▶ 도입목적

❶ 수요자의 필요와 요구에 적극적으로 대응하고 공공서비스를 효율적으로 제공
❷ 공무원의 책무성 제고와 임무를 명확히 함으로써, 공공기관이 제공하는 서비스의 수준을 한층 높여 '수요자 만족'을 실현

▶ 충청남도교육청 교육행정서비스헌장

충청남도교육청은 교육수요자 중심의 "행복한 학교 학생중심 충남교육 실현"을 위해 최상의 교육행정서비스를 제공하고 신뢰받는 충남교육을 만들기 위하여 다음과 같이 노력할 것을 다짐한다.

우리는 상냥하고 밝은 미소로 친절하게 고객을 맞이할 것이다.
우리는 모든 민원을 고객의 입장에서 생각하고 신속·공정하게 처리할 것이다.
우리는 고객에게 불만족이나 불편을 드린 경우, 정중한 사과와 함께 즉시 바로잡을 것이다.
우리는 교육행정서비스 실천 노력에 대하여 고객으로부터 평가를 받고, 그 결과를 공개할 것이다.

위와 같은 우리의 목표를 달성하기 위하여 「서비스 이행기준」을 정하고, 이를 성실히 이행할 것을 약속한다.

2025년 기출분석

> **총평**
>
> 2025년 충청남도교육청 교육공무직원 소양평가는 인성검사와 직무능력검사로 구성되어 있으며, 직무능력검사의 영역은 전년과 동일했지만 난도는 높아졌으며 시간이 많이 부족했다는 평이 대부분이었다. 특히 올해는 교육프로그램 시행이나 학생 수 감소 대책과 같은 교육공무직 실무에 관련된 문제가 다수 출제되었다. 생소한 주제를 만나도 당황하지 않도록 문제를 많이 풀어보고, 각 영역 및 유형의 풀이 방법에 익숙해지는 것이 합격에 유리할 것이다.

📗 필기시험

구분	출제영역	문항 수	시간
인성검사	-	200문항	40분
직무능력검사	문제해결력, 수리력, 언어논리력, 이해력, 공간지각력	50문항	50분

📗 출제유형

구분	출제영역
문제해결력	• 수열 문제 • 언어추리 문제　`기출 키워드` 캐비닛, 극장
수리력	• 평균을 구하는 문제　`기출 키워드` 시험 점수 • 경우의 수 문제　`기출 키워드` 카드 • 주어진 자료를 해석하는 문제　`기출 키워드` 요금 • 일정 주기　`기출 키워드` 당직 근무
언어논리력	• 맞춤법 문제　`기출 키워드` 나세요 · 나으세요 · 낳으세요 • 글과 일치 또는 불일치하는 설명을 찾는 문제　`기출 키워드` 도서관 • 글의 제목을 찾는 문제 • 제기할 수 있는 반론을 찾는 문제　`기출 키워드` 인구 감소 · 대학 통폐합
이해력	• 갈등관리　`기출 키워드` 팀장 · 신입 · 경청 · 개선
공간지각력	• 접은 종이에 구멍을 뚫고 펼치는 문제 • 전개도로 정육면체 입체도형을 만드는 문제

도서 200% 활용하기

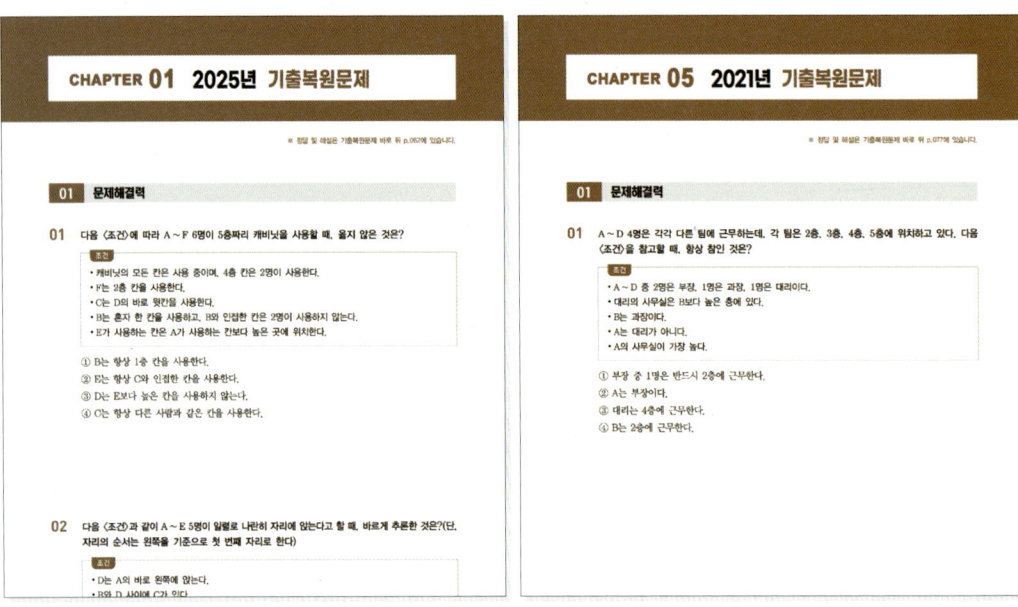

2025~2021년 시행된 충청남도교육청 기출복원문제를 수록하여 최근 출제경향을 파악할 수 있도록 하였다.

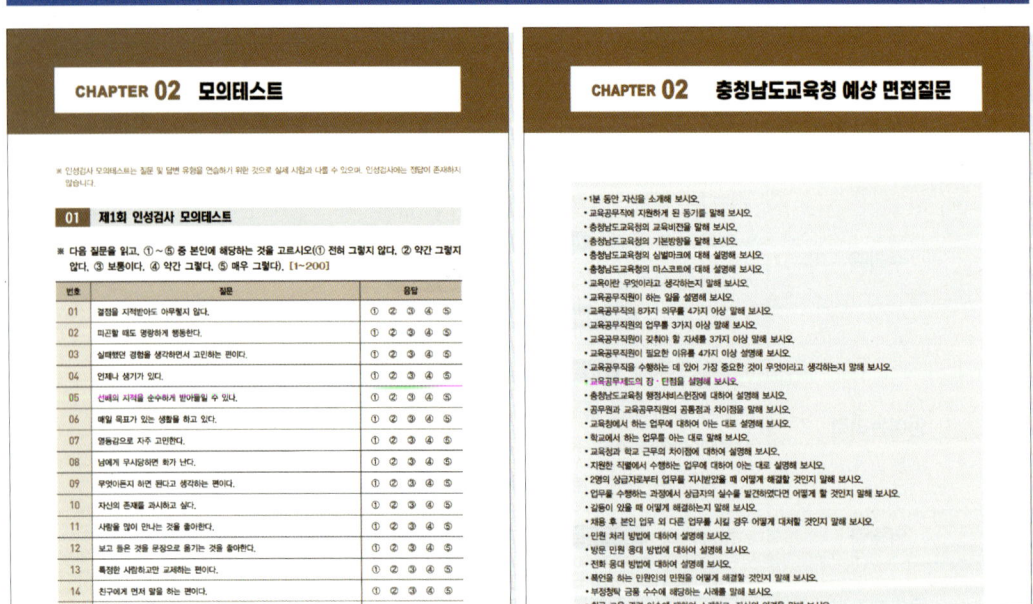

인성검사 모의테스트 및 예상 면접질문을 수록하여 충청남도교육청 인재상에 부합하는지 확인할 수 있도록 하였다.

직무능력검사

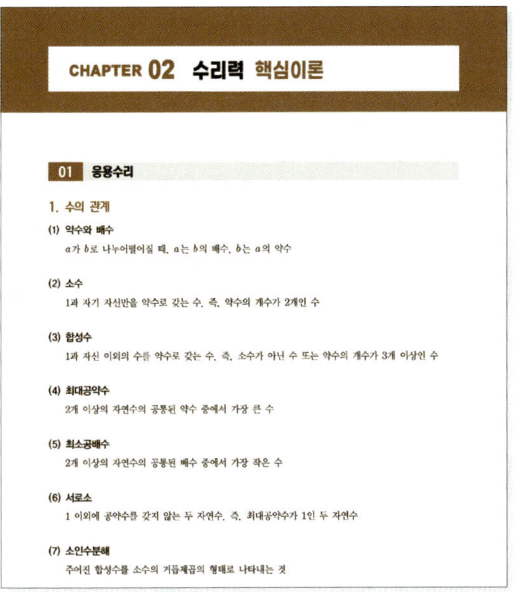
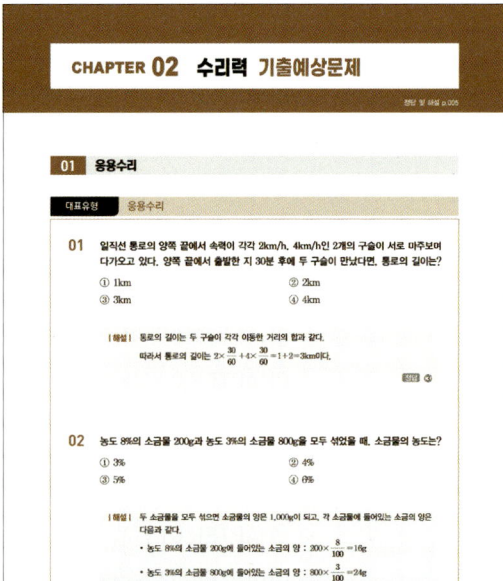

직무능력검사 출제영역에 대한 핵심이론 및 기출예상문제를 수록하여 출제유형을 익힐 수 있도록 하였다.

최종점검 모의고사

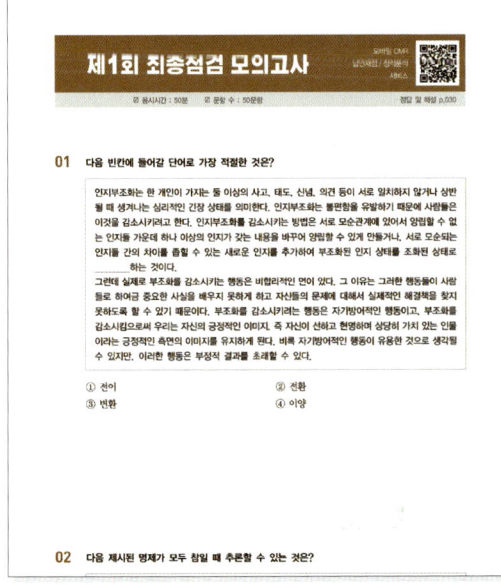
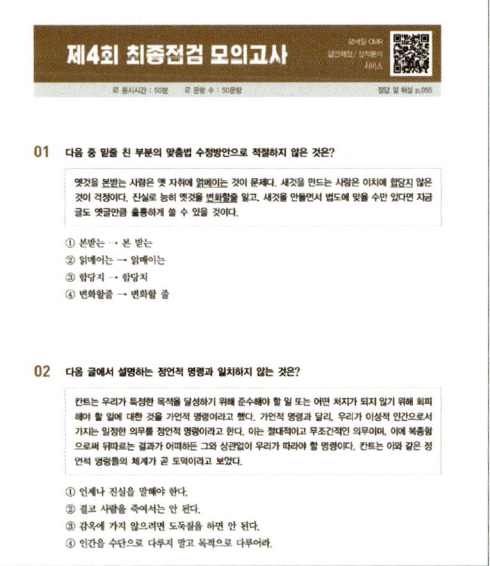

실제 시험과 유사하게 구성된 최종점검 모의고사 4회를 수록하여 소양평가에 대비할 수 있도록 하였다.

이 책의 차례

Add+ 5개년 기출복원문제

CHAPTER 01 2025년 기출복원문제	2
CHAPTER 02 2024년 기출복원문제	15
CHAPTER 03 2023년 기출복원문제	26
CHAPTER 04 2022년 기출복원문제	38
CHAPTER 05 2021년 기출복원문제	49

PART 1 인성검사

CHAPTER 01 인성검사 소개	2
CHAPTER 02 모의테스트	13

PART 2 직무능력검사

CHAPTER 01 문제해결력	30
CHAPTER 02 수리력	48
CHAPTER 03 언어논리력	84
CHAPTER 04 이해력	138
CHAPTER 05 공간지각력	146

PART 3 최종점검 모의고사

제1회 최종점검 모의고사	182
제2회 최종점검 모의고사	206
제3회 최종점검 모의고사	231
제4회 최종점검 모의고사	256

PART 4 면접

CHAPTER 01 면접 소개	282
CHAPTER 02 충청남도교육청 예상 면접질문	290

별책 정답 및 해설

PART 2 직무능력검사	2
PART 3 최종점검 모의고사	30

Add+

5개년 기출복원문제

※ 기출복원문제는 수험생들의 후기를 통해 시대에듀에서 복원한 문제로 실제 문제와 다소 차이가 있을 수 있으며, 본 저작물의 무단전재 및 복제를 금합니다.

CHAPTER 01 2025년 기출복원문제
CHAPTER 02 2024년 기출복원문제
CHAPTER 03 2023년 기출복원문제
CHAPTER 04 2022년 기출복원문제
CHAPTER 05 2021년 기출복원문제

CHAPTER 01 2025년 기출복원문제

※ 정답 및 해설은 기출복원문제 바로 뒤 p.062에 있습니다.

01 문제해결력

01 다음 〈조건〉에 따라 A∼F 6명이 5층짜리 캐비닛을 사용할 때, 옳지 않은 것은?

조건
- 캐비닛의 모든 칸은 사용 중이며, 4층 칸은 2명이 사용한다.
- F는 2층 칸을 사용한다.
- C는 D의 바로 윗칸을 사용한다.
- B는 혼자 한 칸을 사용하고, B와 인접한 칸은 2명이 사용하지 않는다.
- E가 사용하는 칸은 A가 사용하는 칸보다 높은 곳에 위치한다.

① B는 항상 1층 칸을 사용한다.
② E는 항상 C와 인접한 칸을 사용한다.
③ D는 E보다 높은 칸을 사용하지 않는다.
④ C는 항상 다른 사람과 같은 칸을 사용한다.

02 다음 〈조건〉과 같이 A∼E 5명이 일렬로 나란히 자리에 앉는다고 할 때, 바르게 추론한 것은?(단, 자리의 순서는 왼쪽을 기준으로 첫 번째 자리로 한다)

조건
- D는 A의 바로 왼쪽에 앉는다.
- B와 D 사이에 C가 있다.
- A는 마지막 자리가 아니다.
- A와 B 사이에 C가 있다.
- B는 E의 바로 오른쪽에 앉는다.

① D는 두 번째 자리에 앉을 수 있다.
② E는 네 번째 자리에 앉을 수 있다.
③ C는 두 번째 자리에 앉을 수 있다.
④ C는 A의 왼쪽에 앉을 수 있다.

03 국제영화제 행사에 참석한 H는 A, B, C, D, E, F영화를 다음 〈조건〉에 맞춰 5월 1일부터 5월 6일까지 하루에 한 편씩 보려고 한다. 항상 옳은 것은?

> **조건**
> - F영화는 3일과 4일 중 하루만 상영된다.
> - D영화는 C영화가 상영된 날 이틀 후에 상영된다.
> - B영화는 C, D영화보다 먼저 상영된다.
> - 첫째 날 B영화를 본다면, 5일에 반드시 A영화를 본다.

① A영화는 C영화보다 먼저 상영될 수 없다.
② C영화는 E영화보다 먼저 상영된다.
③ D영화는 5일이나 폐막작으로 상영될 수 없다.
④ B영화는 1일 또는 2일에 상영된다.

04 왼쪽부터 순서대로 빨간색, 갈색, 검은색, 노란색, 파란색의 5개 컵이 놓여 있다. 그중 4개 컵에는 각각 물, 주스, 맥주 그리고 포도주가 들어 있고, 하나의 컵은 비어 있다. 다음 〈조건〉을 토대로 각 컵과 들어 있는 내용물이 바르게 연결되지 않은 것은?

> **조건**
> - 물은 항상 포도주가 들어 있는 컵의 오른쪽 컵에 들어 있다.
> - 주스는 비어 있는 컵의 왼쪽 컵에 들어 있다.
> - 맥주는 빨간색 또는 검은색 컵에 들어 있다.
> - 맥주가 빨간색 컵에 들어 있으면 파란색 컵에는 물이 들어 있다.
> - 포도주는 빨간색, 검은색, 파란색 컵 중에 들어 있다.

① 빨간색 컵 – 포도주
② 갈색 컵 – 물
③ 검은색 컵 – 맥주
④ 파란색 컵 – 주스

02 수리력

01 어떤 학교에 재직하는 교직원은 모두 50명이고 평균 나이는 43.64세이다. 최근 6명이 정년(62세)이 되어 모두 퇴직하고 26세 2명, 28세 1명, 30세 1명이 신입으로 들어왔다면, 이 학교에 재직하는 교직원의 평균 나이는?

① 39세　　　　　　　　　② 40세
③ 41세　　　　　　　　　④ 42세

02 A사원은 4일 주기로, B사원은 6일 주기로 당직 근무를 수행한다. 7월 4일에 두 사람이 같이 당직 근무를 수행했을 때, 7월 한 달 동안 A와 B가 동시에 당직 근무를 하는 날은 총 몇 번인가?

① 3번　　　　　　　　　② 4번
③ 5번　　　　　　　　　④ 6번

03 평균 점수가 80점 이상이면 우수상을, 85점 이상이면 최우수상을 받는 시험이 있다. 현재 갑돌이는 70점, 85점, 90점을 받았고 나머지 1과목의 시험만 남겨 놓은 상태이다. 이때, 갑돌이가 최우수상을 받기 위해 몇 점 이상을 받아야 하는가?

① 85점　　　　　　　　　② 90점
③ 95점　　　　　　　　　④ 100점

04 1부터 9까지의 자연수가 하나씩 적힌 9장의 카드가 있다. 갑은 숫자 2, 5, 9가 적힌 카드를, 을은 숫자 1, 7, 8이 적힌 카드를, 병은 숫자 3, 4, 6이 적힌 카드를 각각 가지고 있다. 갑, 을, 병 세 사람이 동시에 카드를 1장씩 꺼낼 때, 카드에 적힌 숫자가 가장 큰 사람이 갑이 되는 경우의 수는?

① 8가지
② 9가지
③ 10가지
④ 11가지

05 화물 출발지와 도착지 간 거리가 A기업은 100km, B기업은 200km이며, 운송량은 A기업은 5톤, B기업은 1톤이다. 국내 운송 시 수단별 요금체계가 다음과 같을 때, A기업과 B기업에 운송비용이 가장 저렴한 운송수단은?(단, 다른 조건은 동일하다)

구분		화물자동차	철도	연안해송
운임	기본운임	200,000원	150,000원	100,000원
	(km×톤)당 추가운임	1,000원	900원	800원
(km×톤)당 부대비용		100원	300원	500원

① A, B기업 모두 화물자동차 운송이 가장 저렴하다.
② A기업은 화물자동차가 가장 저렴하고, B기업은 모든 수단이 동일하다.
③ A기업은 모든 운송수단이 동일하고, B기업은 연안해송이 가장 저렴하다.
④ A, B기업 모두 철도가 가장 저렴하다.

03 언어논리력

01 다음 문장의 빈칸에 들어갈 단어로 옳은 것은?

> 왠지 오늘따라 더 멋이 _____.

① 나세요 ② 나으세요
③ 남으세요 ④ 낳으세요

02 다음 밑줄 친 단어를 바꾸어 사용할 수 없는 것은?

> • 이번에는 후보자 간 ㉠ 경선이 치열할 것으로 예상된다.
> • ㉡ 현재 지방자치제도는 지역사회의 다양한 요구를 수용하는 데 한계가 있다.
> • 도로 ㉢ 개선 공사가 끝나면 교통이 원활해질 것으로 보인다.
> • 이번 회의에는 임원과 함께 ㉣ 주무 부서장이 참여하였다.

① ㉠ - 경쟁 ② ㉡ - 현행
③ ㉢ - 개수 ④ ㉣ - 직할

03 다음은 K학교 도서관의 안내사항이다. 이에 대한 내용으로 옳지 않은 것은?

- 도서관은 오전 9시에 개관하며, 평일의 경우 오후 10시, 주말의 경우 오후 6시에 폐관합니다.
- 자료 열람 및 대출의 경우 회원증을 지참해야 가능합니다.
- A구역은 노약자, 장애인, 임산부 등을 위한 열람석입니다. 일반 이용자 분들은 가급적 사용을 자제해 주시기 바랍니다.
- 도서관 이용 시 무료 주차 시간은 2시간이며, 이후 소정의 요금이 부과됩니다.

① 주말은 평일보다 4시간 일찍 폐관한다.
② 신분증이 있으면 비회원도 자료 열람이 가능하다.
③ K학교 도서관에는 노약자를 위한 열람석이 따로 있다.
④ K학교 도서관은 이용 가능한 주차시설이 구비되어 있다.

04 다음 글의 제목으로 가장 적절한 것은?

미래 사회에서는 산업 구조에 변화가 일어나고 대량 생산 방식에 변화가 일어나면서 전반적인 사회 조직의 원리도 크게 바뀔 것이다. 즉, 산업 사회에서는 대량 생산 체계를 발전시키기 위해 표준화·집중화·거대화 등의 원리에 의해 사회가 조직되었지만, 미래 사회에서는 그와는 반대로 다원화·분산화·소규모화 등이 사회조직의 원리가 된다는 것이다. 사실상 산업 사회에서 인간 소외 현상이 일어났던 것도 이러한 표준화·집중화·거대화 등의 조직 원리로 인한 것이었다면, 미래 사회의 조직 원리라고 할 수 있는 다원화·분산화·소규모화 등은 인간 소외와 비인간화 현상을 극복하는 데도 많은 도움을 줄 수 있을 것이다.

① 산업 사회와 대량 생산
② 미래 사회조직의 원리
③ 미래 사회의 산업 구조
④ 인간 소외와 비인간화 현상

05 다음 글이 주장하는 핵심 내용으로 적절한 것은?

현대 사회는 대중매체의 영향을 많이 받는 사회이며, 그중에서도 텔레비전의 영향은 거의 절대적입니다. 언어 또한 텔레비전의 영향을 많이 받습니다. 그런데 텔레비전의 언어는 우리의 언어 습관을 부정적인 방향으로 흐르게 하고 있습니다.

텔레비전은 시청자들의 깊이 있는 사고보다는 감각적 자극에 호소하는 전달 방식을 사용하고 있습니다. 또 현대 자본주의 사회에서의 텔레비전 방송은 상업주의에 편승하여 대중을 붙잡으려는 방편으로 쾌락과 흥미 위주의 언어를 무분별하게 사용합니다. 결국 텔레비전은 대중의 이성적 사고 과정을 마비시켜 오염된 언어 습관을 비판 없이 수용하게 합니다. 그렇기 때문에 언어 사용을 통해 발전시킬 수 있는 상상적 사고를 기대하기 어렵게 하며, 창조적인 언어 습관보다는 단편적인 언어 습관을 갖게 만듭니다.

따라서 좋은 말 습관의 형성을 위해서는 또 다른 문화 매체가 필요합니다. 이러한 문제의 대안으로 문학 작품의 독서를 제시하려고 합니다. 문학은 작가적 현실을 언어를 매개로 형상화한 예술입니다. 작가적 현실을 작품으로 형상화하기 위해서는 작가의 복잡한 사고 과정을 거치듯이, 작품을 바르게 이해·해석·평가하기 위해서는 독자의 상상적 사고를 거치게 됩니다. 또한 문학은 아름다움을 지향하는 언어 예술로서 정제된 언어를 사용하므로 문학 작품의 감상을 통해 습득된 언어 습관은 아름답고 건전하리라 믿습니다.

① 쾌락과 흥미 위주의 언어 습관을 지양하고 사고 능력을 기를 수 있는 언어 습관을 길러야 한다.
② 사고 능력을 기르고 건전한 언어 습관을 익히기 위해 문학 작품의 독서가 필요하다.
③ 바른 언어 습관의 형성과 건전하고 창의적인 사고를 위해 텔레비전을 멀리 해야 한다.
④ 언어는 자신의 사상을 표현하는 매체일 뿐만 아니라 그것을 사용하는 사람의 인격을 가늠하는 척도이므로 바른 언어 습관이 중요하다.

06 다음 글의 ㉠에 대해 제기할 수 있는 반론으로 가장 적절한 것은?

> 기업은 상품의 사회적 마모를 촉진시키는 주체이다. 생산과 소비가 지속되어야 이윤을 남길 수 있기 때문에, 하나의 상품을 생산해서 그 상품의 물리적 마모가 끝날 때까지를 기다렸다가는 그 기업은 망하기 십상이다. 이러한 상황에서 늘 수요에 비해서 과잉 생산을 하는 기업이 살아남을 수 있는 길은 상품의 사회적 마모를 짧게 해서 사람들로 하여금 계속 소비하게 만드는 것이다.
> 그래서 ㉠ 기업들은 더 많은 이익을 내기 위해서는 상품의 성능을 향상시키기보다는 디자인을 변화시키는 것이 더 바람직하다고 생각한다. 산업이 발달하여 상품의 성능이나 기능, 내구성이 이전보다 더욱 향상되었는데도 불구하고 상품의 생명이 이전보다 더 짧아지는 것은 어떻게 생각하면 자본주의 상품이 지닌 모순이라고 할 수 있다. 섬유의 질은 점점 좋아지지만 그 옷을 입는 기간은 이에 비해서 점점 짧아지게 되는 것이 바로 자본주의 상품이 지닌 모순이다. 산업이 계속 발달하여 상품의 성능이 향상되는데도 상품의 사회적인 마모 기간이 누군가에 의해서 엄청나게 짧아지고 있다. 상품의 질은 향상되고 내가 버는 돈은 늘어가는 것 같은데 늘 무엇인가 부족한 듯한 느낌이 드는 것도 이것과 관련이 있다.
>
> — 류승호, 『신세대 유행의 속성』

① 상품의 성능은 그대로 두어도 향상될 수 있는가?
② 디자인에 관한 소비자들의 취향이 바뀌는 것을 막을 방안은 있는가?
③ 상품의 성능 향상을 등한시하며 디자인만 바꾼다고 소비가 증가할 것인가?
④ 사회적 마모 기간이 점차 짧아지면 디자인을 개발하는 것이 기업에 도움이 되는가?

04　이해력

01　다음 중 B대리가 A사원에게 해줄 수 있는 조언으로 적절하지 않은 것은?

> A사원 : 대리님, 안녕하세요. 업무 관련해서 조금 상담을 받고 싶어서요.
> B대리 : 안녕하세요. 안색이 별로 좋지 않은 것 같은데, 무슨 일 있으신가요?
> A사원 : 실은 이번에 C사원과 공동 작업을 하다가 조금 말다툼을 해서요.
> B대리 : 괜찮으시면, 무슨 일이 있었는지 말해 주시겠어요?
> A사원 : C사원이 아직 익숙하지 않아서 그런지 공동 작업에서 실수를 해서 처음부터 다시 진행하게 되어서 좀 예민해져 있었거든요. 그런데 오늘 바쁘다며 저에게 자기 업무를 좀 도와줄 수 있냐고 말하더라고요.
> B대리 : 그래서 뭐라고 하셨나요?
> A사원 : 단박에 거절하기 어려워서 안 된다는 뉘앙스의 농담으로 넘어가려고 했는데, 도와줄 건지 안 도와줄 건지 확실히 하라며 화를 내더라고요.
> B대리 : 저도 평소에 A씨가 C씨를 많이 도와주는 것을 봤는데, 오늘은 무슨 일이 있으셨어요?
> A사원 : C사원이 평소에도 저에게 도움을 많이 요청하는데, 사실 예전부터 C사원을 도와주면서도 많이 힘들었어요. 제 업무도 아직 많이 남아있는데…. 오늘은 특히 제 개인 업무의 마감일이라서 사실상 도와주는 것이 불가능했어요.
> B대리 : 많이 힘드셨겠네요.
> A사원 : C사원한테 최근 사건들에 대해서 뭐라고 말을 하고 싶은데, 직장 동기이기도 하고, 말다툼은 더 이상 하고 싶지 않은데, 어떻게 말해야 할지 잘 모르겠네요. 좋은 방법 없을까요?
> B대리 : ＿＿＿＿＿＿＿＿＿＿＿＿＿＿＿＿＿＿＿＿＿＿＿＿＿＿＿＿＿＿＿＿＿＿＿

① 상대방에게 자신의 상황을 솔직하게 설명해야 합니다.
② 상대방의 잘못을 지적할 때는 샌드위치 화법을 사용하는 것이 좋습니다.
③ 다른 사람의 이야기를 들을 때는 끊지 않고 경청하는 자세가 필요합니다.
④ 요청을 들어주는 것이 불가능할 때는 정중하고 단호하게 거절해야 합니다.

02 다음 대화를 이해한 내용으로 적절하지 않은 것은?

> A부장 : 이번 주는 회사의 단합대회가 있습니다. 모든 사원은 참석할 수 있도록 해주시길 바랍니다.
> B팀장 : 원래 단합대회는 부서별로 일정을 조율해서 정하지 않았나요? 이번에는 왜 회의도 없이 단합대회가 갑자기 정해졌나요?
> C사원 : 다 같이 의견을 모아서 단합대회 날짜를 정했으면 좋았겠네요.
> A부장 : 이번 달은 국외 프로젝트에 참여하는 직원들이 많아서 일정을 조율하기가 힘들었습니다. 그래서 이번에는 이렇게 단합대회 날짜를 정하게 되었습니다.
> B팀장 : 그렇군요. 그렇다면 일정을 조율해보겠습니다.

① C사원은 A부장의 의견이 마음에 들지 않는다.
② B팀장은 단합대회가 갑자기 정해진 이유를 알게 되었다.
③ B팀장은 참석하지 않는 의사를 표시했다.
④ A부장은 자신의 의견을 근거로 설명하였다.

03 다음은 A회사의 이팀장이 오전 10시에 강대리에게 남긴 음성메시지이다. 이팀장의 업무 지시에 따라 강대리가 가장 먼저 해야 할 일과 가장 나중에 해야 할 일을 순서대로 바르게 나열한 것은?

> 강대리님, 저 이팀장입니다. 오늘 중요한 미팅 때문에 강대리님이 제 업무를 조금 도와주셔야 할 것 같습니다. 제가 미팅 후 회식을 가야 하는데 회사 차를 가지고 왔습니다. 이따가 강대리님이 잠깐 들러 회사 차를 반납해 주세요. 아! 차 안에 K은행 김팀장에게 제출해야 할 서류가 있는데 회사 차를 반납하기 전에 그 서류를 대신 제출해 주시겠어요? K은행 김팀장은 4시에 퇴근하니까 3시까지는 K은행으로 가야 할 것 같습니다. 그리고 오늘 5시에 팀장 회의가 있는데 제 책상 위의 회의 자료를 영업팀 최팀장에게 전달해 주시겠어요? 최팀장이 오늘 오전 반차를 써서 아마 1시 쯤에 출근할 것 같습니다. 급한 사안이니 최대한 빨리 전달 부탁드려요. 그런데 혹시 지금 대표님께서 출근하셨나요? 오전 중으로 대표님께 결재를 받아야 할 사항이 있는데 저 대신 결재 부탁드리겠습니다.

① 대표에게 결재받기, 최팀장에게 회의 자료 전달
② 대표에게 결재받기, 회사 차 반납
③ 최팀장에게 회의 자료 전달, K은행 김팀장에게 서류 제출
④ 최팀장에게 회의 자료 전달, 회사 차 반납

05 공간지각력

01 다음과 같은 정사각형의 종이를 화살표 방향으로 접고 〈보기〉의 좌표가 가리키는 위치에 구멍을 뚫었다. 다시 펼쳤을 때 뚫린 구멍의 위치를 좌표로 나타낸 것으로 옳은 것은?(단, 좌표가 그려진 사각형의 크기와 종이의 크기는 일치하며, 종이가 접힐 때 종이의 위치는 바뀌지 않는다)

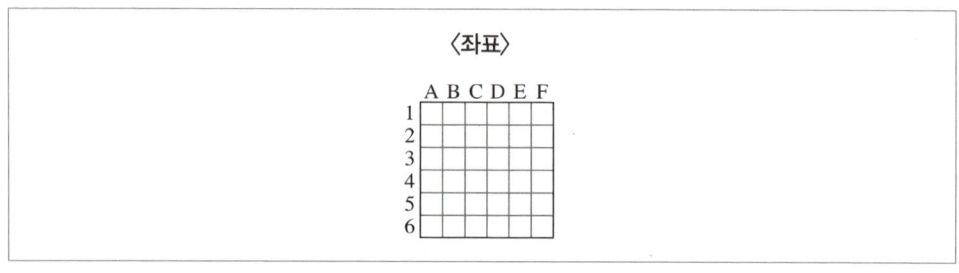

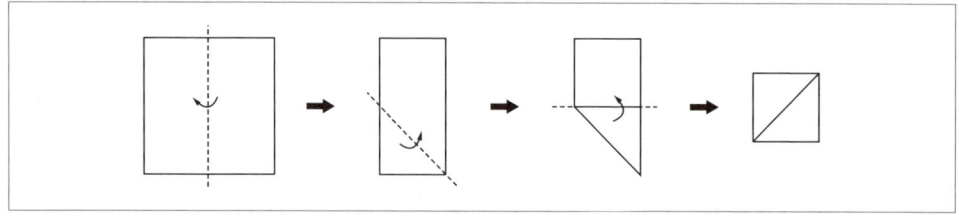

보기

A1

① A1, A6
② A1, F1
③ A1, A6, F1
④ A1, A6, F1, F6

02 다음 주어진 전개도로 정육면체를 만들 때, 만들어질 수 있는 것은?

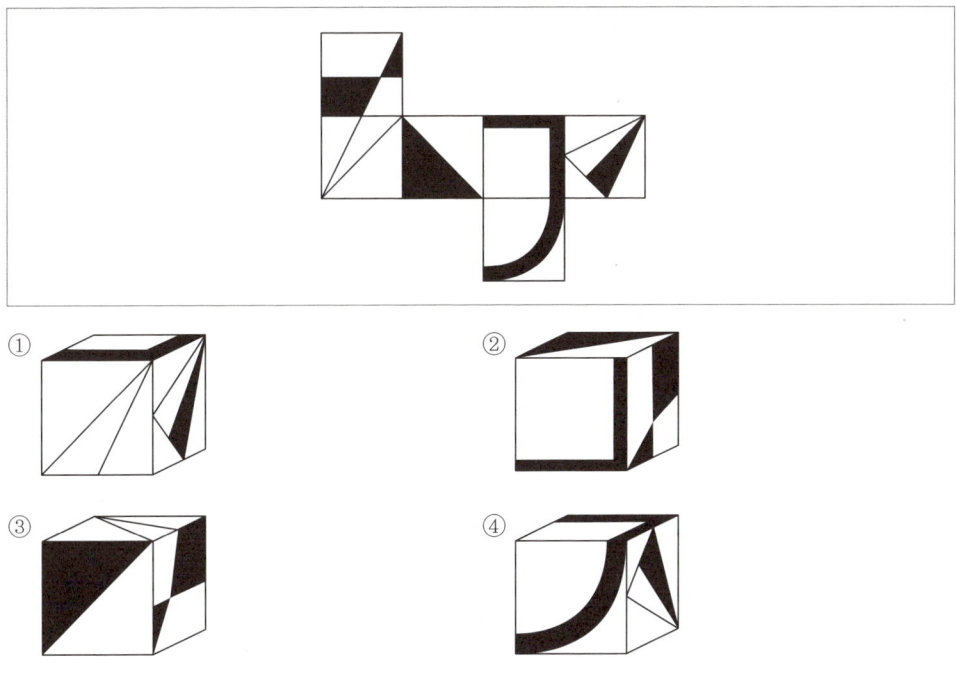

03 다음 두 블록을 합쳤을 때, 나올 수 없는 도형은?

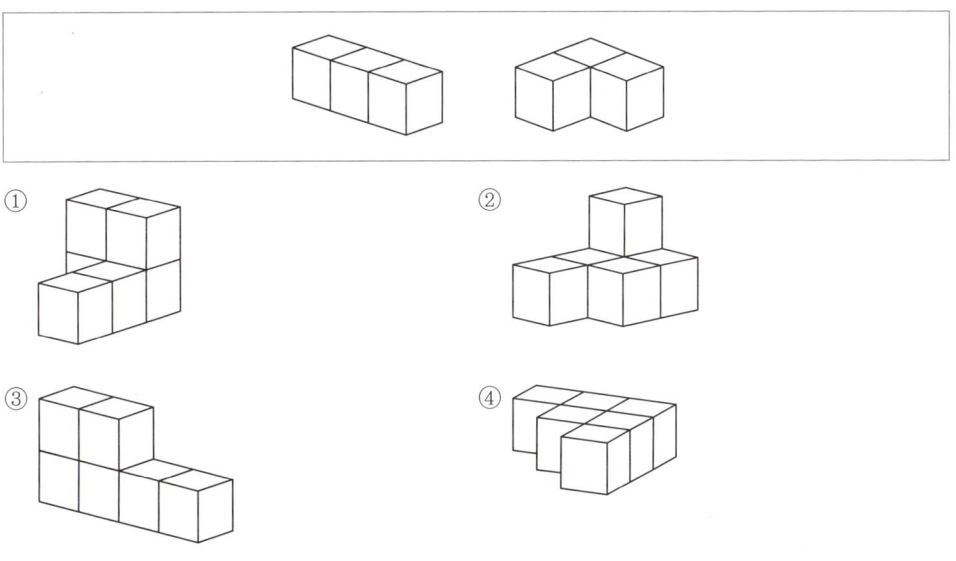

04 다음 제시된 단면과 일치하는 입체도형은?

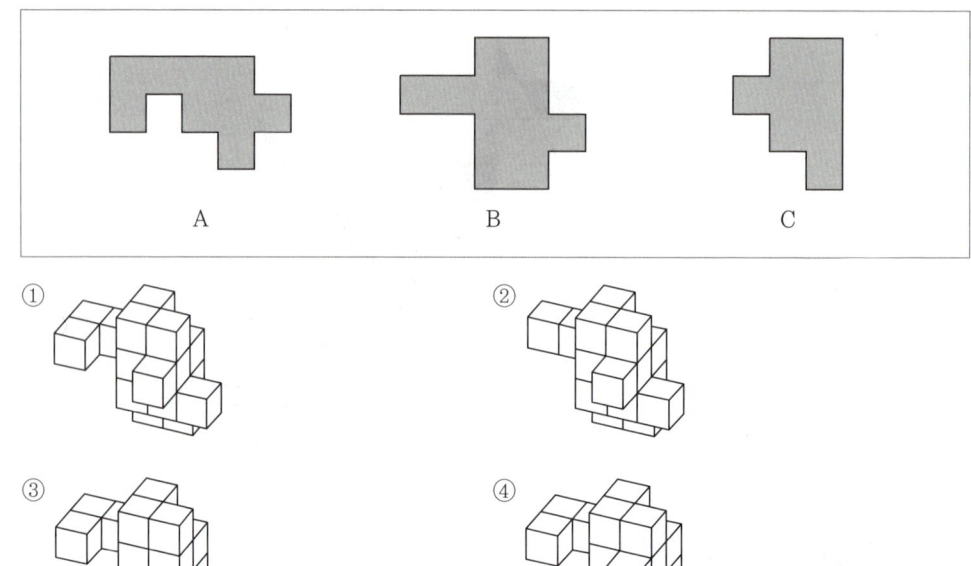

CHAPTER 02 2024년 기출복원문제

※ 정답 및 해설은 기출복원문제 바로 뒤 p.066에 있습니다.

01 문제해결력

01 진영이가 다니는 유치원에는 서로 다른 크기의 토끼, 곰, 공룡, 기린, 돼지 인형이 있다. 다음에 근거하여 바르게 추론한 것은?

- 진영이가 좋아하는 인형의 크기가 가장 크다.
- 토끼 인형은 곰 인형보다 크다.
- 공룡 인형은 기린 인형보다 작다.
- 곰 인형은 기린 인형보다는 크지만 돼지 인형보다는 작다.

① 진영이가 좋아하는 인형은 알 수 없다.
② 기린 인형의 크기가 가장 작다.
③ 돼지 인형은 토끼 인형보다 작다.
④ 토끼 인형은 돼지 인형보다 작다.

02 아름이는 연휴를 맞아 유럽 일주를 할 계획이며, 시간 관계상 벨기에, 프랑스, 영국, 독일, 오스트리아, 스페인 중 4개 국가만 방문하고자 한다. 다음 〈조건〉에 따라 방문할 국가를 고를 때, 아름이가 방문하지 않을 국가는?

조건
- 스페인은 반드시 방문한다.
- 프랑스를 방문하면 영국은 방문하지 않는다.
- 오스트리아를 방문하면 스페인은 방문하지 않는다.
- 벨기에를 방문하면 영국도 방문한다.
- 오스트리아, 벨기에, 독일 중 적어도 2개 국가를 방문한다.

① 영국, 프랑스　　　　　　② 벨기에, 독일
③ 영국, 벨기에　　　　　　④ 오스트리아, 프랑스

03 운동선수인 A~D 4명은 각자 하는 운동이 모두 다르다. 농구를 하는 사람은 늘 진실을 말하고, 축구를 하는 선수는 늘 거짓을 말하며, 야구와 배구를 하는 사람은 진실과 거짓을 한 개씩 말한다. 이들이 다음과 같이 진술했을 때 선수와 운동이 일치하는 것은?

- A : C는 농구를 하고, B는 야구를 한다.
- B : C는 야구, D는 배구를 한다.
- C : A는 농구, D는 배구를 한다.
- D : B는 야구, A는 축구를 한다.

① A – 야구
② B – 축구
③ C – 농구
④ D – 배구

04 A~E 5명은 C시에서 개최하는 마라톤에 참가하였다. 제시된 내용이 모두 참일 때, 다음 중 항상 참이 아닌 것은?

- A는 B와 C보다 앞서 달리고 있다.
- D는 A보다 뒤에 달리고 있지만, B보다는 앞서 달리고 있다.
- C는 D보다 뒤에 달리고 있지만, B보다는 앞서 달리고 있다.
- E는 C보다 뒤에 달리고 있지만, 5명 중 꼴찌는 아니다.

① 현재 1등은 A이다.
② 현재 꼴찌는 B이다.
③ E는 C와 B 사이에서 달리고 있다.
④ 현재 순위에 변동 없이 결승선까지 달린다면 C가 4등을 할 것이다.

02 수리력

01 다음은 버스 3대의 배차 간격에 대한 정보이다. 오후 4시 50분에 동시에 출발한 이후 A~C버스가 다시 같이 출발하는 시간은 언제인가?

〈정보〉
- A버스는 배차 간격이 8분이다.
- B버스는 배차 간격이 15분이다.
- C버스는 배차 간격이 12분이다.

① 5시 40분 ② 5시 55분
③ 6시 30분 ④ 6시 50분

02 다음과 같이 어떤 세포가 시간에 따라 일정하게 분열할 때, 10일 후 세포의 수는?

〈세포 분열 후 세포의 수〉
(단위 : 개)

기간	1일 후	2일 후	3일 후	4일 후	5일 후
세포 수	20	40	80	160	320

① $2^{10} \times 10$ ② $3^{10} \times 10$
③ $2^{11} \times 10$ ④ $3^{11} \times 10$

03 A씨는 빵 7개와 우유 1개를 샀다. A씨는 총 30,000원을 지급하였고 1,000원을 거슬러 받았다. 우유 1개가 4,500원이었을 때, 빵 1개는 얼마인가?

① 1,500원 ② 2,500원
③ 3,500원 ④ 4,500원

04 다음은 2019 ~ 2023년까지 우리나라의 사고유형별 발생 현황에 대한 자료이다. 이를 분석한 내용으로 옳은 것은?

⟨사고유형별 발생 현황⟩
(단위 : 건)

구분	2019년	2020년	2021년	2022년	2023년
도로교통	215,354	223,552	232,035	220,917	216,335
화재	40,932	42,135	44,435	43,413	44,178
가스	72	72	72	122	121
환경오염	244	316	246	116	87
자전거	6,212	4,571	7,498	8,529	5,330
합계	262,814	270,646	284,286	273,097	266,051

① 도로교통사고 발생 수는 매년 화재사고 발생 수의 5배 이상이다.
② 환경오염사고 발생 수는 매년 증감을 거듭하고 있다.
③ 매년 환경오염사고 발생 수는 가스사고 발생 수보다 많다.
④ 2019 ~ 2023년까지 일어난 전체 사고 발생 수에서 자전거사고 발생 수 비중은 3% 미만이다.

05 다음은 2019 ~ 2023년의 폐기물 처리량을 나타낸 그래프이다. 이에 대한 설명으로 옳지 않은 것은?

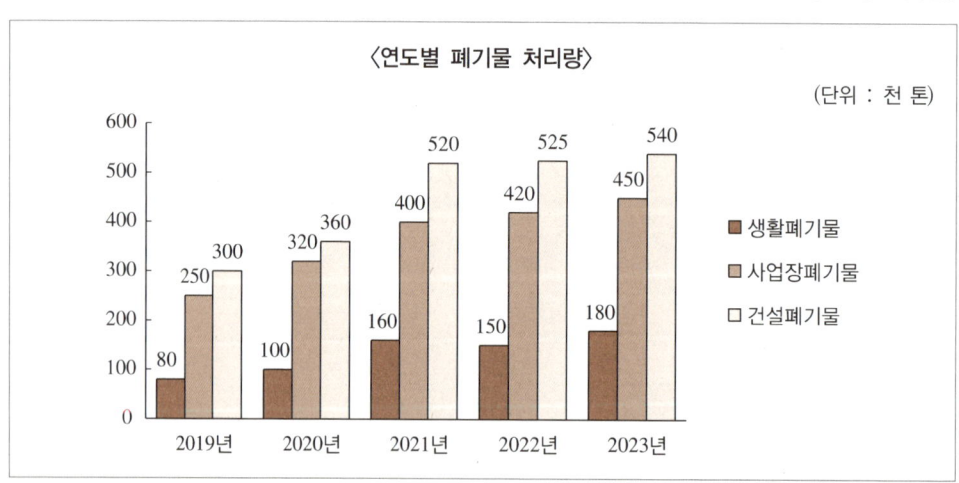

① 모든 종류의 폐기물에서 2020 ~ 2023년 매년 전년 대비 폐기물 처리량이 증가하고 있다.
② 2019년과 2021년의 사업장폐기물 대비 생활폐기물이 차지하는 비율 차이는 8%p이다.
③ 2019 ~ 2023년 생활폐기물과 사업장폐기물 처리량의 합은 건설폐기물 처리량보다 많다.
④ 생활폐기물의 전년 대비 증가율은 2021년이 2023년의 3배이다.

03 언어논리력

01 다음 글의 밑줄 친 한자성어와 뜻이 다른 것은?

> 이번 달도 이렇게 마무리되었습니다. 우리는 이번에 매우 소중한 경험을 하였습니다. 경쟁사의 대두로 인해 모든 주력 상품들의 판매가 저조해지고 있는 가운데 모두 거래처를 찾아가 한 번, 두 번으로 안 되면 될 때까지 계속해서 <u>십벌지목(十伐之木)</u> 끝에 위기를 넘기고 오히려 전보다 더 높은 수익을 얻었습니다. 모두 너무나 감사합니다.

① 반복무상(反覆無常)
② 마부작침(磨斧作針)
③ 우공이산(愚公移山)
④ 적진성산(積塵成山)

02 다음 중 밑줄 친 부분의 의미가 다른 것은?

① 너를 향한 내 마음은 <u>한결같다</u>.
② 아이들이 <u>한결같은</u> 모습으로 꽃을 들고 있다.
③ 예나 지금이나 아저씨의 말투는 <u>한결같으시군요</u>.
④ 우리는 초등학교 내내 10리나 되는 산길을 <u>한결같이</u> 걸어 다녔다.

03 다음 글의 빈칸 ㉠에 들어갈 내용으로 가장 적절한 것은?

> MZ세대 직장인을 중심으로 '조용한 사직'이 유행하고 있다. '조용한 사직'이라는 신조어는 2022년 7월 한 미국인이 SNS에 소개하면서 큰 호응을 얻은 것으로 실제로 퇴사하진 않지만 최소한의 일만 하는 업무 태도를 말한다. 실제로 MZ세대 직장인은 적당히 하자라는 생각으로 주어진 업무는 하되 더 찾아서 하거나 스트레스 받을 수준으로 많은 일을 맡지 않고, 사내 행사도 꼭 필요할 때만 참여해 일과 삶을 철저히 분리하고 있다.
> 한 채용플랫폼의 설문조사 결과에 따르면 직장인 10명 중 7명이 '월급 받는 만큼만 일하면 끝'이라고 답했고, 20대 응답자 중 78.5%, 30대 응답자 중 77.1%가 '받은 만큼만 일한다.'라고 답했다. 설문조사 결과 연령대가 높아질수록 그 비율은 감소해 젊은 층을 중심으로 이 같은 인식이 확산하고 있음을 짐작할 수 있다.
> 이러한 인식이 확산하는 데는 인플레이션으로 인한 임금 감소, '돈을 많이 모아도 집 한 채를 살 수 있을까?' 등 전반적인 경제적 불만이 기저에 있다고 전문가들은 말했다. 또 MZ세대가 '노력에 상응하는 보상을 받고 있는지'에 민감하게 반응하는 특성을 가지고 있는 것도 한몫하고 있다.
> 문제점은 이러한 '조용한 사직' 분위기가 기업의 전반적인 생산성 저하로 이어지고 있는 것이다. 이에 맞서 기업도 '조용한 사직'으로 대응해 게으른 직원에게 업무를 주지 않는 '조용한 해고'를 하는 상황이 발생하고 있다. 이에 전문가들은 MZ세대 직장인을 나태하다고 구분 짓는 사고방식은 잘못되었다고 지적하며, 기업 차원에서는 "_____㉠_____"이, 개인 차원에서는 "스스로 일과 삶을 잘 조율하는 현명함을 만드는 것"이 필요하다고 언급했다.

① 젊은 세대가 함께할 수 있도록 분위기를 만드는 것
② 직원이 스트레스를 받지 않게 적당량의 업무를 배당하는 것
③ 젊은 세대의 채용을 신중히 하는 것
④ 젊은 세대의 특성을 이해하고 온전히 받아들이는 것

04 다음 중 제시된 단어의 쓰임이 옳은 것끼리 짝지어진 것은?

- 대한민국은 전 세계에서 ㉠ 유례 / 유래를 찾아볼 수 없는 초고속 발전을 이루었다.
- 현재 사용하는 민간요법의 상당수는 옛 한의학에서 ㉡ 유례 / 유래한 것이다.
- A후보는 이번 선거에서 중산층 강화를 위한 입법을 ㉢ 공약 / 공략으로 내걸었다.
- A기업은 국내 시장을 넘어 세계 시장을 ㉣ 공약 / 공략하고자 한다.

	㉠	㉡	㉢	㉣
①	유례	유래	공약	공략
②	유래	유래	공략	공약
③	유례	유래	공략	공약
④	유래	유례	공약	공략

04 이해력

01 다음 글의 제목으로 가장 적절한 것은?

> 모르는 게 약이고 아는 게 병이라는 말은 언제 사용될까? 언제 몰라야 좋은 것이고, 알면 나쁜 것일까? 모든 것을 다 안다고 좋은 것은 아니다. 몰랐으면 아무 문제되지 않았을 텐데 알아서 문제가 발생하는 경우도 많다. 어떤 때는 정확히 알지 않고 어슴푸레한 지식으로 알고 있어서 고통스러운 경우도 있다. 예를 들어 우리가 모든 것을 알고 있으면 행복할까? 손바닥에 수많은 균이 있다는 것을 늘 인식하고 산다면 어떨까? 내가 먹는 음식의 성분들이나 위해성을 안다면 더 행복할까? 물건에서 균이 옮을까 봐 다른 사람들이 쓰던 물건을 만지지 않는 사람도 있다. 이런 게 괜히 알아서 생긴 병이다. 흔히 예전에는 이런 경우를 노이로제라고 부르기도 했다.

① 노이로제, 아는 것이 힘이다
② 선무당이 사람 잡는다, 노이로제
③ 모르는 게 약이다, 노이로제
④ 노이로제, 돌다리도 두드려보고 건너라

02 다음 글의 내용으로 적절하지 않은 것은?

> 세상에서는 흔히 학문밖에 모르는 상아탑(象芽塔) 속의 연구 생활이 현실에서 도피한 짓이라고 비난하기가 일쑤지만, 상아탑의 덕택이 큰 것임을 알아야 한다. 모든 점에서 편리해진 생활을 향락하고 있는 소위 현대인이 있기 전에, 그런 것이 가능하기 위해서도 오히려 그런 향락과는 담을 쌓고 있는 진리 탐구에 몰두한 학자들의 상아탑 속에서의 노고가 앞서 있었던 것이다. 그렇다고 남의 향락을 위하여 스스로는 고난의 길을 일부러 걷는 것이 학자는 아니다. 학자는 그저 진리를 탐구하기 위하여 학문을 하는 것뿐이다. 상아탑이 나쁜 것이 아니라, 진리를 탐구해야 할 상아탑이 제구실을 옳게 다하지 못하는 것이 탈이다. 학문에 진리 탐구 이외의 다른 목적이 섣불리 앞장을 설 때, 그 학문은 자유를 잃고 왜곡(歪曲)될 염려조차 있다. 학문을 악용하기 때문에 오히려 좋지 못한 일을 하는 경우가 얼마나 많은가? 진리 이외의 것을 목적으로 할 때, 그 학문은 한때의 신기루와도 같아 우선은 찬연함을 자랑할 수 있을지 모르나, 과연 학문이라고 할 수 있을까부터가 문제다.
> 진리의 탐구가 학문의 유일한 목적일 때, 그리고 그 길로 매진(邁進)할 때, 그 무엇에도 속박(束縛)됨이 없는 숭고한 학적인 정신이 만난(萬難)을 극복하는 기백(氣魄)을 길러 줄 것이요, 또 그것대로 우리의 인격 완성의 길로 통하게도 되는 것이다.

① 진리를 탐구하다 보면 생활에 유용한 것도 얻을 수 있다.
② 진리 탐구를 위해 학문을 하면 인격 완성에도 이를 수 있다.
③ 학문이 진리 탐구 이외의 것을 목적으로 하면 왜곡될 위험이 있다.
④ 학자들은 인간의 생활을 향상시킨다는 목적의식을 가져야 한다.

03 다음 글의 주장에 대한 반박으로 가장 적절한 것은?

> 이솝 우화로 잘 알려진 '토끼와 거북이' 이야기는 우리에게 느려도 꾸준히 노력하면 승리한다는 교훈을 준다. 그런데 이 이야기에는 '정의로운 삶'과 관련하여 생각해 볼 문제점이 있다. 거북이는 토끼가 경주 중간에 잠을 잤기 때문에 승리할 수 있었다. 토끼의 실수를 거북이가 놓치지 않고 기회로 삼았던 것이다. 겉으로는 꾸준히 노력하면 성공한다고 말하지만, 속으로는 타인의 허점이나 실수를 기회로 삼아야 한다는 것을 말하고 있다고 볼 수 있다. 이런 내용은 우리도 모르는 사이에 '상대의 실수를 놓치지 말고 이용하라.'는 생각을 하게 만들 수 있다. 과연 거북이의 승리를 정의롭다고 말할 수 있을까?

① 사소한 실수가 뜻밖의 결과로 이어질 수 있으므로 매사에 조심해야 한다.
② 절차와 관계없이 결과가 공정하지 않은 경쟁은 정당하지 않다.
③ 주어진 조건이 동일한 환경에서 이루어진 경쟁에서 승리할 때 비로소 정의로운 승리라고 말할 수 있다.
④ 절차적 정의에 따라 절차를 제대로 따른다면 어떤 결과가 나오더라도 그 결과는 공정하다고 말할 수 있다.

04 다음 글의 내용으로 가장 적절한 것은?

> 지진해일은 지진, 해저 화산폭발 등으로 바다에서 발생하는 파장이 긴 파도이다. 지진에 의해 바다 밑바닥이 솟아오르거나 가라앉으면 바로 위의 바닷물이 갑자기 상승 또는 하강하게 된다. 이 영향으로 지진해일파가 빠른 속도로 퍼져나가 해안가에 엄청난 위험과 피해를 일으킬 수 있다.
> 전 세계의 모든 해안 지역이 지진해일의 피해를 받을 수 있지만, 우리에게 피해를 주는 지진해일의 대부분은 태평양과 주변해역에서 발생한다. 이는 태평양의 규모가 거대하고 이 지역에서 대규모 지진이 많이 발생하기 때문이다. 태평양에서 발생한 지진해일은 발생 하루 만에 발생지점에서 지구의 반대편까지 이동할 수 있으며, 수심이 깊을 경우 파고가 낮고 주기가 길기 때문에 선박이나 비행기에서도 관측할 수 없다.
> 먼 바다에서 지진해일 파고는 해수면으로부터 수십 cm 이하이지만 얕은 바다에서는 급격하게 높아진다. 수심이 6,000m 이상인 곳에서 지진해일은 비행기의 속도와 비슷한 시속 800km로 이동할 수 있다. 지진해일은 얕은 바다에서 파고가 급격히 높아짐에 따라 그 속도가 느려지며 지진해일이 해안가의 수심이 얕은 지역에 도달할 때 그 속도는 시속 45~60km까지 느려지면서 파도가 강해진다. 이것이 해안을 강타함에 따라 파도의 에너지는 더 짧고 더 얕은 곳으로 모여 무시무시한 파괴력을 가져 우리의 생명을 위협하는 파도로 발달하게 된다. 최악의 경우, 파고가 15m 이상으로 높아지고 지진의 진앙 근처에서 발생한 지진해일의 경우 파고가 30m를 넘을 수도 있다. 파고가 3~6m 높이가 되면 많은 사상자와 피해를 일으키는 아주 파괴적인 지진해일이 될 수 있다.
> 지진해일의 파도 높이와 피해 정도는 에너지의 양, 지진해일의 전파 경로, 앞바다와 해안선의 모양 등으로 결정될 수 있다. 또한 암초, 항만, 하구나 해저의 모양, 해안의 경사 등 모든 것이 지진해일을 변형시키는 요인이 된다.

① 지진해일은 파장이 짧으며, 화산폭발 등으로 인해 발생한다.
② 태평양 인근에서 발생한 지진해일은 대부분 한 달에 걸쳐 지구 반대편으로 이동하게 된다.
③ 바다가 얕을수록 지진해일의 파고가 높아진다.
④ 지진해일이 해안가에 도달할수록 파도가 강해지며 속도는 시속 800km에 달한다.

05 공간지각력

01 다음 중 입체도형을 만들었을 때, 다른 모양이 나오는 것은?

① 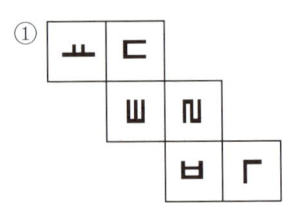   ②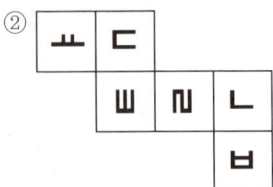

③ 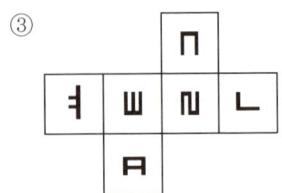   ④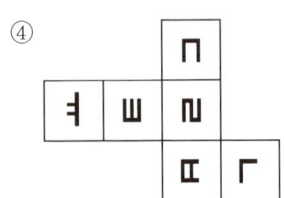

02 다음 두 블록을 합쳤을 때, 나올 수 없는 도형은?

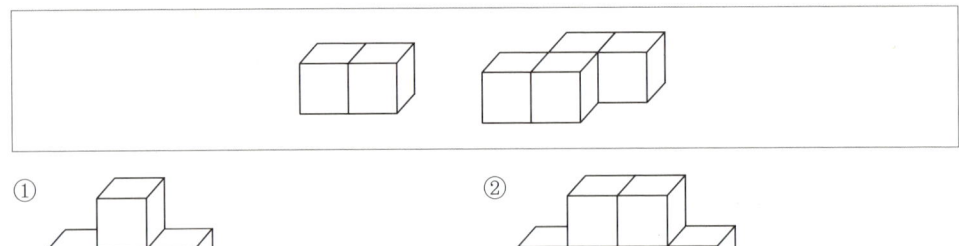

① 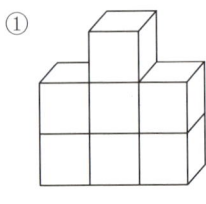   ②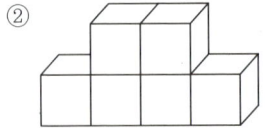

③ 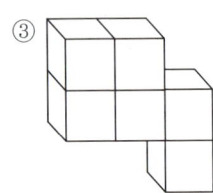   ④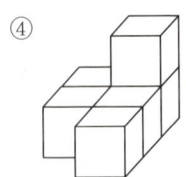

03 다음 두 블록을 합쳤을 때, 나올 수 있는 도형은?

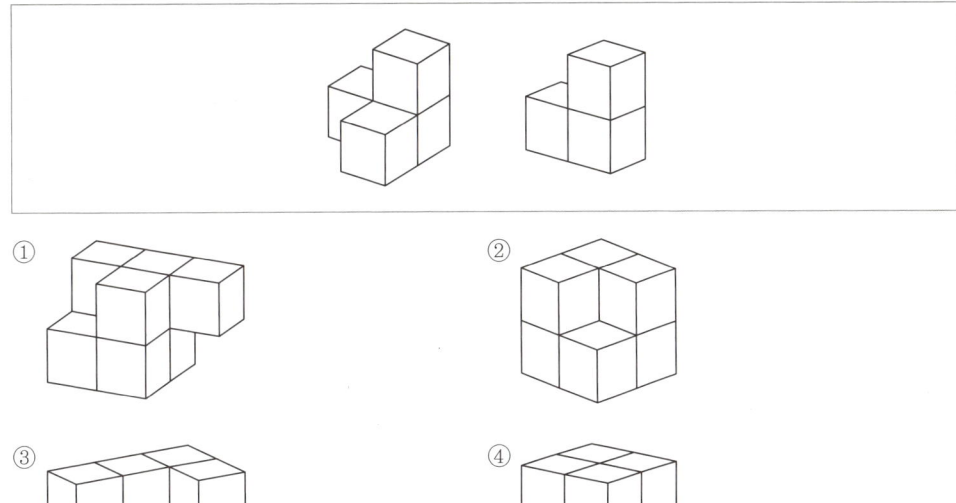

04 다음 중 제시된 도형과 같은 것은?

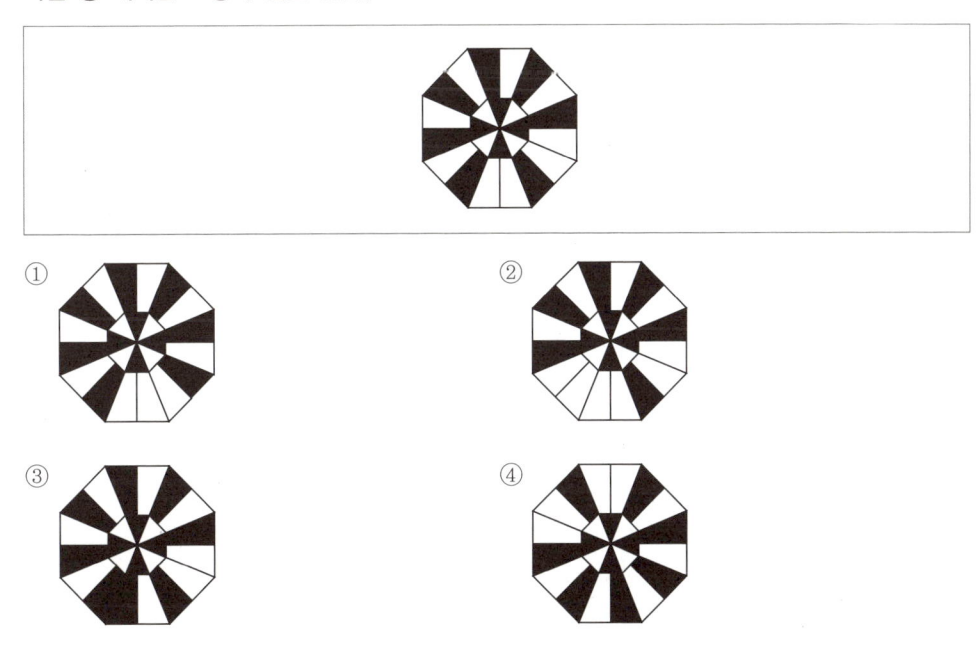

CHAPTER 03　2023년 기출복원문제

※ 정답 및 해설은 기출복원문제 바로 뒤 p.070에 있습니다.

01　문제해결력

01 행정실무원인 S는 공휴일 체험학습 진행을 위해 인근의 가게 A ~ F에서 필요한 물품을 구매하고자 한다. 다음 〈조건〉을 근거로 할 때, 공휴일에 영업하는 가게의 수는?

> **조건**
> - C는 공휴일에 영업하지 않는다.
> - B가 공휴일에 영업하지 않으면, C와 E는 공휴일에 영업한다.
> - E 또는 F가 영업하지 않는 날이면, D는 영업한다.
> - B가 공휴일에 영업하면, A와 E는 공휴일에 영업하지 않는다.
> - B와 F 중 한 곳만 공휴일에 영업한다.

① 2곳　　　　　　　　　　② 3곳
③ 4곳　　　　　　　　　　④ 5곳

02 A ~ E 5명은 각각 월 ~ 금요일 중 하루씩 돌아가며 당직을 선다. 이 중 2명이 거짓말을 하고 있다고 할 때, 이번 주 수요일에 당직을 서는 사람은 누구인가?

> - A : 이번 주 화요일은 내가 당직이야.
> - B : 나는 수요일 당직이 아니야. D가 이번 주 수요일 당직이야.
> - C : 나와 D는 이번 주 수요일 당직이 아니야.
> - D : B는 이번 주 목요일 당직이고, C는 다음 날인 금요일 당직이야.
> - E : 나는 이번 주 월요일 당직이야. 그리고 C의 말은 모두 사실이야.

① A　　　　　　　　　　② B
③ C　　　　　　　　　　④ D

03 다음 명제들이 참일 때, 항상 참인 것은?

- 수박을 사면 감자를 산다.
- 귤을 사면 고구마를 사지 않는다.
- 사과를 사면 배도 산다.
- 배를 사면 수박과 귤 중 하나를 산다.
- 고구마를 사지 않으면 감자를 산다.

① 사과를 사면 수박과 귤을 모두 산다.
② 수박을 사지 않으면 고구마를 산다.
③ 배를 사지 않으면 수박과 귤을 모두 산다.
④ 귤을 사면 감자도 같이 산다.

04 다음 명제가 모두 참일 때, 빈칸에 들어갈 명제로 가장 적절한 것은?

- 강아지를 좋아하는 사람은 자연을 좋아한다.
- 나무를 좋아하는 사람은 자연을 좋아한다.
- 그러므로 _____

① 나무를 좋아하지 않는 사람은 강아지를 좋아한다.
② 자연을 좋아하는 사람은 강아지도 나무도 좋아한다.
③ 강아지를 좋아하는 사람은 나무를 좋아하지 않는다.
④ 자연을 좋아하지 않는 사람은 강아지도 나무도 좋아하지 않는다.

02　수리력

01 여행을 떠나는 A와 B는 S마트에서 쇼핑을 한 후, 각자의 자동차를 이용하여 60km 떨어진 여행지로 이동할 예정이다. A의 자동차는 80km/h, B의 자동차는 90km/h로 주행한다고 할 때, 여행지에 동시에 도착하려면 B는 A보다 몇 분 뒤에 S마트에서 출발해야 하는가?(단, 제시된 자동차의 속력은 S마트에서 여행지까지의 평균속력이며, 그 외의 조건은 고려하지 않는다)

① 3분　　　　　　　　　　② 4분
③ 5분　　　　　　　　　　④ 6분

02 K가전은 A, B, C 3가지의 제품을 판매한다. 3가지를 모두 구매하려면 100만 원이 필요하며, 각 가전제품의 가격 비율은 2 : 3 : 5이다. 설 연휴를 맞아 A제품의 가격을 10%, B제품의 가격을 15%, C제품의 가격을 20% 인상한다고 할 때, 설 연휴에 제품 3가지를 모두 구매하려면 얼마가 필요한가?

① 115만 원　　　　　　　② 115만 5천 원
③ 116만 원　　　　　　　④ 116만 5천 원

03 원가가 4,000원인 공책을 정가의 20%를 할인해서 팔아도 원가보다 5%의 이익을 남길 수 있다면 정가는 얼마인가?

① 4,750원　　　　　　　② 5,250원
③ 5,750원　　　　　　　④ 6,250원

04 자연수 a, b는 $a(a-b)=23$의 식이 성립한다. 이때 a^2-b^2의 값은?

① 40　　　　　　　　　　② 42
③ 43　　　　　　　　　　④ 45

05 다음은 지난 10년간 우리나라 일부 품목의 소비자 물가지수에 대한 그래프이다. 이에 대한 설명으로 옳지 않은 것은?

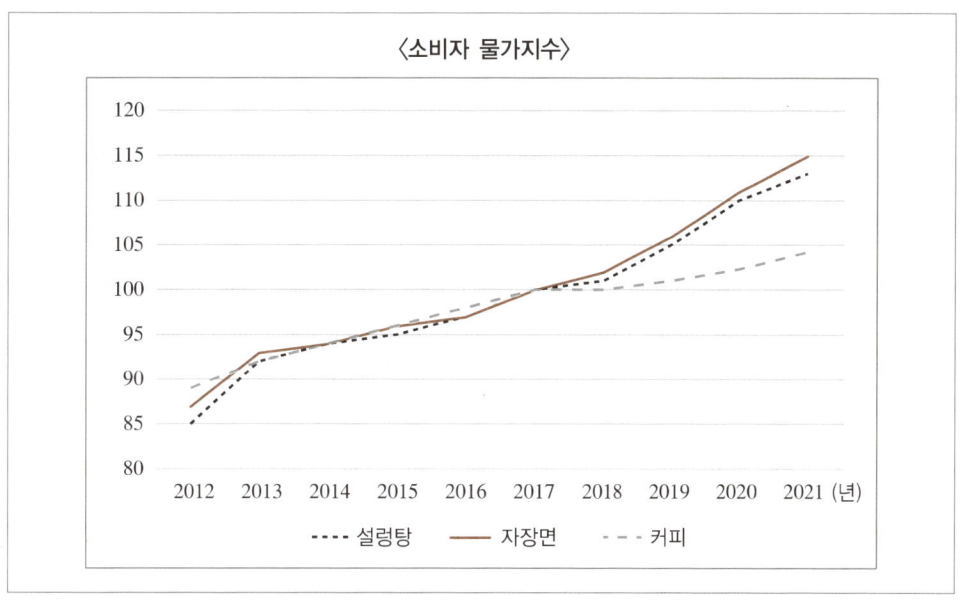

① 제시된 모든 품목의 소비자 물가지수는 2017년 물가를 100으로 하여 등락률을 산정했다.
② 자장면 가격은 2017년 대비 최근까지 가장 많이 오른 음식이다.
③ 설렁탕은 2012년부터 2017년까지 가장 많이 오른 음식이다.
④ 2021년에 가격이 가장 비싼 품목은 자장면이다.

06 다음은 S학교에서 학생들에게 빵과 우유를 제공하기 위해 선정한 공급업체의 가격 정보이다. B업체에서 구매하는 총액이 더 저렴하려면 학생은 몇 명 이상이어야 하는가?

〈공급업체 가격 정보〉

구분	빵	우유	배송료
A업체	800원	600원	무료
B업체	750원	580원	3만 5천 원

※ 학생 1명에게 빵과 우유를 1개씩 제공함

① 499명　　　　　　　　　　② 500명
③ 501명　　　　　　　　　　④ 502명

03 언어논리력

01 다음 중 밑줄 친 어휘가 한글 맞춤법상 옳은 것은?

① A주임은 이번 달 지출결의서를 전무님께 <u>결제</u>받았다.
② B주임은 주변 정리를 <u>깔끔히</u> 하는 사람입니다.
③ C사원의 취미는 모형 자동차를 <u>소집</u>하는 것이다.
④ D사원은 능력을 인정받아 관련 프로젝트에 <u>개입</u>되었다.

02 다음 글에서 ㉠~㉢의 수정 방안으로 가장 적절한 것은?

> 우울증을 잘 초래하는 성향은 창조성과 결부되어 있기 때문에 생존에 유리한 측면이 있었다. 따라서 우울증과 관련이 있는 유전자는 오랜 역사를 거쳐 오면서도 사멸하지 않고 살아남아 오늘날 현대인에게도 그 유전자가 상당수 존재할 가능성이 있다. 베토벤, 뉴턴, 헤밍웨이 등 위대한 음악가, 과학자, 작가들의 상당수가 우울한 성향을 갖고 있었다. ㉠ <u>천재와 우울증은 어찌 보면 동전의 양면으로, 인류 문명의 진보를 이끈 하나의 동력이자 그 부산물이라 할 수 있을지도 모른다.</u>
> 우울증은 일반적으로 자기 파괴적인 질환으로 인식되어 왔지만 실은 자신을 보호하고 미래를 준비하기 위한 방어기제일 수도 있다. 달성할 수 없거나 달성하기 매우 어려운 목표에 도달하기 위해 엄청난 에너지를 소모하는 것은 에너지와 자원을 낭비할 뿐만 아니라, 정신과 신체를 소진시킴으로써 사회적 기능을 수행할 수 없게 하고 주위의 도움이 없으면 생명을 유지하기 어려운 상태에 ㉡ <u>이르게도 할 수 있다</u>. 이를 막기 위한 기제가 스스로의 자존감을 낮추고 그 목표를 포기하게 만드는 것이다. 이를 통해 고갈된 에너지를 보충하고 다시 도전할 수 있는 기회를 모색할 수 있다. ㉢ <u>또한 지금과 같은 경쟁 사회는 새로운 기술이나 생각에 대한 사회적 요구가 커지기 때문에 정신적 소진 상태를 초래하기 쉬운 환경이 되고 있다.</u>
> 오늘날 우울증은 왜 이렇게 급격하게 늘어나는 것일까? 창조성이란 그 사회에 존재하고 있는 기술이나 생각에 대한 도전이자 대안 제시이며, 기존의 기술이나 생각을 엮어서 새로운 조합을 만들어 내는 것이다. 과거에 비해 현대 사회는 경쟁이 심화되고 혁신적일수록 더 가치를 인정받기 때문에 창조성이 있는 사람은 상당히 큰 선택적 이익을 갖게 된다. ㉣ <u>그렇지만</u> 현대 사회처럼 기존에 존재하는 기술이나 생각이 엄청나게 많아 우리의 뇌가 그것을 담기에도 벅찬 경우에는 새로운 조합을 만들어 내는 일은 무척이나 많은 에너지를 요한다. 결국 경쟁은 창조성을 발휘하게 하지만 지나친 경쟁은 정신적 소진을 초래하기 때문에 우울증이 많이 발생할 수 있다.

① ㉠ – 문단과 관련 없는 내용이므로 삭제한다.
② ㉡ – 문장의 주어와 호응하지 않으므로 '이른다'로 수정한다.
③ ㉢ – 두 번째 문단의 내용과 어울리지 않으므로 세 번째 문단으로 옮긴다.
④ ㉣ – 뒤 문장이 앞 문장의 결과이므로 '그리하여'로 수정한다.

03 다음 문단을 논리적 순서대로 바르게 나열한 것은?

(가) 다만 각자에게 느껴지는 감각질이 뒤집혀 있을 뿐이고 경험을 할 때 겉으로 드러난 행동과 하는 말은 똑같다. 예컨대 그 사람은 신호등이 있는 건널목에서 똑같이 초록불일 때 건너고 빨간불일 때는 멈추며, 초록불을 보고 똑같이 "초록불이네."라고 말한다. 그러나 그는 자신의 감각질이 뒤집혀 있는지 전혀 모른다. 감각질은 순전히 사적이며 다른 사람의 감각질과 같은지를 확인할 수 있는 방법이 없기 때문이다.

(나) 그래서 어떤 입력이 들어올 때 어떤 출력을 내보낸다는 기능적·인과적 역할로써 정신을 정의하는 기능론이 각광을 받게 되었다. 기능론에서는 정신이 물질에 의해 구현되므로 그 둘이 별개의 것은 아니라고 주장한다는 점에서 이원론과 다르면서도, 정신의 인과적 역할이 뇌의 신경 세포에서든 로봇의 실리콘 칩에서든 어떤 물질에서도 구현될 수 있음을 보여 준다는 점에서 동일론의 문제점을 해결할 수 있기 때문이다.

(다) 심신 문제는 정신과 물질의 관계에 대해 묻는 오래된 철학적 문제이다. 정신 상태와 물질 상태는 별개의 것이라고 주장하는 이원론이 오랫동안 널리 받아들여졌으나, 신경 과학이 발달한 현대에는 그 둘은 동일하다는 동일론이 더 많은 지지를 받고 있다. 그러나 똑같은 정신 상태라고 하더라도 사람마다 그 물질 상태가 다를 수 있고, 인간과 정신 상태는 같지만 물질 상태는 다른 로봇이 등장한다면 동일론에서는 그것을 설명할 수 없다는 문제가 생긴다.

(라) 그래도 정신 상태가 물질 상태와 다른 무엇이 있다고 생각하는 이원론에서는 '나'가 어떤 주관적인 경험을 할 때 다른 사람에게 그 경험을 보여줄 수는 없지만 나는 분명히 경험하는 그 느낌에 주목한다. 잘 익은 토마토를 봤을 때의 빨간색의 느낌, 시디신 자두를 먹었을 때의 신 느낌, 꼬집힐 때의 아픈 느낌이 그런 예이다. 이런 질적이고 주관적인 감각 경험, 곧 현상적인 감각 경험을 철학자들은 '감각질'이라고 부른다. 이 감각질이 뒤집혔다고 가정하는 사고 실험을 통해 기능론에 대한 비판이 제기된다. 나에게 빨강으로 보이는 것이 어떤 사람에게는 초록으로 보이고 나에게 초록으로 보이는 것이 그에게는 빨강으로 보인다는 사고 실험이 그것이다.

① (가) – (나) – (다) – (라)
② (나) – (다) – (가) – (라)
③ (다) – (가) – (라) – (나)
④ (다) – (나) – (라) – (가)

04 다음 중 〈보기〉의 문단이 들어갈 위치로 가장 적절한 곳은?

정보란 무엇인가? 이 점은 정보화 사회를 맞이하면서 우리가 가장 깊이 생각해 보아야 할 문제이다. 정보는 그냥 객관적으로 주어진 대상인가? 그래서 그것은 관련된 당사자들에게 항상 가치중립적이고 공정한 지식이 되는가? 절대 그렇지 않다. 똑같은 현상에 대해 정보를 만들어 내는 방식은 매우 다양할 수 있다. 정보라는 것은 인간에 의해 가공되는 것이고 그 배경에는 언제나 나름대로의 입장과 가치관이 깔려 있게 마련이다.

정보화 사회가 되어 정보가 넘쳐나는 듯하지만 사실 우리 대부분은 그 소비자로 머물러 있을 뿐 적극적인 생산의 주체로 나서지 못하고 있다. 이런 상황에서는 우리의 생활을 질적으로 풍요롭게 해 주는 정보를 확보하기가 대단히 어렵다. 사실 우리가 일상적으로 구매하고 소비하는 정보란 대부분이 일회적인 심심풀이용이 많다. (가)

또한 정보가 많을수록 좋은 것만은 아니다. 오히려 정보의 과잉은 무기력과 무관심을 낳는다. 네트워크와 각종 미디어, 통신 기기의 회로들 속에서 정보가 기하급수적인 속도의 규모로 증식하고 있는데 비해, 그것을 수용하고 처리할 수 있는 우리 두뇌의 용량은 진화하지 못하고 있다. 이 불균형은 일상의 스트레스 또는 사회적인 교란으로 표출된다. 정보 그 자체에 집착하는 태도에서 벗어나 무엇이 필요한지를 분별할 수 있는 능력이 배양되어야 한다. (나)

정보는 얼마든지 새롭게 창조될 수 있다. 컴퓨터의 기계적인 언어로 입력되기 전까지의 과정은 인간의 몫이다. 기계가 그것을 대신하기는 불가능하다. 따라서 정보화 시대의 중요한 관건은 컴퓨터에 대한 지식이나 컴퓨터를 다루는 방법이 아니라, 무엇을 담을 것인가에 대한 인간의 창조적 상상력이다. 그것은 마치 전자레인지가 아무리 좋아도 그 자체로 훌륭한 요리를 보장하지는 못하는 것과 마찬가지이다. (다)

정보와 지식 그 자체로는 딱딱하게 굳어 있는 물건처럼 존재하는 듯 보인다. 그러나 그것은 커뮤니케이션 속에서 살아 움직이며 진화한다. 끊임없이 새로운 의미가 발생하고 또한 더 고급으로 갱신되어 간다. 따라서 한 사회의 정보화 수준은 그러한 소통의 능력과 직결된다. 정보의 순환 속에서 끊임없이 새로운 정보로 거듭나는 역동성 없이는 아무리 방대한 데이터베이스라 해도 그 기능에 한계가 있기 때문이다. (라)

보기

한 가지 예를 들어 보자. 어떤 나라에서 발행하는 관광 안내 책자는 정보가 섬세하고 정확하다. 그러나 그 책을 구입해 관광한 소비자들은 종종 그 내용의 오류를 발견한다. 그리고 많은 이들이 그것을 그냥 넘기지 않고 수정 사항을 엽서에 적어서 출판사에 보내준다. 출판사는 일일이 현지에 직원을 파견하지 않고도 책자를 개정할 수 있다.

① (가)
② (나)
③ (다)
④ (라)

04 이해력

01 다음 글의 내용으로 가장 적절한 것은?

> 플라톤의 '파이드로스'에는 소크라테스가 파이드로스에게 문자의 발명에 관한 옛이야기를 하는 대목이 있다. 이 옛이야기에 따르면 문자뿐 아니라 숫자와 여러 문명의 이기를 고안해 낸 발명의 신 토이트가 이집트의 왕 타무스에게 자신이 발명한 문자를 온 백성에게 사용하게 하면 이집트 백성이 더욱더 현명하게 될 것이라는 제안을 한다는 것이다.
>
> 그러나 문자는 인간을 더욱 이성적이게 하고 인간의 기억을 확장시킬 도구라는 주장에 대해서 타무스 왕은 강한 거부감을 표현한다. '죽은' 문자는 백성들을 현명하게 만들기는커녕 도리어 생동감 있고 살아 있는 기억력을 퇴보시킬 것이고, 문자로 적혀진 많은 글들은 다른 여타의 상황해석 없이 그저 글로 적혀진 대로만 읽히고 원뜻과는 동떨어지게 오해될 소지가 다분하다는 것이다.
>
> 우리 시대의 주요한 화두이기도 한 구어문화(Orality)에 대립되는 문자문화(Literacy)의 비역동성과 수동성에 대한 비판은 이제 막 알파벳이 보급되고 문자문화가 전래의 구술적 신화문화를 대체한 플라톤 시기에 이미 논의되어진 것이다.
>
> 실제의 말과 사고는 본질적으로 언제나 실제 인간끼리 주고받는 컨텍스트하에 존재하는데, 문자와 글쓰기는 이러한 컨텍스트를 떠나 비현실적이고 비자연적인 세계 속에서 수동적으로 이뤄진다. 글쓰기와 마찬가지로 인쇄술과 컴퓨터는 끊임없이 동적인 소리를 정지된 공간으로 환원하고, 말을 그 살아 있는 현재로부터 분리시키고 있다.
>
> 물론 인류의 문자화가 결코 '폐해'만을 낳았던 것이 아니라는 주장도 만만치 않다. 지난 20년간 컴퓨터공학과 인터넷의 발전이 얼마나 우리의 주변을 변화시켰던가. 고대의 신화적이고 구어문화 중심적인 사회에서 문자사회로의 이행기에 있어 문자의 사용은 신이나 지배자의 명령하는 목소리에 점령되지 않는 자유공간을 만들어 내기도 했다는 주장에 주목할 필요가 있을 것이다.
>
> 이러한 주장의 근저에서 마치 소크라테스의 입을 통해서 플라톤이 주장하는 바와 맥이 닿는 것이 아닐까. 언어 행위의 근간이 되는 변증법적 작용을 무시하는 언술행위의 문자적 고착화에 대한 비판은 궁극적으로 우리가 살아가는 세상은 결코 어떠한 규정적인 개념화와 그 기계적인 강제로도 담아낼 수 없다는 것이다. 역으로 현실적인 층위에서의 물리적인 강제의 억압에 의해 말살되어질 위기에 처한 진리의 소리는 기념비적이 언술행위의 문자화를 통해서 저장되어야 한다는 것이 아닐까.
>
> 이러한 문화적 기억력의 여과과정은 결국 삶의 의미에 대한 성찰에 기반한 문화적 구성원들의 가치판단에 의해서 이뤄질 몫이다. 문화적 기억력에 대한 성찰과 가치 판단이 부재한 시대의 새로운 매체는 단지 댓글 파노라마에 불과할 것이기 때문이다.

① 타무스 왕은 문자는 살아 있고 생동감 있는 것인 반면 기억력은 죽은 것으로 생각했다.
② 플라톤 시기는 문자문화가 구술적 신화문화를 대체하기 시작한 시기였다.
③ 문자와 글쓰기는 항상 컨텍스트 내에서 이루어지는 행위이다.
④ 문자문화로 인해 진리의 소리는 물리적인 강제의 억압에 의해 말살되었다.

02 다음 〈보기〉 중 글의 논지에 부합하는 것을 모두 고르면?

영웅은 어떻게 만들어지는가, 어떻게 신비화되고 통속화되는가, 영웅에 대한 기억이 시대에 따라 어떤 변천을 겪는가를 탐구하는 것은 '더 사실에 가까운 영웅'의 모습에 다가서려는 이들에게 필수적이다. 영웅을 둘러싼 신화가 만들어 지고 전승되는 과정과 그 메커니즘을 이해하고 특히 국민 정체성 형성에 그들이 간여한 바를 추적함으로써, 우리는 영웅을 만들고 그들의 초상을 새롭게 덧칠해 온 각 시대의 서로 다른 욕망을 읽어 내어 그 시대로부터 객관적인 거리를 획득한다.

무릇 영웅이란 죽고 나서 한층 더 길고 파란만장한 삶을 살아가며, 그런 사후 인생이 펼쳐지는 무대는 바로 후대인들의 변화무쌍한 기억이다. 잔 다르크는 계몽주의 시대에는 '신비와 경건을 가장한 바보 처녀'로 치부되었지만, 프랑스 혁명기와 나폴레옹 집권기에 와서는 애국의 화신으로 추앙받기 시작했다. 민족주의의 성장과 더불어 그 숭배의 열기가 더 달아올라, 19세기 공화주의적 민족주의자들은 잔을 '프랑스의 수호자'이자 '민중의 딸'로 재창조했다. 국경을 넘어 20세기 여성 참정권자들에게 잔은 '전투적 페미니즘'의 상징이었고 한국에서는 '프랑스의 유관순 열사'로 기억되었다.

영웅에 대한 후대인들의 기억이 어떻게 만들어지는가를 추구하는 문제의식의 배경에는 '기억의 관리'가 부와 권력의 분배 못지않게 중요한 사회적 과제라는 전제가 깔려 있다. 인간의 기억은 기본적으로 사회적 틀 내에서 형성되며, 시간적·공간적으로 제한된 특정한 사회 집단에 의해서 선택적으로 전해진다. 그래서 기억의 문제는 개인적이라기보다는 집단적이며 사회적인 권력의 문제이다. 동시에 이는 기억과 표리 관계인 망각의 문제이기도 하다.

근대 역사에서 기억이 구성되고 가공되는 데 가장 중요한 단위는 '민족'이었다. 근대 역사학 자체의 탄생과도 밀접하게 관련되는 '민족의 과거'에 대한 기억에서 영웅은 중요한 기억의 터전을 차지해 왔다. 이때 영웅은 그저 비범한 능력의 소유자에 그치지 않고 민족의 영광과 상처를 상징하는 육화된 기호로서 구성원에게 동일시할 대상으로 나타난다.

이때 영웅은 종종 '애국'의 덕목과 결부되었다. 한국에서도 봉건 시대에 충군의 이념에 충실했던 인물이 계몽 운동기에 들어서 구국의 영웅으로 재탄생하는 것을 종종 볼 수 있다. 박은식, 신채호 등 개화기 지식인들이 '민족정신'에 눈뜨면서 재발견한 이순신이나 을지문덕과 같은 영웅은 이제 '충군'이 아닌 '애국'을 지상 과제로 삼는다. 이 같은 근대의 영웅은 서로 모르는 사람들을 하나의 '국민'으로 묶어 주는 상상의 원천이 되었다. 이렇게 영웅은 구성원 모두를 상하, 수평 관계 속에서 매개하고 연결한다는 의미에서 하나의 미디어였다.

보기

㉠ 영웅에 대한 각 시대의 평가는 곧 그 시대를 비추는 거울이다.
㉡ 영웅을 만들어 유포하는 체제는 결코 좋은 체제가 아니다.
㉢ 근대 국가의 집단 정체성 형성에 애국적 영웅은 중요한 역할을 했다.
㉣ 영웅의 고난과 승리는 대중에게 강력한 정서적 영향을 끼친다.

① ㉠, ㉡, ㉢
② ㉠, ㉡, ㉣
③ ㉠, ㉢, ㉣
④ ㉡, ㉢, ㉣

03 다음 글의 내용으로 적절하지 않은 것은?

> 어떤 보상을 얻기 위해서 환경에 조작을 가하는 것을 '조작적 조건화'라고 한다. 조작적 조건화는 어떤 행동을 한 후에 '강화'가 주어지면 그 행동을 빈번히 하게 되고, '처벌'이 주어지면 그 행동을 더 이상 하지 않는다는 기본 원리를 갖고 있다.
>
> 조작적 조건화에서 '강화'는 외적 자극을 주기 전의 반응자, 즉 반응하는 대상자의 행동이 미래에도 반복해서 나타날 가능성을 높이는 사건이라고 정의할 수 있다. 강화는 두 가지로 구분되는데, 하나는 정적 강화이고, 다른 하나는 부적 강화이다. 정적 강화는 반응자가 어떤 행동을 한 직후 그가 좋아하는 것을 주어 그 행동의 빈도를 증가시키는 사건을 말한다. 단것을 좋아하는 아이가 착한 일을 했을 경우, 그 아이에게 사탕을 줌으로써 착한 일의 발생 빈도를 증가시키는 것이 그 예가 될 수 있다.
>
> 부적 강화는 반응자가 어떤 행동을 했을 때 그가 싫어하는 것을 제거해 주어 그 행동의 빈도를 증가시키는 것이다. 예를 들어 아이가 바람직한 행동을 했을 때 그 아이가 하기 싫어하는 숙제를 취소 또는 감소시켜 줌으로써 바람직한 행동을 자주 할 수 있도록 만들 수 있다. 사탕을 주거나 숙제를 취소하는 등의 행위는 강화를 유도하는 자극에 해당하며, 이를 '강화물'이라고 한다. 강화물은 상황에 따라 변할 수 있다. 음식은 배고픈 사람에게는 강화물이지만 그렇지 않은 사람에게는 강화물이 되지 않을 수 있다.
>
> '처벌'은 강화와 반대로, 외적 자극을 주기 전 반응자의 행동이 미래에도 반복해서 나타날 가능성을 낮추는 사건을 가리킨다. 처벌에도 정적 처벌과 부적 처벌이 존재한다. 정적 처벌은 반응자가 싫어하는 어떤 것을 제시함으로써 그에 앞서 나타났던 행동을 감소시킬 수 있는 사건을 의미한다. 아이들이 나쁜 짓을 해서 벌을 받은 후, 그다음에 나쁜 짓을 하지 않는 것이 그 예가 될 수 있다.
>
> 반면에 반응자가 선호하는 어떤 것을 주지 않음으로써 반응자의 행동을 감소시킬 수도 있다. 이것이 부적 처벌이다. 부적 처벌은 부모님의 말씀을 잘 듣지 않는 어린이에게 용돈을 줄임으로써 말을 잘 듣지 않는 행동을 감소시키는 것에서 찾아볼 수 있다.
>
> 이처럼 강화와 처벌은 외적 자극을 통해 반응자의 행동을 변화시키는 사건이다. 강화와 달리 처벌은 바람직하지 않은 행동을 억압하기는 하지만 반응자의 바람직한 행동을 증가시키는 데는 한계가 있다. 따라서 바람직한 행동을 유도하려면 처벌만 사용하기보다 처벌을 강화와 결합하여 사용할 때, 일반적으로 더 효과가 있다. 강화와 처벌은 조작적 조건화의 기본 원리로서, 가정이나 학교, 회사, 스포츠 분야 등에서 활용되고 있다.

① 조작적 조건화는 외적 자극을 사용한다.
② 강화는 반응자의 행동을 증가시킬 수 있다.
③ 자극은 상황과 관계없이 모두 강화물이 된다.
④ 처벌은 반응자의 부정적 행동 가능성을 낮춘다.

05 공간지각력

01 다음 그림과 같이 화살표 방향으로 종이를 접어 펀치로 구멍을 뚫은 후, 다시 펼쳤을 때의 그림으로 옳은 것은?

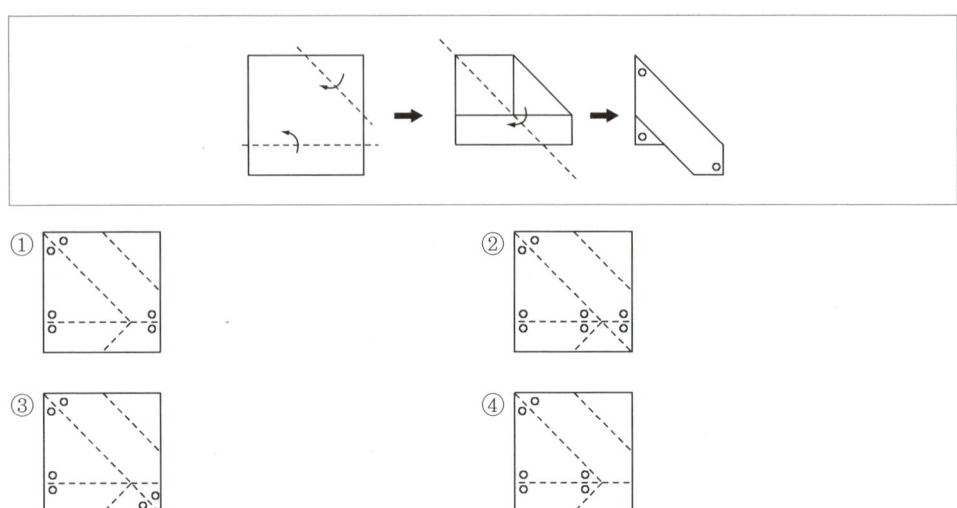

02 다음 중 주어진 전개도로 정육면체를 만들 때, 만들어질 수 없는 것은?

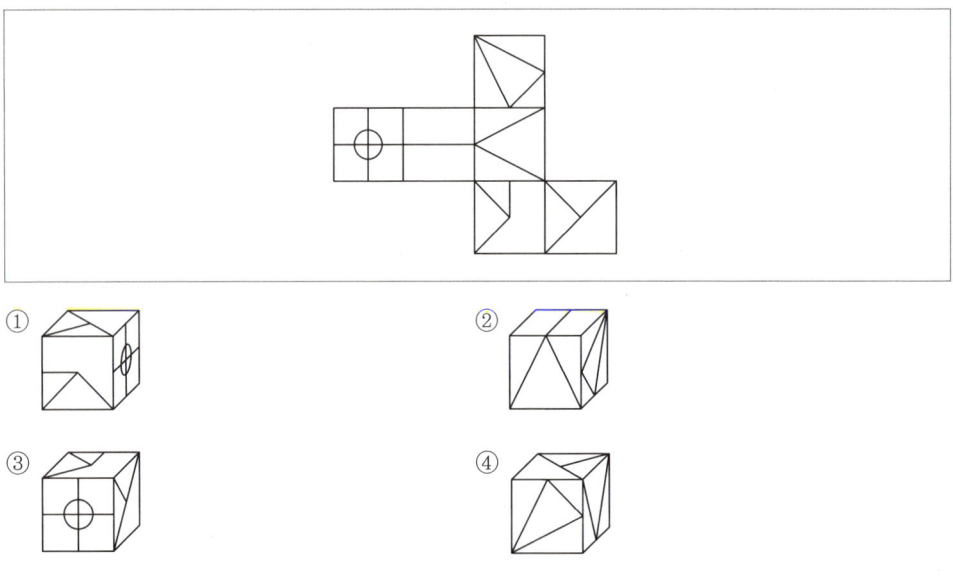

03 다음 중 제시된 도형과 다른 것은?

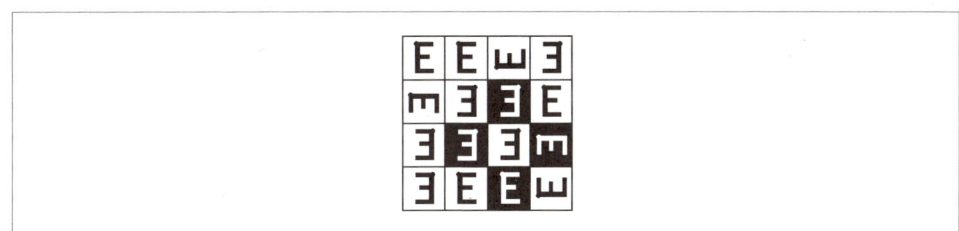

CHAPTER 04　2022년 기출복원문제

※ 정답 및 해설은 기출복원문제 바로 뒤 p.074에 있습니다.

01　문제해결력

01 다음 중 한 명만 거짓말을 할 때 항상 옳은 것은?(단, 오 층짜리 건물이며, 한 층에 한 명만 내린다)

- A : B는 1층에서 내렸다.
- B : C는 1층에서 내렸다.
- C : D는 적어도 3층에서 내리지 않았다.
- D : A는 4층에서 내렸다.
- E : A는 4층에서 내리고 나는 5층에 내렸다.

① A는 D보다 높은 층에서 내렸다.
② A는 4층에서 내리지 않았다.
③ D는 3층에서 내렸다.
④ C는 B보다 높은 층에서 내렸다.

02 다음은 물건을 훔친 용의자들의 발언이다. 용의자들 중 두 명이 진실을 말한다면, 거짓말을 한 사람과 범인은 누구인가?

- A : 난 거짓말하지 않는다. 난 범인이 아니다.
- B : 난 진실을 말한다. 범인은 A이다.
- C : B는 거짓말을 하고 있다. 범인은 B다.

	거짓말을 한 사람	범인
①	A	A
②	B	B
③	C	C
④	B	A

03 20대 남녀, 30대 남녀, 40대 남녀 6명이 뮤지컬 관람을 위해 공연장을 찾았다. 다음 〈조건〉을 참고할 때, 항상 옳은 것은?

> **조건**
> - 양 끝자리에는 다른 성별이 앉는다.
> - 40대 남성은 왼쪽에서 두 번째 자리에 앉는다.
> - 30대 남녀는 서로 인접하여 앉지 않는다.
> - 30대와 40대는 인접하여 앉지 않는다.
> - 30대 남성은 맨 오른쪽 끝자리에 앉는다.

[뮤지컬 관람석]

① 20대 남녀는 서로 인접하여 앉는다.
② 40대 남녀는 서로 인접하여 앉지 않는다.
③ 20대 남성은 40대 여성과 인접하여 앉는다.
④ 20대 남녀는 왼쪽에서 첫 번째 자리에 앉을 수 없다.

04 제시된 명제가 모두 참일 때, 빈칸에 들어갈 내용으로 가장 적절한 것은?

> 전제1. 비가 오지 않으면 산책을 나간다.
> 전제2. 공원에 들르지 않으면 산책을 나가지 않은 것이다.
> 결론. _____

① 공원에 들르지 않으면 비가 온 것이다.
② 비가 오면 공원에 들르지 않은 것이다.
③ 공원에 들르면 산책을 나간 것이다.
④ 산책을 나가면 공원에 들르지 않은 것이다.

02 수리력

01 서로 다른 2개의 주사위 A, B를 동시에 던졌을 때, 나온 눈의 곱이 홀수일 확률은?

① $\frac{1}{4}$
② $\frac{1}{5}$
③ $\frac{1}{6}$
④ $\frac{1}{8}$

02 수박의 정가에서 20%를 할인한 후 6,000원을 뺀 가격과 정가에서 50%를 할인한 가격이 같았다면, 이 수박의 정가는 얼마인가?

① 20,000원
② 30,000원
③ 40,000원
④ 50,000원

03 효진이가 집에서 서점까지 갈 때에는 4km/h의 속력으로 걷고 집으로 되돌아올 때에는 3km/h의 속력으로 걸어왔더니 이동시간만 7시간이 걸렸다고 한다. 집에서 서점까지의 거리는?

① 10km
② 11km
③ 12km
④ 13km

04 다음은 K국의 혼인율, 이혼율, 출산율에 대한 자료이다. 이에 대한 내용으로 옳은 것을 〈보기〉에서 모두 고르면?

〈혼인건수와 혼인율〉

구분	2015년	2016년	2017년	2018년	2019년	2020년	2021년
혼인건수(천 건)	402.6	375.6	362.7	334	320.1	306.6	304.9
혼인율(인구 천 명당 건)	9	8	7.7	7	6.7	6.4	6.3

〈이혼건수와 이혼율〉

구분	2015년	2016년	2017년	2018년	2019년	2020년	2021년
이혼건수(천 건)	59.3	116.7	118	120	135	145.3	167.1
이혼율(인구 천 명당 건)	1.3	2.5	2.5	2.5	2.8	3	3.5

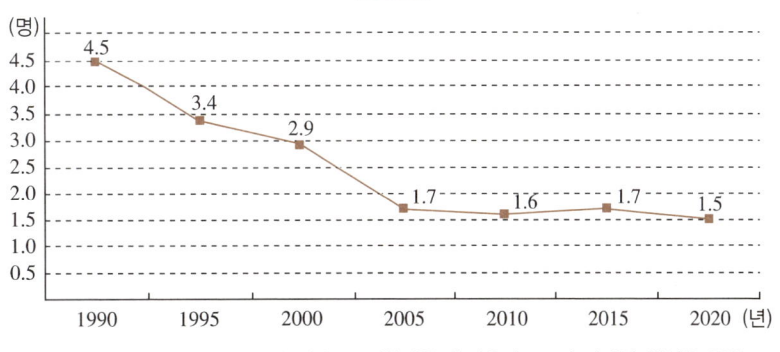

※ OECD 기준 저출산은 출산율이 2.1명 이하, 초저출산은 출산율이 1.3명 이하인 현상을 뜻함

보기

ㄱ. 혼인건수는 지속적으로 감소하는 반면 이혼건수는 꾸준히 증가하고 있다.
ㄴ. 2021년에 결혼한 부부 중 절반 이상이 이혼하였다.
ㄷ. 2019년과 2020년 사이에는 혼인건수 감소율보다 이혼건수 증가율이 더 크다.
ㄹ. 출산율은 2000년대 중반부터 2명 이하로 크게 하락하여 2020년에는 평균 1.5명으로 저출산의 문제를 안고 있다.

① ㄱ, ㄷ
② ㄱ, ㄴ, ㄹ
③ ㄱ, ㄷ, ㄹ
④ ㄱ, ㄴ, ㄷ, ㄹ

03 언어논리력

01 다음 문단을 논리적 순서대로 바르게 나열한 것은?

> (가) 다만, 기존의 조합별로 분리 운영되던 의료보험 부과체계는 정액 기본보험료 적용에 따른 저소득층 부담과중, 조합별 보험료 부담의 불공평, 조합 간 재정격차 심화 등의 문제를 안고 있었다. 부과체계 통합의 필요성이 꾸준히 제기됨에 따라 1990년 말부터 단계적 통합과 함께 부과체계 측면의 변화도 시작됐다.
> (나) 우리나라 건강보험제도가 입법화된 것은 지난 1963년. 그러나 당시는 경제여건이 갖추어지지 않아 1977년 500인 이상 사업장 근로자를 대상으로 시작한 것이 시초이다. 이후 1979년 1월부터 '공무원 및 교직원 의료보험'이 실시됐고, 직장건강보험 적용대상 사업장 범위 확대로 대상자가 늘어났다.
> (다) 그러나 직장인이 아닌 지역주민의 경우 혜택에서 제외된다는 문제점이 대두됨에 따라 1981년부터 농어촌지역을 중심으로 '1차 지역의료보험 시범사업'이, 다음 해에는 도시지역을 포함한 '2차 지역의료보험 시범사업'이 실시됐으며, 1988년에는 지역의료보험이 농어촌지역을 시작으로 이듬해 도시지역 주민까지 확대됐다. 바야흐로 '전 국민 건강보험 시대'가 된 것이다.

① (가) - (나) - (다)
② (가) - (다) - (나)
③ (나) - (가) - (다)
④ (나) - (다) - (가)

02 다음 글의 빈칸에 들어갈 접속어를 바르게 짝지은 것은?

> 일반적으로 사람들은 자주 반복하여 접촉한 대상을 더 선호한다는 연구 결과를 바탕으로 하여 일부 학자들은 인종 간의 문제를 해결하기 위한 '접촉(Contact)' 이론을 주장하기도 하였다. 그들 주장의 요지는 서로 다른 인종적 배경을 지닌 사람들을 자주 반복하여 만나게만 해주면 자연히 서로 좋아하게 될 것이 아니냐는 것이었다. ㉠ 그러한 접촉 이론의 타당성을 현실적으로 가장 분명하게 시험할 수 있는 학교 교육의 현실을 살펴보면 오히려 정반대의 현상이 발생하고 있음을 발견하게 된다. ㉡ 흑인과 백인이 함께 다니고 있는 학교에서 인종 간의 편견과 갈등이 더욱 심하게 나타나고 있는 현상을 목격할 수 있다.

	㉠	㉡
①	그러므로	다시 말하자면
②	그럼에도 불구하고	따라서
③	그리하여	그러나
④	그러나	즉

03 다음 글에서 ㉠~㉣의 수정 방안으로 적절하지 않은 것은?

학교에 다니지 않는 학생이라고 하면 무엇이 떠오르는가? 아마도 그것은 비행 청소년, 학교 중도 탈락자 등과 같은 부정적 단어일 것이다. 그러나 정확히 말해 이런 학생들을 '학교 밖 청소년'이라고 부른다. 일반적으로 학교 밖 청소년은 만 19세 미만으로 정규 학교의 교육을 받지 않는 청소년을 ㉠ <u>통칭하는</u> 말이다. 그렇다면 학교 밖 청소년의 수는 얼마나 될까? 정부의 통계에 따르면 2016년 기준 우리나라에서 학교에 다니지 않는 청소년은 약 39만 명에 이르며, 매년 6만여 명씩 증가하고 있다고 한다. 그리고 그중 28만 명 정도는 어디에서 무엇을 하고 있는지 그 소재조차 ㉡ <u>파악하지</u> 않는다고 한다. ㉢ <u>학교 밖 청소년은 당신의 자녀일 수도 있다.</u>

우리나라는 2015년부터 학교 밖 청소년 지원에 관한 법률을 시행하여 지원 센터를 통해 학교 밖 청소년이 건강한 사회 구성원으로 성장할 수 있도록 돕고 있다. ㉣ <u>그러므로</u> 아직은 지원 센터의 기능과 역할이 한정적이어서 학교 밖 청소년이 참여할 수 있는 프로그램이 다양하게 운영되지 못하는 한계가 있다. 또한 지원 센터의 도움을 받고 있는 청소년도 전체 학교 밖 청소년 중 일부에 불과한 문제도 있다.

학교 밖 청소년을 대상으로 조사한 결과에 따르면, 이들의 절반 이상은 학교를 그만둔 후 특별한 근로 경험이 없이 친구 집이나 PC방, 숙박 업체 등에서 생활하였으며, 단순 근로에 종사했던 것으로 나타났다. 또한 사회적 편견으로 인한 차별과 홀대가 학교 밖 청소년이 겪는 어려움 중 가장 큰 비율을 차지하는 것으로 나타났다. 이는 학교 밖 청소년이 학교를 다니는 청소년에 비해 취약한 성장 환경에 노출되어 있음을 보여 주는 것이다.

① ㉠ – 문맥에 어울리지 않으므로 '가칭'으로 수정한다.
② ㉡ – 주어와 서술어의 호응 관계를 고려하여 '파악되지'로 수정한다.
③ ㉢ – 글의 통일성을 해치고 있으므로 삭제한다.
④ ㉣ – 문장을 자연스럽게 연결하기 위해 '그러나'로 고친다.

04 이해력

01 다음 글의 중심 내용으로 가장 적절한 것은?

> '노블레스 오블리주(Noblesse Oblige)'는 높은 지위에 맞는 도덕적 의무감을 일컫는 말이다. 높든 낮든 사람들은 모두 지위를 가지고 이 사회를 살아가고 있다. 그러나 노블레스 오블리주는 높은 지위를 강조하고, 그것도 사회를 이끌어 가는 지도층에 속하는 사람들의 지위를 강조한다. 지도층은 '엘리트층'이라고도 하고 '상층'이라고도 한다. 좀 부정적 의미로는 '지배층'이라고도 한다. 노블레스 오블리주는 지도층의 지위에 맞는 도덕적 양심과 행동을 이르는 말로, 사회의 중요 덕목으로 자주 인용된다.
>
> 그렇다면 지도층만 도덕적 의무감이 중요하고 일반 국민의 도덕적 의무감은 중요하지 않다는 말인가? 물론 그럴 리도 없고 그렇지도 않다. 도덕적 의무감은 지위가 높든 낮든 다 중요하다. '사회는 도덕 체계다.'라는 말처럼, 사회가 존속하고 지속되는 것은 기본적으로는 법 때문이 아니라 도덕 때문이다. 한 사회 안에서 수적으로 얼마 안 되는 지도층의 도덕성만이 문제될 수는 없다. 화합하는 사회, 인간이 존중되는 사회는 국민 전체의 도덕성이 더 중요하다.
>
> 그런데도 왜 노블레스 오블리주인가? 왜 지도층만의 도덕적 의무감을 특히 중요시하는가? 이유는 명백하다. 우리식 표현으로는 윗물이 맑아야 아랫물이 맑기 때문이다. 서구식 주장으로는 지도층이 '도덕적 지표(指標)'가 되기 때문이다. 그런데 우리식의 표현이든 서구식의 주장이든 이 두 생각이 사회에서 그대로 적용되는 것은 아니다. 사회에서는 위가 맑아도 아래가 부정한 경우가 비일비재(非一非再)하다. 또한 도덕적 실천에서는 지도층이 꼭 절대적 기준이 되는 것도 아니다. 완벽한 기준은 세상 어디에도 존재하지 않는다. 단지 건전한 사회를 만드는 데 어느 방법이 높은 가능성을 지니느냐, 어느 것이 효과적인 방법만이 있을 뿐이다. 우리식 표현이든 서구식 생각이든 두 생각이 공통적으로 갖는 의미는 지도층의 도덕적 의무감이 일반 국민을 도덕 체계 속으로 끌어들이는 데 가장 효과적이며 효율적인 방법이라는 것에 있다. 그래서 노블레스 오블리주이다.

① 노블레스 오블리주의 기원
② 노블레스 오블리주가 필요한 이유
③ 노블레스 오블리주의 적용 범위
④ 노블레스 오블리주의 한계

02 다음 글을 통해 추론할 수 있는 내용으로 가장 적절한 것은?

딸의 생일 선물을 깜빡 잊은 아빠가 "내일 우리 집보다 더 큰 곰 인형 사 올게."라고 말했을 때, 아빠가 발화한 문장은 상황에 적절한 발화인가 아닌가?

발화의 적절성 판단은 상황에 의존하고 있다. 화행(話行) 이론은 요청, 명령, 질문, 약속, 충고 등의 발화가 상황에 적절한지를 판단하는 기준으로 적절성 조건을 제공한다. 적절성 조건은 상황에 대한 배경적 정보와 관련되는 예비 조건, 그 행위에 대한 진실된 심리적 태도와 관련되는 진지성 조건, 그 행위가 본래의 취지대로 이행되도록 만드는 발화 효과와 관련되는 기본 조건으로 나뉜다. 어떤 발화가 적절한 것으로 판정되기 위해서는 이 세 가지 조건이 전부 충족되어야 한다.

적절성 조건을 요청의 경우에 적용해 보자. 청자가 그 행위를 할 능력이 있음을 화자가 믿는 것이 예비 조건, 청자가 그 행위를 하기를 화자가 원하는 것이 진지성 조건, 화자가 청자로 하여금 그 행위를 하게 하고자 하는 것이 기본 조건이다. "산타 할아버지를 만나게 해 주세요."라는 발화는 산타클로스의 존재를 믿는 아들의 입장에서는 적절한 발화이지만 수행할 능력이 없는 부모의 입장에서는 예비 조건을 어긴 요청이 된다. "저 좀 미워해 주세요."라는 요청은 화자가 진심으로 원하는 상황이라면 적절하지만 진심으로 원하지 않는 상황이라면 진지성 조건을 어긴 요청이 된다. "저 달 좀 따다 주세요."라는 요청은 화자가 청자로 하여금 정말로 달을 따라 가게 하지 않을 것이므로 기본 조건을 어긴 요청이 된다.

둘 이상의 조건을 어긴 발화도 있다. 앞서 예로 들었던 "저 달 좀 따다 주세요."의 경우, 화자는 청자가 달을 따다 줄 능력이 없음을 알고 있고 달을 따다 주기를 진심으로 원하지도 않으며 또 달을 따라 가게 할 생각도 없는 것이 일반적인 상황이므로, 세 조건을 전부 어기고 있다. 그런데도 이 발화가 동서고금을 막론하고 빈번히 사용되고 또 용인되는 이유는 무엇일까? 화자는 이 발화가 세 조건을 전부 어기고 있음을 알고 있지만 오히려 이를 이용해서 모종의 목적을 이루고자 하고 청자 또한 그런 점을 이해하기 때문에 이 발화는 적절하지는 않지만 유효한 의사소통의 방법으로 용인된다.

화행 이론은 적절성 조건을 이용하여 상황에 따라 달라지는 발화의 적절성에 대해 유용한 설명을 제공한다. 그러나 발화가 이루어지는 상황은 너무나 복잡다단하여 이것만으로 발화와 상황의 상호 관계를 다 설명할 수는 없다. 이러한 한계는 발화 상황과 연관 지어 언어를 이해하고 설명하려는 언어 이론의 공통적 한계이기도 하다.

① 적절성 조건을 어긴 문장은 문법적으로도 잘못된 것이다.
② 예비 조건은 다른 적절성 조건들보다 우선 적용된다.
③ 적절성 조건이 가장 잘 적용되는 발화 행위는 요청이다.
④ 하나의 발화도 상황에 따라 적절성 여부가 달라질 수 있다.

03 다음 글의 마지막 문단에서 경고하는 바와 가장 부합하는 것은?

> 영화는 신화를 만든다. 혹은 벗기기도 한다. 그러나 그 벗겨진 생살 위에 다시 또 다른 신화가 입혀진다. 결국 영화는 기존의 신화를 벗기고, 다른 신화를 덧씌우고, 다시 벗기고, 다시 입히는 과정을 되풀이하고 있는 것이다. 여기 사랑에 관한 영화가 한 편 있다고 가정하자. 이 영화는 사랑에 대한 고전 명제를 되풀이하고 있다. 대중매체가 우리에게 선사한 낭만적 사랑의 환상을 매혹적으로 그려내고 있는 것이다. 그렇다면 이 영화는 사랑의 신화를 복제하고 고착시킨다는 점에서 대중매체의 신화 만들기에 동참한 것이다.
> 한편 낭만적 사랑을 허구라고 외치면서 사랑의 부재 혹은 소통 자체의 부재를 지속적으로 환기시키는 영화도 있다. 이런 영화는 신화를 벗기는 영화라고 할 수 있을 것이다. 특히 이런 종류의 영화는 특유의 실험 정신을 발동시켜 더욱 강력한 방식으로 영화적 코드들을 활용하여 관객에게 호소한다. 관객들은 이 영화에 전염되고 영화의 주술에 빠져서 영화의 전언을 믿게 된다. 신화가 태어나는 것이다.
> 많은 관객은 영화의 신화를 읽어내지 못한다. 영화란 단지 즐기기 위한 현대 과학기술이 만든 유흥거리에 불과할 뿐이라고 말한다. 여기에는 무시무시한 함정이 있다. 영화를 단순 오락물로 취급할 때 우리는 모르는 사이 영화의 전언을 진실로 믿어버리게 된다. 특히 스크린은 환상적인 거울과도 같아서 관객을 환영에 몰아넣고, 관객이 영화의 매력적인 캐릭터에 열심히 동일시하고 있을 때, 게릴라 전술로 관객의 정신에 강력한 바이러스를 주입한다.

① 거리의 여인이 부자의 사랑을 받게 되는 내용을 담은 영화 「귀여운 여인」은 여성 관객들로 하여금 사랑이 현실 문제를 해결해 줄 것이란 환상에 빠지게 한다.
② 초등학생 서준이는 일본 애니메이션 「주술회전」을 본 후 일본 애니메이션만 찾아보므로, 앞으로 우리 전통문화의 가치를 존중하지 않을 것이다.
③ 다큐멘터리 영화 「워낭소리」를 본 관객들이 영화의 주인공이 사는 집을 관광 삼아 떼지어 찾아가는 바람에 주인공인 할아버지의 건강이 급속하게 악화되었다.
④ 영화 「괴물」은 생태계의 파괴가 우리에게 주는 악영향을 우회적으로 말하면서, 다른 한편으로는 반미의식을 고취시킴으로써 현실의 당면과제를 혼동하게 한다.

05 공간지각력

01 다음 중 제시된 도형과 다른 것은?

02 다음 제시된 도형을 회전하였을 때, 나올 수 있는 도형으로 옳은 것은?

03 다음 제시된 도형의 규칙을 보고 ?에 들어갈 알맞은 도형을 고르면?

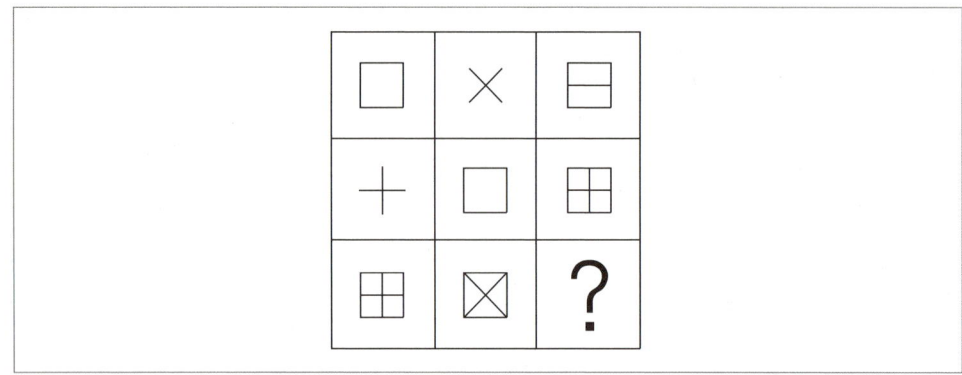

①    ②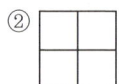

③ 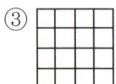   ④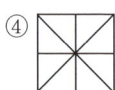

CHAPTER 05　2021년 기출복원문제

※ 정답 및 해설은 기출복원문제 바로 뒤 p.077에 있습니다.

01 문제해결력

01 A~D 4명은 각각 다른 팀에 근무하는데, 각 팀은 2층, 3층, 4층, 5층에 위치하고 있다. 다음 〈조건〉을 참고할 때, 항상 참인 것은?

조건
- A~D 중 2명은 부장, 1명은 과장, 1명은 대리이다.
- 대리의 사무실은 B보다 높은 층에 있다.
- B는 과장이다.
- A는 대리가 아니다.
- A의 사무실이 가장 높다.

① 부장 중 1명은 반드시 2층에 근무한다.
② A는 부장이다.
③ 대리는 4층에 근무한다.
④ B는 2층에 근무한다.

02 카페를 운영 중인 H씨는 네 종류의 음료를 여름 한정 메뉴로 판매하기로 결정하였고, 이를 위해 해당 음료의 재료를 유통하는 업체 두 곳을 선정하려 한다. 선정된 유통업체는 서로 다른 메뉴의 재료를 담당해야 하며, 반드시 담당하는 메뉴에 필요한 재료를 모두 공급해야 한다. 다음 중 H씨가 선정할 두 업체로 옳은 것은?

조건
- A ~ D 4개의 업체는 각각 5가지 재료 중 3종류의 재료를 유통한다.
- 모든 업체가 유통하는 재료가 있다.
- A업체가 유통하는 재료들로 카페라테를 만들 수 있다.
- B업체가 유통하는 재료들로는 카페라테를 만들 수 있지만, 아포가토는 만들 수 없다.
- C업체는 딸기를 유통하지 않으나, D업체는 딸기를 유통한다.
- 팥은 B업체를 제외하고 모든 업체가 유통한다.
- 우유를 유통하는 업체는 두 곳이다.

〈메뉴에 필요한 재료〉

메뉴	재료
카페라테	커피 원두, 우유
아포가토	커피 원두, 아이스크림
팥빙수	아이스크림, 팥
딸기라테	우유, 딸기

① A업체, B업체 ② A업체, C업체
③ B업체, C업체 ④ C업체, D업체

03 남학생 A ~ D 4명과 여학생 W ~ Z 4명이 있다. 입사 시험을 본 뒤 이 8명의 득점을 알아보았더니, 남녀 모두 1명씩 짝을 이루어 동점을 받았다. 다음 〈조건〉을 모두 만족할 때, 도출할 수 있는 결론으로 적절한 것은?

> **조건**
> - 여학생 X는 남학생 B 또는 C와 동점이다.
> - 여학생 Y는 남학생 A 또는 B와 동점이다.
> - 여학생 Z는 남학생 A 또는 C와 동점이다.
> - 남학생 B는 여학생 W 또는 Y와 동점이다.

① 남학생 D와 여학생 W는 동점이다.
② 여학생 X와 남학생 B가 동점이다.
③ 여학생 Z와 남학생 C는 동점이다.
④ 여학생 Y는 남학생 A와 동점이다.

04 다음 명제가 모두 참일 때, 추론할 수 있는 것은?

> - 가위는 테이프보다 비싸다.
> - 볼펜은 테이프보다 싸다.
> - 공책은 가위보다 비싸다.

① 공책은 볼펜보다 싸다.
② 테이프는 공책보다 비싸다.
③ 제시된 문구 중에서 가장 비싼 것은 테이프이다.
④ 제시된 문구 중에서 두 번째로 비싼 것은 가위이다.

02 수리력

01 농도 7%의 소금물 300g에 농도 4%의 소금물 150g을 섞은 후, 물을 넣어 농도 3%의 소금물을 만들었다. 이때 넣은 물의 양은?

① 450g
② 300g
③ 250g
④ 150g

02 할아버지와 할머니, 아버지와 어머니 그리고 3명의 자녀로 이루어진 가족이 있다. 이 가족이 일렬로 서서 가족사진을 찍으려고 한다. 할아버지가 맨 앞, 할머니가 맨 뒤에 위치할 때, 가능한 경우의 수는 몇 가지인가?

① 135가지
② 130가지
③ 125가지
④ 120가지

03 미국에 사는 K과장은 이번 주말에 이사할 예정이다. 이삿짐센터 거리비용은 거리 25m까지 1m당 50달러이고, 초과 시 초과분의 50%를 적용한다. 부피비용은 $1m^3$당 25달러이다. K과장이 이사할 집은 지금 살고 있는 집에서 35m 떨어진 곳이며, 이삿짐 부피는 총 $60m^3$라고 할 때, 이사비용은 총 얼마인가?(단, 이사비용은 거리비용과 부피비용을 합쳐 계산한다)

① 3,000달러
② 3,010달러
③ 3,100달러
④ 3,200달러

04 고등학생 8명이 래프팅을 하러 여행을 떠났다. 보트는 3명, 5명 두 팀으로 나눠 타기로 했다. 이때 8명 중 반장, 부반장은 서로 다른 팀이 된다고 할 때, 가능한 경우의 수는 몇 가지인가?(단, 반장과 부반장은 각각 1명이다)

① 15가지
② 18가지
③ 30가지
④ 32가지

05 K씨는 퇴직 후 네일아트 전문 뷰티숍을 개점하려고 평소 눈여겨본 지역의 고객 분포를 알아보기 위해 지난 1개월간 네일아트를 받아본 20~35세 여성 113명을 대상으로 뷰티숍 방문횟수와 직업에 대해 조사하였다. 설문조사 결과가 다음과 같을 때, K씨가 이해한 내용으로 옳은 것은?(단, 복수응답과 무응답은 없다)

〈응답자의 연령대별 방문횟수〉

(단위 : 명)

방문횟수 \ 연령대	20~25세	26~30세	31~35세	합계
1회	19	12	3	34
2~3회	27	32	4	63
4~5회	6	5	2	13
6회 이상	1	2	0	3
합계	53	51	9	113

〈직업별 응답자 수〉

(단위 : 명)

구분	학생	회사원	공무원	전문직	자영업	가정주부	합계
응답자 수	49	43	2	7	9	3	113

① 전체 응답자 중 20~25세 응답자가 차지하는 비율은 50% 이상이다.
② 26~30세 응답자 중 4회 이상 방문한 응답자 비율은 10% 이상이다.
③ 31~35세 응답자의 1인당 평균 방문횟수는 2회 미만이다.
④ 전체 응답자 중 직업이 학생 또는 공무원인 응답자 비율은 50% 이상이다.

03 언어논리력

01 다음 사례와 가장 관련 있는 속담은 무엇인가?

> 평소 놀기 좋아하는 A씨는 카드빚을 갚지 못하게 되자 방법을 궁리하다 대출을 받기로 결정하였다. 대출을 통해 카드빚을 갚은 A씨는 다시 아무 걱정 없이 카드를 사용하다가 결국 대출금을 갚을 수 없게 되자 가지고 있던 재산을 처분할 수밖에 없었다.

① 소 잃고 외양간 고치기
② 도랑 치고 가재 잡기
③ 언 발에 오줌 누기
④ 눈 가리고 아웅 하기

02 다음 중 밑줄 친 부분의 맞춤법이 옳은 것은?

① 언니는 상냥한데 동생은 너무 <u>냉냉</u>하다.
② 추석에는 <u>햅쌀</u>로 송편을 빚는다.
③ <u>요컨데</u>, 행복은 마음 먹기에 달렸다는 것이다.
④ 올해는 모두 건강하리라는 작은 <u>바램</u>을 가져본다.

03 다음 글에서 〈보기〉의 문장이 들어갈 위치로 가장 적절한 곳은?

(가) 1783년 영국 자연철학자 존 미첼은 빛은 입자라는 생각과 뉴턴의 중력이론을 결합한 이론을 제시하였다. 그는 우선 별들이 어떻게 보일 것인지 사고 실험을 통해 예측하였다.
별의 표면에서 얼마간의 초기 속도로 입자를 쏘아 올려 아무런 방해 없이 위로 올라간다고 가정해보자. (나) 만약에 초기 속도가 충분히 빠르지 않으면 별의 중력은 입자의 속도를 점점 느리게 할 것이며, 결국 그 입자를 별의 표면으로 되돌아가게 할 것이다. 만약 초기 속도가 충분히 빠르면 입자는 중력을 극복하고 별을 탈출할 수 있을 것이다. 이렇게 입자가 별을 탈출할 수 있는 최소한의 초기 속도는 '탈출 속도'라고 불린다.
(다) 이를 바탕으로 미첼은 '임계 둘레'라는 것도 추론해냈다. 임계 둘레란 탈출 속도와 빛의 속도를 같게 만드는 별의 둘레를 말한다. 빛 입자는 다른 입자들처럼 중력의 영향을 받는다. 그로 인해 빛은 임계 둘레보다 작은 둘레를 가진 별에서는 탈출할 수 없다. 그런 별에서 약 30만 km/s의 초기 속도로 빛 입자를 쏘아 올렸을 때 입자는 우선 위로 날아갈 것이다. (라) 그런 다음 멈출 때까지 느려지다가, 결국 별의 표면으로 되돌아갈 것이다. 미첼은 임계 둘레를 쉽게 계산할 수 있었다. 태양과 동일한 질량을 가진 별의 임계 둘레는 약 19km로 계산되었다. 이러한 사고 실험을 통해 미첼은 임계 둘레보다 작은 둘레를 가진 암흑의 별들이 무척 많을 테고, 그 별들에선 빛 입자가 빠져나올 수 없기에 지구에서는 볼 수 없을 것으로 추측했다.

보기

미첼은 뉴턴의 중력이론을 이용해서 탈출 속도를 계산할 수 있었으며, 그 속도가 별 질량을 별의 둘레로 나눈 값의 제곱근에 비례한다는 것을 유도하였다.

① (가) ② (나)
③ (다) ④ (라)

04 이해력

01 다음 글의 내용으로 가장 적절한 것은?

> 미국 로체스터대 교수 겸 노화연구센터 공동책임자인 베라 고부노바는 KAIST 글로벌전략연구소가 '포스트 코로나, 포스트 휴먼 – 의료·바이오 혁명'을 주제로 개최한 제3차 온라인 국제포럼에서 "대다수 포유동물보다 긴 수명을 가진 박쥐는 바이러스를 체내에 보유하고 있으면서도 염증 반응이 일어나지 않는다."며 "박쥐의 염증 억제 전략을 생물학적으로 이해하면 코로나19는 물론 자가면역질환 등 다양한 염증 질환 치료제에 활용할 수 있을 것"이라고 말했다.
>
> 박쥐는 밀도가 높은 군집 생활을 한다. 또한, 포유류 중 유일하게 날개를 지닌 생물로서 뛰어난 비행 능력과 비행 중에도 고온의 체온을 유지하는 것 등의 능력으로 먼 거리까지 무리를 지어 날아다니기 때문에 쉽게 질병에 노출되기도 한다. 그럼에도 오랜 기간 지구상에 존재하며 바이러스에 대항하는 면역 기능이 발달된 것으로 추정된다. 박쥐는 에볼라나 코로나바이러스에 감염돼도 염증 반응이 일어나지 않기 때문에 대표적인 바이러스 숙주로 지목되고 있다.
>
> 고부노바 교수는 "인간이 도시에 모여 산 것도, 비행기를 타고 돌아다닌 것도 사실상 약 100년 정도로 오래되지 않아 박쥐만큼 바이러스 대항 능력이 강하지 않다."며 "박쥐처럼 약 6,000~7,000만 년에 걸쳐 진화할 수도 없다."고 설명했다. 그러면서 "박쥐 연구를 통해 박쥐의 면역체계를 이해하고 바이러스에 따른 다양한 염증 반응 치료제를 개발하는 전략이 필요하다."고 강조했다.
>
> 고부노바 교수는 "이 같은 비교생물학을 통해 노화를 억제하고 퇴행성 질환에 대응하기 위한 방법을 찾을 수 있다."며 "안전성이 확인된 연구 결과물들을 임상에 적용해 더욱 발전해 나가는 것이 필요하다."고 밝혔다.

① 박쥐의 수명은 긴 편이지만 평균적인 포유류 생물의 수명보다는 짧다.
② 박쥐는 날개가 있는 유일한 포유류지만 짧은 거리만 날아서 이동이 가능하다.
③ 박쥐는 현재까지도 바이러스에 취약한 생물이지만 긴 기간 지구상에 존재할 수 있었다.
④ 박쥐가 많은 바이러스를 보유하고 있는 것은 무리생활과 더불어 수명과도 관련이 있다.

02 다음 글에 제시된 '사회적 경제'의 개념과 가장 거리가 먼 것은?

> 자연과 공존을 중시하며 환경오염, 기후변화, 자원부족 등을 극복하기 위한 노력이 증대되고 있다. 또한 자본주의 시장경제의 전개 과정에서 발생한 다양한 사회문제에 대응하여 대안적 삶을 모색하고 공생사회를 지향하는 가치관이 확산되고 있다. 이러한 흐름 속에서 부상한 사회적 경제는 이윤의 극대화를 최고 가치로 삼는 시장경제와 달리, 사람의 가치에 우위를 두는 사람 중심의 경제활동이자 여러 경제주체를 존중하는 다양성의 경제이다. 사회적 경제는 국가, 시장, 공동체의 중간 영역으로 정의되기도 한다. 이러한 정의는 사회적 경제가 공식 경제와 비공식 경제, 영리와 비영리, 공과 사의 경계에 존재함을 의미하고, 궁극적으로 국가 공동체가 새로운 거버넌스의 원리에 따라 재구성되어야 한다는 것을 의미한다.
> 최근 들어 우리 사회뿐만 아니라 세계적 흐름으로 발전하고 있는 사회적 경제는 시장경제에 위기가 도래하면 부상하고, 그 위기가 진정되면 가라앉는 특징을 보인다. 복지국가 담론에 대한 회의 혹은 자본주의 시장 실패에 대한 대안이나 보완책으로 자주 거론되고 있다. 또한, 양극화 해소나 일자리 창출 등의 공동이익과 사회적 가치의 실현을 위한 상호협력과 사회연대라는 요구와 관련된다.

① 기존의 복지국가 담론
② 자본주의 시장 실패의 대안 모델
③ 공식 경제와 비공식 경제의 경계
④ 사람의 가치를 존중하는 사람 중심의 경제

03 다음 글의 제목으로 가장 적절한 것은?

구글어스(Google Earth)가 세계 환경 보안관 역할을 톡톡히 하고 있어 화제다. 구글어스는 가상 지구본 형태로 제공되는 세계 최초의 위성영상지도 서비스로서, 간단한 프로그램만 내려받으면 지구 전역의 위성사진 및 지도, 지형 등의 정보를 확인할 수 있다. 구글은 그동안 축적된 인공위성 빅데이터 등을 바탕으로 환경 및 동물 보호 활동을 지원하고 있다.

지구에서는 지난 10여 년간 약 230만 km^2의 삼림이 사라졌다. 병충해 및 태풍, 산불 등으로 손실된 것이다. 특히 개발도상국들의 산림 벌채와 농경지 확보가 주된 이유다. 이처럼 사라지는 숲에 비해 자연의 자생력으로 복구되는 삼림은 아주 적은 편이다.

그런데 최근에 개발된 초고해상도 구글어스 이미지를 이용해 정밀 분석한 결과, 식물이 살 수 없을 것으로 여겨졌던 건조지대에서도 훨씬 많은 숲이 분포한다는 사실이 밝혀졌다. 국제연합식량농업기구(FAO) 등 13개국 20개 기관과 구글이 참여한 대규모 국제공동연구진은 구글어스로 얻은 위성데이터를 세부 단위로 쪼개 그동안 잘 알려지지 않은 전 세계 건조지역을 집중 분석했다.

그 결과 강수량이 부족해 식물의 정상적인 성장이 불가능할 것으로 알려졌던 건조지대에서 약 467만 km^2의 숲을 새로이 찾아냈다. 이는 한반도 면적의 약 21배에 달한다. 연구진은 이번 발견으로 세계 삼림 면적의 추정치가 9% 정도 증가할 것이라고 주장했다.

건조지대는 지구 육지표면의 40% 이상을 차지하지만, 명확한 기준과 자료 등이 없어 그동안 삼림 분포에 대해서는 잘 알려지지 않았다. 그러나 이번 연구결과로 인해 전 세계 숲의 이산화탄소 처리량 등에 대해 보다 정확한 계산이 가능해짐으로써 과학자들의 지구온난화 및 환경보호 연구에 많은 도움이 될 것으로 기대되고 있다.

① 전 세계 환경 보안관, 구글어스
② 인간의 이기심으로 사라지는 삼림
③ 사막화 현상으로 건조해지는 지구
④ 환경오염으로 심각해지는 식량난

04 다음 중 스마트미터에 대한 내용으로 적절하지 않은 것은?

> 스마트미터는 소비자가 사용한 전력량을 일방적으로 보고하는 것이 아니라, 발전사로부터 전력 공급 현황을 받을 수 있는 양방향 통신, AMI(AMbient Intelligence)로 나아간다. 때문에 부가적인 설비를 더하지 않고 소프트웨어 설치만으로 집안의 통신이 가능한 각종 전자기기를 제어하는 기능까지 더할 수 있어 에너지를 더욱 효율적으로 관리하게 해주는 전력 시스템이다.
> 스마트미터는 신재생에너지가 보급되기 위해 필요한 스마트그리드의 기초가 되는 부분으로 그 시작은 자원 고갈에 대한 걱정과 환경보호 협약 때문이었다. 하지만 스마트미터가 촉구되었던 더 큰 이유로는 안정적으로 전기를 이용할 수 있느냐 하는 두려움이 있었다. 사회는 끊임없는 발전을 이뤄왔지만 천재지변으로 인한 시설 훼손이나 전력 과부하로 인한 블랙아웃 앞에서는 어쩔 도리가 없었다. 태풍과 홍수, 산사태 등으로 막대한 피해를 보았던 2000년대 초반 미국을 기점으로, 전력 정보의 신뢰도를 위해 스마트미터 산업은 크게 주목받기 시작했다. 대중은 비상시 전력 보급 현황을 알기 원했고, 미 정부는 전력 사용 현황을 파악함은 물론, 소비자가 전력 사용량을 확인할 수 있도록 제공하여 소비자 스스로 전력 사용을 줄이길 바랐다.
> 한편 스마트미터는 기존의 전력 계량기를 교체해야 하는 수고와 비용이 들지만, 실시간으로 에너지 사용량을 알 수 있기 때문에 이용하는 순간부터 공급자인 발전사와 소비자 모두가 전력 정보를 편이하게 접할 수 있을 뿐만 아니라 효율적으로 관리가 가능해진다. 앞으로는 소비처로부터 멀리 떨어진 대규모 발전 시설에서 생산하는 전기뿐만 아니라, 스마트 그린시티에 설치된 발전설비를 통한 소량의 전기들까지 전기 가격을 하나의 정보로 규합하여 소비자가 필요에 맞게 전기를 소비할 수 있게 하였다. 또한, 소형 설비로 생산하거나 에너지 저장 시스템에 사용하다 남은 소량의 전기는 전력 시장에 역으로 제공해 보상을 받을 수도 있게 된다.
> 미래 에너지는 신재생에너지로의 완전한 전환이 중요하지만, 산업체는 물론 개개인이 에너지를 절약하는 것 역시 중요하다. 앞서 미국이 의도했던 것처럼 스마트미터를 보급하면 일상에서 쉽게 에너지 운용을 파악할 수 있게 되고, 에너지 절약을 습관화하는 데 도움이 될 것이다.

① 소비자가 사용한 전력량뿐만 아니라 발전사로부터 공급 현황도 받을 수 있다.
② 에너지 공급자와 사용자를 양방향 통신으로 연결해 정보제공 역할을 한다.
③ 공급자로부터 받은 전력 사용량을 바탕으로 소비자 스스로 전력 사용을 제어할 수 있다.
④ 스마트미터는 자원 고갈과 환경보호를 대체힐 수 있는 발진효율이 높은 신재생에너지 지원이다.

05 공간지각력

01 다음과 같은 모양을 만드는 데 사용된 블록의 개수는?(단, 보이지 않는 곳의 블록은 있다고 가정한다)

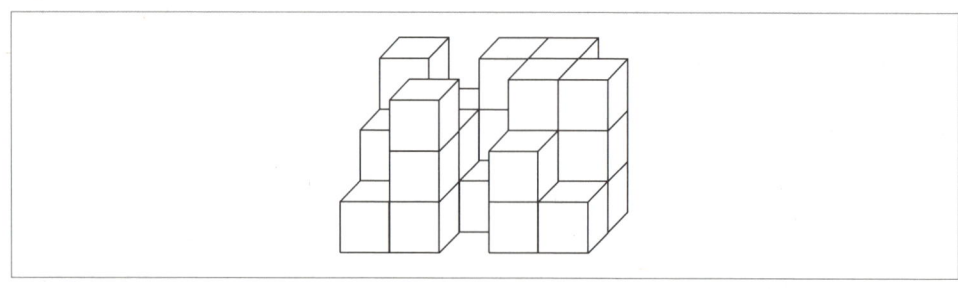

① 26개　　　　　　　　　　② 27개
③ 28개　　　　　　　　　　④ 29개

02 주어진 전개도로 정육면체를 만들 때, 만들어질 수 없는 것은?

① 　　　　　　②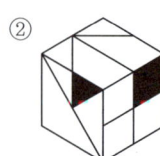

③ 　　　　　　④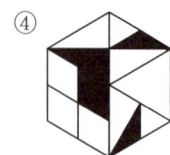

03 다음 두 블록을 합쳤을 때, 나올 수 없는 형태는?

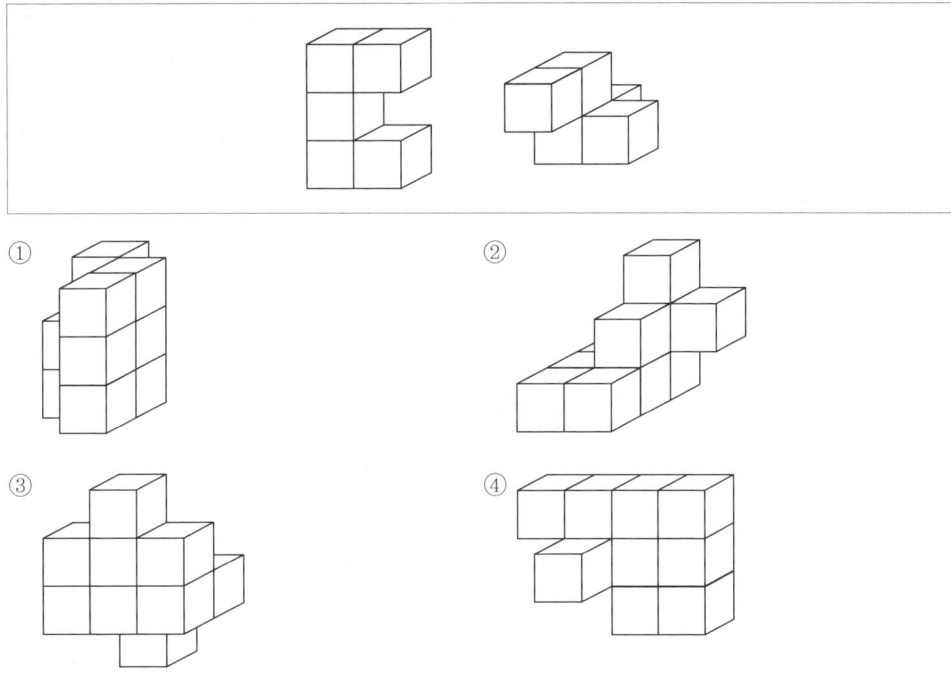

04 다음 주어진 입체도형 중 일치하지 않는 것은?

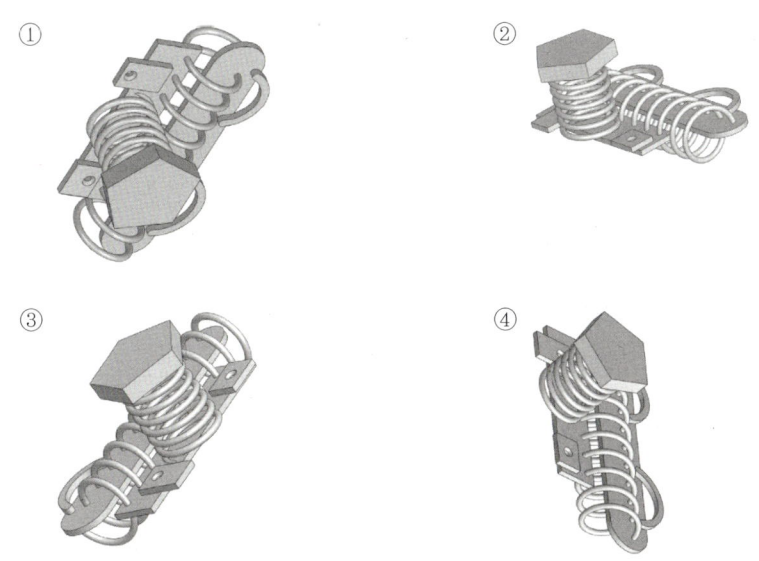

CHAPTER 01 2025년 기출복원문제 정답 및 해설

01 문제해결력

01	02	03	04
④	②	④	④

01 정답 ④

두 번째 조건에 따라 F가 2층 칸을 사용하므로 B가 사용할 수 있는 칸은 1, 3, 5층 칸이다. 그러나 네 번째 조건에 따라 3, 5층 칸은 2명이 사용하는 4층 칸과 인접한 칸이므로 B는 항상 1층 칸을 사용한다. 나머지 조건들을 통하여 가능한 경우를 정리하면 다음과 같다.

구분	경우 1	경우 2
5층 칸	C	E
4층 칸	D	A
	E	C
3층 칸	A	D
2층 칸	F	F
1층 칸	B	B

C는 경우 1에서 혼자 5층 칸을 사용한다. 따라서 'C는 항상 다른 사람과 같은 칸을 사용한다'는 옳지 않다.

02 정답 ②

첫 번째 조건에서 D는 A의 바로 왼쪽에 앉으며, 마지막 조건에서 B는 E의 바로 오른쪽에 앉으므로 'D-A', 'E-B'를 각각 한 묶음으로 생각할 수 있다. 두 번째 조건에서 C는 세 번째 자리에 앉아야 하며, 세 번째 조건에 의해 'D-A'는 각각 첫 번째, 두 번째 자리에 앉아야 한다. 이를 표로 정리하면 다음과 같다.

첫 번째 자리	두 번째 자리	세 번째 자리	네 번째 자리	다섯 번째 자리
D	A	C	E	B

따라서 E는 네 번째 자리에 앉는다.

오답분석
① D는 첫 번째 자리에 앉는다.
③ C는 세 번째 자리에 앉는다.
④ C는 A의 바로 오른쪽에 앉는다.

03 정답 ④

주어진 조건을 정리하면 다음과 같다.

구분	1일	2일	3일	4일	5일	6일
경우 1	B	E	F	C	A	D
경우 2	B	C	F	D	A	E
경우 3	A	B	F	C	E	D
경우 4	A	B	C	F	D	E
경우 5	E	B	C	F	D	A
경우 6	E	B	F	C	A	D

따라서 B영화는 어떠한 경우에도 1일 또는 2일에 상영된다.

오답분석
① 경우 3 또는 4에서 A영화는 C영화보다 먼저 상영된다.
② 경우 1 또는 5, 6에서 C영화는 E보다 늦게 상영된다.
③ D영화는 경우 1 또는 3에서 폐막작으로, 경우 4 또는 5에서 5일에 상영된다.

04 정답 ④

주어진 조건을 정리하면 왼쪽부터 순서대로 빨간색 컵(포도주), 갈색 컵(물), 검은색 컵(맥주), 노란색 컵(주스), 파란색 컵(비어 있음)이다. 주스는 비어 있는 컵의 왼쪽에 와야 하므로 맨 오른쪽 끝에 있을 수 없다.

02 수리력

01	02	03	04	05
②	①	③	④	③

01 정답 ②

정년퇴직 전 모든 교직원의 총나이는 $50 \times 43.64 = 2,182$세이다. 여기서 62세의 교직원 6명이 퇴직하고, 26세 2명, 28세 1명, 30세 1명이 신입으로 들어왔으므로 신입 교직원이 들어온 후 모든 교직원의 총나이는 다음과 같다.
$2,182 - (62 \times 6) + (26 \times 2) + 28 + 30 = 62 = 1,920$세
50명에서 6명이 퇴직하고, 4명이 들어왔으므로 최근 K학교에 재직하는 교직원은 48명이다.
따라서 최근 교직원의 평균 나이는 $1,920 \div 48 = 40$세이다.

02 정답 ①

A사원은 4일 주기, B사원은 6일 주기로 당직 근무를 수행하므로 4와 6의 최소공배수인 12일마다 같이 당직 근무를 수행한다. 7월 4일에 두 사람이 같이 당직 근무를 하였으므로 7월 16일, 7월 28일에도 같이 당직 근무를 수행한다.
따라서 A와 B는 7월 한 달 동안 총 3번 같이 당직 근무를 수행한다.

03 정답 ③

4과목의 평균이 85점 이상을 받아야 하므로 총점은 340점 이상이 된다.
따라서 갑돌이는 $340 - (70 + 85 + 90) = 95$점을 받아야 한다.

04 정답 ④

갑, 을, 병이 각각 꺼낸 3장의 카드에 적힌 숫자 중 갑이 꺼낸 카드에 적힌 숫자가 가장 큰 수가 되는 경우는 다음과 같다.
ⅰ) 갑이 숫자 2가 적힌 카드를 꺼낼 경우
   병이 가진 카드에 적힌 숫자가 모두 2보다 큰 수이므로 갑이 꺼낸 카드에 적힌 숫자가 가장 큰 수가 되는 경우의 수는 0가지이다.
ⅱ) 갑이 숫자 5가 적힌 카드를 꺼낼 경우
   갑이 꺼낸 카드에 적힌 숫자가 가장 큰 수가 되려면 을은 숫자 5보다 작은 숫자인 1이 적힌 카드, 병은 숫자 5보다 작은 숫자인 3 또는 4가 적힌 카드를 꺼내야 한다. 그러므로 갑이 꺼낸 카드에 적힌 숫자가 가장 큰 수가 되는 경우의 수는 $1 \times 2 = 2$가지이다.
ⅲ) 갑이 숫자 9가 적힌 카드를 꺼낼 경우
   을과 병이 가지고 있는 카드에 적힌 숫자가 모두 9보다 작은 수이므로 어떠한 카드를 꺼내도 갑이 꺼낸 카드에 적힌 숫자가 가장 크다. 그러므로 갑이 꺼낸 카드에 적힌 숫자가 가장 큰 수가 되는 경우의 수는 $3 \times 3 = 9$가지이다.
따라서 카드에 적힌 숫자가 가장 큰 사람이 갑이 되는 경우의 수는 $0 + 2 + 9 = 11$가지이다.

05 정답 ③

A기업
- 화물자동차 : $200,000 + (1,000 \times 5 \times 100) + (100 \times 5 \times 100)$
  $= 750,000$원
- 철도 : $150,000 + (900 \times 5 \times 100) + (300 \times 5 \times 100)$
  $= 750,000$원
- 연안해송 : $100,000 + (800 \times 5 \times 100) + (500 \times 5 \times 100)$
  $= 750,000$원

B기업
- 화물자동차 : $200,000 + (1,000 \times 1 \times 200) + (100 \times 1 \times 200)$
  $= 420,000$원
- 철도 : $150,000 + (900 \times 1 \times 200) + (300 \times 1 \times 200)$
  $= 390,000$원
- 연안해송 : $100,000 + (800 \times 1 \times 200) + (500 \times 1 \times 200)$
  $= 360,000$원

따라서 A기업은 모든 운송수단이 동일하고, B기업은 연안해송이 가장 저렴하다.

03　언어논리력

01	02	03	04	05	06
①	④	②	②	②	③

01　정답 ①

제시된 문장은 기품, 멋 따위가 드러난다는 의미이므로 '나다'가 옳은 표현이다. 따라서 '나다'의 명령형 상대 높임법인 '나세요'가 옳다.

오답분석

② 병이나 상처 따위가 고쳐져 본래대로 됨을 뜻하는 '낫다'의 명령형 상대 높임법
③ 다른 사람과 함께 떠나지 않고 있던 그대로 있음을 뜻하는 '남다'의 명령형 상대 높임법
④ 뱃속의 아이, 새끼, 알을 몸 밖으로 내놓음을 뜻하는 '낳다'의 명령형 상대 높임법

02　정답 ④

- 주무(主務) : 사무를 주장하여 맡음
- 직학(直學) : 1. 고려 시대 국자감·국학·성균관의 종구품 벼슬
  2. 조선 전기 성균관의 정구품 벼슬

오답분석

① 경선(競選) : 둘 이상의 후보가 경쟁하는 선거
　경쟁(競爭) : 같은 목적에 대하여 이기거나 앞서려고 서로 겨룸
② 현재(現在) : 지금의 시간
　현행(現行) : 현재 행하여지고 있음. 또는 행하고 있음
③ 개선(改善) : 잘못된 것이나 부족한 것, 나쁜 것 따위를 고쳐 더 좋게 만듦
　개수(改修) : 고쳐서 바로잡거나 다시 만듦

03　정답 ②

두 번째 안내사항에서 자료 열람 및 대출 모두 회원증을 지참해야 가능하다고 하였으므로 비회원은 자료 열람이 불가능하다.

오답분석

① 첫 번째 안내사항에 따라 평일은 오후 10시, 주말은 오후 6시에 폐관하므로 주말은 평일보다 4시간 일찍 폐관한다.
③ 세 번째 안내사항에 따라 K학교 도서관에는 노약자, 장애인, 임산부를 위한 A구역 열람석이 따로 있다.
④ 네 번째 안내사항에 따라 K학교 도서관은 2시간의 무료 주차 시간을 제공하고 있으므로 이용 가능한 주차시설이 구비되어 있다.

04　정답 ②

제목은 주제와 관련된다. 주제는 제시문의 앞부분인 '미래 사회에서는 산업 구조의 변화에 따라 전반적인 사회조직의 원리도 바뀔 것이다.'이므로 ②가 제목으로 적절하다. 또한 반복되는 어휘인 '사회조직의 원리'를 떠올려도 된다.

오답분석

① 산업 사회에서 대량 생산 체계를 발전시키기 위해 사회가 조직되었지만, 미래 사회에 대한 언급이 없다.
③ 제시문의 초점은 '미래 사회의 산업 구조' 자체가 아니라 '산업 구조 변화에 따른 사회조직 원리의 변화'이다.
④ '인간 소외와 비인간화 현상'은 미래 사회조직이 극복할 대상이기 때문에 제목으로 적절하지 않다.

05　정답 ②

글의 내용을 요약하여 필자가 주장하는 핵심을 파악해야 한다. 제시문은 텔레비전의 언어가 개인의 언어 습관에 미치는 악영향을 경계하면서, 올바른 언어 습관을 익히기 위해 문학 작품의 독서를 강조하고 있다.

06　정답 ③

㉠은 기업들이 더 많은 이익을 내기 위해 '디자인의 향상'에 몰두하는 것이 바람직하다는 판단이다. 즉, '상품의 사회적 마모를 짧게 해서 소비를 계속 증가시키기 위한' 방안인데, 이것에 대한 반론이 되기 위해서는 ㉠의 주장이 지닌 문제점을 비판하여야 한다. ㉠의 주장이 지닌 가장 큰 문제점은 '성능 향상 없는 디자인 변화가 소비를 촉진시킬 수 있는 것인가'라는 질문에 확답할 수 없다는 것이다. 디자인 변화는 분명히 상품의 소비를 촉진시킬 수 있는 효과적 방법 중의 하나이지만 '성능이나 기능, 내구성'의 향상이 전제되지 않았을 때는 효과를 내기 힘들기 때문이다.

04 이해력

01	02	03		
③	③	②		

01
정답 ③

A사원이 C사원과 다투게 된 이유는 A사원이 C사원의 도움 요청에 애매하게 반응했기 때문이다. 따라서 A사원은 상대방에게 자신의 상황을 솔직하게 설명해야 하며, 요청을 들어주는 것이 불가능할 때는 애매한 태도를 보이지 말고 정중하고 단호하게 거절해야 한다. 또한, 사건의 근본적인 원인이 C사원에게 있으므로 이를 지적할 때에는 듣는 사람이 반발하지 않고 부드럽게 받아들일 수 있도록 샌드위치 화법(칭찬 → 질책 → 격려)을 사용하는 것이 좋다. A사원은 C사원의 말을 경청하지 않거나 말을 끊은 것이 아니므로 적절하지 않은 것은 ③이다.

02
정답 ③

B팀장은 단합대회에 참석하지 않는다는 의사표시를 한 것이 아니라 A부장이 갑작스럽게 단합대회 날짜를 정하게 된 이유를 듣고, 일정을 조율해보겠다는 의미의 대답을 한 것이다.

03
정답 ②

이팀장의 지시 사항에 따라 강대리가 해야 할 일은 회사 차 반납, K은행 김팀장에게 서류 제출, 최팀장에게 회의 자료 전달, 대표에게 결재받기이다. 이 중 대표의 결재를 오전 중으로 받아야 하므로 강대리는 가장 먼저 대표에게 결재를 받아야 한다. 이후 1시에 출근하는 최팀장에게 회의 자료를 전달하고, 이팀장에게 들러 회사 차를 찾아 차 안의 서류를 K은행 김팀장에게 제출한 뒤 회사 차를 반납해야 한다. 즉, 강대리가 해야 할 일의 순서를 정리하면 '대표에게 결재받기 → 최팀장에게 회의 자료 전달 → K은행 김팀장에게 서류 제출 → 회사 차 반납'의 순이 된다.

05 공간지각력

01	02	03	04	
②	③	②	①	

01
정답 ②

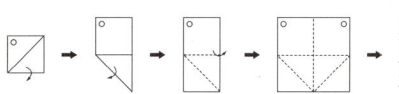

02
정답 ③

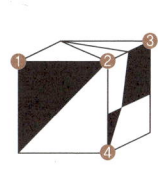 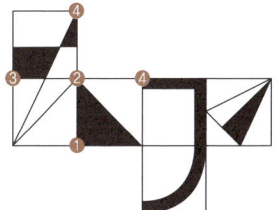

03
정답 ②

오답분석

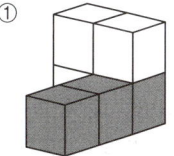 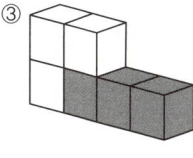

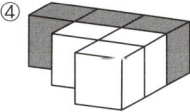

04
정답 ①

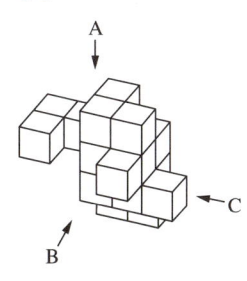

CHAPTER 02 2024년 기출복원문제 정답 및 해설

01 문제해결력

01	02	03	04
①	④	④	④

01 정답 ①

돼지 인형과 토끼 인형의 크기를 비교할 수 없으므로 크기가 큰 순서대로 나열하면 '돼지 – 토끼 – 곰 – 기린 – 공룡' 또는 '토끼 – 돼지 – 곰 – 기린 – 공룡'이 된다. 이때, 가장 큰 크기의 인형을 정확히 알 수 없으므로 진영이가 좋아하는 인형 역시 알 수 없다.

02 정답 ④

제시된 조건을 정리하면 다음과 같다.
- 스페인 반드시 방문
- 프랑스 → ~영국
- 오스트리아 → ~스페인
- 벨기에 → 영국
- 오스트리아, 벨기에, 독일 중 2개 이상 방문

세 번째 조건의 대우는 '스페인 → ~오스트리아'이고, 스페인은 반드시 방문해야 하므로 오스트리아는 방문하지 않을 것이다. 또한, 마지막 조건에 따라 벨기에와 독일을 방문한다. 네 번째 조건에 따라 영국도 방문하고, 두 번째 조건에 따라 프랑스는 방문하지 않게 된다.
따라서 아름이가 방문할 국가는 스페인, 벨기에, 독일, 영국이며, 방문하지 않을 국가는 오스트리아와 프랑스이다.

03 정답 ④

A나 C가 농구를 한다면 진실만 말해야 하는데, 모두 다른 사람이 농구를 한다고 말하고 있으므로 거짓을 말한 것이 되어 모순이 된다. 그러므로 농구를 하는 사람은 B 또는 D이다.
- B가 농구를 하는 경우 : C는 야구, D는 배구를 하고 남은 A가 축구를 한다. A가 한 말은 모두 거짓이고, C와 D는 진실과 거짓을 한 개씩 말하므로 모든 조건이 충족된다.
- D가 농구를 하는 경우 : B은 야구, A는 축구, C는 배구를 한다. 이 경우 A가 진실과 거짓을 함께 말하고, B와 C는 거짓만 말한 것이 되므로 모순이 된다. 따라서 D는 농구를 하지 않는다.

따라서 A는 축구, B는 농구, C는 야구, D는 배구를 한다.

04 정답 ④

주어진 조건에 따라 앞서 달리고 있는 순서대로 나열하면 'A – D – C – E – B'가 된다. 따라서 이 순위대로 결승선까지 달린다면 C는 3등을 할 것이다.

02 수리력

01	02	03	04	05
④	①	③	④	①

01
정답 ④

A, B, C버스의 배차 간격 8분, 15분, 12분의 최소공배수는 $4 \times 3 \times 2 \times 5 = 120$분이므로 오후 4시 50분에서 2시간 후인 오후 6시 50분에 다시 같이 출발한다.

02
정답 ①

세포의 수는 1일 지날 때마다 2배씩 증가한다. n일 후 세포의 수를 a_n이라 할 때, $a_n = 2^n \times 10$이다.
따라서 10일 후 세포의 수는 $2^{10} \times 10$개이다.

03
정답 ③

빵 1개의 가격을 x원이라고 하자.
$7x + 4,500 = 29,000$
$\rightarrow 7x = 24,500$
$\therefore x = 3,500$
따라서 빵 1개의 가격은 3,500원이다.

04
정답 ④

조사기간 동안 전체 사고 발생 수는 $262,814 + 270,646 + 284,286 + 273,097 + 266,051 = 1,356,894$건이고, 자전거 사고 발생 수는 $6,212 + 4,571 + 7,498 + 8,529 + 5,330 = 32,140$건이다. 따라서 전체 사고 발생 수 중 자전거사고 발생 수의 비율은 $\frac{32,140}{1,356,894} \times 100 = 2.37\%$로 3% 미만이다.

오답분석
① 연도별 화재사고 발생 수의 5배와 도로교통사고 발생 수를 비교하면 다음과 같다.

구분	화재사고 발생 수 5배	도로교통사고 발생 수
2019년	$40,932 \times 5 = 204,660$건	215,354건
2020년	$42,135 \times 5 = 210,675$건	223,552건
2021년	$44,435 \times 5 = 222,175$건	232,035건
2022년	$43,413 \times 5 = 217,065$건	220,917건
2023년	$44,178 \times 5 = 220,890$건	216,335건

2023년에는 화재사고 발생 수의 5배가 도로교통사고 발생 수보다 많으므로 옳지 않다.

② 환경오염사고 발생 수는 2021년부터 2023년까지 전년보다 감소하므로 증가와 감소가 반복됨이 옳지 않다.
③ 환경오염사고 발생 수는 2022년부터 가스사고 발생 수보다 적다.

05
정답 ①

2022년 생활폐기물의 양은 150천 톤으로 2021년 160천 톤보다 감소하였다.

오답분석
② 2019년과 2021년의 사업장폐기물 대비 생활폐기물이 차지하는 비율은 다음과 같다.
• 2019년 : $\frac{80}{250} \times 100 = 32\%$
• 2021년 : $\frac{160}{400} \times 100 = 40\%$
따라서 그 차이는 $40 - 32 = 8\%p$이다.

③ 2019 ~ 2023년 생활폐기물과 사업장폐기물 처리량의 합과 건설폐기물의 처리량을 비교하면 다음과 같다.

구분	생활+사업장폐기물	건설폐기물
2019년	$80+250=330$천 톤	300천 톤
2020년	$100+320=420$천 톤	360천 톤
2021년	$160+400=560$천 톤	520천 톤
2022년	$150+420=570$천 톤	525천 톤
2023년	$180+450=630$천 톤	540천 톤

따라서 생활폐기물과 사업장폐기물 처리량의 합이 더 많다.

④ 2021년과 2023년의 전년 대비 생활폐기물 증가율은 다음과 같다.
• 2021년 : $\frac{160-100}{100} \times 100 = 60\%$
• 2023년 : $\frac{180-150}{150} \times 100 = 20\%$
따라서 2021년이 2023년 증가율의 3배이다.

03 언어논리력

01	02	03	04
①	②	①	①

01 정답 ①

- 십벌지목(十伐之木) : '열 번 찍어 아니 넘어가는 나무가 없다.'는 의미로 어떤 어려운 일이라도 여러 번 계속하여 끊임없이 노력하면 기어이 이루어 내고야 만다는 뜻
- 반복무상(反覆無常) : 언행이 이랬다저랬다 하며 일정하지 않거나 일정한 주장이 없음을 이르는 말

오답분석
② 마부작침(磨斧作針) : '도끼를 갈아 바늘을 만든다.'는 뜻으로 아무리 어려운 일이라도 끈기 있게 노력하면 이룰 수 있음을 비유하는 말
③ 우공이산(愚公移山) : '우공이 산을 옮긴다.'는 말로 남이 보기엔 어리석은 일처럼 보이지만 한 가지 일을 끝까지 밀고 나가면 언젠가는 목적을 달성할 수 있다는 뜻
④ 적진성산(積塵成山) : '먼지가 쌓여 산이 된다'는 뜻으로 아주 작은 것도 모이고 쌓이면 큰 덩어리가 됨을 비유하는 말

02 정답 ②

②는 '모두 하나와 같이'라는 의미로 쓰였고, ①·③·④는 '변함없이'와 같은 의미로 쓰였다.

> **한결같다**
> - 처음부터 끝까지 변함없이 같다.
> - 여럿이 모두 꼭 같이 하나와 같다.

03 정답 ①

단순히 젊은 세대의 문화만을 존중하거나, 기존 세대의 문화만을 따르는 것이 아닌 두 문화가 어우러질 수 있도록 기업 차원에서 분위기를 만드는 것이 본질적인 해결법으로 가장 적절하다.

오답분석
② 기업의 전반적인 생산성 향상을 이룰 수 없으므로 기업 차원의 방법으로 적절하지 않다.
③ 젊은 세대의 채용을 기피하는 분위기가 생길 수 있으므로 적절하지 않다.
④ 젊은 세대의 특성을 받아들이기만 하면 전반적인 생산성 향상과 같은 기업의 이득은 배제하게 되는 문제점이 발생하므로 적절하지 않다.

04 정답 ①

- 유례(類例) : 같거나 비슷한 예
- 유래(由來) : 사물이나 일이 생겨남. 또는 그 사물이나 일이 생겨난 바
- 공약(公約) : 정부, 정당, 입후보자 등이 어떤 일에 대하여 국민에게 실행할 것을 약속함. 또는 그런 약속
- 공략(攻略) : 적극적인 자세로 나서 어떤 영역 따위를 차지하거나 어떤 사람 등을 자기편으로 만듦을 비유적으로 이르는 말

04 이해력

01	02	03	04
③	④	④	③

01   정답 ③

제시문은 몰랐으면 아무 문제되지 않았을 텐데 알아서 문제가 발생하는 경우도 있음을 말하며 노이로제에 대해 설명하고 있다. 따라서 제목으로 ③이 가장 적절하다.

02   정답 ④

제시문에서 학자는 순수한 태도로 진리를 탐구해야 한다고 하였으므로 ④는 적절하지 않다.

03   정답 ④

제시문은 토끼와 거북이의 경주에서 거북이는 토끼의 실수를 이용하여 승리하였기 때문에 거북이의 승리가 정의롭지 않다고 주장한다. 따라서 이러한 주장에 대한 반박으로는 공정한 절차에 따라 도출된 결과라면 그 결과는 공정하다는 내용의 ④가 가장 적절하다.

오답분석
③ 토끼와 거북이는 모두 동일한 조건에서 경주를 진행하였다.

04   정답 ③

먼 바다에서 지진해일의 파고는 수십 cm 이하이지만 얕은 바다에서는 급격하게 높아진다.

오답분석
① 화산폭발로 인해 발생하는 건 맞지만 파장이 긴 파도를 지진해일이라 한다.
② 태평양에서 발생한 지진해일은 발생 하루 만에 발생지점에서 지구의 반대편까지 이동할 수 있다.
④ 지진해일이 해안가에 가까워질수록 파도가 강해지는 것은 맞지만, 속도는 시속 45~60km까지 느려진다.

05 공간지각력

01	02	03	04
①	①	②	④

01   정답 ①

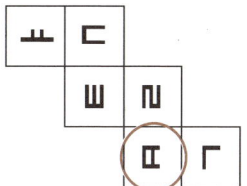

02   정답 ①

오답분석

②
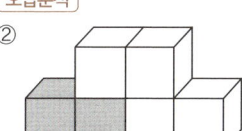

③
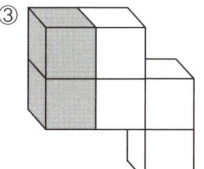

④
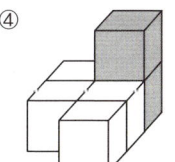

03   정답 ②

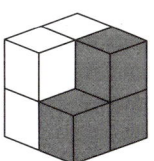

04   정답 ④

제시된 도형을 시계 방향으로 180° 회전한 것이다.

CHAPTER 03 2023년 기출복원문제 정답 및 해설

01 문제해결력

01	02	03	04
①	②	④	④

01
정답 ①

제시된 조건을 정리하면 다음과 같다.
- 첫 번째 명제 : ~C
- 두 번째 명제 : ~B → (C ∧ E)
- 세 번째 명제 : (~E ∨ ~F) → D
- 네 번째 명제 : B → (~A ∧ ~E)

첫 번째 명제가 참이므로 두 번째 명제의 대우인 '(~C ∨ ~E) → B'에 따라 B는 공휴일에 영업한다. 또한, 네 번째 명제에 따라 A와 E는 영업하지 않고, 다섯 번째 명제에 따라 F도 영업하지 않는다. 마지막으로 세 번째 명제에 따라 D는 영업한다.
따라서 공휴일에 영업하는 가게는 B와 D 2곳이다.

02
정답 ②

A ~ E의 진술에 따르면 C와 E는 반드시 동시에 참 또는 거짓이 되어야 하며, B와 C는 동시에 참이나 거짓이 될 수 없다. 이에 따라 가능한 경우를 정리하면 다음과 같다.
- A와 B가 거짓인 경우
  B의 진술이 거짓이므로 이번 주 수요일 당직은 B이다. 그러나 D의 진술에 따르면 B는 목요일 당직이므로 이는 성립하지 않는다.
- B와 D가 거짓인 경우
  B의 진술이 거짓이므로 이번 주 수요일 당직은 B이다. 또한 A, E의 진술에 따르면 E는 월요일, A는 화요일에 각각 당직을 선다. 이때 C는 수요일과 금요일에 당직을 서지 않으므로 목요일 당직이 되며, 남은 금요일 당직은 D가 된다.
- C와 E가 거짓인 경우
  A, B, D의 진술에 따르면 A는 화요일, D는 수요일, B는 목요일, C는 금요일 당직이 되어 남은 월요일 당직은 E가 된다. 이때 E의 진술이 참이 되므로 이는 성립하지 않는다.

따라서 'B와 D가 거짓인 경우'만 성립하므로 이번 주 수요일에 당직을 서는 사람은 B이다.

03
정답 ④

두 번째와 마지막 명제를 보면 귤을 사면 고구마를 사지 않고, 고구마를 사지 않으면 감자를 산다고 했으므로 '귤을 사면 감자를 산다.'는 참이다.

오답분석
① 세 번째와 네 번째 명제에서 '사과를 사면 수박과 귤 모두 산다.'가 아닌 '사과를 사면 수박과 귤 중 하나를 산다.'를 추론할 수 있다.
② 제시된 명제만으로 알 수 없는 내용이다.
③ 네 번째 명제의 '이'는 '배를 사지 않으면 수박과 귤을 모두 사거나 사지 않는다.'이지만 명제가 참이라고 하여 '이'가 반드시 참이 될 수는 없다.

04
정답 ④

첫 번째 명제의 대우는 '자연을 좋아하지 않는 사람은 강아지를 좋아하지 않는다.'이다. 두 번째 명제의 대우는 '자연을 좋아하지 않는 사람은 나무를 좋아하지 않는다.'이다.
따라서 두 대우 명제를 연결하면 ④와 같은 결론이 적절하다.

02 수리력

01	02	03	04	05	06
③	④	②	④	④	③

01 정답 ③

먼저 A와 B가 탄 자동차의 속력을 분속으로 바꾸면 다음과 같다.
- A : $\frac{80}{60}$ km/min → $\frac{4}{3}$ km/min
- B : $\frac{90}{60}$ km/min → $\frac{3}{2}$ km/min

그러므로 각자 60km를 가는 데 걸리는 시간은 다음과 같다.
- A : $60 \div \frac{4}{3} = 45$분
- B : $60 \div \frac{3}{2} = 40$분

따라서 B가 A보다 5분 뒤에 출발하면 여행지에 동시에 도착한다.

02 정답 ④

각 제품의 인상 전 가격을 구하면 A제품은 20만 원, B제품은 30만 원, C제품은 50만 원이다. 여기에 설 연휴 인상률을 반영한 제품 가격을 계산하면 다음과 같다.
- A : 20만 원×1.1=22만 원
- B : 30만 원×1.15=34.5만 원
- C : 50만 원×1.2=60만 원

따라서 설 연휴에 제품 3가지를 모두 구입하려면 116만 5천 원이 필요하다.

03 정답 ②

정가가 x원일 때, 식을 정리하면 다음과 같다.
$0.8x - 4,000 = 4,000 \times 0.05$
→ $0.8x = 4,200$
∴ $x = 5,250$
따라서 정가는 5,250원이다.

04 정답 ④

23은 소수로, 1과 자기 자신만으로 나누어떨어지는 수이다. 그러므로 $a(a-b)=23$의 식에서 a가 1이면 $(a-b)$는 23 또는 a가 23이면 $(a-b)$는 1이 가능하다.
하지만 a가 1일 경우 $(a-b)$가 23이 되어야 하므로, b는 자연수가 아닌 음수(-22)이다.
따라서 a는 23, b는 $a-b=1 → 23-b=1 → b=22$이므로 $a^2-b^2=(a+b)(a-b)=(23+22)\times(23-22)=45$이다.

05 정답 ④

소비자 물가지수는 상품의 가격 변동을 수치화한 것으로 각 상품의 가격은 알 수 없다.

오답분석
① 그래프를 보면 세 품목이 모두 2017년에 물가지수 100을 나타낸다. 따라서 제시된 모든 품목의 소비자 물가지수는 2017년 물가를 100으로 하여 등락률을 산정했다.
② 2021년의 자장면 물가지수의 2017년 대비 증가지수는 $115-100=15$로 가장 많이 오른 음식이다.
③ 설렁탕은 2012년에 물가지수가 가장 낮은 품목이며, 2017년에 세 품목의 물가지수는 100으로 동일하다. 따라서 설렁탕이 2012년부터 2017년까지 가장 많이 오른 음식이다.

06 정답 ③

학생 1명에게 빵과 우유를 1개씩 제공하므로 학생 수를 n으로 할 때의 총액을 식으로 정리하면 다음과 같다.
- A : $(800+600) \times n$
- B : $(750+580) \times n + 35,000$

B업체에서 구매하는 것이 더 저렴하기 위한 n값을 구하는 식은 다음과 같다.
$(800+600) \times n > (750+580) \times n + 35,000$
→ $1,400n > 1,330n + 35,000$
→ $70n > 35,000$
∴ $n > 500$

학생 수 n은 자연수이어야 하므로 501명 이상이어야 B업체에서 구매하는 것이 더 저렴하다.

03 언어논리력

01	02	03	04
②	③	④	④

01
정답 ②

오답분석
① 결제 : 증권 또는 대금을 주고받아 매매 당사자 사이의 거래 관계를 끝맺는 일
③ 소집 : 단체나 조직체의 구성원을 불러서 모음
④ 개입 : 자신과 직접적인 관계가 없는 일에 끼어 듦

02
정답 ③

두 번째 문단은 우울증의 긍정적인 면모인 방어기제로서의 역할에 대한 내용을 다루고 있다. ⓒ은 지금의 경쟁 사회가 정신적인 소진 상태를 초래하기 쉬운 환경이라는 내용이므로, 오늘날 우울증이 급격히 늘어나는 원인을 설명하고 있는 세 번째 문단의 마지막 문장 바로 앞에 들어가는 것이 더 적절하다.

오답분석
① 우울증과 창조성의 관계를 설명하면서 그 예시로 우울증을 갖고 있었던 위대한 인물들을 들고 있다. 따라서 천재와 우울증이 동전의 양면과 같으므로 인류 문명의 진보를 이끌었다고 볼 수 있다는 내용의 ㉠은 첫 번째 문단의 결론이므로 삭제할 필요가 없다.
② 문장의 주어가 '엄청난 에너지를 소모하는 것', 즉 행위이므로 이 행위는 어떤 상태에 이르게 '만드는' 것이 되어야 문맥이 자연스럽다. 따라서 문장의 주어와 호응하는 것은 '이르게 할 수 있다.'이다.
④ ㉣을 기준으로 앞 문장은 새로운 조합을 만들어내는 창조성 있는 사람이 이익을 갖게 된다는 내용이고, 뒤 문장은 새로운 조합을 만들어내는 일이 많은 에너지를 요하는 어려운 일이라는 내용이다. 따라서 뒤 문장은 앞 문장의 결과라고 보기 어렵다.

03
정답 ④

먼저 정신과 물질의 관계에 대한 이원론과 동일론을 언급하며 동일론의 문제점을 이야기하는 (다) 문단이 오는 것이 적절하다. 다음으로는 그러한 동일론의 문제점을 해결할 수 있는 기능론에 대해 설명하는 (나) 문단이 오는 것이 적절하고, 그 뒤를 이어 기능론을 비판하는 이원론의 입장에서 감각질과 관련한 사고 실험에 대해 설명하는 (라) 문단이 오는 것이 적절하다. 마지막으로는 그러한 사고 실험에서 감각질이 뒤집혀도 겉으로 드러난 행동과 말이 똑같은 이유를 설명하는 (가) 문단이 와야 한다. 따라서 '(다) - (나) - (라) - (가)'의 순서로 나열하는 것이 적절하다.

04
정답 ④

(라)의 앞에서는 정보와 지식이 커뮤니케이션 속에서 살아 움직이며 진화함을 말하고 있다. 따라서 정보의 순환 속에서 새로운 정보로 거듭나는 역동성에 대한 설명의 사례로 보기의 내용이 이어질 수 있다.
보기의 내용은 소비자들에 의해 오류가 수정되고 개정되어 한 나라의 관광 안내 책자 속 정보가 섬세하고 정확한 것이 정보와 지식이 커뮤니케이션 속에서 새로운 정보로 거듭나는 것을 잘 나타내고 있기 때문이다.

04 이해력

01	02	03		
②	③	③		

01   정답 ②

세 번째 문단에 따르면 플라톤 시기는 이제 막 알파벳이 보급되고, 문자문화가 전래의 구술적 신화문화를 대체하기 시작한 시기였다.

오답분석
① 타무스 왕은 문자를 죽었다고 표현하며, 생동감 있고 살아 있는 기억력을 퇴보시킬 것이라 보았다.
③ 문자와 글쓰기는 컨텍스트를 떠나 비현실적이고 비자연적인 세계 속에서 수동적으로 이뤄진다.
④ 물리적인 강제의 억압에 의해 말살될 위기에 처한 진리의 소리는 기념비적인 언술행위의 문자화를 통해서 저장되어야 한다고 보는 입장이 있다.

02   정답 ③

㉠ : 첫 번째 문단에 따르면 영웅을 만들고 그들의 초상을 새롭게 덧칠해 온 각 시대의 서로 다른 욕망을 읽어 내면 그 시대로부터 객관적인 거리를 획득할 수 있다고 하였다.
㉢ : 마지막 문단에 따르면 영웅은 '애국'의 덕목과 결부되어 모르는 사람들을 하나의 '국민'으로 묶어 주는 상상의 원천이 되었으며, 구성원 모두를 매개하고 연결한다.
㉣ : 네 번째 문단에 따르면 영웅은 민족의 영광과 상처를 상징하는 육화된 기호로서 구성원에게 동일시할 대상으로 나타난다.

03   정답 ③

세 번째 문단에 강화물은 강화를 유도하는 자극을 가리키며 상황에 따라 변할 수 있다고 나와 있다.

05 공간지각력

01	02	03		
①	③	④		

01   정답 ①

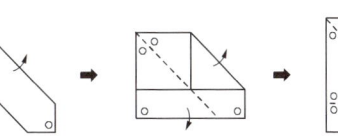

02   정답 ③

03   정답 ④

CHAPTER 04 2022년 기출복원문제 정답 및 해설

01 문제해결력

01	02	03	04
①	②	④	①

01
정답 ①

A와 B의 진술은 서로 모순된다. 문제에서 한 명만 거짓말을 한다고 하였으므로, A와 B 둘 중 한 명이 거짓말을 하였다.

• A가 거짓말을 했을 경우

1층	2층	3층	4층	5층
C	D	B	A	E

• B가 거짓말을 했을 경우

1층	2층	3층	4층	5층
B	D	C	A	E

따라서 두 경우를 고려했을 때, A는 항상 D보다 높은 층에서 내린다.

02
정답 ②

• A와 B의 말이 진실일 경우(성립되지 않음)
 A는 자신이 범인이 아니라고 했지만, B는 A가 범인이라고 하였으므로 성립되지 않는다.
• A와 C의 말이 진실일 경우(성립됨)
 A는 범인이 아니며, C의 진술에 따르면 거짓말을 한 사람과 범인은 B가 된다.
• B와 C의 말이 진실일 경우(성립되지 않음)
 C의 진술에서 B가 거짓말을 하고 있다고 했으므로 둘의 진술은 동시에 진실이 될 수 없다.
따라서 거짓말을 한 사람과 물건을 훔친 범인은 모두 B이다.

[다른 풀이]
A와 B 그리고 B와 C의 발언이 각각 모순되므로, 가능한 경우는 A와 C의 발언이 진실인 경우이다.
이에 따라 A는 범인이 아니며, C의 진술에 따르면 거짓말을 한 사람과 범인은 B가 된다.

03
정답 ④

오른쪽 끝자리에는 30대 남성이, 왼쪽에서 두 번째 자리에는 40대 남성이 앉으므로 네 번째 조건에 따라 30대 여성은 왼쪽에서 네 번째 자리에 앉아야 한다. 이때, 40대 여성은 왼쪽에서 첫 번째 자리에 앉아야 하므로 남은 자리에 20대 남녀가 앉을 수 있다.

• 경우 1

40대 여성	40대 남성	20대 여성	30대 여성	20대 남성	30대 남성

• 경우 2

40대 여성	40대 남성	20대 남성	30대 여성	20대 여성	30대 남성

따라서 항상 옳은 것은 ④이다.

04
정답 ①

'비가 온다.'를 A, '산책을 나간다.'를 B, '공원에 들르다.'를 C라고 하면, 전제1은 ~A → B, 전제2는 ~C → ~B이고, 전제2의 대우가 B → C이다. 삼단논법에 의해 ~A → B → C가 성립하므로 결론은 ~A → C 또는 ~C → A이다. 따라서 빈칸에 들어갈 내용으로 적절한 것은 '공원에 들르지 않으면 비가 온 것이다.'이다.

02 수리력

01	02	03	04	
①	①	③	③	

01
정답 ①

- 두 개의 주사위를 던지는 경우 : $6 \times 6 = 36$가지
- 나온 눈의 곱이 홀수인 경우(홀수×홀수) : $3 \times 3 = 9$가지

따라서 주사위의 눈의 곱이 홀수일 확률은 $\frac{9}{36} = \frac{1}{4}$이다.

02
정답 ①

수박의 정가를 x원이라고 하면 다음과 같다.
$0.8x - 6,000 = 0.5x$
$\to 0.3x = 6,000$
$\therefore x = 20,000$

따라서 수박의 정가는 20,000원이다.

03
정답 ③

집에서 서점까지의 거리를 $x$km라 하면 집에서 서점까지 갈 때 걸리는 시간은 $\frac{x}{4}$, 서점에서 집으로 되돌아올 때 걸리는 시간은 $\frac{x}{3}$이다.

$\frac{x}{4} + \frac{x}{3} = 7$
$\to 7x = 84$
$\therefore x = 12$

따라서 집에서 서점까지의 거리는 12km이다.

04
정답 ③

오답분석

ⓒ 2021년에 결혼한 사람들이 얼마나 이혼했는지는 해당 자료에서 알 수 없다.

03 언어논리력

01	02	03		
④	④	①		

01
정답 ④

제시문은 우리나라 건강보험제도의 발전 과정을 나타낸 것으로 (나) 우리나라 건강보험제도의 시작 – (다) 건강보험 적용 대상 확대(직장가입자 → 지역가입자) – (가) 보험료 부과체계의 변화 시작 순으로 나열하여야 한다.

02
정답 ④

㉠ : ㉠의 앞뒤 문장은 서로 반대되는 내용이므로 역접 접속어인 '그럼에도 불구하고'나 '그러나'가 들어가는 것이 적절하다.

㉡ : ㉡의 앞 문장은 뒤 문장에서 구체적 예시를 들어 부연하고 있으므로 '즉'이 들어가는 것이 적절하다.

03
정답 ①

맥락상 '공통으로 이름. 또는 그런 이름'을 의미하는 '통칭'이 적절하다.

- 가칭 : 1. 어떤 이름을 임시로 정하여 부름. 또는 그 이름
  2. 거짓으로 이름. 또는 그런 이름

04 이해력

01	02	03		
②	④	①		

01
정답 ②

제시문은 노블레스 오블리주의 개념을 정의한 후, 이러한 지도층의 도덕적 의무감을 특히 중요시하는 이유가 지도층이 도덕적 지표가 되어 건전한 사회를 만드는 데 효과적으로 기여하기 때문이라고 설명하고 있다.

02
정답 ④

제시문은 예비 조건, 진지성 조건, 기본 조건 등 화행 이론에서 말하는 발화의 적절성 조건을 설명하고 있다. 두 번째 문단에서 '발화의 적절성 판단은 상황에 의존하고 있다.'라고 하였으므로 발화가 적절한지는 그 발화가 일어난 상황에 따라 달라진다.

03
정답 ①

제시문은 영화가 만들어내는 신화, 어떤 개념에 대한 명제를 다시 쓰거나 덧씌우는 영화의 역할에 대한 글이다. 하지만 이 신화, 명제는 일반 관객이 인식하기 어려우며, 스크린 속의 캐릭터와 자신을 동일시하는 관객의 무의식 속에 파고들어 진실로 자리 잡는다.
마지막 문단에서 글쓴이는 이 동일시를 통한 무의식적인 수용을 경고하고 있으며, 이 경고와 가장 부합하는 것은 ①의 사례이다.

05 공간지각력

01	02	03		
②	②	②		

01
정답 ②

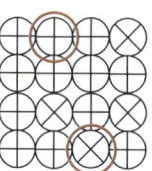

02
정답 ②

제시된 도형을 시계 방향으로 90° 회전한 것이다.

03
정답 ②

규칙은 세로 방향으로 적용된다.
첫 번째 도형과 두 번째 도형을 합친 것이 세 번째 도형이다.

CHAPTER 05   2021년 기출복원문제 정답 및 해설

01 문제해결력

01	02	03	04
②	③	①	④

01 정답 ②

조건에 따라 A ~ D의 사무실 위치를 정리하면 다음과 같다.

구분	2층	3층	4층	5층
경우 1	부장	B과장	대리	A부장
경우 2	B과장	대리	부장	A부장
경우 3	B과장	부장	대리	A부장

따라서 B는 과장이므로 대리가 아닌 A는 부장의 직책을 가진다.

오답분석
① A부장 외의 또 다른 부장은 2층, 3층 또는 4층에 근무한다.
③ 대리는 3층 또는 4층에 근무한다.
④ B는 2층 또는 3층에 근무한다.

02 정답 ③

주어진 조건에 따라 A ~ D업체가 유통하는 재료를 정리하면 다음과 같다.

구분	A업체	B업체	C업체	D업체
기피 원두	○	○	○	
우유	○	○	×	×
아이스크림	×	×	○	
팥	○	×	○	○
딸기	×	○	×	○

위 표처럼 D업체가 유통하는 재료가 전부 정해지지 않았어도, 모든 업체가 유통하는 재료는 커피 원두임을 알 수 있다. 따라서 D업체는 커피 원두를 유통하고, 아이스크림을 유통하지 않는다.
이를 바탕으로 A ~ D업체가 담당할 수 있는 메뉴는 다음과 같다.
• A업체 : 카페라테
• B업체 : 카페라테, 딸기라테
• C업체 : 아포가토, 팥빙수
• D업체 : 없음

따라서 서로 다른 메뉴를 담당하면서 4가지 메뉴의 재료를 유통할 수 있는 업체는 B업체와 C업체뿐이므로 H씨는 B업체와 C업체를 선정한다.

03 정답 ①

첫 번째와 네 번째 조건에서 여학생 X와 남학생 B가 동점이 아니므로, 여학생 X와 남학생 C가 동점이다. 세 번째 조건에서 여학생 Z와 남학생 A가 동점임을 알 수 있고, 두 번째 조건에서 여학생 Y와 남학생 B가 동점임을 알 수 있다. 따라서 남는 남학생 D는 여학생 W와 동점임을 알 수 있다.

04 정답 ④

제시된 명제를 정리했을 때, 가격이 저렴한 순서로 나열하면 볼펜<테이프<가위<공책 순이다. 따라서 가위가 두 번째로 비싼 문구임을 확인할 수 있다.

02 수리력

01	02	03	04	05
①	④	①	③	②

01
정답 ①

농도 7%의 소금물 300g에 들어있는 소금의 양은 300×0.07 =21g이고, 농도 4%의 소금물 150g에 들어있는 소금의 양은 150×0.04=6g이다.

$$\frac{21+6}{300+150} \times 100$$

$$\rightarrow \frac{27}{450} \times 100 = 6\%$$

두 소금물을 섞으면 농도 6%의 소금물 450g이 생성된다. 농도를 반으로 줄이기 위해서는 용액의 양이 두 배가 되어야 하므로 필요한 물의 양은 450g이다.

02
정답 ④

맨 앞의 할아버지와 맨 뒤의 할머니를 제외한 5명이 일렬로 서는 경우의 수는 다음과 같다.
∴ 5!=120가지

03
정답 ①

거리비용은 (25×50)+(10×50×0.5)=1,500달러이며, 이삿짐 화물비용은 60×25=1,500달러이다.
따라서 K과장의 이사비용은 3,000달러임을 알 수 있다.

04
정답 ③

반장과 부반장을 서로 다른 팀에 배치하는 경우는 2가지이다. 반장과 부반장을 제외한 인원을 2명, 4명으로 나누는 경우는 6명 중 2명을 뽑는 방법과 같으므로 $_6C_2 = \frac{6 \times 5}{2} = 15$가지이다. 따라서 래프팅을 두 팀으로 나눠 타는 경우의 수는 2×15=30가지이다.

05
정답 ②

26~30세 응답자는 총 51명으로, 그중 4회 이상 방문한 응답자는 5+2=7명이다. 따라서 비율은 $\frac{7}{51} \times 100 ≒ 13.73\%$이므로 10% 이상이다.

오답분석

① 전체 응답자 수는 113명으로, 그중 20~25세 응답자는 53명이다. 따라서 비율은 $\frac{53}{113} \times 100 ≒ 46.90\%$가 된다.

③ 주어진 자료는 방문횟수를 구간으로 구분했기 때문에 31~35세 응답자의 1인당 평균 방문횟수를 정확히 구할 수 없다. 다만 구간별 최솟값으로 평균을 계산해 보면 {1, 1, 1, 2, 2, 2, 2, 4, 4} → (평균)=$\frac{19}{9}$≒2.11이므로 평균 방문횟수가 2회 이상이라는 것을 알 수 있다.

④ 두 번째 표에서 학생과 공무원의 응답자 수는 51명이다. 전체 113명의 절반에 미치지 못하므로 비율은 50% 미만이다.

03 언어논리력

01	02	03		
③	②	③		

01
정답 ③

'언 발에 오줌 누기'는 임시변통은 될지 모르나 그 효력이 오래가지 못할 뿐만 아니라 결국에는 그 사태가 더 나빠짐을 이르는 말로 A씨의 상황과 가장 관련 깊은 속담이다.

오답분석
① 소 잃고 외양간 고치기 : 일을 그르친 뒤에는 후회해도 소용없다는 말
② 도랑 치고 가재 잡기 : 일의 순서가 뒤바뀌어서 애쓴 보람이 나타나지 않음. 또는 한 가지 일로 두 가지 이상의 이득을 얻게 됨
④ 눈 가리고 아웅하기 : 무슨 일이 있는지 다 알고 있는데 얕은 수단으로 속이려 함을 이르는 말

02
정답 ②

오답분석
① 냉냉하다 → 냉랭하다
③ 요컨데 → 요컨대
④ 바램 → 바람

03
정답 ③

보기의 문장은 미첼이 찾아낸 '탈출 속도'의 계산법과 공식에 대한 것이다. 따라서 탈출 속도에 대한 언급이 제시문의 어디서 시작되는지 살펴봐야 한다. 제시문은 (가) 영국의 자연 철학자 존 미첼이 제시한 이론에 대한 소개, (나) 해당 이론에 대한 가정과 '탈출 속도'의 소개, (다) '임계 둘레'에 대한 소개와 사고 실험, (라) 앞선 임계 둘레 사고 실험의 결과 및 사고 실험을 통한 미첼의 추측의 순서로 쓰여 있으므로 보기의 문장은 '탈출 속도'가 언급된 (나)의 다음이자 '탈출 속도'를 바탕으로 임계 둘레를 추론해낸 (다)의 앞에 위치하는 것이 적절하다.

04 이해력

01	02	03	04	
④	①	①	④	

01
정답 ④

박쥐가 많은 바이러스를 보유하고 있는 것은 밀도 높은 군집 생활을 하기 때문이며, 그에 대항하는 면역도 갖추었기 때문에 긴 수명을 가질 수 있었다.

오답분석
① 박쥐의 수명이 대다수의 포유동물보다 길다는 것은 맞지만, 평균적인 포유류 수명보다 짧은지는 알 수 없다.
② 박쥐는 뛰어난 비행 능력으로 긴 거리를 비행해 다닐 수 있다.
③ 박쥐는 현재 강력한 바이러스 대항 능력을 갖추었다.

02
정답 ①

제시문에 따르면 복지국가 담론에 대한 회의 혹은 자본주의 시장 실패에 대한 대안이나 보완책으로 '사회적 경제'가 거론된다. 따라서 기존의 복지국가 담론은 사회적 경제가 등장하게 된 배경으로 볼 수 있으며, 이는 사회적 경제의 개념과 거리가 멀다.

03
정답 ①

제시문은 위성영상지도 서비스인 구글어스로 건조지대에도 숲이 존재한다는 사실을 발견했다는 글이다. 첫 문장에서 '구글어스가 세계 환경의 보안관 역할을 톡톡히 하고 있다.'고 하였으므로 제목으로 ①이 가장 적절하다.

04
정답 ④

스마트미터는 신재생에너지가 보급되기 위해 필요한 스마트 그리드의 기초가 되는 부분이다. 에너지 공급자와 사용자를 양방향 데이터 통신으로 연결해 검침 및 정보제공 역할을 하여 발전소와 소비자 모두 필요한 정보를 모니터링하는 시스템일 뿐, 직접 에너지를 생산하는 신재생에너지는 아니다.

05　공간지각력

01	02	03	04
④	②	③	①

01
정답 ④

- 1층 : 5×3−2＝13개
- 2층 : 15−5＝10개
- 3층 : 15−9＝6개

∴ 13＋10＋6＝29개

02
정답 ②

03
정답 ③

오답분석

①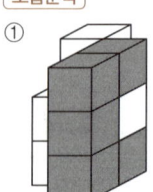

②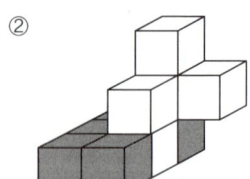

④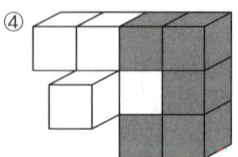

04
정답 ①

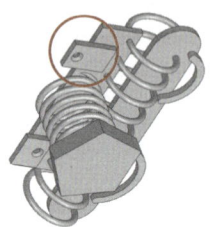

PART

1

인성검사

CHAPTER 01 인성검사 소개
CHAPTER 02 모의테스트

CHAPTER 01 인성검사 소개

개인이 업무를 수행하면서 능률적인 성과물을 만들기 위해서는 개인의 능력과 경험 그리고 회사에서의 교육 및 훈련 등이 필요하지만, 개인의 성격이나 성향 역시 중요하다. 여러 직무분석 연구에서 나온 결과들에 따르면, 직무에서의 성공과 관련된 특성들 중 최고 70% 이상이 능력보다는 성격과 관련이 있다고 한다. 따라서 최근 공공기관뿐만 아니라 대부분의 기업들은 인성검사의 비중을 높이고 있는 추세이다.

01 인성검사의 개요

1. 인성검사의 의의

인성검사는 1943년 미국 미네소타 대학교의 임상심리학자 Hathaway 박사와 정신과 의사 Mckinley 박사가 제작한 MMPI(Minnesota Multiphasic Personality Inventory)를 원형으로 한 다면적 인성검사를 말한다.

다면적이라 불리는 것은 여러 가지 정신적인 증상들을 동시에 측정할 수 있도록 고안되어 있기 때문이다. 풀이하자면, 개인이 가지고 있는 다면적인 성격을 많은 문항 수의 질문을 통해 수치로 나타내는 것이다. 그렇다면 성격이란 무엇인가?

성격은 일반적으로 개인 내부에 있는 특징적인 행동과 생각을 결정해 주는 정신적·신체적 체제의 역동적 조직이라고 말할 수 있으며, 환경에 적응하게 하는 개인적인 여러 가지 특징과 행동양식의 잣대라고 정의할 수 있다.

다시 말하면, 성격이란 한 개인이 환경적 변화에 적응하는 특징적인 행동 및 사고유형이라고 할 수 있으며, 인성검사란 그 개인의 행동 및 사고유형을 서면을 통해 수치적·언어적으로 기술하거나 예언해 주는 도구라 할 수 있다.

신규채용 또는 평가에 활용하는 인성검사로 MMPI 원형을 그대로 사용하는 기업도 있지만, 대부분의 기업에서는 MMPI 원형을 기준으로 연구, 조사, 정보수집, 개정 등의 과정을 통해서 자체 개발한 유형을 사용하고 있다.

인성검사는 여러 가지 하위 척도로 구성되어 있는데, MMPI 다면적 인성검사의 척도를 살펴보면 기본 척도는 8개 문항으로 구성되어 있고, 2개의 임상 척도와 4개의 타당성 척도를 포함하여 총 14개 척도로 구성되어 있으며, 캘리포니아 심리검사(CPI; California Psychological Inventory)의 경우는 48개 문항, 18개의 척도로 구성되어 있다.

2. 인성검사의 해석단계

해석단계는 첫 번째, 각 타당성 및 임상 척도에 대한 피검사자의 점수를 검토하는 방법으로 각 척도마다 피검사자의 점수가 정해진 범위에 속하는지 여부를 검토하게 된다.

두 번째, 척도별 연관성에 대한 분석으로 각 척도에서의 점수범위가 의미하는 것과 그것들이 나타낼 가설들을 종합하고, 어느 특정 척도의 점수를 근거로 하여 다른 척도들에 대한 예측을 시도하게 된다.

세 번째, 척도 간의 응집 또는 분산을 찾아보고 그에 따른 해석적 가설을 형성하는 과정으로 두 개 척도 간의 관계만을 가지고 해석하게 된다.

네 번째, 매우 낮은 임상 척도에 대한 검토로서, 일부 척도에서 낮은 점수가 특별히 의미 있는 경우가 있기 때문에 신중히 다뤄지게 된다.

다섯 번째, 타당성 및 임상 척도에 대한 형태적 분석으로서, 타당성 척도들과 임상 척도들 전체의 형태적 분석이다. 주로 척도들의 상승도와 기울기 및 굴곡을 해석해서 피검사자에 대한 종합적이고 총체적인 추론적 해석을 하게 된다.

02 척도구성

1. MMPI 척도구성

(1) 타당성 척도

타당성 척도는 피검사자가 검사에 올바른 태도를 보였는지, 또 피검사자가 응답한 검사문항들의 결론이 신뢰할 수 있는 결론인가를 알아보는 라이스케일(허위척도)이라 할 수 있다. 타당성 4개 척도는 잘못된 검사 태도를 탐지하게 할 뿐만 아니라, 임상 척도와 더불어 검사 이외의 행동에 대하여 유추할 수 있는 자료를 제공해 줌으로써, 의미 있는 인성요인을 밝혀주기도 한다.

〈타당성 4개 척도구성〉

무응답 척도 (?)	무응답 척도는 피검사자가 응답하지 않은 문항과 '그렇다'와 '아니다'에 모두 답한 문항들의 총합이다. 척도점수의 크기는 다른 척도점수에 영향을 미치게 되므로, 빠뜨린 문항의 수를 최소로 줄이는 것이 중요하다.
허구 척도 (L)	L 척도는 피검사자가 자신을 좋은 인상으로 나타내 보이기 위해 하는 고의적이고 부정직하며 세련되지 못한 시도를 측정하는 허구 척도이다. L 척도의 문항들은 정직하지 못하거나 결점들을 고의적으로 감춰 자신을 좋게 보이려는 사람들의 장점마저도 부인하게 된다.
신뢰성 척도 (F)	F 척도는 검사 문항에 빗나간 방식의 답변을 응답하는 경향을 평가하기 위한 척도로 정상적인 집단의 10% 이하가 응답한 내용을 기준으로 일반 대중의 생각이나 경험과 다른 정도를 측정한다.
교정 척도 (K)	K 척도는 분명한 정신적인 장애를 지니면서도 정상적인 프로파일을 보이는 사람들을 식별하기 위한 것이다. K 척도는 L 척도와 유사하게 거짓 답안을 확인하지만 L 척도보다 더 미세하고 효과적으로 측정한다.

(2) 임상 척도

임상 척도는 검사의 주된 내용으로 비정상 행동의 종류를 측정하는 10가지 척도로 되어 있다. 임상 척도의 수치는 높은 것이 좋다고 해석하는 경우도 있지만, 개별 척도별로 해석을 참고하는 경우가 대부분이다.

건강염려증(Hs) Hypochondriasis	개인이 말하는 신체적 증상과 이러한 증상들이 다른 사람을 조정하는 데 사용되고 있지는 않은지 여부를 측정하는 척도로서, 측정내용은 신체의 기능에 대한 과도한 집착 및 이와 관련된 질환이나 비정상적인 상태에 대한 불안감 등이다.
우울증(D) Depression	개인의 비관 및 슬픔의 정도를 나타내는 기분상태의 척도로서, 자신에 대한 태도와 타인과의 관계에 대한 태도, 절망감, 희망의 상실, 무력감 등을 원인으로 나타나는 활동에 대한 흥미의 결여, 불면증과 같은 신체적 증상 및 과도한 민감성 등을 표현한다.
히스테리(Hy) Hysteria	현실에 직면한 어려움이나 갈등을 회피하는 방법인 부인기제를 사용하는 경향 정도를 진단하려는 것으로서 특정한 신체적 증상을 나타내는 문항들과 아무런 심리적·정서적 장애도 가지고 있지 않다고 주장하는 것을 나타내는 문항들의 두 가지 다른 유형으로 구성되어 있다.
반사회성(Pd) Psychopathic Deviate	가정이나 일반사회에 대한 불만, 자신 및 사회와의 격리, 권태 등을 주로 측정하는 것으로서 반사회적 성격, 비도덕적인 성격 경향 정도를 알아보기 위한 척도이다.
남성-여성특성(Mf) Masculinity-Femininity	직업에 관한 관심, 취미, 종교적 취향, 능동·수동성, 대인 감수성 등의 내용을 담고 있으며, 흥미 형태의 남성 특성과 여성 특성을 측정하고 진단하는 검사이다.
편집증(Pa) Paranoia	편집증을 평가하기 위한 것으로서 정신병적인 행동과 과대의심, 관계망상, 피해망상, 과대망상, 과민함, 비사교적 행동, 타인에 대한 불만감 같은 내용의 문항들로 구성되어 있다.
강박증(Pt) Psychasthenia	병적인 공포, 불안감, 과대근심, 강박관념, 자기 비판적 행동, 집중력 곤란, 죄책감 등을 검사하는 내용으로 구성되어 있으며, 주로 오랫동안 지속된 만성적인 불안을 측정한다.
정신분열증(Sc) Schizophrenia	정신적 혼란을 측정하는 척도로서 가장 많은 문항에 내포하고 있다. 이 척도는 별난 사고방식이나 행동양식을 지닌 사람을 판별하는 것으로서 사회적 고립, 가족관계의 문제, 성적 관심, 충동억제불능, 두려움, 불만족 등의 내용으로 구성되어 있다.
경조증(Ma) Hypomania	정신적 에너지를 측정하는 것으로서, 사고의 다양성과 과장성, 행동영역의 불안정성, 흥분성, 민감성 등을 나타낸다. 이 척도가 높으면 무엇인가를 하지 않고는 못 견디는 정력적인 사람이다.
내향성(Si) Social Introversion	피검사자의 내향성과 외향성을 측정하기 위한 척도로서, 개인의 사회적 접촉 회피, 대인관계의 기피, 비사회성 등의 인성요인을 측정한다. 이 척도의 내향성과 외향성은 어느 하나가 좋고 나쁨을 나타내는 것이 아니라, 피검사자가 어떤 성향의 사람인가를 알아내는 것이다.

2. CPI 척도구성

〈18 척도〉

지배성 척도 (Do)	강력하고 지배적이며, 리더십이 강하고 대인관계에서 주도권을 잡는 지배적인 사람을 변별하고자 하는 척도이다.
지위능력 척도 (Cs)	현재의 개인 자신의 지위를 측정하는 것이 아니라, 개인의 내부에 잠재되어 있어 어떤 지위에 도달하게끔 하는 자기 확신, 야심, 자신감 등을 평가하기 위한 척도이다.
사교성 척도 (Sy)	사교적이고 활달하며 참여기질이 좋은 사람과, 사회적으로 자신을 나타내기 싫어하고 참여기질이 좋지 않은 사람을 변별하고자 하는 척도이다.
사회적 태도 척도 (Sp)	사회생활에서의 안정감, 활력, 자발성, 자신감 등을 평가하기 위한 척도로서, 사교성과 밀접한 관계가 있다. 고득점자는 타인 앞에 나서기를 좋아하고, 타인의 방어기제를 공격하여 즐거움을 얻고자 하는 성격을 가지고 있다.
자기수용 척도 (Sa)	자신에 대한 믿음, 자신의 생각을 수용하는 자기확신을 가지고 있는 사람을 변별하기 위한 척도이다.
행복감 척도 (Wb)	근본 목적은 행복감을 느끼는 사람과 그렇지 않은 사람을 변별해 내는 척도 검사이지만, 긍정적인 성격으로 가장하기 위해서 반응한 사람을 변별해 내는 타당성 척도로서의 목적도 가지고 있다.
책임감 척도 (Re)	법과 질서에 대해서 철저하고 양심적이며 책임감이 강해 신뢰할 수 있는 사람과 인생은 이성에 의해서 지배되어야 한다고 믿는 사람을 변별하기 위한 척도이다.
사회성 척도 (So)	사회생활에서 이탈된 행동이나 범죄의 가능성이 있는 사람을 변별하기 위한 척도로서 범죄자 유형의 사람은 정상인보다 매우 낮은 점수를 나타낸다.
자기통제 척도 (Sc)	자기통제의 유무, 충동, 자기중심에서 벗어날 수 있는 통제의 적절성, 규율과 규칙에 동의하는 정도를 측정하는 척도로서, 점수가 높은 사람은 지나치게 자신을 통제하려 하며, 낮은 사람은 자기 통제가 잘 안되므로 충동적이 된다.
관용성 척도 (To)	침묵을 지키고 어떤 사실에 대하여 성급하게 판단하기를 삼가고 다양한 관점을 수용하려는 사회적 신념과 태도를 재려는 척도이다.
좋은 인상 척도 (Gi)	타인이 자신에 대해 어떻게 반응하는가, 타인에게 좋은 인상을 주었는가에 흥미를 느끼는 사람을 변별하고, 자신을 긍정적으로 보이기 위해 솔직하지 못한 반응을 하는 사람을 찾아내기 위한 타당성 척도이다.
추종성 척도 (Cm)	사회에 대한 보수적인 태도와 생각을 측정하는 척도검사이다. 아무렇게나 적당히 반응한 피검사자를 찾아내는 타당성 척도로서의 목적도 있다.
순응을 위한 성취 척도 (Ac)	강한 성취욕구를 측정하기 위한 척도로서 학업성취에 관련된 동기요인과 성격요인을 측정하기 위해서 만들어졌다.
독립성을 통한 성취 척도 (Ai)	독립적인 사고, 창조력, 자기실현을 위한 성취능력의 정도를 측정하는 척도이다.
지적 능률 척도 (Ie)	지적 능률성을 측정하기 위한 척도이며, 지능과 의미 있는 상관관계를 가지고 있는 성격특성을 나타내는 항목을 제공한다.
심리적 예민성 척도 (Py)	동기, 내적 욕구, 타인의 경험에 공명하고 흥미를 느끼는 정도를 재는 척도이다.
유연성 척도 (Fx)	개인의 사고와 사회적 행동에 대한 유연성, 순응성 정도를 나타내는 척도이다.
여향성 척도 (Fe)	흥미의 남향성과 여향성을 측정하기 위한 척도이다.

03 인성검사 수검요령

인성검사는 특별한 수검요령이 없다. 다시 말하면 모범답안이 없고, 정답이 없다는 이야기이다. 국어문제처럼 말의 뜻을 풀이하는 것도 아니다. 굳이 수검요령을 말하자면, 진실하고 솔직한 내 생각을 답하는 것이라고 할 수 있다.

인성검사에서 가장 중요한 것은 첫째, 솔직한 답변이다. 지금까지 경험을 통해서 축적된 내 생각과 행동을 거짓 없이 솔직하게 기재하는 것이다. 예를 들어, "나는 타인의 물건을 훔치고 싶은 충동을 느껴 본 적이 있다."라는 질문에 피검사자들은 많은 생각을 하게 된다. 생각해 보라. 유년기에 또는 성인이 되어서도 타인의 물건을 훔치는 일을 저지른 적은 없더라도, 훔치고 싶은 충동은 누구나 조금이라도 다 느껴보았을 것이다. 그런데 간혹 이 질문에 고민을 하는 사람이 있다. 과연 이 질문에 "예"라고 대답하면 담당 검사관들이 나를 사회적으로 문제가 있는 사람으로 여기지는 않을까 하는 생각에 "아니요"라는 답을 기재하게 된다. 이런 솔직하지 않은 답변이 답변의 신뢰와 솔직함을 나타내는 타당성 척도에 좋지 않은 점수를 주게 된다. 둘째, 일관성 있는 답변이다. 인성검사의 수많은 질문 중에는 비슷한 내용의 물음이 여러 개 숨어 있는 경우가 많이 있다. 그 질문들은 피검사자의 '솔직한 답변'과 '심리적인 상태'를 알아보기 위해 반복적으로 나오는 것이다. 가령 "나는 유년 시절 타인의 물건을 훔친 적이 있다."라는 질문에 "예"라고 대답했는데, "나는 유년 시절 타인의 물건을 훔쳐 보고 싶은 충동을 느껴본 적이 있다."라는 질문에는 "아니요"라는 답을 기재한다면 어떻겠는가. 일관성 없이 '대충 기재하자'라는 식의 무성의한 답변이 되거나, 정신적으로 문제가 있는 사람으로 보일 수 있다.

인성검사는 많은 문항을 풀어야 하기 때문에 피검사자들은 지루함과 따분함을 느낄 수 있고 반복된 내용의 질문 때문에 인내심이 바닥날 수도 있다. 그럴수록 인내를 가지고 솔직하게 내 생각을 대답하는 것이 무엇보다 중요한 요령이 될 것이다.

04 인성검사 시 유의사항

(1) 충분한 휴식으로 불안을 없애고 정서적인 안정을 취한다. 심신이 안정되어야 자신의 마음을 표현할 수 있다.

(2) 생각나는 대로 솔직하게 응답한다. 자신을 너무 과대포장하지도, 너무 비하시키지도 마라. 답변을 꾸며서 하면 앞뒤가 맞지 않게끔 구성돼 있어 불리한 평가를 받게 되므로 솔직하게 답하도록 한다.

(3) 검사문항에 대해 지나치게 생각해서는 안 된다. 지나치게 몰두하면 엉뚱한 답변이 나올 수 있으므로 불필요한 생각은 삼간다.

(4) 인성검사는 대개 문항 수가 많기에 자칫 건너뛰는 경우가 있는데, 가능한 한 모든 문항에 답해야 한다. 응답하지 않은 문항이 많을 경우 평가자가 정확한 평가를 내리지 못해 불리한 평가를 내릴 수 있기 때문이다.

05 인성검사 유형

유형 1

※ 다음 질문을 읽고 본인에 해당하는 응답의 '예', '아니요'에 ○표 하시오. [1~30]

번호	질문	응답	
1	조심스러운 성격이라고 생각한다.	예	아니요
2	사물을 신중하게 생각하는 편이라고 생각한다.	예	아니요
3	동작이 기민한 편이다.	예	아니요
4	포기하지 않고 노력하는 것이 중요하다.	예	아니요
5	일주일의 예정을 만드는 것을 좋아한다.	예	아니요
6	노력의 여하보다 결과가 중요하다.	예	아니요
7	자기주장이 강하다.	예	아니요
8	장래의 일을 생각하면 불안해질 때가 있다.	예	아니요
9	소외감을 느낄 때가 있다.	예	아니요
10	훌쩍 여행을 떠나고 싶을 때가 자주 있다.	예	아니요
11	대인관계가 귀찮다고 느낄 때가 있다.	예	아니요
12	자신의 권리를 주장하는 편이다.	예	아니요
13	낙천가라고 생각한다.	예	아니요
14	싸움을 한 적이 없다.	예	아니요
15	자신의 의견을 상대에게 잘 주장하지 못한다.	예	아니요
16	좀처럼 결단하지 못하는 경우가 있다.	예	아니요
17	하나의 취미를 오래 지속하는 편이다.	예	아니요
18	한 번 시작한 일은 끝을 맺는다.	예	아니요
19	행동으로 옮기기까지 시간이 걸린다.	예	아니요
20	다른 사람들이 하지 못하는 일을 하고 싶다.	예	아니요
21	해야 할 일은 신속하게 처리한다.	예	아니요
22	병이 아닌지 걱정이 들 때가 있다.	예	아니요
23	다른 사람의 충고를 기분 좋게 듣는 편이다.	예	아니요
24	다른 사람에게 의존적이 될 때가 많다.	예	아니요
25	타인에게 간섭받는 것은 싫다.	예	아니요
26	자의식 과잉이라는 생각이 들 때가 있다.	예	아니요
27	수다를 좋아한다.	예	아니요
28	잘못된 일을 한 적이 한 번도 없다.	예	아니요
29	모르는 사람과 이야기하는 것은 용기가 필요하다.	예	아니요
30	끙끙거리며 생각할 때가 있다.	예	아니요

유형 2

※ 다음 질문을 읽고 A, B 중 해당되는 곳에 ○표 하시오. [1~15]

번호	질문	응답	
1	A 사람들 앞에서 잘 이야기하지 못한다. B 사람들 앞에서 이야기하는 것을 좋아한다.	A	B
2	A 엉뚱한 생각을 잘한다. B 비현실적인 것을 싫어한다.	A	B
3	A 친절한 사람이라는 말을 듣고 싶다. B 냉정한 사람이라는 말을 듣고 싶다.	A	B
4	A 예정에 얽매이는 것을 싫어한다. B 예정이 없는 상태를 싫어한다.	A	B
5	A 혼자 생각하는 것을 좋아한다. B 다른 사람과 이야기하는 것을 좋아한다.	A	B
6	A 정해진 절차에 따르는 것을 싫어한다. B 정해진 절차가 바뀌는 것을 싫어한다.	A	B
7	A 친절한 사람 밑에서 일하고 싶다. B 이성적인 사람 밑에서 일하고 싶다.	A	B
8	A 그때그때의 기분으로 행동하는 경우가 많다. B 미리 행동을 정해두는 경우가 많다.	A	B
9	A 다른 사람과 만났을 때 화제를 찾는 데 고생한다. B 다른 사람과 만났을 때 화제에 부족함이 없다.	A	B
10	A 학구적이라는 인상을 주고 싶다. B 실무적이라는 인상을 주고 싶다.	A	B
11	A 친구가 돈을 빌려달라고 하면 거절하지 못한다. B 본인에게 도움이 되지 않는 차금은 거절한다.	A	B
12	A 조직 안에서는 독자적으로 움직이는 타입이라고 생각한다. B 조직 안에서는 우등생 타입이라고 생각한다.	A	B
13	A 문장을 쓰는 것을 좋아한다. B 이야기하는 것을 좋아한다.	A	B
14	A 직감으로 판단한다. B 경험으로 판단한다.	A	B
15	A 다른 사람이 어떻게 생각하는지 신경 쓰인다. B 다른 사람이 어떻게 생각하든 신경 쓰지 않는다.	A	B

※ 다음 질문을 읽고, '아니다', '대체로 아니다', '대체로 그렇다', '그렇다'에 체크하시오. **[1~30]**

번호	질문	아니다	대체로 아니다	대체로 그렇다	그렇다
1	충동구매는 절대 하지 않는다.				
2	컨디션에 따라 기분이 잘 변한다.				
3	옷 입는 취향이 오랫동안 바뀌지 않고 그대로이다.				
4	남의 물건이 좋아 보인다.				
5	반성하는 일이 거의 없다.				
6	남의 말을 호의적으로 받아들인다.				
7	혼자 있을 때가 편안하다.				
8	모임을 할 때, 주도적인 편이다.				
9	남의 말을 좋은 쪽으로 해석한다.				
10	남의 의견을 절대 참고하지 않는다.				
11	일을 시작할 때 계획을 세우는 편이다.				
12	부모님과 여행을 자주 간다.				
13	할 말이 있으면 꼭 해야 직성이 풀린다.				
14	사람을 상대하는 것을 좋아한다.				
15	컴퓨터로 일을 하는 것을 좋아한다.				
16	하루 종일 말하지 않고 지낼 수 있다.				
17	감정조절이 잘 안되는 편이다.				
18	평소 꼼꼼한 편이다.				
19	다시 태어나고 싶은 순간이 있다.				
20	운동을 하다가 다친 적이 있다.				
21	다른 사람의 말보다는 자신의 믿음을 믿는다.				
22	귀찮은 일이 있으면 먼저 해치운다.				
23	정리 정돈하는 것을 좋아한다.				
24	다른 사람의 대화에 끼고 싶다.				
25	카리스마가 있다는 말을 들어본 적이 있다.				
26	미래에 대한 고민이 많다.				
27	친구들의 성공 소식에 씁쓸한 적이 있다.				
28	내가 못하는 것이 있으면 참지 못한다.				
29	계획에 없는 일을 시키면 짜증이 난다.				
30	화가 나면 물건을 집어 던지는 버릇이 있다.				

유형 4

※ 다음 질문내용을 읽고, ①~⑥ 중 본인에 해당되는 것을 고르시오. [1~3]

01 최대리가 신약을 개발했는데 치명적이지는 않지만 유해한 부작용이 발견됐다. 그런데 최대리는 묵인하고 신약을 유통시켰다.

    1-(1) 당신은 이 상황에 대해 얼마나 동의하는가?
        ① 0%   ② 20%   ③ 40%   ④ 60%   ⑤ 80%   ⑥ 100%

    1-(2) 자신이라도 그렇게 할 것인가?
        ① 0%   ② 20%   ③ 40%   ④ 60%   ⑤ 80%   ⑥ 100%

02 같은 팀 최대리가 자신의 성과를 높이기 위해 중요한 업무를 상사에게 요구한다.

    2-(1) 다른 팀원도 그 상황에 동의할 것 같은가?
        ① 0%   ② 20%   ③ 40%   ④ 60%   ⑤ 80%   ⑥ 100%

    2-(2) 자신이라도 그렇게 할 것인가?
        ① 0%   ② 20%   ③ 40%   ④ 60%   ⑤ 80%   ⑥ 100%

03 최대리가 회계 보고서 작성 후 오류를 발견했지만 바로잡기엔 시간이 부족하여 그냥 제출했다.

    3-(1) 다른 직원들도 그 상황에 동의할 것 같은가?
        ① 0%   ② 20%   ③ 40%   ④ 60%   ⑤ 80%   ⑥ 100%

    3-(2) 자신이라도 그렇게 할 것인가?
        ① 0%   ② 20%   ③ 40%   ④ 60%   ⑤ 80%   ⑥ 100%

유형 5

※ 각 문항을 읽고, ① ~ ⑥ 중 자신의 성향과 가까운 정도에 따라 ① 전혀 그렇지 않다, ② 그렇지 않다, ③ 조금 그렇지 않다, ④ 조금 그렇다, ⑤ 그렇다, ⑥ 매우 그렇다 중 하나를 선택하시오. 그리고 세 문항 중 자신의 성향과 가장 먼 것(멀다)과 가장 가까운 것(가깝다)을 하나씩 선택하시오. **[1~4]**

01

질문	답안 1						답안 2	
	①	②	③	④	⑤	⑥	멀다	가깝다
1. 사물을 신중하게 생각하는 편이라고 생각한다.	☐	☐	☐	☐	☐	☐	☐	☐
2. 포기하지 않고 노력하는 것이 중요하다.	☐	☐	☐	☐	☐	☐	☐	☐
3. 자신의 권리를 주장하는 편이다.	☐	☐	☐	☐	☐	☐	☐	☐

02

질문	답안 1						답안 2	
	①	②	③	④	⑤	⑥	멀다	가깝다
1. 노력의 여하보다 결과가 중요하다.	☐	☐	☐	☐	☐	☐	☐	☐
2. 자기주장이 강하다.	☐	☐	☐	☐	☐	☐	☐	☐
3. 어떠한 일이 있어도 출세하고 싶다.	☐	☐	☐	☐	☐	☐	☐	☐

03

질문	답안 1						답안 2	
	①	②	③	④	⑤	⑥	멀다	가깝다
1. 다른 사람의 일에 관심이 없다.	☐	☐	☐	☐	☐	☐	☐	☐
2. 때로는 후회할 때도 있다.	☐	☐	☐	☐	☐	☐	☐	☐
3. 진정으로 마음을 허락할 수 있는 사람은 없다.	☐	☐	☐	☐	☐	☐	☐	☐

04

질문	답안 1						답안 2	
	①	②	③	④	⑤	⑥	멀다	가깝다
1. 타인에게 간섭받는 것은 싫다.	☐	☐	☐	☐	☐	☐	☐	☐
2. 신경이 예민한 편이라고 생각한다.	☐	☐	☐	☐	☐	☐	☐	☐
3. 난관에 봉착해도 포기하지 않고 열심히 해본다.	☐	☐	☐	☐	☐	☐	☐	☐

유형 6

※ 다음 질문내용을 읽고, ①~⑤ 중 본인에 해당하는 것을 고르시오(① 전혀 그렇지 않다, ② 그렇지 않다, ③ 보통이다, ④ 그렇다, ⑤ 매우 그렇다). 그리고 4개의 문장 중 자신과 가장 먼 것(멀다)과 가장 가까운 것(가깝다)을 하나씩 선택하시오. [1~4]

01

							멀다	가깝다
A.	야망이 있다.	①	②	③	④	⑤	☐	☐
B.	평소 사회 문제에 관심이 많다.	①	②	③	④	⑤	☐	☐
C.	친구들의 생일을 잘 잊는 편이다.	①	②	③	④	⑤	☐	☐
D.	누군가를 챙겨주는 것에 행복을 느낀다.	①	②	③	④	⑤	☐	☐

02

							멀다	가깝다
A.	지시하는 것보다 명령에 따르는 것이 편하다.	①	②	③	④	⑤	☐	☐
B.	옆에 사람이 있는 것이 싫다.	①	②	③	④	⑤	☐	☐
C.	친구들과 남의 이야기를 하는 것을 좋아한다.	①	②	③	④	⑤	☐	☐
D.	모두가 싫증을 내는 일에도 혼자서 열심히 한다.	①	②	③	④	⑤	☐	☐

03

							멀다	가깝다
A.	완성된 것보다 미완성인 것에 흥미가 있다.	①	②	③	④	⑤	☐	☐
B.	능력을 살릴 수 있는 일을 하고 싶다.	①	②	③	④	⑤	☐	☐
C.	내 분야에서는 최고가 되고 싶다.	①	②	③	④	⑤	☐	☐
D.	다른 사람의 충고를 잘 받아들이지 못한다.	①	②	③	④	⑤	☐	☐

04

							멀다	가깝다
A.	다소 산만한 편이라는 이야기를 자주 듣는다.	①	②	③	④	⑤	☐	☐
B.	주변에 호기심이 많고, 새로운 상황에 잘 적응한다.	①	②	③	④	⑤	☐	☐
C.	타인의 의견을 잘 듣는 편이다.	①	②	③	④	⑤	☐	☐
D.	단체 생활을 좋아하지는 않지만 적응하려고 노력한다.	①	②	③	④	⑤	☐	☐

CHAPTER 02 모의테스트

※ 인성검사 모의테스트는 질문 및 답변 유형을 연습하기 위한 것으로 실제 시험과 다를 수 있으며, 인성검사에는 정답이 존재하지 않습니다.

01 제1회 인성검사 모의테스트

※ 다음 질문을 읽고, ① ~ ⑤ 중 본인에 해당하는 것을 고르시오(① 전혀 그렇지 않다. ② 약간 그렇지 않다. ③ 보통이다. ④ 약간 그렇다. ⑤ 매우 그렇다). **[1~200]**

번호	질문	응답
01	결점을 지적받아도 아무렇지 않다.	① ② ③ ④ ⑤
02	피곤할 때도 명랑하게 행동한다.	① ② ③ ④ ⑤
03	실패했던 경험을 생각하면서 고민하는 편이다.	① ② ③ ④ ⑤
04	언제나 생기가 있다.	① ② ③ ④ ⑤
05	선배의 지적을 순수하게 받아들일 수 있다.	① ② ③ ④ ⑤
06	매일 목표가 있는 생활을 하고 있다.	① ② ③ ④ ⑤
07	열등감으로 자주 고민한다.	① ② ③ ④ ⑤
08	남에게 무시당하면 화가 난다.	① ② ③ ④ ⑤
09	무엇이든지 하면 된다고 생각하는 편이다.	① ② ③ ④ ⑤
10	자신의 존재를 과시하고 싶다.	① ② ③ ④ ⑤
11	사람을 많이 만나는 것을 좋아한다.	① ② ③ ④ ⑤
12	보고 들은 것을 문장으로 옮기는 것을 좋아한다.	① ② ③ ④ ⑤
13	특정한 사람하고만 교제하는 편이다.	① ② ③ ④ ⑤
14	친구에게 먼저 말을 하는 편이다.	① ② ③ ④ ⑤
15	친구만 있으면 된다고 생각한다.	① ② ③ ④ ⑤
16	많은 사람 앞에서 말하는 것이 서툴다.	① ② ③ ④ ⑤
17	반 편성과 교실 이동을 싫어한다.	① ② ③ ④ ⑤
18	다과회 등에서 자주 책임을 맡는다.	① ② ③ ④ ⑤
19	새로운 환경에 쉽게 적응하지 못하는 편이다.	① ② ③ ④ ⑤
20	누구하고나 친하게 교제한다.	① ② ③ ④ ⑤

번호	질문	응답
21	충동구매는 절대 하지 않는다.	① ② ③ ④ ⑤
22	컨디션에 따라 기분이 잘 변한다.	① ② ③ ④ ⑤
23	옷 입는 취향이 오랫동안 바뀌지 않고 그대로이다.	① ② ③ ④ ⑤
24	남의 물건이 좋아보인다.	① ② ③ ④ ⑤
25	광고를 보면 그 물건을 사고 싶다.	① ② ③ ④ ⑤
26	자신이 낙천주의자라고 생각한다.	① ② ③ ④ ⑤
27	에스컬레이터에서 걷지 않는다.	① ② ③ ④ ⑤
28	꾸물대는 것을 싫어한다.	① ② ③ ④ ⑤
29	고민이 생겨도 심각하게 생각하지 않는다.	① ② ③ ④ ⑤
30	반성하는 일이 거의 없다.	① ② ③ ④ ⑤
31	남의 말을 호의적으로 받아들인다.	① ② ③ ④ ⑤
32	혼자 있을 때가 편안하다.	① ② ③ ④ ⑤
33	친구에게 불만이 있다.	① ② ③ ④ ⑤
34	남의 말을 좋은 쪽으로 해석한다.	① ② ③ ④ ⑤
35	남의 의견을 절대 참고하지 않는다.	① ② ③ ④ ⑤
36	기분 나쁜 일은 금세 잊는 편이다.	① ② ③ ④ ⑤
37	선배와 쉽게 친해진다.	① ② ③ ④ ⑤
38	슬럼프에 빠지면 좀처럼 헤어나지 못한다.	① ② ③ ④ ⑤
39	자신의 소문에 관심을 기울인다.	① ② ③ ④ ⑤
40	주위 사람에게 인사하는 것이 귀찮다.	① ② ③ ④ ⑤
41	기호에 맞지 않으면 거절하는 편이다.	① ② ③ ④ ⑤
42	여간해서 흥분하지 않는 편이다.	① ② ③ ④ ⑤
43	옳다고 생각하면 밀고 나간다.	① ② ③ ④ ⑤
44	항상 무슨 일이든지 해야만 한다.	① ② ③ ④ ⑤
45	휴식시간에도 일하고 싶다.	① ② ③ ④ ⑤
46	걱정거리가 생기면 머릿속에서 떠나지 않는 편이다.	① ② ③ ④ ⑤
47	매일 힘든 일이 너무 많다.	① ② ③ ④ ⑤
48	시험 전에도 노는 계획을 세운다.	① ② ③ ④ ⑤
49	슬픈 일만 머릿속에 남는다.	① ② ③ ④ ⑤
50	사는 것이 힘들다고 느낀 적은 없다.	① ② ③ ④ ⑤

번호	질문	응답
51	처음 만난 사람과 이야기하는 것이 피곤하다.	① ② ③ ④ ⑤
52	비난을 받으면 신경이 쓰인다.	① ② ③ ④ ⑤
53	실패해도 또 다시 도전한다.	① ② ③ ④ ⑤
54	남에게 비판을 받으면 불쾌하다.	① ② ③ ④ ⑤
55	다른 사람의 지적을 순수하게 받아들일 수 있다.	① ② ③ ④ ⑤
56	자신의 프라이드가 높다고 생각한다.	① ② ③ ④ ⑤
57	자신의 입장을 잊어버릴 때가 있다.	① ② ③ ④ ⑤
58	남보다 쉽게 우위에 서는 편이다.	① ② ③ ④ ⑤
59	목적이 없으면 마음이 불안하다.	① ② ③ ④ ⑤
60	일을 할 때에 자신이 없다.	① ② ③ ④ ⑤
61	상대방이 말을 걸어오기를 기다리는 편이다.	① ② ③ ④ ⑤
62	친구 말을 듣는 편이다.	① ② ③ ④ ⑤
63	싸움으로 친구를 잃은 경우가 있다.	① ② ③ ④ ⑤
64	모르는 사람과 말하는 것은 귀찮다.	① ② ③ ④ ⑤
65	아는 사람이 많아지는 것이 즐겁다.	① ② ③ ④ ⑤
66	신호 대기 중에도 조바심이 난다.	① ② ③ ④ ⑤
67	매사에 심각하게 생각하는 것을 싫어한다.	① ② ③ ④ ⑤
68	자신이 경솔하다고 자주 느낀다.	① ② ③ ④ ⑤
69	상대방이 통화 중이어도 자꾸 전화를 건다.	① ② ③ ④ ⑤
70	충동적인 행동을 하지 않는 편이다.	① ② ③ ④ ⑤
71	칭찬도 나쁘게 받아들이는 편이다.	① ② ③ ④ ⑤
72	자신이 손해를 보고 있다고 생각한다.	① ② ③ ④ ⑤
73	어떤 상황에서나 만족할 수 있다.	① ② ③ ④ ⑤
74	무슨 일이든지 자신의 생각대로 하지 못한다.	① ② ③ ④ ⑤
75	부모님에게 불만을 느낀다.	① ② ③ ④ ⑤
76	놀라면 크게 당황하는 편이다.	① ② ③ ④ ⑤
77	주위의 평판이 좋다고 생각한다.	① ② ③ ④ ⑤
78	소문에 휘말려도 크게 신경쓰지 않는다.	① ② ③ ④ ⑤
79	긴급사태에도 당황하지 않고 행동할 수 있다.	① ② ③ ④ ⑤
80	윗사람과 이야기하는 것이 불편하다.	① ② ③ ④ ⑤

번호	질문	응답
81	정색하고 화내기 쉬운 화제를 올릴 때가 있다.	① ② ③ ④ ⑤
82	자신이 좋아하는 연예인을 남들이 욕해도 화가 나지 않는다.	① ② ③ ④ ⑤
83	남을 비판할 때가 있다.	① ② ③ ④ ⑤
84	주체할 수 없을 만큼 여유가 많은 것은 싫어한다.	① ② ③ ④ ⑤
85	의견이 어긋날 때는 한발 양보한다.	① ② ③ ④ ⑤
86	싫은 사람과도 협력할 수 있다.	① ② ③ ④ ⑤
87	사람은 너무 고통거리가 많다고 생각한다.	① ② ③ ④ ⑤
88	걱정거리가 있으면 잠을 잘 수가 없다.	① ② ③ ④ ⑤
89	즐거운 일보다는 괴로운 일이 더 많다.	① ② ③ ④ ⑤
90	싫은 사람이라도 인사를 한다.	① ② ③ ④ ⑤
91	사소한 일에도 신경을 많이 쓰는 편이다.	① ② ③ ④ ⑤
92	누가 나에게 말을 걸기 전에 내가 먼저 말을 걸지 않는다.	① ② ③ ④ ⑤
93	이따금 결심을 빨리 하지 못하기 때문에 손해 보는 경우가 많다.	① ② ③ ④ ⑤
94	사람들은 누구나 곤경에서 벗어나기 위해 거짓말을 할 수 있다.	① ② ③ ④ ⑤
95	어떤 일을 실패하면 두고두고 생각한다.	① ② ③ ④ ⑤
96	비교적 말이 없는 편이다.	① ② ③ ④ ⑤
97	기왕 일을 한다면 꼼꼼하게 하는 편이다.	① ② ③ ④ ⑤
98	지나치게 깔끔한 척을 하는 편에 속한다.	① ② ③ ④ ⑤
99	나를 기분 나쁘게 한 사람을 쉽게 잊지 못하는 편이다.	① ② ③ ④ ⑤
100	수줍음을 많이 타서 많은 사람 앞에 나서길 싫어한다.	① ② ③ ④ ⑤
101	혼자 지내는 시간이 즐겁다.	① ② ③ ④ ⑤
102	주위 사람이 잘 되는 것을 보면 상대적으로 내가 실패한 것 같다.	① ② ③ ④ ⑤
103	어떤 일을 시도하다가 잘 안되면 금방 포기한다.	① ② ③ ④ ⑤
104	이성 친구와 웃고 떠드는 것을 별로 좋아하지 않는다.	① ② ③ ④ ⑤
105	낯선 사람과 만나는 것을 꺼리는 편이다.	① ② ③ ④ ⑤
106	밤낮없이 같이 다닐만한 친구들이 거의 없다.	① ② ③ ④ ⑤
107	연예인이 되고 싶은 마음은 조금도 가지고 있지 않다.	① ② ③ ④ ⑤
108	여럿이 모여서 이야기하는 데 잘 끼어들지 못한다.	① ② ③ ④ ⑤
109	사람들은 이득이 된다면 옳지 않은 방법이라도 쓸 것이다.	① ② ③ ④ ⑤
110	사람들이 정직하게 행동하는 것은 다른 사람의 비난이 두렵기 때문이다.	① ② ③ ④ ⑤

번호	질문	응답
111	처음 보는 사람들과 쉽게 이야기하거나 친해지는 편이다.	① ② ③ ④ ⑤
112	모르는 사람들이 많이 모여 있는 곳에서도 활발하게 행동하는 편이다.	① ② ③ ④ ⑤
113	여기저기에 친구나 아는 사람들이 많이 있다.	① ② ③ ④ ⑤
114	모임에서 말을 많이 하고 적극적으로 행동한다.	① ② ③ ④ ⑤
115	슬프거나 기쁜 일이 생기면 부모나 친구에게 이야기하는 편이다.	① ② ③ ④ ⑤
116	활발하고 적극적이라는 말을 자주 듣는다.	① ② ③ ④ ⑤
117	시간이 걸리는 일이나 놀이에 싫증을 내고, 새로운 놀이나 활동을 원한다.	① ② ③ ④ ⑤
118	혼자 조용히 있거나 책을 읽는 것보다는 사람들과 어울리는 것을 좋아한다.	① ② ③ ④ ⑤
119	새로운 유행이 시작되면 다른 사람보다 먼저 시도해 보는 편이다.	① ② ③ ④ ⑤
120	기분을 잘 드러내기 때문에 남들이 본인의 기분을 금방 알게 된다.	① ② ③ ④ ⑤
121	비유적이고 상징적인 표현보다는 구체적이고 정확한 표현을 더 잘 이해한다.	① ② ③ ④ ⑤
122	주변 사람들의 외모나 다른 특징들을 자세히 기억한다.	① ② ③ ④ ⑤
123	꾸준하고 참을성이 있다는 말을 자주 듣는다.	① ② ③ ④ ⑤
124	공부할 때 세부적인 내용을 암기할 수 있다.	① ② ③ ④ ⑤
125	손으로 직접 만지거나 조작하는 것을 좋아한다.	① ② ③ ④ ⑤
126	상상 속에서 이야기를 잘 만들어 내는 편이다.	① ② ③ ④ ⑤
127	종종 물건을 잃어버리거나 어디에 두었는지 기억을 못하는 때가 있다.	① ② ③ ④ ⑤
128	창의력과 상상력이 풍부하다는 이야기를 자주 듣는다.	① ② ③ ④ ⑤
129	다른 사람들이 생각하지도 않는 엉뚱한 행동이나 생각을 할 때가 종종 있다.	① ② ③ ④ ⑤
130	이것저것 새로운 것에 관심이 많고 새로운 것을 배우고 싶어 한다.	① ② ③ ④ ⑤
131	'왜'라는 질문을 자주 한다.	① ② ③ ④ ⑤
132	의지와 끈기가 강한 편이다.	① ② ③ ④ ⑤
133	궁금한 점이 있으면 꼬치꼬치 따져서 궁금증을 풀고 싶어 한다.	① ② ③ ④ ⑤
134	참을성이 있다는 말을 자주 듣는다.	① ② ③ ④ ⑤
135	남의 비난에도 잘 견딘다.	① ② ③ ④ ⑤
136	다른 사람의 감정에 민감하다.	① ② ③ ④ ⑤
137	자신의 잘못을 쉽게 인정하는 편이다.	① ② ③ ④ ⑤
138	싹싹하다는 소리를 잘 듣는다.	① ② ③ ④ ⑤
139	쉽게 양보를 하는 편이다.	① ② ③ ④ ⑤
140	음식을 선택할 때 쉽게 결정을 못 내릴 때가 많다.	① ② ③ ④ ⑤

번호	질문	응답
141	계획표를 세밀하게 짜 놓고 그 계획표에 따라 생활하는 것을 좋아한다.	① ② ③ ④ ⑤
142	대체로 할 일을 먼저 해 놓고 나서 노는 편이다.	① ② ③ ④ ⑤
143	시험보기 전에 미리 여유 있게 공부 계획표를 짜 놓는다.	① ② ③ ④ ⑤
144	마지막 순간에 쫓기면서 일하는 것을 싫어한다.	① ② ③ ④ ⑤
145	계획에 따라 규칙적인 생활을 하는 편이다.	① ② ③ ④ ⑤
146	자기 것을 잘 나누어주는 편이다.	① ② ③ ④ ⑤
147	자신의 소지품을 덜 챙기는 편이다.	① ② ③ ④ ⑤
148	신발이나 옷이 떨어져도 무관심한 편이다.	① ② ③ ④ ⑤
149	자기 것을 덜 주장하고, 덜 고집하는 편이다.	① ② ③ ④ ⑤
150	활동이 많으면서도 무난하고 점잖다는 말을 듣는 편이다.	① ② ③ ④ ⑤
151	몇 번이고 생각하고 검토한다.	① ② ③ ④ ⑤
152	여러 번 생각한 끝에 결정을 내린다.	① ② ③ ④ ⑤
153	어떤 일이든 따지려 든다.	① ② ③ ④ ⑤
154	일단 결정하면 행동으로 옮긴다.	① ② ③ ④ ⑤
155	앞에 나서기를 꺼린다.	① ② ③ ④ ⑤
156	규칙을 잘 지킨다.	① ② ③ ④ ⑤
157	나의 주장대로 행동한다.	① ② ③ ④ ⑤
158	지시나 충고를 받는 것이 싫다.	① ② ③ ④ ⑤
159	급진적인 변화를 좋아한다.	① ② ③ ④ ⑤
160	규칙은 반드시 지킬 필요가 없다.	① ② ③ ④ ⑤
161	혼자서 일하기를 좋아한다.	① ② ③ ④ ⑤
162	미래에 대해 별로 염려를 하지 않는다.	① ② ③ ④ ⑤
163	새로운 변화를 싫어한다.	① ② ③ ④ ⑤
164	조용한 분위기를 좋아한다.	① ② ③ ④ ⑤
165	도전적인 직업보다는 안정적인 직업이 좋다.	① ② ③ ④ ⑤
166	친구를 잘 바꾸지 않는다.	① ② ③ ④ ⑤
167	남의 명령을 듣기 싫어한다.	① ② ③ ④ ⑤
168	모든 일에 앞장서는 편이다.	① ② ③ ④ ⑤
169	다른 사람이 하는 일을 보면 답답하다.	① ② ③ ④ ⑤
170	남을 지배하는 사람이 되고 싶다.	① ② ③ ④ ⑤

번호	질문	응답
171	규칙적인 것이 싫다.	① ② ③ ④ ⑤
172	매사에 감동을 자주 받는다.	① ② ③ ④ ⑤
173	새로운 물건과 일에 대한 생각을 자주 한다.	① ② ③ ④ ⑤
174	창조적인 일을 하고 싶다.	① ② ③ ④ ⑤
175	나쁜 일은 오래 생각하지 않는다.	① ② ③ ④ ⑤
176	사람들의 이름을 잘 기억하는 편이다.	① ② ③ ④ ⑤
177	외딴 곳보다는 사람들이 북적거리는 곳에 살고 싶다.	① ② ③ ④ ⑤
178	제조업보다는 서비스업이 마음에 든다.	① ② ③ ④ ⑤
179	농사를 지으면서 자연과 더불어 살고 싶다.	① ② ③ ④ ⑤
180	예절 같은 것은 별로 신경 쓰지 않는다.	① ② ③ ④ ⑤
181	거칠고 반항적인 사람보다 예의바른 사람들과 어울리고 싶다.	① ② ③ ④ ⑤
182	대인관계에서 상황을 빨리 파악하는 편이다.	① ② ③ ④ ⑤
183	계산에 밝은 사람은 꺼려진다.	① ② ③ ④ ⑤
184	친구들과 노는 것보다 혼자 노는 것이 편하다.	① ② ③ ④ ⑤
185	교제범위가 넓은 편이라 사람을 만나는 데 많은 시간을 소비한다.	① ② ③ ④ ⑤
186	손재주는 비교적 있는 편이다.	① ② ③ ④ ⑤
187	기획과 섭외 중 기획을 더 잘할 수 있을 것 같다.	① ② ③ ④ ⑤
188	도서실 등에서 책을 정리하고 관리하는 일을 싫어하지 않는다.	① ② ③ ④ ⑤
189	선입견으로 판단하지 않고 이론적으로 판단하는 편이다.	① ② ③ ④ ⑤
190	예술제나 미술전 등에 관심이 많다.	① ② ③ ④ ⑤
191	행사의 사회나 방송 등 마이크를 사용하는 분야에 관심이 많다.	① ② ③ ④ ⑤
192	하루 종일 방에 틀어 박혀 연구하거나 몰두해야 하는 일은 싫다.	① ② ③ ④ ⑤
193	공상이나 상상을 많이 하는 편이다.	① ② ③ ④ ⑤
194	모르는 사람과도 마음이 맞으면 쉽게 마음을 터놓고 바로 친해진다.	① ② ③ ④ ⑤
195	물건을 만들거나 도구를 사용하는 일이 싫지는 않다.	① ② ③ ④ ⑤
196	새로운 아이디어를 생각해내는 일이 좋다.	① ② ③ ④ ⑤
197	회의에서 사회자와 서기 중 하나를 맡는다면 서기 쪽이 맞을 것 같다.	① ② ③ ④ ⑤
198	사건 뒤에 숨은 본질을 생각해 보기를 좋아한다.	① ② ③ ④ ⑤
199	색채감각이나 미적 센스가 풍부한 편이다.	① ② ③ ④ ⑤
200	다른 사람들의 눈길을 끌고 주목을 받는 것이 아무렇지도 않다.	① ② ③ ④ ⑤

02 제2회 인성검사 모의테스트

※ 다음 질문내용을 읽고, ①~⑤ 중 본인에 해당하는 것을 고르시오(① 전혀 그렇지 않다, ② 약간 그렇지 않다, ③ 보통이다, ④ 약간 그렇다, ⑤ 매우 그렇다). **[1~200]**

번호	질문	응답
01	취미로 독서와 헬스 중 헬스를 하고 싶다.	① ② ③ ④ ⑤
02	보고 들은 것을 문장으로 옮기기를 좋아한다.	① ② ③ ④ ⑤
03	남에게 뭔가 가르쳐주는 일이 좋다.	① ② ③ ④ ⑤
04	많은 사람과 장시간 함께 있으면 피곤하다.	① ② ③ ④ ⑤
05	엉뚱한 일을 하기 좋아하고 발상도 개성적이다.	① ② ③ ④ ⑤
06	전표 계산 또는 장부 기입 같은 일을 싫증내지 않고 할 수 있다.	① ② ③ ④ ⑤
07	책이나 신문을 열심히 읽는 편이다.	① ② ③ ④ ⑤
08	신경이 예민한 편이며, 감수성도 풍부하다.	① ② ③ ④ ⑤
09	연회석에서 망설임 없이 노래를 부르거나 장기를 보이는 편이다.	① ② ③ ④ ⑤
10	즐거운 캠프를 위해 계획 세우기를 좋아한다.	① ② ③ ④ ⑤
11	데이터를 분류하거나 통계 내는 일을 싫어하지는 않는다.	① ② ③ ④ ⑤
12	드라마나 소설 속 등장인물의 생활과 사고방식에 흥미가 있다.	① ② ③ ④ ⑤
13	자신의 미적 표현력을 살리면 상당히 좋은 작품이 나올 것 같다.	① ② ③ ④ ⑤
14	화려한 것을 좋아하며 주위의 평판에 신경을 쓰는 편이다.	① ② ③ ④ ⑤
15	여럿이서 여행할 기회가 있다면 즐겁게 참가한다.	① ② ③ ④ ⑤
16	여행 소감 쓰기를 좋아한다.	① ② ③ ④ ⑤
17	상품 전시회에서 상품 설명을 한다면 잘할 수 있을 것 같다.	① ② ③ ④ ⑤
18	변화가 적고 손이 많이 가는 일도 꾸준히 하는 편이다.	① ② ③ ④ ⑤
19	신제품 홍보에 흥미가 있다.	① ② ③ ④ ⑤
20	열차 시간표 한 페이지 정도라면 정확하게 옮겨 쓸 자신이 있다.	① ② ③ ④ ⑤
21	자신의 장래에 대해 자주 생각한다.	① ② ③ ④ ⑤
22	혼자 있는 것에 익숙하다.	① ② ③ ④ ⑤
23	별 근심이 없다.	① ② ③ ④ ⑤
24	나의 환경에 아주 만족한다.	① ② ③ ④ ⑤
25	상품을 고를 때 디자인과 색에 신경을 많이 쓴다.	① ② ③ ④ ⑤
26	극단이나 엔터테인먼트에서 일해보고 싶다는 생각을 한 적이 있다.	① ② ③ ④ ⑤
27	외출할 때 날씨가 좋지 않아도 그다지 신경 쓰지 않는다.	① ② ③ ④ ⑤
28	손님을 불러들이는 호객행위도 마음만 먹으면 할 수 있을 것 같다.	① ② ③ ④ ⑤
29	신중하고 주의 깊은 편이다.	① ② ③ ④ ⑤
30	하루 종일 책상 앞에 앉아 있어도 지루해하지 않는 편이다.	① ② ③ ④ ⑤

번호	질문	응답				
31	알기 쉽게 요점을 정리한 다음 남에게 잘 설명하는 편이다.	①	②	③	④	⑤
32	생물 시간보다는 미술 시간에 흥미가 있다.	①	②	③	④	⑤
33	남이 자신에게 상담을 해오는 경우가 많다.	①	②	③	④	⑤
34	친목회나 송년회 등의 총무 역할 담당하기를 좋아하는 편이다.	①	②	③	④	⑤
35	실패하든 성공하든 그 원인은 꼭 분석한다.	①	②	③	④	⑤
36	실내 장식품이나 액세서리 등에 관심이 많다.	①	②	③	④	⑤
37	남에게 보이기 좋아하고 지기 싫어하는 편이다.	①	②	③	④	⑤
38	대자연 속에서 마음대로 몸을 움직이는 일이 좋다.	①	②	③	④	⑤
39	파티나 모임에서 자연스럽게 돌아다니며 인사하는 성격이다.	①	②	③	④	⑤
40	무슨 일에 쉽게 빠져드는 편이며 주인의식도 강하다.	①	②	③	④	⑤
41	우리나라 분재를 파리에서 파는 방법 따위를 생각하기 좋아한다.	①	②	③	④	⑤
42	하루 종일 거리를 돌아다녀도 그다지 피로를 느끼지 않는다.	①	②	③	④	⑤
43	컴퓨터의 키보드 조작도 연습하면 잘할 수 있을 것 같다.	①	②	③	④	⑤
44	자동차나 모터보트 등의 운전에 흥미를 갖고 있다.	①	②	③	④	⑤
45	연예인의 인기비결을 곧잘 생각해 본다.	①	②	③	④	⑤
46	과자나 빵을 판매하는 일보다 만드는 일이 나에게 맞을 것 같다.	①	②	③	④	⑤
47	대체로 걱정하거나 고민하지 않는다.	①	②	③	④	⑤
48	비판적인 말을 들어도 쉽게 상처받지 않는다.	①	②	③	④	⑤
49	초등학교 선생님보다는 등대지기가 더 재미있을 것 같다.	①	②	③	④	⑤
50	남의 생일이나 명절에 선물을 사러 다니는 일은 귀찮다.	①	②	③	④	⑤
51	조심스러운 성격이라고 생각한다.	①	②	③	④	⑤
52	훌쩍 여행을 떠나고 싶을 때가 자주 있다.	①	②	③	④	⑤
53	사물을 신중하게 생각하는 편이라고 생각한다.	①	②	③	④	⑤
54	다른 사람들이 하지 못하는 일을 하고 싶다.	①	②	③	④	⑤
55	소외감을 느낄 때가 있다.	①	②	③	④	⑤
56	노력의 여하보다 결과가 중요하다.	①	②	③	④	⑤
57	다른 사람에게 의존적일 때가 많다.	①	②	③	④	⑤
58	타인에게 간섭받는 것은 싫다.	①	②	③	④	⑤
59	동작이 기민한 편이다.	①	②	③	④	⑤
60	다른 사람에게 항상 움직이고 있다는 말을 듣는다.	①	②	③	④	⑤

번호	질문	응답
61	해야 할 일은 신속하게 처리한다.	① ② ③ ④ ⑤
62	일주일의 계획을 만드는 것을 좋아한다.	① ② ③ ④ ⑤
63	잘하지 못하는 게임은 하지 않으려고 한다.	① ② ③ ④ ⑤
64	자기주장이 강하다.	① ② ③ ④ ⑤
65	자의식 과잉이라는 생각이 들 때가 있다.	① ② ③ ④ ⑤
66	포기하지 않고 노력하는 것이 중요하다.	① ② ③ ④ ⑤
67	어떠한 일이 있어도 출세하고 싶다.	① ② ③ ④ ⑤
68	대인관계가 귀찮다고 느낄 때가 있다.	① ② ③ ④ ⑤
69	수다를 좋아한다.	① ② ③ ④ ⑤
70	장래의 일을 생각하면 불안해질 때가 있다.	① ② ③ ④ ⑤
71	쉽게 침울해 한다.	① ② ③ ④ ⑤
72	한번 시작한 일은 끝을 맺는다.	① ② ③ ④ ⑤
73	막무가내라는 말을 들을 때가 많다.	① ② ③ ④ ⑤
74	자신의 권리를 주장하는 편이다.	① ② ③ ④ ⑤
75	쉽게 싫증을 내는 편이다.	① ② ③ ④ ⑤
76	하나의 취미를 오래 지속하는 편이다.	① ② ③ ④ ⑤
77	옆에 사람이 있으면 싫다.	① ② ③ ④ ⑤
78	자신의 의견을 상대에게 잘 주장하지 못한다.	① ② ③ ④ ⑤
79	토론에서 이길 자신이 있다.	① ② ③ ④ ⑤
80	좀처럼 결단하지 못하는 경우가 있다.	① ② ③ ④ ⑤
81	남과 친해지려면 용기가 필요하다.	① ② ③ ④ ⑤
82	활력이 있다.	① ② ③ ④ ⑤
83	다른 사람의 일에 관심이 없다.	① ② ③ ④ ⑤
84	통찰력이 있다고 생각한다.	① ② ③ ④ ⑤
85	다른 사람에게 위해를 가할 것 같은 기분이 들 때가 있다.	① ② ③ ④ ⑤
86	지루하면 마구 떠들고 싶어진다.	① ② ③ ④ ⑤
87	매사에 느긋하고 차분하게 매달린다.	① ② ③ ④ ⑤
88	친구들이 진지한 사람으로 생각하고 있다.	① ② ③ ④ ⑤
89	때로는 후회할 때도 있다.	① ② ③ ④ ⑤
90	친구들과 남의 이야기를 하는 것을 좋아한다.	① ② ③ ④ ⑤

번호	질문	응답
91	사소한 일로 우는 일이 많다.	① ② ③ ④ ⑤
92	내성적이라고 생각한다.	① ② ③ ④ ⑤
93	당황하면 갑자기 땀이 나서 신경 쓰일 때가 있다.	① ② ③ ④ ⑤
94	어떤 일이 있어도 의욕을 가지고 열심히 하는 편이다.	① ② ③ ④ ⑤
95	진정으로 마음을 허락할 수 있는 사람은 없다.	① ② ③ ④ ⑤
96	집에서 가만히 있으면 기분이 우울해진다.	① ② ③ ④ ⑤
97	굳이 말하자면 시원시원하다.	① ② ③ ④ ⑤
98	난관에 봉착해도 포기하지 않고 열심히 해본다.	① ② ③ ④ ⑤
99	기다리는 것에 짜증내는 편이다.	① ② ③ ④ ⑤
100	감정적으로 될 때가 많다.	① ② ③ ④ ⑤
101	눈을 뜨면 바로 일어난다.	① ② ③ ④ ⑤
102	친구들로부터 줏대 없는 사람이라는 말을 듣는다.	① ② ③ ④ ⑤
103	리더로서 인정을 받고 싶다.	① ② ③ ④ ⑤
104	누구나 권력자를 동경하고 있다고 생각한다.	① ② ③ ④ ⑤
105	다른 사람들이 남을 배려하는 마음씨가 있다는 말을 한다.	① ② ③ ④ ⑤
106	인간관계가 폐쇄적이라는 말을 듣는다.	① ② ③ ④ ⑤
107	누구와도 편하게 이야기할 수 있다.	① ② ③ ④ ⑤
108	몸으로 부딪혀 도전하는 편이다.	① ② ③ ④ ⑤
109	가만히 있지 못할 정도로 침착하지 못할 때가 있다.	① ② ③ ④ ⑤
110	사물을 과장해서 말하지 않는 편이다.	① ② ③ ④ ⑤
111	그룹 내에서는 누군가의 주도하에 따라가는 경우가 많다.	① ② ③ ④ ⑤
112	굳이 말하자면 자의식 과잉이다.	① ② ③ ④ ⑤
113	무슨 일이든 자신을 가지고 행동한다.	① ② ③ ④ ⑤
114	여행을 가기 전에는 세세한 계획을 세운다.	① ② ③ ④ ⑤
115	다른 사람에게 자신이 소개되는 것을 좋아한다.	① ② ③ ④ ⑤
116	차분하다는 말을 듣는다.	① ② ③ ④ ⑤
117	몸을 움직이는 것을 좋아한다.	① ② ③ ④ ⑤
118	의견이 다른 사람과는 어울리지 않는다.	① ② ③ ④ ⑤
119	계획을 생각하기보다 빨리 실행하고 싶어한다.	① ② ③ ④ ⑤
120	스포츠 선수가 되고 싶다고 생각한 적이 있다.	① ② ③ ④ ⑤

번호	질문	응답
121	융통성이 없는 편이다.	① ② ③ ④ ⑤
122	자신을 쓸모없는 인간이라고 생각할 때가 있다.	① ② ③ ④ ⑤
123	완성된 것보다 미완성인 것에 흥미가 있다.	① ② ③ ④ ⑤
124	작은 소리도 신경 쓰인다.	① ② ③ ④ ⑤
125	굳이 말하자면 장거리 주자에 어울린다고 생각한다.	① ② ③ ④ ⑤
126	모두가 싫증을 내는 일에도 혼자서 열심히 한다.	① ② ③ ④ ⑤
127	커다란 일을 해보고 싶다.	① ② ③ ④ ⑤
128	주위의 영향을 받기 쉽다.	① ② ③ ④ ⑤
129	잘하지 못하는 것이라도 자진해서 한다.	① ② ③ ④ ⑤
130	완고한 편이라고 생각한다.	① ② ③ ④ ⑤
131	타인의 일에는 별로 관여하고 싶지 않다고 생각한다.	① ② ③ ④ ⑤
132	휴일은 세부적인 예정을 세우고 보낸다.	① ② ③ ④ ⑤
133	번화한 곳에 외출하는 것을 좋아한다.	① ② ③ ④ ⑤
134	능력을 살릴 수 있는 일을 하고 싶다.	① ② ③ ④ ⑤
135	자주 깊은 생각에 잠긴다.	① ② ③ ④ ⑤
136	지인을 발견해도 만나고 싶지 않을 때가 많다.	① ② ③ ④ ⑤
137	자질구레한 걱정이 많다.	① ② ③ ④ ⑤
138	가만히 있지 못할 정도로 불안해질 때가 많다.	① ② ③ ④ ⑤
139	이유도 없이 화가 치밀 때가 있다.	① ② ③ ④ ⑤
140	이유도 없이 다른 사람과 부딪힐 때가 있다.	① ② ③ ④ ⑤
141	나는 다른 사람보다 기가 세다.	① ② ③ ④ ⑤
142	친절한 사람 밑에서 일하고 싶다.	① ② ③ ④ ⑤
143	다른 사람이 나를 어떻게 생각하는지 궁금할 때가 많다.	① ② ③ ④ ⑤
144	직접 만나는 것보다 전화로 얘기하는 것이 편하다.	① ② ③ ④ ⑤
145	침울해지면서 아무 것도 손에 잡히지 않을 때가 있다.	① ② ③ ④ ⑤
146	이성적인 사람 밑에서 일하고 싶다.	① ② ③ ④ ⑤
147	다른 사람보다 쉽게 우쭐해진다.	① ② ③ ④ ⑤
148	시를 많이 읽는다.	① ② ③ ④ ⑤
149	성격이 밝다는 말을 듣는다.	① ② ③ ④ ⑤
150	실무적이라는 인상을 주고 싶다.	① ② ③ ④ ⑤

번호	질문	응답
151	어색해지면 입을 다무는 경우가 많다.	① ② ③ ④ ⑤
152	커피가 있어야 안심이 된다.	① ② ③ ④ ⑤
153	어린 시절로 돌아가고 싶을 때가 있다.	① ② ③ ④ ⑤
154	무모할 것 같은 일에 도전하고 싶다.	① ② ③ ④ ⑤
155	하루의 행동을 반성하는 경우가 많다.	① ② ③ ④ ⑤
156	학구적이라는 인상을 주고 싶다.	① ② ③ ④ ⑤
157	내가 아는 것을 남에게 알려주고 싶다.	① ② ③ ④ ⑤
158	굳이 말하자면 기가 센 편이다.	① ② ③ ④ ⑤
159	일의 보람보단 결과를 중요시 한다.	① ② ③ ④ ⑤
160	격렬한 운동도 그다지 힘들어하지 않는다.	① ② ③ ④ ⑤
161	가능성보단 현실성에 눈을 돌린다.	① ② ③ ④ ⑤
162	부탁을 잘 거절하지 못한다.	① ② ③ ④ ⑤
163	앞으로의 일을 생각하지 않으면 진정이 되지 않는다.	① ② ③ ④ ⑤
164	상상이 되는 것을 선호한다.	① ② ③ ④ ⑤
165	빌려준 것을 받지 못하는 편이다.	① ② ③ ④ ⑤
166	인생에서 중요한 것은 높은 목표를 갖는 것이다.	① ② ③ ④ ⑤
167	잠을 쉽게 자는 편이다.	① ② ③ ④ ⑤
168	다른 사람이 부럽다고 생각하지 않는다.	① ② ③ ④ ⑤
169	학문보다는 기술이다.	① ② ③ ④ ⑤
170	무슨 일이든 선수를 쳐야 이긴다고 생각한다.	① ② ③ ④ ⑤
171	SNS를 좋아하는 편이다.	① ② ③ ④ ⑤
172	뉴스를 자주 보는 편이다.	① ② ③ ④ ⑤
173	불우이웃을 돕는 편이다.	① ② ③ ④ ⑤
174	취미활동에 돈을 아끼지 않는다.	① ② ③ ④ ⑤
175	혼자서 밥을 먹어도 이상하지 않다.	① ② ③ ④ ⑤
176	기획하는 것보다 영업하는 것이 편하다.	① ② ③ ④ ⑤
177	나만의 특기를 가지고 있다.	① ② ③ ④ ⑤
178	토론자와 사회자 중에서 토론자가 더 어울린다.	① ② ③ ④ ⑤
179	아기자기한 것을 좋아한다.	① ② ③ ④ ⑤
180	통계가 맞지 않으면 신경이 쓰인다.	① ② ③ ④ ⑤

번호	질문	응답
181	100년 전의 풍습에 흥미가 있다.	① ② ③ ④ ⑤
182	신제품 개발보다 기존 상품을 개선하는 것을 선호한다.	① ② ③ ④ ⑤
183	손으로 쓴 글씨에 자신이 있다.	① ② ③ ④ ⑤
184	현재의 삶에 만족한다.	① ② ③ ④ ⑤
185	내 미래는 밝다고 생각한다.	① ② ③ ④ ⑤
186	과학보다는 철학에 관심이 있다.	① ② ③ ④ ⑤
187	원인을 알 수 없으면 반드시 찾아야 한다.	① ② ③ ④ ⑤
188	무언가에 흥미를 느끼는 데 오래 걸린다.	① ② ③ ④ ⑤
189	처음 보는 사람에게 물건을 잘 팔 수 있다.	① ② ③ ④ ⑤
190	언어가 안 통하는 나라에서 잘 생활할 수 있다.	① ② ③ ④ ⑤
191	시각보다는 청각에 민감한 편이다.	① ② ③ ④ ⑤
192	큰 건물이 작은 건물보다 좋다.	① ② ③ ④ ⑤
193	음식을 만드는 것이 물건을 전시하는 것보다 쉽다.	① ② ③ ④ ⑤
194	안 쓰는 물건을 잘 버리는 편이다.	① ② ③ ④ ⑤
195	사람의 인상착의나 이름을 잘 외운다.	① ② ③ ④ ⑤
196	지시를 받는 것보다 지시를 하는 것이 어울린다.	① ② ③ ④ ⑤
197	규칙적으로 먹고 잔다.	① ② ③ ④ ⑤
198	처음 겪는 상황에도 빠르게 대처할 수 있다.	① ② ③ ④ ⑤
199	내가 할 수 있는 것은 내가 한다.	① ② ③ ④ ⑤
200	처음 보는 사람과 얘기하는 것이 어렵지 않다.	① ② ③ ④ ⑤

PART 2

직무능력검사

CHAPTER 01 문제해결력
CHAPTER 02 수리력
CHAPTER 03 언어논리력
CHAPTER 04 이해력
CHAPTER 05 공간지각력

CHAPTER 01
문제해결력

합격 CHEAT KEY

| 출제유형 |

01 수추리

나열된 수열을 보고 규칙을 찾아서 빈칸에 들어갈 알맞은 숫자를 고르는 유형으로, 기본적인 수열뿐 아니라 복잡한 형태의 종잡을 수 없는 규칙도 출제된다.

02 언어추리

3∼4개의 주어진 명제나 조건으로부터 결론을 도출하거나, 이를 바탕으로 옳거나 옳지 않은 보기를 고르는 문제가 출제되고 있다.

학습전략

01 수추리

- 눈으로만 규칙을 찾고자 할 경우 변화된 값을 모두 외우기 어려우므로 나열된 수의 변화된 값을 적어두면 규칙을 발견하기 용이하다.
- 규칙이 발견되지 않는 경우에는 홀수 항과 짝수 항을 분리해서 파악하거나 군수열을 생각해 본다.

02 언어추리

- 세 개 이상의 비교대상이 등장하며, '~보다', '가장' 등의 표현에 유의해 풀어야 한다.
- '어떤'과 '모든'이 나오는 명제는 벤 다이어그램을 활용한다.
- 주어진 규칙과 조건을 파악한 후 이를 도식화(표, 기호 등으로 정리)하여 문제에 접근한다.
- 〈조건〉에 사용된 조사의 의미와 제한사항 등을 제대로 이해해야 정답을 찾을 수 있으므로 문제와 제시된 문장을 꼼꼼히 읽는 습관을 기른다.

CHAPTER 01 문제해결력 핵심이론

01 수추리

(1) **등차수열** : 앞의 항에 일정한 수를 더해 이루어지는 수열

예)

(2) **등비수열** : 앞의 항에 일정한 수를 곱해 이루어지는 수열

예)

(3) **계차수열** : 앞의 항과의 차가 일정하게 증가하는 수열

예)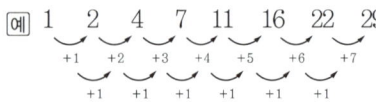

(4) **피보나치 수열** : 앞의 두 항의 합이 그다음 항의 수가 되는 수열

$a_n = a_{n-1} + a_{n-2}$ ($n \geq 3$, $a_n = 1$, $a_2 = 1$)

예) 1 1 $\underset{1+1}{2}$ $\underset{1+2}{3}$ $\underset{2+3}{5}$ $\underset{3+5}{8}$ $\underset{5+8}{13}$ $\underset{8+13}{21}$

(5) **건너뛰기 수열**

- 두 개 이상의 수열이 일정한 간격을 두고 번갈아가며 나타나는 수열

 예) 1 1 3 7 5 13 7 19
 - 홀수항 : 1 $\underset{+2}{\frown}$ 3 $\underset{+2}{\frown}$ 5 $\underset{+2}{\frown}$ 7
 - 짝수항 : 1 $\underset{+6}{\frown}$ 7 $\underset{+6}{\frown}$ 13 $\underset{+6}{\frown}$ 19

- 두 개 이상의 규칙이 일정한 간격을 두고 번갈아가며 적용되는 수열

 예)

(6) 군수열 : 일정한 규칙성으로 몇 항씩 묶어 나눈 수열

예
- 1 1 2 1 2 3 1 2 3 4
  ⇒ $\underline{1\ 1\ 2}_{1+1=2}$ $\underline{1\ 2\ 3}_{1+2=3}$ $\underline{1\ 2\ 3\ 4}_{1+2+3=4}$
- 1 3 4 6 5 11 2 6 8 9 3 12
  ⇒ $\underline{1\ 3\ 4}_{1+3=4}$ $\underline{6\ 5\ 11}_{6+5=11}$ $\underline{2\ 6\ 8}_{2+6=8}$ $\underline{9\ 3\ 12}_{9+3=12}$
- 1 3 3 2 4 8 5 6 30 7 2 14
  ⇒ $\underline{1\ 3\ 3}_{1\times3=3}$ $\underline{2\ 4\ 8}_{2\times4=8}$ $\underline{5\ 6\ 30}_{5\times6=30}$ $\underline{7\ 2\ 14}_{7\times2=14}$

02 언어추리

1. 연역 추론

이미 알고 있는 판단(전제)을 근거로 새로운 판단(결론)을 유도하는 추론이다. 연역 추론은 진리일 가능성을 따지는 귀납 추론과는 달리, 명제 간의 관계와 논리적 타당성을 따진다. 즉 연역 추론은 전제들로부터 절대적인 필연성을 가진 결론을 이끌어내는 추론이다.

(1) 직접 추론

한 개의 전제로부터 중간적 매개 없이 새로운 결론을 이끌어내는 추론이며, 대우 명제가 그 대표적인 예이다.

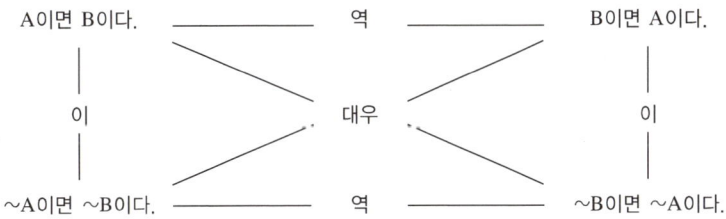

- 한국인은 모두 황인종이다. (전제)
- 그러므로 황인종이 아닌 사람이 모두 한국인은 아니다. (결론 1)
- 그러므로 황인종 중에는 한국인이 아닌 사람도 있다. (결론 2)

(2) 간접 추론

둘 이상의 전제로부터 새로운 결론을 이끌어내는 추론이다. 삼단논법이 가장 대표적인 예이다.

① **정언 삼단논법** : 세 개의 정언명제로 구성된 간접추론 방식이다. 세 개의 명제 가운데 두 개의 명제는 전제이고, 나머지 한 개의 명제는 결론이다. 세 명제의 주어와 술어는 세 개의 서로 다른 개념을 표현한다.

② **가언 삼단논법** : 가언명제로 이루어진 삼단논법을 말한다. 가언명제란 두 개의 정언명제가 '만일 ~이라면'이라는 접속어에 의해 결합된 복합명제이다. 여기서 '만일'에 의해 이끌리는 명제를 전건이라고 하고, 그 뒤의 명제를 후건이라고 한다. 가언 삼단논법의 종류로는 혼합가언 삼단논법과 순수가언 삼단논법이 있다.

㉠ **혼합가언 삼단논법** : 대전제만 가언명제로 구성된 삼단논법이다. 긍정식과 부정식 두 가지가 있으며, 긍정식은 'A면 B이다. A이다. 그러므로 B이다.'이고, 부정식은 'A면 B이다. B가 아니다. 그러므로 A가 아니다.'이다.

- 만약 A라면 B이다.
- B가 아니다.
- 그러므로 A가 아니다.

㉡ **순수가언 삼단논법** : 대전제와 소전제 및 결론까지 모두 가언명제들로 구성된 삼단논법이다.

- 만약 A라면 B이다.
- 만약 B라면 C이다.
- 그러므로 만약 A라면 C이다.

③ **선언 삼단논법** : '~이거나 ~이다.'의 형식으로 표현되며 전제 속에 선언 명제를 포함하고 있는 삼단논법이다.

- 내일은 비가 오거나 눈이 온다(A 또는 B이다).
- 내일은 비가 오지 않는다(A가 아니다).
- 그러므로 내일은 눈이 온다(그러므로 B이다).

④ **딜레마 논법** : 대전제는 두 개의 가언명제로, 소전제는 하나의 선언명제로 이루어진 삼단논법으로, 양도추론이라고도 한다.

- 만일 네가 거짓말을 하면, 신이 미워할 것이다. (대전제)
- 만일 네가 거짓말을 하지 않으면, 사람들이 미워할 것이다. (대전제)
- 너는 거짓말을 하거나, 거짓말을 하지 않을 것이다. (소전제)
- 그러므로 너는 미움을 받게 될 것이다. (결론)

2. 귀납 추론

특수한 또는 개별적인 사실로부터 일반적인 결론을 이끌어 내는 추론을 말한다. 귀납 추론은 구체적 사실들을 기반으로 하여 결론을 이끌어 내기 때문에 필연성을 따지기보다는 개연성과 유관성, 표본성 등을 중시하게 된다. 여기서 개연성이란, 관찰된 어떤 사실이 같은 조건하에서 앞으로도 관찰될 수 있는가 하는 가능성을 말하고, 유관성은 추론에 사용된 자료가 관찰하려는 사실과 관련되어야 하는 것을 일컬으며, 표본성은 추론을 위한 자료의 표본 추출이 공정하게 이루어져야 하는 것을 가리킨다. 이러한 귀납 추론은 일상생활 속에서 많이 사용하고, 우리가 알고 있는 과학적 사실도 이와 같은 방법으로 밝혀졌다.

그러나 전제들이 참이어도 결론이 항상 참인 것은 아니다. 단 하나의 예외로 인하여 결론이 거짓이 될 수 있다.

> • 성냥불은 뜨겁다.
> • 연탄불도 뜨겁다.
> • 그러므로 모든 불은 뜨겁다.

위 예문에서 '성냥불이나 연탄불이 뜨거우므로 모든 불은 뜨겁다.'라는 결론이 나왔는데, 반딧불은 뜨겁지 않으므로 '모든 불이 뜨겁다.'라는 결론은 거짓이 된다.

(1) 완전 귀납 추론

관찰하고자 하는 집합의 전체를 다 검증함으로써 대상의 공통 특질을 밝혀내는 방법이다. 이는 예외 없는 진실을 발견할 수 있다는 장점이 있으나, 집합의 규모가 크고 속성의 변화가 다양할 경우에는 적용하기 어려운 단점이 있다.
예 1부터 10까지의 수를 다 더하여 그 합이 55임을 밝혀내는 방법

(2) 통계적 귀납 추론

통계적 귀납 추론은 관찰하고자 하는 집합의 일부에서 발견한 몇 가지 사실을 열거함으로써 그 공통점을 결론으로 이끌어 내려는 방식을 가리킨다. 관찰하려는 집합의 규모가 클 때 그 일부를 표본으로 추출하여 조사하는 방식이 이에 해당하며, 표본 추출의 기준이 얼마나 적합하고 공정한가에 따라 그 결과에 대한 신뢰도가 달라진다는 단점이 있다.
예 여론조사에서 일부의 국민에 대한 설문 내용을 바탕으로, 이를 전체 국민의 여론으로 제시하는 것

(3) 인과적 귀납 추론

관찰하고자 하는 집합의 일부 원소들이 지닌 인과 관계를 인식하여 그 원인이나 결과를 이끌어 내려는 방식을 말한다.
① **일치법** : 공통적인 현상을 지닌 몇 가지 사실 중에서 각기 지닌 요소 중 어느 한 가지만 일치한다면 이 요소가 공통 현상의 원인이라고 판단
  예 마을 잔칫집에서 돼지고기를 먹은 사람들이 집단 식중독을 일으켰다. 따라서 식중독의 원인은 상한 돼지고기가 아닌가 생각한다.
② **차이법** : 어떤 현상이 나타나는 경우와 나타나지 않은 경우를 놓고 보았을 때, 각 경우의 여러 조건 중 단 하나만이 차이를 보인다면 그 차이를 보이는 조건이 원인이 된다고 판단
  예 현수와 승재는 둘 다 지능이나 학습 시간, 학습 환경 등이 비슷한데 공부하는 태도에는 약간의 차이가 있다. 따라서 두 사람이 성적이 차이를 보이는 것은 학습 태도의 차이 때문으로 생각된다.
③ **일치·차이 병용법** : 몇 개의 공통 현상이 나타나는 경우와 몇 개의 그렇지 않은 경우를 놓고 일치법과 차이법을 병용하여 적용함으로써 그 원인을 판단
  예 학업 능력 정도가 비슷한 두 아동 집단에 대해 처음에는 같은 분량의 과제를 부여하고 나중에는 각기 다른 분량의 과제를 부여한 결과, 많이 부여한 집단의 성적이 훨씬 높게 나타났다. 이로 보아, 과제를 많이 부여하는 것이 적게 부여하는 것보다 학생의 학업 성적 향상에 도움이 된다고 판단할 수 있다.

④ 공변법 : 관찰하는 어떤 사실의 변화에 따라 현상의 변화가 일어날 때 그 변화의 원인이 무엇인지 판단
  예 담배를 피우는 양이 각기 다른 사람들의 집단을 조사한 결과, 담배를 많이 피울수록 폐암에 걸릴 확률이 높다는 사실이 발견되었다.
⑤ 잉여법 : 앞의 몇 가지 현상이 뒤의 몇 가지 현상의 원인이며, 선행 현상의 일부분이 후행 현상의 일부분이라면, 선행 현상의 나머지 부분이 후행 현상의 나머지 부분의 원인임을 판단
  예 어젯밤 일어난 사건의 혐의자는 정은이와 규민이 두 사람인데, 정은이는 알리바이가 성립되어 혐의 사실이 없는 것으로 밝혀졌다. 따라서 그 사건의 범인은 규민이일 가능성이 높다.

3. 유비 추론

두 개의 대상 사이에 일련의 속성이 동일하다는 사실에 근거하여 그것들의 나머지 속성도 동일하리라는 결론을 이끌어내는 추론, 즉 이미 알고 있는 것에서 다른 유사한 점을 찾아내는 추론을 말한다. 그렇기 때문에 유비 추론은 잣대(기준)가 되는 사물이나 현상이 있어야 한다. 유비 추론은 가설을 세우는 데 유용하다. 이미 알고 있는 사례로부터 아직 알지 못하는 것을 생각해 봄으로써 쉽게 가설을 세울 수 있다. 이때 유의할 점은 이미 알고 있는 사례와 이제 알고자 하는 사례가 매우 유사하다는 확신과 증거가 있어야 한다. 그렇지 않은 상태에서 유비 추론에 의해 결론을 이끌어 내면, 그것은 개연성이 거의 없고 잘못된 결론이 될 수도 있다.

- 지구에는 공기, 물, 흙, 햇빛이 있다(A는 a, b, c, d의 속성을 가지고 있다).
- 화성에는 공기, 물, 흙, 햇빛이 있다(B는 a, b, c, d의 속성을 가지고 있다).
- 지구에 생물이 살고 있다(A는 e의 속성을 가지고 있다).
- 그러므로 화성에도 생물이 살고 있을 것이다(그러므로 B도 e의 속성을 가지고 있을 것이다).

CHAPTER 01 문제해결력 기출예상문제

정답 및 해설 p.002

01 수추리

대표유형 수열추리

※ 일정한 규칙으로 수를 나열할 때, 빈칸에 들어갈 알맞은 수를 고르시오. [1~2]

01

| 15 31 16 30 17 29 18 (   ) |

① 26 ② 27
③ 28 ④ 29

| 해설 | 앞의 항에 +16, -15, +14, -13, +12, …인 수열이다.
따라서 (   )=18+10=28이다.

정답 ③

02

| 11 19 8 -14 (   ) 16 -3 8 11 |

① 2 ② 8
③ 12 ④ 18

| 해설 | 나열된 수를 각각 A, B, C라고 하면 다음 관계가 성립한다.
$A\ B\ C \to B=A+C$
따라서 (   )=16-14=2이다.

정답 ①

※ 일정한 규칙으로 수를 나열할 때, 빈칸에 들어갈 알맞은 수를 고르시오. [1~19]

01

| | −3 | −1 | −5 | 3 | −13 | ( ) |

① 12
② −15
③ 19
④ −21

02

| | 1 | 2 | 3 | 5 | 8 | 13 | ( ) |

① 15
② 17
③ 19
④ 21

03

| | 12.3 | 15 | 7.5 | 10.2 | ( ) | 7.8 | 3.9 |

① 4.2
② 5.1
③ 6.3
④ 7.2

04

| | 1 | 5 | 5 | 9 | ( ) | 21 |

① 10
② 11
③ 13
④ 15

05

| | ( ) | 3 | 6 | 18 | 108 | 1,944 |

① 0
② 1
③ 2
④ 3

36 · 충청남도교육청

06

| 5 | 35 | 24 | 168 | 157 | 1,099 | ( ) | 7,616 |

① 355 ② 492
③ 1,190 ④ 1,088

07

| 88 | 132 | 176 | 264 | 352 | 528 | ( ) |

① 649 ② 704
③ 715 ④ 722

08

| −5 | 5 | 9 | −9 | −1 | ( ) | 13 |

① −1 ② 1
③ −2 ④ 2

09

| 1 | 3 | 7 | 15 | 31 | ( ) | 127 |

① 42 ② 48
③ 56 ④ 63

10

| 2 | 3 | 7 | 16 | 32 | 57 | ( ) |

① 88 ② 90
③ 93 ④ 95

11

| | | 0 | 6 | 3 | 3 | 8 | −1 | 15 | ( ) | |

① −3 ② −6
③ 30 ④ 72

12

| | | 10 | 5 | $\frac{5}{3}$ | $\frac{5}{12}$ | $\frac{1}{12}$ | ( ) | |

① $\frac{3}{12}$ ② $\frac{1}{3}$
③ $\frac{1}{60}$ ④ $\frac{1}{72}$

13

| | | 2 | 512 | 20 | 512 | 200 | 256 | 2,000 | ( ) | |

① 60 ② 64
③ 128 ④ 164

14

| | | 6 4 4 | 21 5 32 | 19 ( ) 10 | |

① 18 ② 16
③ 14 ④ 12

15

| | | 2 1 3 6 | 4 5 2 11 | 5 6 2 ( ) | |

① 10 ② 11
③ 12 ④ 13

16

| 5 9 21 57 165 489 ( ) |

① 1,355　　　　　　　　　　② 1,402
③ 1,438　　　　　　　　　　④ 1,461

17

| 0 3 8 ( ) 24 35 48 |

① 12　　　　　　　　　　② 13
③ 14　　　　　　　　　　④ 15

18

| 1 6 −4 ( ) −9 16 |

① 5　　　　　　　　　　② 9
③ 11　　　　　　　　　　④ 13

19

| 2 −4 8 −16 32 −64 128 ( ) |

① −192　　　　　　　　　　② 192
③ −256　　　　　　　　　　④ 256

20 일정한 규칙으로 수를 나열할 때, $A+B$의 값은?

| 5,040　11　5,040　A　2,520　33　840　44　B |

① 230　　　　　　　　　　② 232
③ 234　　　　　　　　　　④ 236

02 언어추리

대표유형 언어추론

01 다음 명제를 읽고 〈보기〉의 참, 거짓, 알 수 없음을 판단하면?

- 소꿉놀이를 좋아하는 아이는 수영을 좋아하지 않는다.
- 공놀이를 좋아하지 않는 아이는 장난감 로봇을 좋아한다.
- 공놀이를 좋아하는 아이는 소꿉놀이를 좋아하지 않는다.

보기

장난감 로봇을 좋아하지 않는 아이는 소꿉놀이를 좋아하지 않는다.

① 참　　　　　　　② 거짓　　　　　　　③ 알 수 없음

| 해설 |
- A : 소꿉놀이를 좋아하는 아이
- B : 수영을 좋아하는 아이
- C : 공놀이를 좋아하는 아이
- D : 장난감 로봇을 좋아하는 아이

제시된 명제를 정리하면, A → ~B, ~C → D, C → ~A이다.
따라서 A → ~C → D가 성립하고 이의 대우 명제인 ~D → ~A도 참이다.

정답 ①

02 다음 명제가 참일 때, 항상 참인 것은?

- 진달래를 좋아하는 사람은 감성적이다.
- 백합을 좋아하는 사람은 보라색을 좋아하지 않는다.
- 감성적인 사람은 보라색을 좋아한다.

① 감성적인 사람은 백합을 좋아한다.
② 백합을 좋아하는 사람은 감성적이다.
③ 진달래를 좋아하는 사람은 보라색을 좋아한다.
④ 보라색을 좋아하는 사람은 감성적이다.

| 해설 | 제시된 명제를 정리하면 '진달래를 좋아함 → 감성적 → 보라색을 좋아함 → 백합을 좋아하지 않음'이므로 진달래를 좋아하는 사람은 보라색을 좋아한다.

정답 ③

01 다음 명제를 읽고 〈보기〉의 참, 거짓, 알 수 없음을 판단하면?

- 독서실에 가면 영어공부를 할 것이다.
- 도서관에 가면 과제를 할 것이다.
- 영어공부를 하면 과제를 하지 않을 것이다.

보기
독서실에 가면 도서관에 가지 않을 것이다.

① 참　　　　　　　② 거짓　　　　　　　③ 알 수 없음

※ 다음 명제가 참일 때, 항상 참인 것을 고르시오. **[2~4]**

02
- 마라톤을 좋아하는 사람은 인내심이 있다.
- 몸무게가 무거운 사람은 체력이 좋다.
- 명랑한 사람은 마라톤을 좋아한다.

① 체력이 좋은 사람은 인내심이 없다.
② 인내심이 없는 사람은 명랑하지 않다.
③ 마라톤을 좋아하는 사람은 몸무게가 가볍다.
④ 몸무게가 무겁지 않은 사람은 인내심이 있다.

03
- 사탕을 좋아하는 사람은 밥을 좋아한다.
- 초밥을 좋아하는 사람은 짬뽕을 좋아한다.
- 밥을 좋아하지 않는 사람은 짬뽕을 좋아하지 않는다.

① 사탕을 좋아하지 않는 사람은 짬뽕을 좋아한다.
② 밥을 좋아하는 사람은 짬뽕을 좋아하지 않는다.
③ 짬뽕을 좋아하는 사람은 사탕을 좋아하지 않는다.
④ 초밥을 좋아하는 사람은 밥을 좋아한다.

04
- 클래식을 좋아하는 사람은 고전을 좋아한다.
- 사진을 좋아하는 사람은 운동을 좋아한다.
- 고전을 좋아하지 않는 사람은 운동을 좋아하지 않는다.

① 클래식을 좋아하지 않는 사람은 운동을 좋아한다.
② 고전을 좋아하는 사람은 운동을 좋아하지 않는다.
③ 운동을 좋아하는 사람은 클래식을 좋아하지 않는다.
④ 사진을 좋아하는 사람은 고전을 좋아한다.

05 동물 애호가 A ~ D가 키우는 동물의 종류에 대한 정보가 다음과 같을 때, 바르게 추론한 것은?

> - A는 개, C는 고양이, D는 닭을 키운다.
> - B는 토끼를 키우지 않는다.
> - A가 키우는 동물은 B도 키운다.
> - A와 C는 같은 동물을 키우지 않는다.
> - A, B, C, D 각각은 2종류 이상의 동물을 키운다.
> - A, B, C, D는 개, 고양이, 토끼, 닭 이외의 동물은 키우지 않는다.

① B는 개를 키우지 않는다.
② B와 C가 공통으로 키우는 동물이 있다.
③ C는 키우지 않지만 D가 키우는 동물이 있다.
④ 3명이 공통으로 키우는 동물은 없다.

06 어느 도시에 있는 병원의 공휴일 진료 현황은 다음과 같다. 공휴일에 진료하는 병원의 수는?

> - 만약 B병원이 진료를 하지 않으면, A병원은 진료를 한다.
> - 만약 B병원이 진료를 하면, D병원은 진료를 하지 않는다.
> - 만약 A병원이 진료를 하면, C병원은 진료를 하지 않는다.
> - 만약 C병원이 진료를 하지 않으면, E병원이 진료를 한다.
> - E병원은 공휴일에 진료를 하지 않는다.

① 1곳 ② 2곳
③ 3곳 ④ 4곳

07 제시된 명제가 참일 때, 다음 빈칸에 들어갈 명제로 가장 적절한 것은?

- 보상을 받는다면 노력했다는 것이다.
- _____
- 그러므로 호야는 보상을 받지 못했다.

① 호야는 노력하지 않았다.
② 보상을 받았다는 것은 곧 노력했다는 의미다.
③ 호야는 보상을 받았다.
④ 호야는 노력하고 있다.

08 A, B, C 세 사람 중 한 사람은 수녀이고, 한 사람은 왕이고, 한 사람은 농민이다. 수녀는 언제나 참을, 왕은 언제나 거짓을, 농민은 참을 말하기도 하고 거짓을 말하기도 한다. 세 사람이 다음과 같은 대화를 할 때, A, B, C는 각각 누구인가?

- A : 나는 농민이다.
- B : A의 말은 진실이다.
- C : 나는 농민이 아니다.

	A	B	C
①	농민	왕	수녀
②	농민	수녀	왕
③	수녀	왕	농민
④	왕	농민	수녀

※ [제시문 A]를 읽고, [제시문 B]가 참인지 거짓인지 혹은 알 수 없는지 고르시오. **[9~10]**

09
[제시문 A]
- 황도 12궁은 천구상에서 황도가 통과하는 12개의 별자리이다.
- 황도 전체를 30°씩 12등분하여 각각에 대해 별자리의 이름을 붙였다.

[제시문 B]
황도 12궁의 12개 별자리들은 300°의 공간에 나열되어 있다.

① 참　　　　　　　② 거짓　　　　　　　③ 알 수 없음

10
[제시문 A]
- 산을 정복하고자 하는 사람은 항상 도전정신과 끈기가 있다.
- 도전정신과 끈기가 있는 사람은 공부를 잘한다.

[제시문 B]
공부를 잘하는 사람은 산을 정복하고자 한다.

① 참　　　　　　　② 거짓　　　　　　　③ 알 수 없음

CHAPTER 02
수리력

합격 CHEAT KEY

| 출제유형 |

01 응용수리

수의 관계에 대해 알고 그것을 응용하여 계산할 수 있는지, 그리고 미지수를 구하기 위해 필요한 계산식을 세울 수 있는지를 평가하는 유형이다. 기초적인 유형을 정확하게 알고, 이를 활용하는 난도 높은 문제도 연습을 해야 한다.

02 자료해석

표나 그래프 등 주어진 자료를 보고 필요한 정보를 빠르게 찾아 해석할 수 있는지를 평가하는 유형이다. 자료계산, 자료해석은 그래프 해석이나 변환, 묶음 문제 추리 등 다양한 유형으로 출제하고 있으므로 여러 문제 풀이를 통해 익숙해질 수 있도록 한다.

| 학습전략 |

01 응용수리

- 정확하게 답을 구하지 못하면 답을 맞출 수 없게 출제되고 있으므로 정확하게 계산하는 연습을 해야 한다.
- 정형화된 유형을 풀어보고 숙지하여 기본을 튼튼히 해야 한다.
- 경우의 수나 확률과 같은 유형은 고등학교 수준의 문제를 풀어 보는 것이 도움이 될 수 있다.

02 자료해석

- 표, 꺾은선그래프, 막대그래프, 원 그래프 등 다양한 형태의 자료의 특징을 사전에 숙지해야 한다. 그래야 실제 시험에서 자료가 제시되었을 때 중점을 두고 파악해야 할 부분이 더욱 선명하게 보일 것이다.
- 자료해석 유형의 문제는 제시되는 정보의 양이 매우 많으므로 시간을 절약하기 위해서는 문제를 읽은 후 바로 분석에 들어가는 것보다는, 선택지를 먼저 읽고 필요한 정보만 추출하여 답을 찾는 것이 좋다.

CHAPTER 02 수리력 핵심이론

01 응용수리

1. 수의 관계

(1) 약수와 배수
a가 b로 나누어떨어질 때, a는 b의 배수, b는 a의 약수

(2) 소수
1과 자기 자신만을 약수로 갖는 수. 즉, 약수의 개수가 2개인 수

(3) 합성수
1과 자신 이외의 수를 약수로 갖는 수. 즉, 소수가 아닌 수 또는 약수의 개수가 3개 이상인 수

(4) 최대공약수
2개 이상의 자연수의 공통된 약수 중에서 가장 큰 수

(5) 최소공배수
2개 이상의 자연수의 공통된 배수 중에서 가장 작은 수

(6) 서로소
1 이외에 공약수를 갖지 않는 두 자연수. 즉, 최대공약수가 1인 두 자연수

(7) 소인수분해
주어진 합성수를 소수의 거듭제곱의 형태로 나타내는 것

(8) 약수의 개수
자연수 $N = a^m \times b^n$에 대하여, N의 약수의 개수는 $(m+1) \times (n+1)$개

(9) 최대공약수와 최소공배수의 관계
두 자연수 A, B에 대하여, 최소공배수와 최대공약수를 각각 L, G라고 하면 $A \times B = L \times G$가 성립한다.

2. 방정식의 활용

(1) 날짜·요일·시계

① 날짜·요일
  ㉠ 1일=24시간=1,440분=86,400초
  ㉡ 날짜·요일 관련 문제는 대부분 나머지를 이용해 계산한다.

② 시계
  ㉠ 시침이 1시간 동안 이동하는 각도 : 30°
  ㉡ 시침이 1분 동안 이동하는 각도 : 0.5°
  ㉢ 분침이 1분 동안 이동하는 각도 : 6°

(2) 시간·거리·속력

① (시간)=$\dfrac{(거리)}{(속력)}$

② (거리)=(속력)×(시간)
  ㉠ 기차가 터널을 통과하거나 다리를 지나가는 경우
      : (기차가 움직인 거리)=(기차의 길이)+(터널 또는 다리의 길이)
  ㉡ 두 사람이 반대 방향 또는 같은 방향으로 움직이는 경우
      : (두 사람 사이의 거리)=(두 사람이 움직인 거리의 합 또는 차)

③ (속력)=$\dfrac{(거리)}{(시간)}$
  ㉠ 흐르는 물에서 배를 타는 경우
      : (하류로 내려갈 때의 속력)=(배 자체의 속력)+(물의 속력)
      (상류로 올라갈 때의 속력)=(배 자체의 속력)−(물의 속력)

(3) 나이·인원·개수

구하고자 하는 것을 미지수로 놓고 식을 세운다. 동물의 경우 다리의 개수에 유의해야 한다.

(4) 원가·정가

① (정가)=(원가)+(이익), (이익)=(정가)−(원가)

② a원에서 b% 할인한 가격=$a \times \left(1 - \dfrac{b}{100}\right)$

(5) 일률·톱니바퀴

① 일률

전체 일의 양을 1로 놓고, 시간 동안 한 일의 양을 미지수로 놓고 식을 세운다.

- (일률) = $\dfrac{(작업량)}{(작업기간)}$

- (작업기간) = $\dfrac{(작업량)}{(일률)}$

- (작업량) = (일률)×(작업기간)

② 톱니바퀴

(톱니 수)×(회전수)=(총 맞물린 톱니 수)

즉, A, B 두 톱니에 대하여, (A의 톱니 수)×(A의 회전수)=(B의 톱니 수)×(B의 회전수)가 성립한다.

(6) 농도

① (농도) = $\dfrac{(용질의 양)}{(용액의 양)} \times 100$

② (용질의 양) = $\dfrac{(농도)}{100} \times (용액의 양)$

(7) 수 I

① 연속하는 세 자연수 : $x-1$, x, $x+1$

② 연속하는 세 짝수(홀수) : $x-2$, x, $x+2$

(8) 수 II

① 십의 자릿수가 x, 일의 자릿수가 y인 두 자리 자연수 : $10x+y$

이 수에 대해, 십의 자리와 일의 자리를 바꾼 수 : $10y+x$

② 백의 자릿수가 x, 십의 자릿수가 y, 일의 자릿수가 z인 세 자리 자연수 : $100x+10y+z$

(9) 증가·감소에 관한 문제

① x가 $a\%$ 증가 : $\left(1+\dfrac{a}{100}\right)x$

② y가 $b\%$ 감소 : $\left(1-\dfrac{b}{100}\right)y$

3. 경우의 수·확률

(1) 경우의 수

① 경우의 수 : 어떤 사건이 일어날 수 있는 모든 가짓수

② 합의 법칙
  ㉠ 두 사건 A, B가 동시에 일어나지 않을 때, A가 일어나는 경우의 수를 m, B가 일어나는 경우의 수를 n이라고 하면, 사건 A 또는 B가 일어나는 경우의 수는 $m+n$이다.
  ㉡ '또는', '~이거나'라는 말이 나오면 합의 법칙을 사용한다.

③ 곱의 법칙
  ㉠ A가 일어나는 경우의 수를 m, B가 일어나는 경우의 수를 n이라고 하면, 사건 A와 B가 동시에 일어나는 경우의 수는 $m \times n$이다.
  ㉡ '그리고', '동시에'라는 말이 나오면 곱의 법칙을 사용한다.

④ 여러 가지 경우의 수
  ㉠ 동전 n개를 던졌을 때, 경우의 수 : 2^n
  ㉡ 주사위 m개를 던졌을 때, 경우의 수 : 6^m
  ㉢ 동전 n개와 주사위 m개를 던졌을 때, 경우의 수 : $2^n \times 6^m$
  ㉣ n명을 한 줄로 세우는 경우의 수 : $n! = n \times (n-1) \times (n-2) \times \cdots \times 2 \times 1$
  ㉤ n명 중, m명을 뽑아 한 줄로 세우는 경우의 수 : $_n\mathrm{P}_m = n \times (n-1) \times \cdots \times (n-m+1)$
  ㉥ n명을 한 줄로 세울 때, m명을 이웃하여 세우는 경우의 수 : $(n-m+1)! \times m!$
  ㉦ 0이 아닌 서로 다른 한 자리 숫자가 적힌 n장의 카드에서, m장을 뽑아 만들 수 있는 m자리 정수의 개수 : $_n\mathrm{P}_m$
  ㉧ 0을 포함한 서로 다른 한 자리 숫자가 적힌 n장의 카드에서, m장을 뽑아 만들 수 있는 m자리 정수의 개수 : $(n-1) \times {}_{n-1}\mathrm{P}_{m-1}$
  ㉨ n명 중, 자격이 다른 m명을 뽑는 경우의 수 : $_n\mathrm{P}_m$
  ㉩ n명 중, 자격이 같은 m명을 뽑는 경우의 수 : $_n\mathrm{C}_m = \dfrac{{}_n\mathrm{P}_m}{m!}$
  ㉪ 원형 모양의 탁자에 n명을 앉히는 경우의 수 : $(n-1)!$

⑤ 최단거리 문제 : A에서 B 사이에 P가 주어져 있다면, A와 P의 최단거리, B와 P의 최단거리를 각각 구하여 곱한다.

(2) 확률

① (사건 A가 일어날 확률) = $\dfrac{(\text{사건 A가 일어나는 경우의 수})}{(\text{모든 경우의 수})}$

② 여사건의 확률
  ㉠ 사건 A가 일어날 확률이 p일 때, 사건 A가 일어나지 않을 확률은 $(1-p)$이다.
  ㉡ '적어도'라는 말이 나오면 주로 사용한다.

③ 확률의 계산
  ㉠ 확률의 덧셈
    두 사건 A, B가 동시에 일어나지 않을 때, A가 일어날 확률을 p, B가 일어날 확률을 q라고 하면, 사건 A 또는 B가 일어날 확률은 $(p+q)$이다.
  ㉡ 확률의 곱셈
    A가 일어날 확률을 p, B가 일어날 확률을 q라고 하면, 사건 A와 B가 동시에 일어날 확률은 $(p \times q)$이다.
④ 여러 가지 확률
  ㉠ 연속하여 뽑을 때, 꺼낸 것을 다시 넣고 뽑는 경우 : 처음과 나중의 모든 경우의 수는 같다.
  ㉡ 연속하여 뽑을 때, 꺼낸 것을 다시 넣지 않고 뽑는 경우 : 나중의 모든 경우의 수는 처음의 모든 경우의 수보다 1만큼 작다.
  ㉢ (도형에서의 확률) = $\dfrac{(해당하는\ 부분의\ 넓이)}{(전체\ 넓이)}$

02 자료해석

(1) 꺾은선(절선)그래프
  ① 시간적 추이(시계열 변화)를 표시하는 데 적합하다.
    [예] 연도별 매출액 추이 변화 등
  ② 경과·비교·분포를 비롯하여 상관관계 등을 나타낼 때 사용한다.

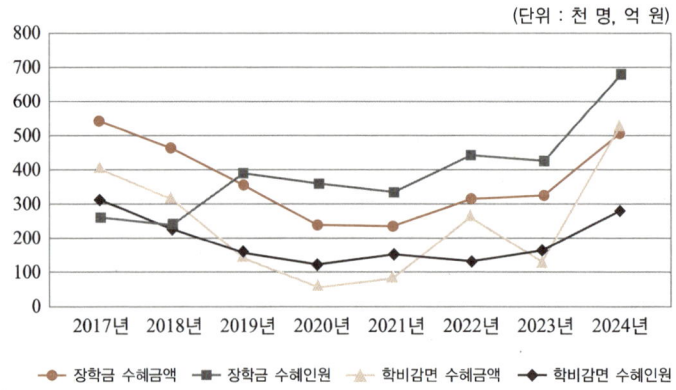

〈중학교 장학금, 학비감면 수혜현황〉

(2) 막대그래프
　① 비교하고자 하는 수량을 막대 길이로 표시하고, 그 길이를 비교하여 각 수량 간의 대소 관계를 나타내는 데 적합하다.
　　예 영업소별 매출액, 성적별 인원분포 등
　② 가장 간단한 형태로 내역·비교·경과·도수 등을 표시하는 용도로 사용한다.

〈연도별 암 발생 추이〉

연도	발생 수
2020년	276.2
2021년	300.2
2022년	314.2
2023년	337.8
2024년	361.9

(3) 원그래프
　① 내역이나 내용의 구성비를 분할하여 나타내는 데 적합하다.
　　예 제품별 매출액 구성비 등
　② 원그래프를 정교하게 작성할 때는 수치를 각도로 환산해야 한다.

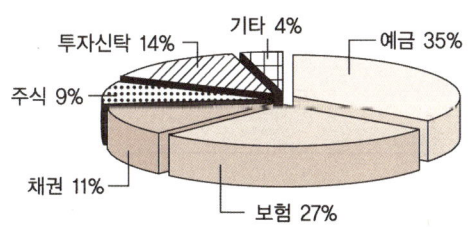

〈C국의 가계 금융자산 구성비〉
예금 35%, 보험 27%, 투자신탁 14%, 채권 11%, 주식 9%, 기타 4%

(4) 점그래프

① 지역분포를 비롯하여 도시, 지방, 기업, 상품 등의 평가나 위치, 성격을 표시하는 데 적합하다.
　　예 광고비율과 이익률의 관계 등
② 종축과 횡축에 두 요소를 두고, 보고자 하는 것이 어떤 위치에 있는가를 알고자 할 때 사용한다.

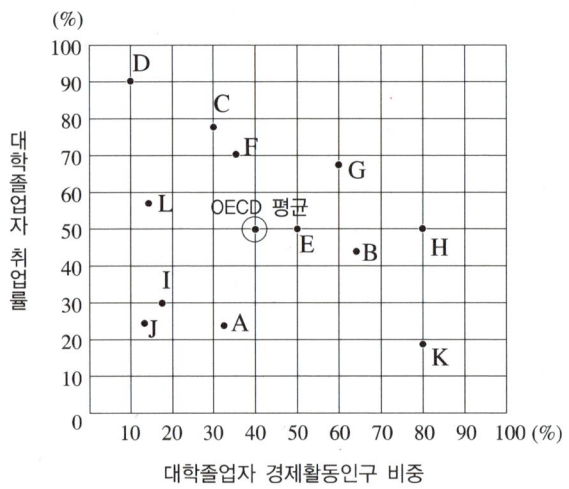

(5) 층별그래프

① 합계와 각 부분의 크기를 백분율로 나타내고 시간적 변화를 보는 데 적합하다.
② 합계와 각 부분의 크기를 실수로 나타내고 시간적 변화를 보는 데 적합하다.
　　예 상품별 매출액 추이 등
③ 선의 움직임보다는 선과 선 사이의 크기로써 데이터 변화를 나타내는 그래프이다.

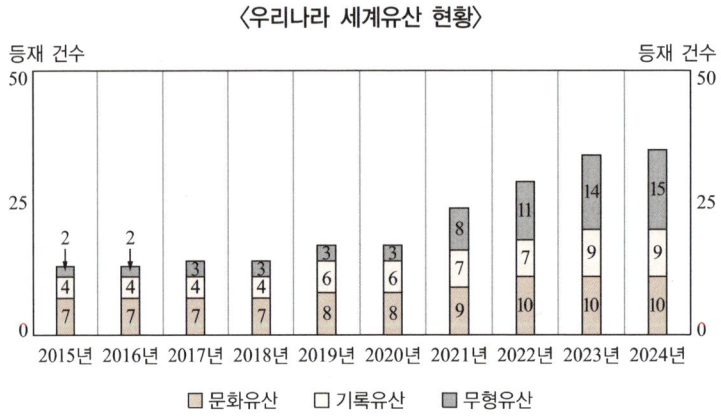

(6) 레이더 차트(거미줄그래프)

① 다양한 요소를 비교할 때, 경과를 나타내는 데 적합하다.
   예 매출액의 계절변동 등
② 비교하는 수량을 직경, 또는 반경으로 나누어 원의 중심에서의 거리에 따라 각 수량의 관계를 나타내는 그래프이다.

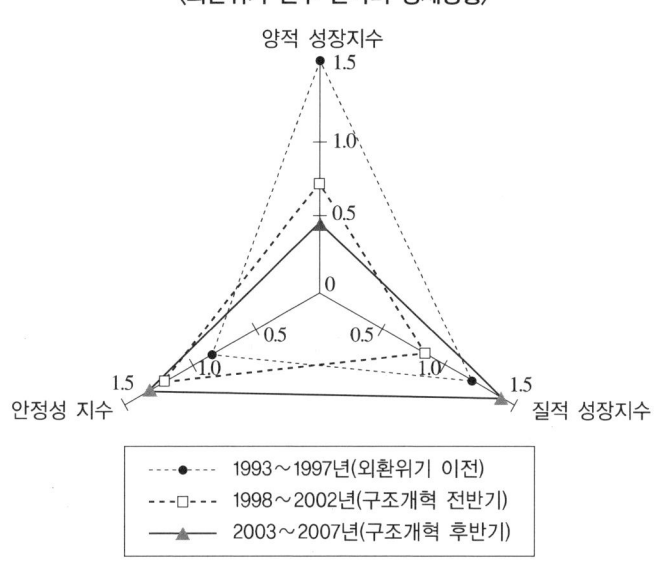

〈외환위기 전후 한국의 경제상황〉

CHAPTER 02 수리력 기출예상문제

정답 및 해설 p.005

01 응용수리

대표유형 응용수리

01 일직선 통로의 양쪽 끝에서 속력이 각각 2km/h, 4km/h인 2개의 구슬이 서로 마주보며 굴러오고 있다. 양쪽 끝에서 출발한 지 30분 후에 두 구슬이 부딪혔다면, 통로의 길이는?

① 1km ② 2km
③ 3km ④ 4km

| 해설 | 통로의 길이는 두 구슬이 각각 이동한 거리의 합과 같다.

따라서 통로의 길이는 $2 \times \frac{30}{60} + 4 \times \frac{30}{60} = 1 + 2 = 3$km이다.

정답 ③

02 농도 8%의 소금물 200g과 농도 3%의 소금물 800g을 모두 섞었을 때, 소금물의 농도는?

① 3% ② 4%
③ 5% ④ 6%

| 해설 | 두 소금물을 모두 섞으면 소금물의 양은 1,000g이 되고, 각 소금물에 들어있는 소금의 양은 다음과 같다.

- 농도 8%의 소금물 200g에 들어있는 소금의 양 : $200 \times \frac{8}{100} = 16$g
- 농도 3%의 소금물 800g에 들어있는 소금의 양 : $800 \times \frac{3}{100} = 24$g

따라서 두 소금물을 모두 섞었을 때 소금물의 농도는 $\frac{16+24}{1,000} \times 100 = 4$%이다.

정답 ②

03 A, B 두 사람이 동시에 같은 문제를 풀려고 한다. A가 문제를 풀 확률은 $\frac{1}{5}$, B가 문제를 풀 확률은 $\frac{1}{4}$일 때, 한 사람만 문제를 풀 확률은?

① $\frac{1}{20}$
② $\frac{3}{20}$
③ $\frac{7}{20}$
④ $\frac{9}{20}$

| 해설 | A가 문제를 풀 확률은 $\frac{1}{5}$이므로 A가 문제를 풀지 못할 확률은 $\frac{4}{5}$이고, B가 문제를 풀 확률은 $\frac{1}{4}$이므로 B가 문제를 풀지 못할 확률은 $\frac{3}{4}$이다.

- A만 문제를 풀 확률 : $\frac{1}{5} \times \frac{3}{4} = \frac{3}{20}$
- B만 문제를 풀 확률 : $\frac{4}{5} \times \frac{1}{4} = \frac{1}{5}$

따라서 한 사람만 문제를 풀 확률은 $\frac{3}{20} + \frac{1}{5} = \frac{3}{20} + \frac{4}{20} = \frac{7}{20}$이다.

정답 ③

---

01 길이가 400m인 다리를 완전히 지나는 데 20초가 걸리는 여객열차가 있다. 이 열차가 16m/s의 속력으로 달리는 60m 길이의 화물열차와 서로 마주보고 달려서 완전히 지나치는 데 4초가 걸린다고 한다. 이때 여객열차의 길이는?

① 95m
② 100m
③ 105m
④ 110m

02 어떤 자동차 서킷의 길이가 6km이다. 경주용 차 A가 200km/h의 일정한 속력을 유지하며 돌고 있고 경주용 차 B는 더 빠른 속력으로 달리고 있다. 경주용 차 A와 경주용 차 B가 동시에 출발한 후, 2시간 만에 처음으로 같은 위치에 있게 된다면 경주용 차 B의 속력은 몇 km/h인가?

① 201km
② 202km
③ 203km
④ 206km

03 A는 뛰어서 200m/min의 속력으로 가고, B는 걸어서 50m/min의 속력으로 간다. B가 A보다 300m 앞에 있을 때, 시간이 얼마나 지나야 서로 만나게 되는가?

① 1분 ② 2분
③ 3분 ④ 4분

04 농도 20%의 소금물 100g에 소금물 xg을 덜어내고, 덜어낸 양만큼의 소금을 첨가하였다. 거기에 농도 11%의 소금물 yg을 섞었더니 농도 26%의 소금물 300g이 되었다. 이때 $x+y$의 값은?

① 195 ② 213
③ 235 ④ 245

05 농도 8%의 소금물 200g에서 소금물을 조금 퍼낸 후, 퍼낸 소금물만큼 물을 부었다. 여기에 소금 50g을 넣어 농도 24%의 소금물 250g을 만들었을 때, 처음 퍼낸 소금물의 양은?

① 75g ② 80g
③ 90g ④ 95g

06 서로 다른 두 개의 주사위를 던질 때, 나오는 눈의 수의 합이 4 또는 7이 나오는 경우의 수는?

① 9
② 8
③ 7
④ 6

07 어른 3명과 어린이 3명이 함께 식당에 갔다. 자리가 6개인 원탁에 앉는다고 할 때, 앉을 수 있는 경우의 수는?(단, 어린이는 어른들 사이에 앉힌다)

① 8가지
② 12가지
③ 16가지
④ 20가지

08 새로 입사한 사원의 현황이 다음과 같다. 신입사원 중 여성 한 명을 뽑았을 때, 경력자일 확률은?

- 신입사원의 60%는 여성이다.
- 신입사원의 20%는 여성이고 경력직이다.
- 신입사원의 80%는 여성이거나 경력직이다.

① $\dfrac{1}{3}$
② $\dfrac{2}{3}$
③ $\dfrac{1}{5}$
④ $\dfrac{3}{5}$

09 남자 4명, 여자 4명으로 이루어진 팀에서 2명의 팀장을 뽑으려고 한다. 이때 팀장 2명이 모두 남자로만 구성될 확률은?

① $\dfrac{2}{7}$
② $\dfrac{3}{7}$
③ $\dfrac{3}{14}$
④ $\dfrac{5}{14}$

10 가방의 원가에 40%의 이익을 붙여서 정가를 정한 후, 이벤트로 정가의 25%를 할인하여 물건을 판매하면 1,000원의 이익이 남는다. 이 가방의 원가는?

① 16,000원
② 18,000원
③ 20,000원
④ 22,000원

11 현재 수영이와 여동생의 나이 차는 5세이고, 언니의 나이는 수영이와 여동생 나이의 합의 2배이다. 세 자매의 나이의 합이 39세일 때, 3년 뒤 언니의 나이는?

① 22세
② 24세
③ 27세
④ 29세

12 50원, 100원, 500원짜리 동전이 14개가 있다. 이 동전들의 합이 2,250원이라면 50원짜리 동전의 개수는?

① 5개　　　　　　　　　　　② 6개
③ 7개　　　　　　　　　　　④ 8개

13 한 투자자가 총자본을 A, B, C주식에 각각 30%, 20%, 50%를 투자하였다. 매입가에서 A주식이 20%, B주식이 40% 각각 오르고 C주식이 20% 내렸다면, 몇 %의 이익을 보았는가?

① 2%　　　　　　　　　　　② 4%
③ 6%　　　　　　　　　　　④ 8%

14 Y빗물펌프장에는 A, B, C관이 있다. 560L의 물을 A관은 35분, B관은 28분, C관은 20분 만에 배수할 수 있다. 560L의 물을 처음 10분은 A관으로만 배수하다가 고장이 나서 B관과 C관을 동시에 열고 배수한다면, 얼마나 걸리겠는가?

① 8분　　　　　　　　　　　② 8분 10초
③ 8분 20초　　　　　　　　　④ 8분 30초

02 자료해석

대표유형 1 자료계산

S전자회사는 LED를 생산할 수 있는 기계 A, B, C 3대를 가지고 있다. 기계에 따른 불량률이 다음과 같을 때, 3대를 모두 하루 동안 가동할 경우 전체 불량률은?

〈기계별 하루 생산량 및 불량률〉

구분	하루 생산량	불량률
A기계	500개	5%
B기계	A기계보다 10% 더 생산	2%
C기계	B기계보다 50개 더 생산	5%

① 1%
② 2%
③ 3%
④ 4%

| 해설 | A, B, C기계를 모두 하루 동안 가동시켰을 때 전체 불량률은 $\frac{(전체\ 불량품\ 수)}{(전체\ 생산량)} \times 100$이다.

기계에 따른 하루 생산량과 불량품 수를 구하면 다음과 같다.

(단위 : 개)

구분	하루 생산량	불량품 수
A기계	500	500×0.05=25
B기계	500×1.1=550	550×0.02=11
C기계	550+50=600	600×0.05=30
합계	1,650	66

따라서 전체 불량률은 $\frac{66}{1,650} \times 100 = 4\%$이다.

정답 ④

01 다음은 국내 스포츠 경기 수 현황에 대한 자료이다. 빈칸에 들어갈 수로 가장 적절한 것은?(단, 각 수치는 매년 일정한 규칙으로 변화한다)

〈연도별 국내 스포츠 경기 수〉

(단위 : 경기)

구분	2019년	2020년	2021년	2022년	2023년	2024년
농구	450	460	420	450	440	460
야구	410	420	400	430	420	
배구	350	360	340	350	340	360
축구	380	390	370	380	370	380

① 405
② 410
③ 415
④ 425

02 다음은 A, B, C학과의 입학 및 졸업자 인원 현황에 대한 자료이다. 빈칸에 들어갈 값으로 가장 적절한 것은?(단, 각 수치는 매년 일정한 규칙으로 변화한다)

〈학과별 입학 및 졸업자 추이〉

(단위 : 명)

구분	A학과		B학과		C학과	
	입학	졸업	입학	졸업	입학	졸업
2019년	70	57	63	50	52	39
2020년	79	66	65	52	56	43
2021년	90	77	58		60	47
2022년	85	72	60	47	50	37
2023년	95	82	62	49	53	40

① 37
② 45
③ 46
④ 47

03 다음 표는 A기업의 동호회 인원 구성 현황이다. 전년 대비 2023년의 축구 동호회 인원 증가율이 다음 해에도 유지된다고 가정할 때, 2024년 축구 동호회의 인원은?

〈동호회 인원 구성 현황〉

(단위 : 명)

구분	2020년	2021년	2022년	2023년
축구	77	92	100	120
농구	75	70	98	117
야구	73	67	93	113
배구	72	63	88	105
족구	35	65	87	103
등산	18	42	44	77
여행	10	21	40	65
합계	360	420	550	700

① 140명 ② 142명
③ 144명 ④ 146명

※ 다음은 2018 ~ 2022년 연도별 해양사고 발생 현황에 대한 그래프이다. 이어지는 질문에 답하시오.
[4~5]

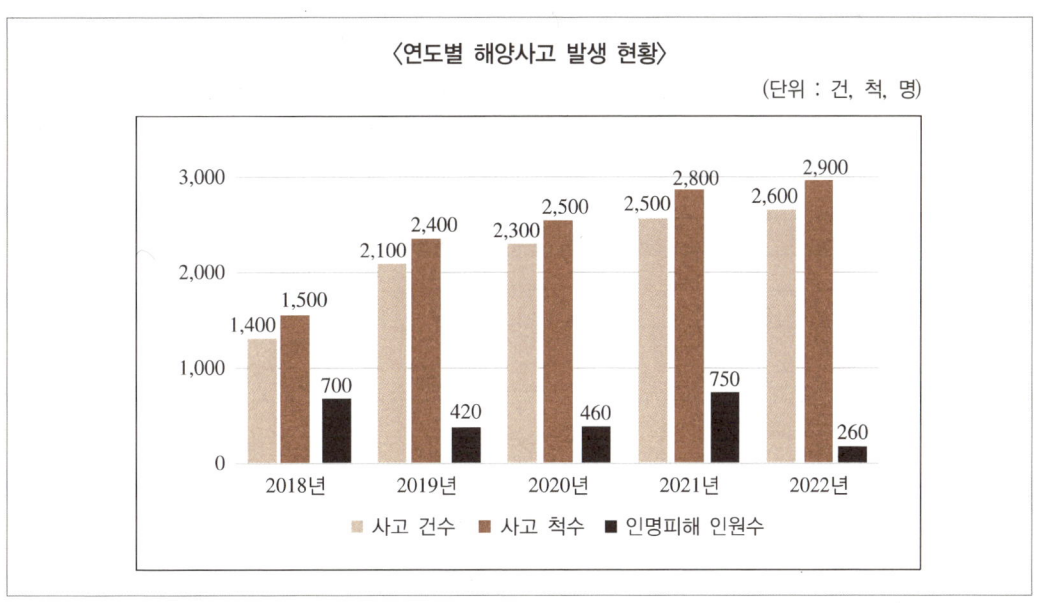

04 다음 중 2018년 대비 2019년 사고 척수의 증가율과 사고 건수의 증가율이 순서대로 나열된 것은?

① 40%, 45% ② 45%, 50%
③ 60%, 50% ④ 60%, 55%

05 다음 중 사고 건수당 인명피해의 인원수가 가장 많은 연도는?

① 2018년 ② 2019년
③ 2020년 ④ 2021년

대표유형 2 자료해석

A편의점은 3~8월 6개월간 캔 음료 판매현황을 다음과 같이 정리하였다. 이에 대한 내용으로 적절하지 않은 것은?(단, 3~5월은 봄, 6~8월은 여름이다)

〈월별 캔 음료 판매현황〉

(단위 : 캔)

구분	맥주	커피	탄산음료	이온음료	과일음료
3월	601	264	448	547	315
4월	536	206	452	523	362
5월	612	184	418	519	387
6월	636	273	456	605	406
7월	703	287	476	634	410
8월	812	312	513	612	419

① 맥주는 매월 커피의 2배 이상 판매되었다.
② 모든 캔 음료는 봄보다 여름에 더 잘 팔렸다.
③ 이온음료는 탄산음료보다 봄에 더 잘 팔렸다.
④ 모든 캔 음료는 여름에 매월 꾸준히 판매량이 증가하였다.

| 해설 | 이온음료는 7월에서 8월로 넘어가면서 판매량이 줄어드는 모습을 보이고 있다.

오답분석
① 맥주의 판매량은 매월 커피 판매량의 2배 이상임을 알 수 있다.
② 3~5월 판매현황과 6~8월 판매현황을 비교해볼 때, 모든 캔 음료는 봄보다 여름에 더 잘 팔린다.
③ 3~5월 판매현황을 보면, 이온음료는 탄산음료보다 더 잘 팔리는 것을 알 수 있다.

정답 ④

06 다음은 각국의 연구비에 대한 부담원과 사용조직을 나타낸 자료이다. 이에 대한 설명으로 적절한 것은?

〈각국의 연구비 사용 현황〉

(단위 : 억 엔)

부담원	사용조직	국가	일본	미국	독일	프랑스	영국
정부	정부		8,827	33,400	6,590	7,227	4,278
	산업		1,028	71,300	4,526	3,646	3,888
	대학		10,921	28,860	7,115	4,424	4,222
산업	정부		707	0	393	52	472
	산업		81,161	145,000	34,771	11,867	16,799
	대학		458	2,300	575	58	322

① 독일 정부가 부담하는 연구비는 미국 정부가 부담하는 연구비의 약 절반이다.
② 정부가 부담하는 연구비 중에서 산업 조직의 사용 비율이 가장 높은 나라는 영국이다.
③ 산업이 부담하는 연구비 중에서 산업 조직의 사용 비율이 가장 높은 나라는 프랑스이다.
④ 미국의 대학이 사용하는 연구비는 일본의 대학이 사용하는 연구비의 두 배 미만이다.

07 다음은 2024년 국가별 국방예산 그래프이다. 이에 대한 설명으로 적절하지 않은 것은?

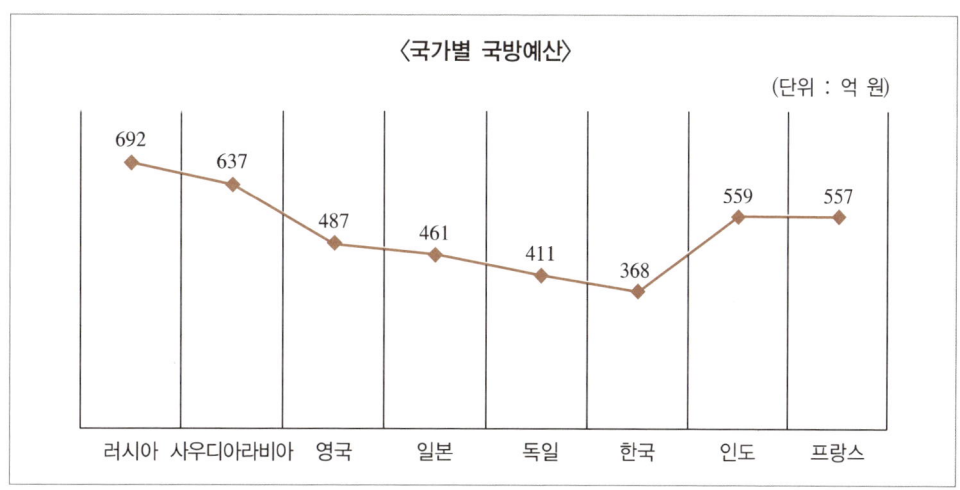

① 국방예산이 가장 많은 국가와 가장 적은 국가의 예산 차이는 324억 원이다.
② 사우디아라비아 국방예산은 프랑스 예산보다 14% 이상 많다.
③ 인도보다 국방예산이 적은 국가는 5개 국가이다.
④ 영국과 일본의 국방예산 차액은 독일과 일본의 국방예산 차액의 55% 이상 차지한다.

08 다음은 물이용부담금 총액에 관한 자료이다. 이에 대한 〈보기〉의 설명 중 적절하지 않은 것을 모두 고르면?

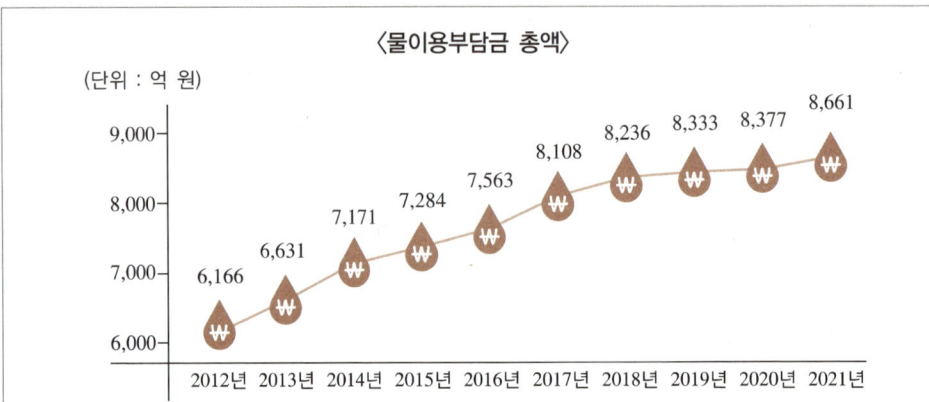

※ 상수원 상류지역에서의 수질개선 및 주민지원 사업을 효율적으로 추진하기 위한 재원 마련을 위해 최종수요자에게 물 사용량에 비례하여 물이용부담금을 부과함
※ 물이용부담금 단가는 한강, 낙동강, 영·섬 유역은 170원/m^3, 금강 유역은 160원/m^3임

보기

㉠ 물이용부담금 총액은 지속적으로 증가하는 추세를 보이고 있다.
㉡ 2013 ~ 2021년 중 물이용부담금 총액이 전년 대비 가장 많이 증가한 해는 2014년이다.
㉢ 2021년 물이용부담금 총액에서 금강 유역 물이용부담금 총액이 차지하는 비중이 20%라면, 2021년 금강 유역에서 사용한 물의 양은 약 10.83억m^3이다.
㉣ 2021년 물이용부담금 총액은 전년 대비 3.2% 이상 증가했다.

① ㉠
② ㉡
③ ㉠, ㉣
④ ㉡, ㉢

※ 다음은 우리나라 배기량별 승용차 수출액에 대한 자료이다. 이어지는 질문에 답하시오. [9~10]

〈배기량별 승용차 수출액〉

(단위 : 백만 달러)

구분			2021년 4분기	2022년 1분기	2022년 2분기	2022년 3분기	2022년 4분기
경차	1,000cc 이하	휘발유	257	214	208	142	229
소형	1,000cc 초과 1,500cc 이하	휘발유	1,649	1,463	1,466	1,253	1,688
	1,500cc 이하	경유	36	56	41	24	71
중대형	1,500cc 초과 2,000cc 이하	휘발유	4,554	3,904	3,958	2,888	4,540
		경유	645	577	585	549	595
	2,000cc 초과	휘발유	2,986	2,200	2,776	1,981	3,012
		경유	581	508	603	395	591

09 위 자료를 보고 판단한 내용으로 적절하지 않은 것은?

① 2022년 4분기의 소형 휘발유 승용차의 수출액은 직전 분기 대비 약 34.7% 증가했다.
② 2022년 1분기에 전 분기보다 수출액이 증가한 승용차 종류는 한 종류이다.
③ 2022년 4분기의 모든 승용차 종류의 수출액은 전년 동분기보다 모두 증가했다.
④ 2021년 4분기 수출액이 두 번째로 높은 승용차 종류는 배기량 2,000cc 초과 중대형 휘발유 승용차이다.

10 2022년 4분기 휘발유 승용차의 전체 매출액은 동년 1분기보다 얼마나 증가했는가?

① 1,688백만 달러
② 1,788백만 달러
③ 1,888백만 달러
④ 1,988백만 달러

대표유형 3   자료변환

다음은 B대학교의 학과별 입학정원 변화에 대한 자료이다. 이를 나타낸 그래프로 옳지 않은 것은?

〈학과별 입학정원 변화〉

(단위 : 명)

구분	2024년	2023년	2022년	2021년	2020년
A학과	150	157	135	142	110
B학과	54	60	62	55	68
C학과	144	150	148	130	128
D학과	77	85	80	87	90
E학과	65	60	64	67	66
F학과	45	42	48	40	50
G학과	120	110	114	114	115
H학과	100	105	108	110	106

① 2023 ~ 2024년 학과별 입학정원 변화

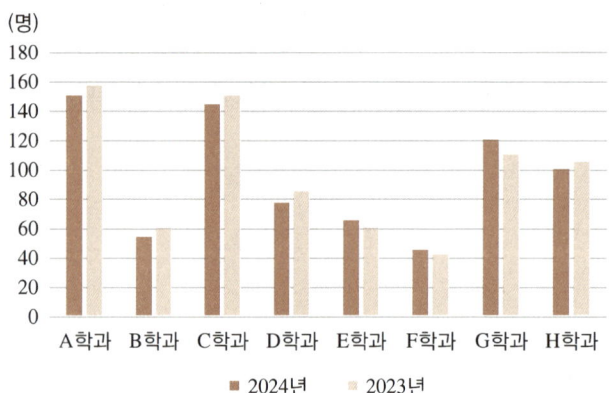

② 2020 ~ 2024년 B, E, F, G학과 입학정원 변화

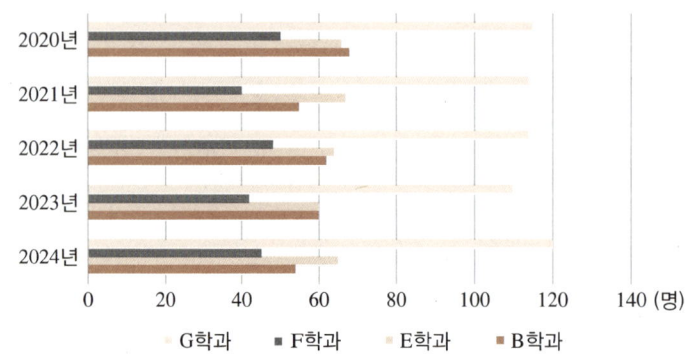

③ 2020 ~ 2024년 A, C, D, G, H학과 입학정원 변화

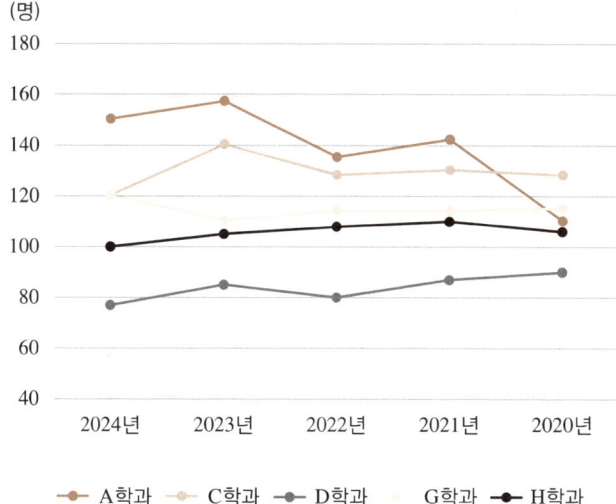

④ 2020 ~ 2022년 학과별 입학정원 변화

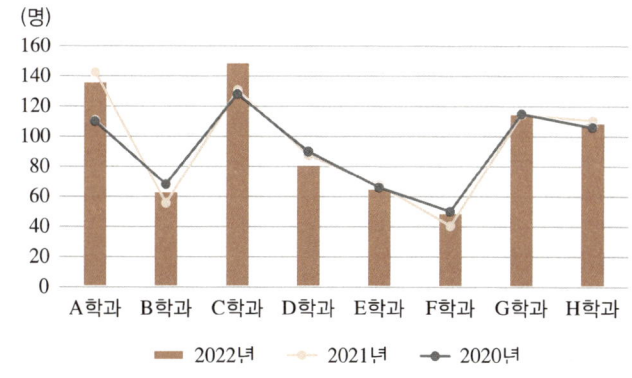

| 해설 | C학과의 2022 ~ 2024년 입학정원이 자료보다 낮게 표시되었다.

정답 ③

11 다음은 강원도에서 실시하는 시·군별 출산축하 지원금을 자녀 수에 따라 나타낸 표이다. 이 자료를 바르게 변환한 그래프는?

〈시·군별 출산축하 지원금〉

(단위 : 만 원)

구분	첫째	둘째	셋째	넷째	다섯째
춘천	50	70	100	100	100
원주	30	50	100	100	100
강릉	10	30	50	100	100
동해	0	60	120	120	120
태백	50	100	360	360	360
속초	50	70	100	200	200
삼척	100	150	200	200	200
홍천	0	50	150	150	150
횡성	20	100	1,080	1,080	1,080
영월	30	50	100	300	300
평창	100	200	300	400	500
정선	100	100	1,200	1,200	1,200
철원	70	180	250	250	250
화천	0	0	150	150	150
양구	0	50	100	150	200
인제	50	70	100	130	160
고성	140	290	460	450	460
양양	220	340	820	1,900	1,900

① 일부 시·군별 첫째~셋째 출산축하 지원금

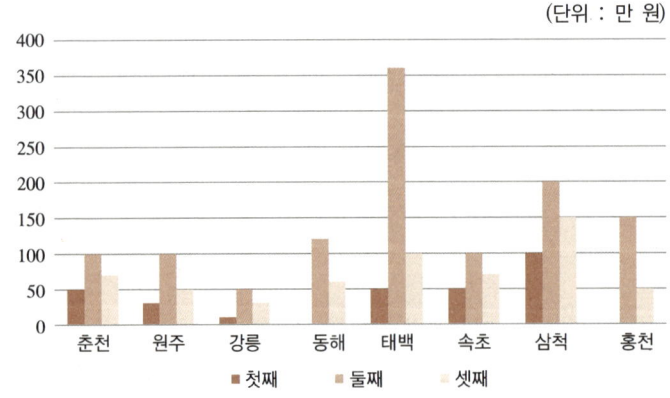

② 일부 시·군별 첫째, 셋째, 다섯째 출산축하 지원금

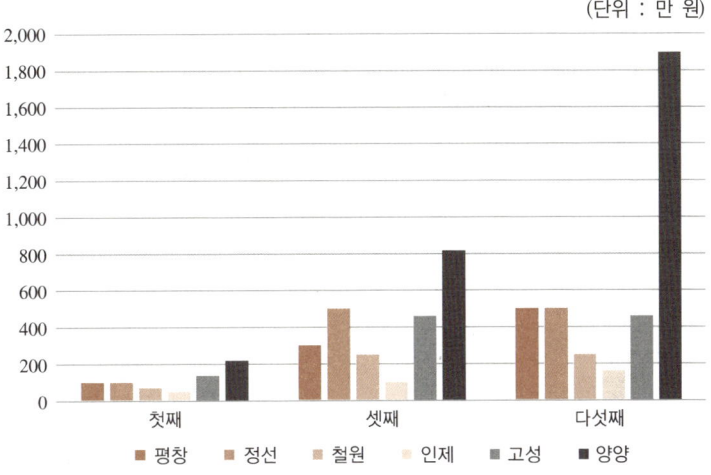

③ 일부 시·군별 첫째 출산축하 지원금

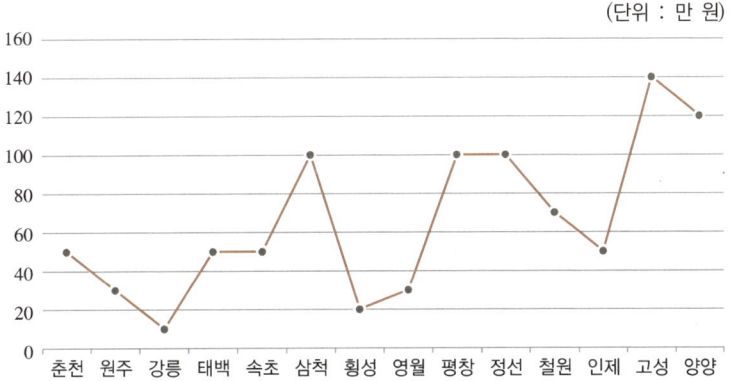

④ 일부 시·군별 첫째~다섯째 총 출산축하 지원금

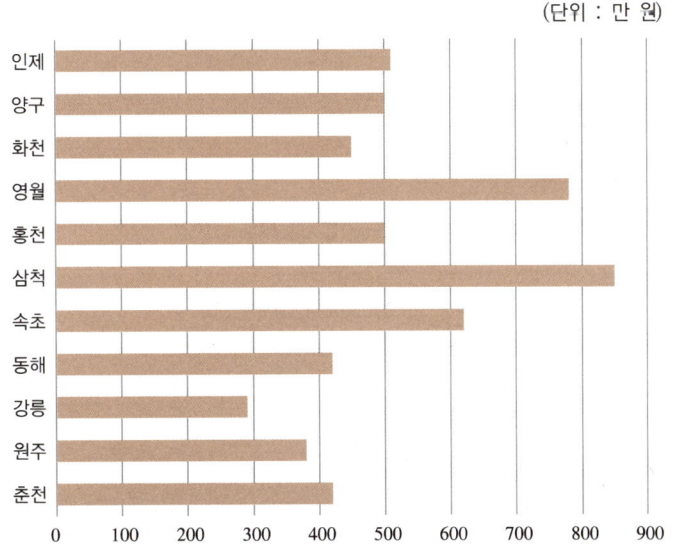

12 다음은 우리나라 정기간행물 등록현황에 관한 자료이다. 이를 변형한 그래프로 적절한 것은?

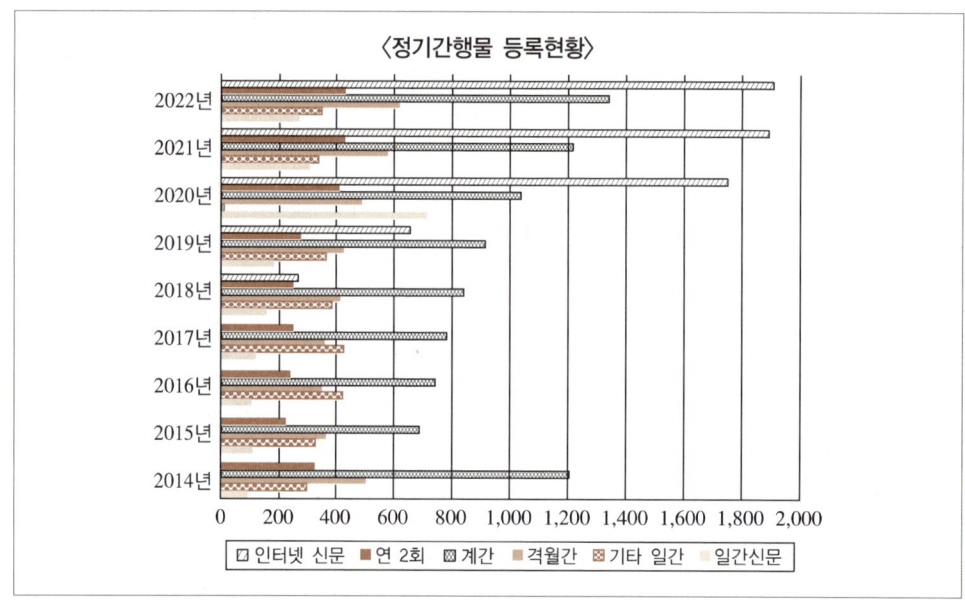

①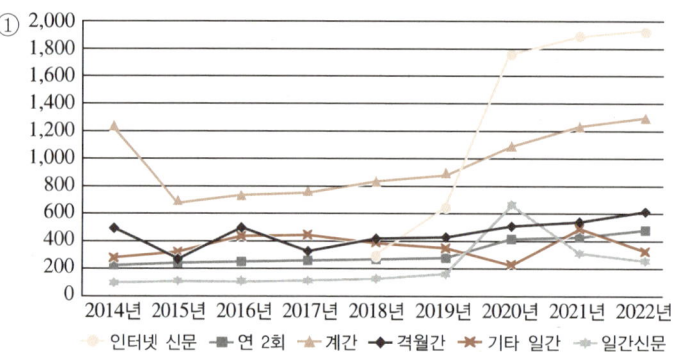

②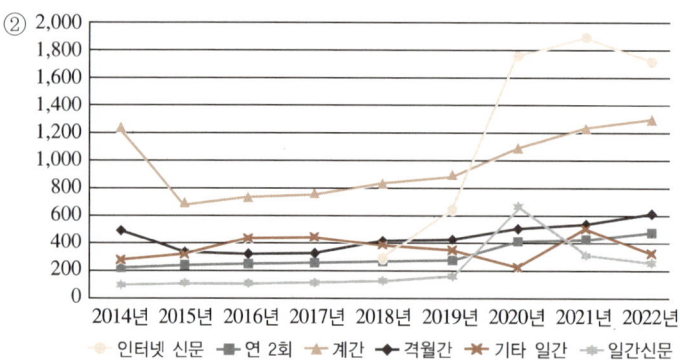

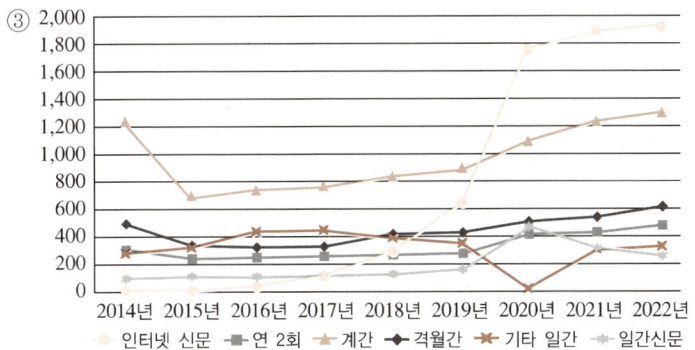

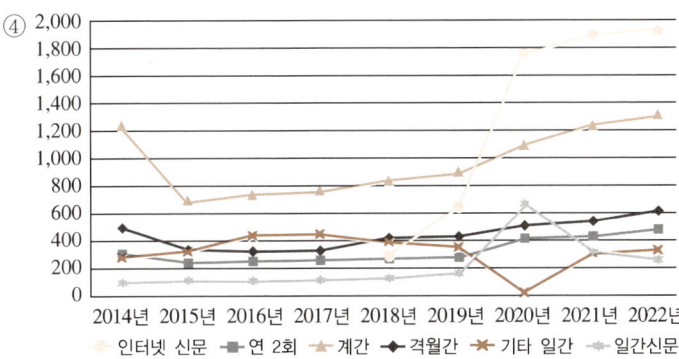

13 다음은 중국의 의료 빅데이터 예상 시장 규모에 관한 자료이다. 이에 따라 전년 대비 성장률을 구한 값을 그래프로 바르게 변환한 것은?(단, 소수점 첫째 자리에서 반올림한다)

〈2015~2024년 중국 의료 빅데이터 예상 시장 규모〉

(단위 : 억 위안)

구분	2015년	2016년	2017년	2018년	2019년	2020년	2021년	2022년	2023년	2024년
규모	9.6	15.0	28.5	45.8	88.5	145.9	211.6	285.6	371.4	482.8

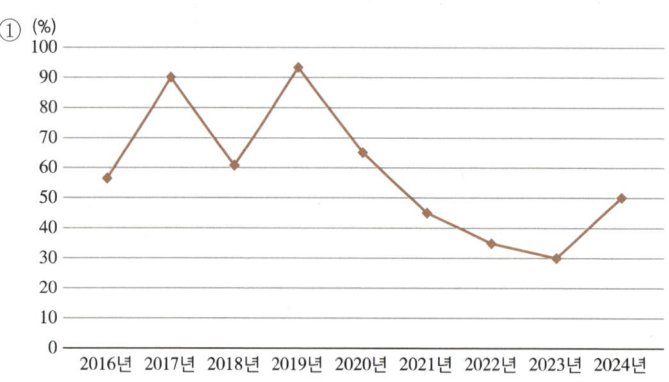

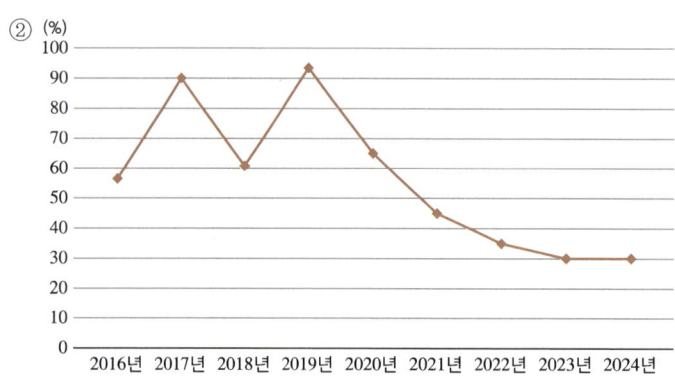

③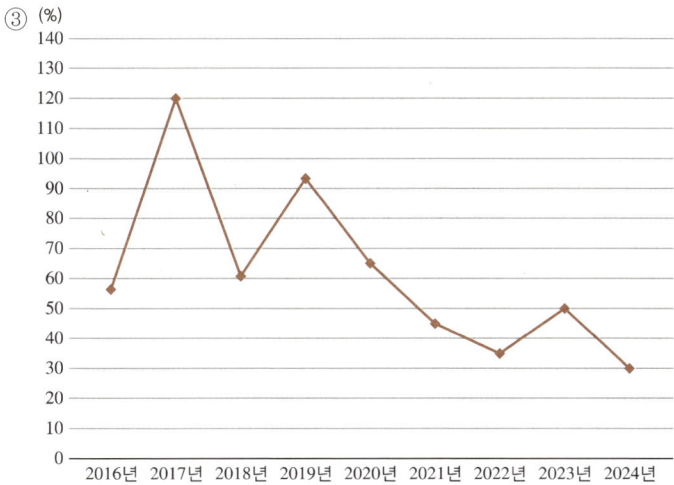

④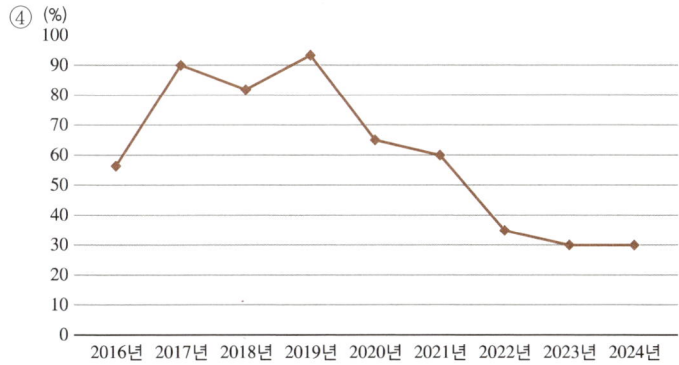

14 다음은 난민 통계 현황과 관련한 자료이다. 자료를 그래프로 변환하였을 때, 적절하지 않은 것은?

⟨난민 신청자 현황⟩

(단위 : 명)

구분		2018년	2019년	2020년	2021년
합계		1,143	1,574	2,896	5,711
성별	남자	1,039	1,366	2,403	4,814
	여자	104	208	493	897
국적	파키스탄	242	275	396	1,143
	나이지리아	102	207	201	264
	이집트	43	97	568	812
	시리아	146	295	204	404
	중국	3	45	360	401
	기타	178	471	784	2,687

⟨난민 인정자 현황⟩

(단위 : 명)

구분		2018년	2019년	2020년	2021년
합계		60	57	94	105
성별	남자	39	35	62	54
	여자	21	22	32	51
국적	미얀마	18	19	4	32
	방글라데시	16	10	2	12
	콩고DR	4	1	3	1
	에티오피아	4	3	43	11
	기타	18	24	42	49

① 난민 신청자 연도·국적별 현황

(단위 : 명)

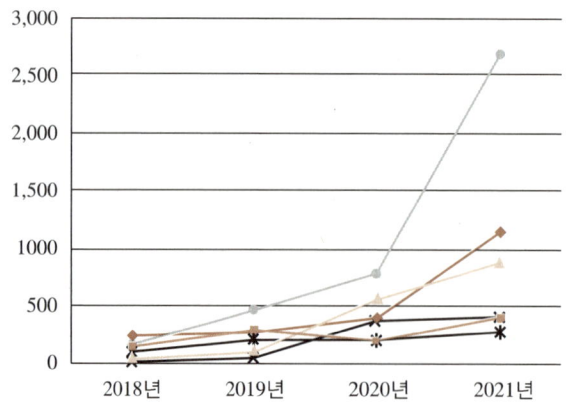

② 전년 대비 난민 인정자 증감률

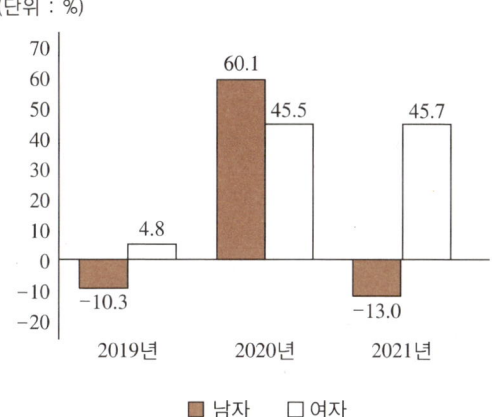

③ 난민 신청자 현황

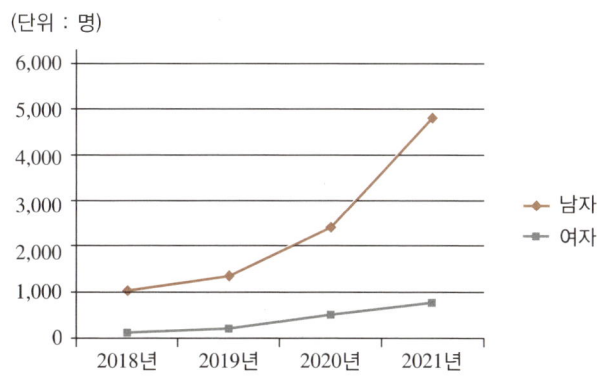

④ 난민 인정자 남·여 비율

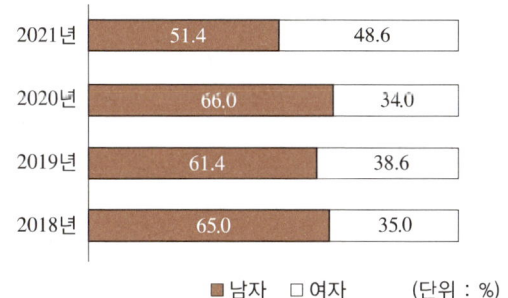

15 다음은 지역별 교통사고·화재·산업재해 현황에 관한 자료이다. 자료를 그래프로 변환하였을 때, 적절하지 않은 것은?(단, 비중은 소수점 둘째 자리에서 반올림한다)

〈교통사고·화재·산업재해 건수〉

(단위 : 건)

구분	교통사고	화재	산업재해
서울	3,830	5,890	3,550
인천	4,120	4,420	5,210
경기	4,010	3,220	4,100
강원	1,100	3,870	1,870
대전	880	1,980	1,120
충청	1,240	1,290	2,880
경상	1,480	1,490	2,540
전라	2,180	2,280	2,920
광주	920	980	1,110
대구	1,380	1,490	2,210
울산	1,120	920	980
부산	3,190	2,090	3,120
제주	3,390	2,880	3,530
합계	28,840	32,800	35,140

〈교통사고·화재·산업재해 사망자 및 피해금액〉

구분	교통사고	화재	산업재해
사망자 수(명)	12,250	21,220	29,340
피해액(억 원)	1,290	6,490	1,890

※ 수도권은 서울·인천·경기 지역임

① 교통사고의 수도권 및 수도권 외 지역 발생 건수

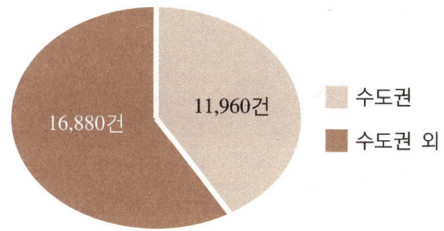

② 화재의 수도권 및 수도권 외 지역 발생 건수

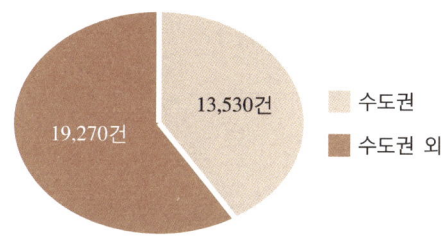

③ 산업재해의 수도권 및 수도권 외 지역 발생 건수

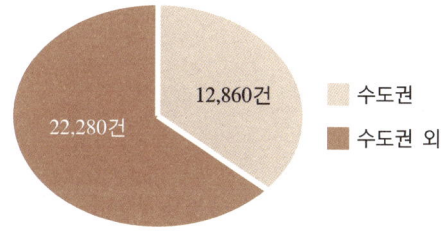

④ 피해금액별 교통사고·화재·산업재해 비중

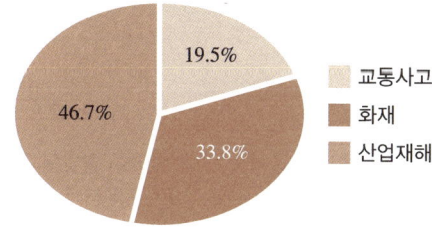

CHAPTER 03
언어논리력

합격 CHEAT KEY

출제유형

01 어휘력

어휘의 의미를 정확하게 알고 있는지 평가하는 유형으로, 밑줄 친 어휘와 같은 의미로 쓰인 어휘를 찾는 문제, 주어진 문장 속에서 사용이 적절하지 않은 어휘를 찾는 문제, 주어진 여러 단어의 뜻을 포괄하는 어휘를 찾는 문제 등이 출제되고 있다.

02 나열하기

문장과 문장 사이의 관계 및 글 전체의 흐름을 읽어낼 수 있는지 평가하는 유형으로, 논리적인 순서에 따라 주어진 글의 문장이나 문단을 배열하는 문제가 출제되고 있다.

03 추론하기

앞뒤 문맥과 글의 전체 흐름을 파악하여 제시된 글의 빈칸에 들어갈 알맞은 문장을 고르는 문제가 출제되고 있다.

04 독해

주어진 글의 내용과 일치하거나 일치하지 않는 것 고르기, 주제/제목 찾기, 글을 통해 추론할 수 있는 것이나 없는 것 고르기 등 다양한 유형의 독해문제가 출제되고 있다.

| 학습전략 |

01 어휘력
- 어휘가 가진 다양한 의미를 묻는 문제가 주로 출제되므로 어휘의 의미를 정확하게 알고 있어야 한다.
- 다의어의 경우 문장 속에서 어떤 의미로 활용되는지 파악하는 것이 중요하므로 예문과 함께 학습하도록 한다.

02 나열하기
- 문장과 문장을 연결하는 접속어의 쓰임에 대해 정확히 알고 있어야 문제를 풀 수 있다.
- 문장 속에 나타나는 지시어는 해당 문장의 앞에 어떤 내용이 오는지에 대한 힌트가 되므로 이에 집중한다.

03 추론하기
- 지문을 처음부터 끝까지 다 읽기보다는 빈칸의 앞뒤 문장만으로 그 사이에 들어갈 내용을 유추하는 연습을 해야 한다.
- 선택지를 읽으며 빈칸에 들어갈 답을 고른 후 해설과 비교한다. 확실하게 정답을 선택한 경우를 제외하고, 왜 틀렸는지 파악하고 놓친 부분을 반드시 체크하는 습관을 들인다.

04 독해
- 다양한 분야의 지문이 제시되므로 평소에 여러 분야의 도서나 신문의 기사 등을 읽어둔다.
- 단기간의 공부로 성적을 올릴 수 있는 영역이 아니므로 평소 독서를 통해 연습해야 한다.
- 무작정 지문을 읽고 문제를 풀기보다는 문제와 선택지를 먼저 읽고 지문에서 찾아야 할 내용이 무엇인지를 먼저 파악한 후 글을 읽는다면 시간을 절약할 수 있다.
- 먼저 선택지의 키워드를 체크한 후, 지문의 내용과 비교하며 내용의 일치유무를 신속히 판단한다.
- 지문의 유형별 특징을 파악하고 이를 바탕으로 내용을 확인한다.

CHAPTER 03 언어논리력 핵심이론

01 어휘의 의미

1. 의미 관계

(1) 유의 관계

유의어는 두 개 이상의 어휘가 서로 소리는 다르나 의미가 비슷한 경우로, 유의 관계의 대부분은 개념적 의미의 동일성을 전제로 한다.

(2) 반의 관계

반의어는 둘 이상의 단어에서 의미가 서로 짝을 이루어 대립하는 경우로, 어휘의 의미가 서로 대립되는 단어를 말하며, 이러한 어휘들의 관계를 반의 관계라고 한다. 한 쌍의 단어가 반의어가 되려면 두 어휘 사이에 공통적인 의미 요소가 있으면서도 동시에 하나의 의미 요소만 달라야 한다.

(3) 상하 관계

상하 관계는 단어의 의미적 계층 구조에서 한쪽이 의미상 다른 쪽을 포함하거나 다른 쪽에 포섭되는 관계를 말한다. 상하 관계를 형성하는 단어들은 상위어일수록 일반적이고 포괄적인 의미를 지니며, 하위어일수록 개별적이고 한정적인 의미를 지니므로 하위어는 상위어를 의미적으로 함의하게 된다. 즉, 상위어가 가지고 있는 의미 특성을 하위어가 자동적으로 가지게 된다.

(4) 부분 관계

부분 관계는 한 단어가 다른 단어의 부분이 되는 관계를 말하며, 전체 – 부분 관계라고도 한다. 부분 관계에서 부분을 가리키는 단어를 부분어, 전체를 가리키는 단어를 전체어라고 한다. 예를 들면 '머리, 팔, 몸통, 다리'는 '몸'의 부분어이며, 이러한 부분어들에 의해 이루어진 '몸'은 전체어이다.

2. 다의어와 동음이의어

다의어(多義語)는 뜻이 여러 개인 낱말을 뜻하고, 동음이의어(同音異義語)는 소리는 같으나 뜻이 다른 낱말을 뜻한다. 중심의미(본래의 의미)와 주변의미(변형된 의미)로 나누어지면 다의어이고, 중심의미와 주변의미로 나누어지지 않고 전혀 다른 의미를 지니면 동음이의어라 한다.

02 알맞은 어휘

1. 나이와 관련된 어휘

충년(沖年)	10세 안팎의 어린 나이
지학(志學)	15세가 되어 학문에 뜻을 둠
약관(弱冠)	남자 나이 20세 스무 살 전후의 여자 나이는 묘령(妙齡), 묘년(妙年), 방년(芳年), 방령(芳齡) 등이라 칭함
이립(而立)	30세, 『논어』에서 공자가 서른 살에 자립했다고 한 데서 나온 말로 인생관이 섰다는 뜻
불혹(不惑)	40세, 세상의 유혹에 빠지지 않음을 뜻함
지천명(知天命)	50세, 하늘의 뜻을 깨달음
이순(耳順)	60세, 경륜이 쌓이고 사려와 판단이 성숙하여 남의 어떤 말도 거슬리지 않음
화갑(華甲)	61세, 회갑(回甲), 환갑(還甲)
진갑(進甲)	62세, 환갑의 이듬해
고희(古稀)	70세, 두보의 시에서 유래. 마음대로 한다는 뜻의 종심(從心)이라고도 함
희수(喜壽)	77세, '喜'자의 초서체가 '七十七'을 세로로 써놓은 것과 비슷한 데서 유래
산수(傘壽)	80세, '傘'자를 풀면 '八十'이 되는 데서 유래
망구(望九)	81세, 90세를 바라봄
미수(米壽)	88세, '米'자를 풀면 '八十八'이 되는 데서 유래
졸수(卒壽)	90세, '卒'의 초서체가 '九十'이 되는 데서 유래
망백(望百)	91세, 100세를 바라봄
백수(白壽)	99세, '百'에서 '一'을 빼면 '白'
상수(上壽)	100세, 사람의 수명 중 최상의 수명
다수(茶壽)	108세, '茶'를 풀면, '十'이 두 개라서 '二十'이고, 아래 '八十八'이니 합하면 108
천수(天壽)	120세, 병 없이 늙어서 죽음을 맞이하면 하늘이 내려 준 나이를 다 살았다는 뜻

2. 단위와 관련된 어휘

길이	자	한 치의 열 배로 약 30.3cm
	마장	5리나 10리가 못 되는 거리
	발	두 팔을 양옆으로 펴서 벌렸을 때 한쪽 손끝에서 다른 쪽 손끝까지의 길이
	길	여덟 자 또는 열 자로 약 2.4m 또는 3m. 사람 키 정도의 길이
	치	한 자의 10분의 1 또는 약 3.03cm
	칸	여섯 자로, 1.81818m
	뼘	엄지손가락과 다른 손가락을 완전히 펴서 벌렸을 때에 두 끝 사이의 거리
넓이	길이	논밭 넓이의 단위. 소 한 마리가 하루에 갈 만한 넓이로, 약 2,000평 정도
	단보	땅 넓이의 단위. 1단보는 남한에서는 300평으로 991.74m², 북한에서는 30평으로 99.174m²
	마지기	논밭 넓이의 단위. 볍씨 한 말의 모 또는 씨앗을 심을 만한 넓이로, 논은 약 150~300평, 밭은 약 100평 정도
	되지기	논밭 넓이의 단위. 볍씨 한 되의 모 또는 씨앗을 심을 만한 넓이로 한 마지기의 10분의 1
	섬지기	논밭 넓이의 단위. 볍씨 한 섬의 모 또는 씨앗을 심을 만한 넓이로 한 마지기의 열 배이며 논은 약 2,000평, 밭은 약 1,000평
	간	건물의 칸살의 넓이를 잴 때 사용. 한 간은 보통 여섯 자 제곱의 넓이

분류	단위	설명
부피	홉	곡식, 가루, 액체 따위의 부피를 잴 때 쓰는 단위. 한 되의 10분의 1로 약 180mL
	되	곡식, 가루, 액체 따위의 부피를 잴 때 쓰는 단위. 한 말의 10분의 1, 한 홉의 열 배로 약 1.8L
	말	곡식, 액체, 가루 따위의 부피를 잴 때 쓰는 단위. 한 되의 10배로 약 18L
	섬	곡식, 액체, 가루 따위의 부피를 잴 때 쓰는 단위. 한 말의 10배로 약 180L
	되들이	한 되를 담을 수 있는 분량
	줌	한 손에 쥘 만한 분량
	춤	가늘고 기름한 물건을 한 손으로 쥘 만한 분량
무게	냥	귀금속이나 한약재 따위의 무게를 잴 때 쓰는 단위. 귀금속의 무게를 잴 때는 한 돈의 열 배이고, 한약재의 무게를 잴 때는 한 근의 16분의 1로 37.5g
	돈	귀금속이나 한약재 따위의 무게를 잴 때 쓰는 단위. 한 냥의 10분의 1, 한 푼의 열 배로 3.75g
	푼	귀금속이나 한약재 따위의 무게를 잴 때 쓰는 단위. 한 돈의 10분의 1로, 약 0.375g
	냥쭝	한 냥쯤 되는 무게
	돈쭝	한 돈쯤 되는 무게
묶음	갓	굴비·비웃 따위 10마리, 또는 고비·고사리 따위 10모숨을 한 줄로 엮은 것
	강다리	쪼갠 장작을 묶어 세는 단위. 쪼갠 장작 100개비
	거리	오이나 가지 50개
	고리	소주를 사발에 담은 것을 묶어 세는 단위로, 한 고리는 소주 10사발
	꾸러미	꾸리어 싼 물건을 세는 단위. 달걀 10개를 묶어 세는 단위
	담불	곡식이나 나무를 높이 쌓아 놓은 무더기. 벼 100섬씩 묶어 세는 단위
	동	물건을 묶어 세는 단위. 먹 10정, 붓 10자루, 생강 10접, 피륙 50필, 백지 100권, 곶감 100접, 볏짚 100단, 조기 1,000마리, 비웃 2,000마리
	마투리	곡식의 양을 섬이나 가마로 잴 때, 한 섬이나 한 가마가 되지 못하고 남은 양
	모숨	길고 가느다란 물건의, 한 줌 안에 들어올 만한 분량
	뭇	짚, 장작, 채소 따위의 작은 묶음을 세는 단위. 볏단을 세는 단위. 생선 10마리, 미역 10장
	새	피륙의 날을 세는 단위. 한 새는 날실 여든 올
	쌈	바늘을 묶어 세는 단위. 한 쌈은 바늘 24개
	손	한 손에 잡을 만한 분량을 세는 단위. 고등어 따위의 생선 2마리
	우리	기와를 세는 단위. 한 우리는 기와 2,000장
	접	채소나 과일 따위를 묶어 세는 단위. 한 접은 100개
	제	한약의 분량을 나타내는 단위. 한 제는 탕약 20첩
	죽	옷, 그릇 따위의 열 벌을 묶어 이르는 말
	축	오징어를 묶어 세는 단위. 한 축은 오징어 20마리
	쾌	북어를 묶어 세는 단위. 한 쾌는 북어 20마리
	톳	김을 묶어 세는 단위. 한 톳은 김 100장
	필	명주 40자

3. 지칭과 관련된 어휘

구분		생존	사망
본인	아버지	가친(家親), 엄친(嚴親), 가군(家君)	선친(先親), 선군(先君), 망부(亡父)
	어머니	자친(慈親)	선비(先妣), 선자(先慈), 망모(亡母)
타인	아버지	춘부장(椿府丈)	선대인(先大人)
	어머니	자당(慈堂)	선대부인(先大夫人)

4. 절기와 관련된 어휘

봄	입춘	봄의 문턱에 들어섰다는 뜻으로, 봄의 시작을 알리는 절기 [2월 4일경]
	우수	봄비가 내리는 시기라는 뜻 [2월 18일경]
	경칩	개구리가 잠에서 깨어난다는 의미로, 본격적인 봄의 계절이라는 뜻 [3월 5일경]
	춘분	봄의 한가운데로, 낮이 길어지는 시기 [3월 21일경]
	청명	하늘이 맑고 높다는 뜻으로, 전형적인 봄 날씨가 시작되므로 농사 준비를 하는 시기 [4월 5일경]
	곡우	농사에 필요한 비가 내리는 시기라는 뜻 [4월 20일경]
여름	입하	여름의 문턱에 들어섰다는 뜻으로, 여름의 시작을 알리는 절기 [5월 5일경]
	소만	조금씩 차기 시작한다는 뜻으로, 곡식이나 과일의 열매가 생장하여 가득 차기 시작하는 절기 [5월 21일경]
	망종	수염이 있는 곡식, 즉 보리·수수 같은 곡식은 추수를 하고 논에 모를 심는 절기 [6월 6일경]
	하지	여름의 중간으로 낮이 제일 긴 날 [6월 21일경]
	소서	작은 더위가 시작되는 절기로 한여름에 들어선 절기 [7월 7～8일경]
	대서	큰 더위가 시작되는 절기로 가장 더운 여름철이란 뜻 [7월 24일경]
가을	입추	가을의 문턱에 들어섰다는 뜻으로, 가을의 시작을 알리는 절기 [8월 8～9일경]
	처서	더위가 식고 일교차가 커지면서 식물들이 성장을 멈추고 겨울 준비를 하는 절기 [8월 23일경]
	백로	흰 이슬이 내리는 시기로 기온은 내려가고 본격적인 가을이 시작되는 시기 [9월 8일경]
	추분	밤이 길어지는 시기이며 가을의 한가운데라는 뜻 [9월 23일경]
	한로	찬 이슬이 내린다는 뜻 [10월 8일경]
	상강	서리가 내린다는 뜻 [10월 23일경]
겨울	입동	겨울의 문턱에 들어섰다는 뜻으로, 겨울의 시작을 알리는 절기 [11월 8일경]
	소설	작은 눈이 내린다는 뜻으로, 눈이 내리고 얼음이 얼기 시작하는 절기 [11월 22～23일경]
	대설	큰 눈이 내리는 절기 [12월 8일경]
	동지	밤이 가장 긴 날로 겨울의 한가운데라는 뜻 [12월 22～23일경]
	소한	작은 추위라는 뜻으로, 본격적인 추위가 시작되는 절기 [1월 6～7일경]
	대한	큰 추위가 시작된다는 뜻으로, 한겨울 [1월 20일경]

5. 접속어

순접	앞의 내용을 순조롭게 받아 연결시켜 주는 역할 예 그리고, 그리하여, 그래서, 이와 같이, 그러므로 등
역접	앞의 내용과 상반된 내용을 이어 주는 역할 예 그러나, 그렇지만, 하지만, 그래도, 반면에 등
인과	앞뒤의 문장을 원인과 결과로, 또는 결과와 원인으로 연결시켜 주는 역할 예 그래서, 따라서, 그러므로, 왜냐하면 등
환언·요약	앞 문장을 바꾸어 말하거나 간추려 짧게 말하며 이어 주는 역할 예 즉, 요컨대, 바꾸어 말하면, 다시 말하면 등
대등·병렬	앞 내용과 뒤의 내용을 대등하게 이어 주는 역할 예 또는, 혹은, 및, 한편 등
전환	뒤의 내용이 앞의 내용과는 다른, 새로운 생각이나 사실을 서술하여 화제를 바꾸어 이어 주는 역할 예 그런데, 한편, 아무튼, 그러면 등
예시	앞 문장에 대한 구체적인 예를 들어 설명하며 이어 주는 역할 예 예컨대, 이를테면, 가령, 예를 들어 등

03 논리구조

논리구조에서는 주로 단락과 문장 간의 관계나 글 전체의 논리적 구조를 정확히 파악했는지를 묻는다. 글의 순서를 바르게 배열하는 유형이 출제되고 있다. 제시문의 전체적인 흐름을 바탕으로 각 문단의 특징, 단락 간의 역할 등을 논리적으로 구조화할 수 있는 능력을 길러야 한다.

(1) 문장의 관계와 원리
  ① 문장과 문장 간의 관계
    ㉠ 상세화 관계 : 주지 → 구체적 설명(비교, 대조, 유추, 분류, 분석, 인용, 예시, 비유, 부연, 상술 등)
    ㉡ 문제(제기)와 해결 관계 : 한 문장이 문제를 제기하고, 다른 문장이 그 해결책을 제시하는 관계(과제 제시 → 해결 방안, 문제 제기 → 해답 제시)
    ㉢ 선후 관계 : 한 문장이 먼저 발생한 내용을 담고, 다음 문장이 나중에 발생한 내용을 담고 있는 관계
    ㉣ 원인과 결과 관계 : 한 문장이 원인이 되고, 다른 문장이 그 결과가 되는 관계(원인 제시 → 결과 제시, 결과 제시 → 원인 제시)
    ㉤ 주장과 근거 관계 : 한 문장이 필자가 말하고자 하는 바(주지)가 되고, 다른 문장이 그 문장의 증거(근거)가 되는 관계(주장 제시 → 근거 제시, 의견 제안 → 의견 설명)
    ㉥ 전제와 결론 관계 : 앞 문장에서 조건이나 가정을 제시하고, 뒤 문장에서 이에 따른 결론을 제시하는 관계
  ② 문장의 연결 방식
    ㉠ 순접 : 원인과 결과, 부연 설명 등의 문장 연결에 쓰임
      예 그래서, 그리고, 그러므로 등
    ㉡ 역접 : 앞글의 내용을 전면적 또는 부분적으로 부정
      예 그러나, 그렇지만, 그래도, 하지만 등
    ㉢ 대등·병렬 : 앞뒤 문장의 대비와 반복에 의한 접속
      예 및, 혹은, 또는, 이에 반하여 등
    ㉣ 보충·첨가 : 앞글의 내용을 보다 강조하거나 부족한 부분을 보충하기 위해 다른 말을 덧붙이는 문맥
      예 단, 곧, 즉, 더욱이, 게다가, 왜냐하면 등
    ㉤ 화제 전환 : 앞글과는 다른 새로운 내용을 이야기하기 위한 문맥
    ㉥ 비유·예시 : 앞글에 대해 비유적으로 다시 말하거나 구체적인 예를 보임
      예 예를 들면, 예컨대, 마치 등

③ 원리 접근법

앞뒤 문장의 중심의미 파악	→	앞뒤 문장의 중심 내용이 어떤 관계인지 파악	→	문장 간의 접속어, 지시어의 의미와 기능	→	문장의 의미와 관계성 파악
각 문장의 의미를 어떤 관계로 연결해서 글을 전개하는지 파악해야 한다.		지문 안의 모든 문장은 서로 논리적 관계성이 있다.		접속어와 지시어를 음미하는 것은 독해의 길잡이 역할을 한다.		문단의 중심 내용을 알기 위한 기본 분석 과정이다.

04 논리적 이해

(1) 전제의 추론

전제의 추론은 원칙적으로 주어진 내용의 이면에 내포되어 있는 이미 옳다고 인정된 사실을 유추하는 유형이다.
① 먼저 주장이 무엇인지 명확하게 파악해야 한다.
② 주장이 성립하기 위해서 논리적으로 필요한 요건이 무엇인지 생각해 본다.
③ 선택지 중 주장과 논리적으로 인과 관계를 형성할 수 있는 조건을 찾아낸다.

(2) 결론의 추론

주어진 내용을 명확히 이해한 다음, 이를 근거로 이끌어 낼 수 있는 올바른 결론이나 관련 사항을 논리적인 관점에서 찾는 문제 유형이다. 이와 같은 문제는 평상시 비판적이고 논리적인 관점으로 글을 읽는 연습을 충분히 해 두어야 유리하다고 볼 수 있다.

(3) 주제의 추론

주제와 관련된 추론 문제는 적성검사에서 자주 출제되는 유형으로서 글의 표제, 부제, 주제, 주장, 의도를 파악하는 형태의 문제와 같은 유형이다. 이러한 유형의 문제는 주제를 글의 첫 문단이나 마지막 문단을 통해서 찾을 수 있으며, 그렇지 않으면 문단의 병렬·대등 관계를 파악하면 쉽게 찾을 수 있다. 여러 문단에서 공통된 주제를 추론할 때는 각각의 제시문을 먼저 요약한 뒤, 핵심 키워드를 찾은 다음 이를 토대로 주제문을 가려내어 하나의 주제를 유추하면 된다. 평소에 제시문을 읽고, 핵심 키워드를 찾아 문장을 구성하는 연습을 많이 해두어야 한다. 또한 겉으로 드러난 주제나 정보를 찾는 데 그치지 않고 글 속에 숨겨진 의도나 정보를 찾기 위해 꼼꼼히 관찰하는 태도가 필요하다.

CHAPTER 03 언어논리력 기출예상문제

정답 및 해설 p.012

01 어휘력

대표유형 1 | 어법·맞춤법

01 다음 중 밑줄 친 단어가 맞춤법상 옳지 않은 것은?

① 얼굴이 햇볕에 <u>가무잡잡하게</u> 그을렸다.
② 아버지는 그 사람을 사윗감으로 <u>마뜩찮게</u> 생각하였다.
③ 딸의 뺨이 <u>불그스름하게</u> 부어 있었다.
④ 아무도 그의 과거를 <u>괘념하지</u> 않았다.

| 해설 | '마음에 들 만하지 아니하다.'는 의미를 가진 어휘는 '마뜩잖다'이다(마뜩찮게 → 마뜩잖게).
오답분석
① 가무잡잡하다 : 약간 짙게 가무스름하다.
③ 불그스름하다 : 조금 붉다.
④ 괘념하다 : 마음에 두고 걱정하거나 잊지 아니하다.

정답 ②

02 다음 중 맞춤법상 옳지 않은 것은?

① 헛기침이 <u>간간히</u> 섞여 나왔다.
② 그 이야기를 듣자 <u>왠지</u> 불길한 예감이 들었다.
③ 그 남자의 굳은살 <u>박인</u> 발을 봐.
④ 집에 <u>가든지</u> 학교에 <u>가든지</u> 해라.

| 해설 | '시간적인 사이를 두고서 가끔씩'이라는 의미의 어휘는 '간간이'이다.
오답분석
② 왠지 : 왜 그런지 모르게. 또는 뚜렷한 이유도 없이
③ 박이다 : 손바닥, 발바닥 따위에 굳은살이 생기다.
④ -든지 : 나열된 동작이나 상태, 대상 중에서 어느 것이든 선택될 수 있음을 나타내는 연결 어미

정답 ①

01 다음 중 어법상 자연스러운 문장은?

① 문학은 다양한 삶의 체험을 보여 주는 예술의 장르로서 문학을 즐길 예술적 본능을 지닌다.
② 그는 부모님의 말씀을 거스른 적이 없고 그는 친구들과 어울리다가도 정해진 시간에 반드시 들어오곤 했다.
③ 피로연은 성대하게 치러졌다. 신랑과 신부는 결혼식을 마치고 신혼여행을 떠났다. 하례객들이 식당 안으로 옮겨 앉으면서 시작되었다.
④ 신은 인간을 사랑하기도 하지만, 때로는 인간에게 시련의 고통을 주기도 한다.

02 다음 중 밑줄 친 부분의 띄어쓰기가 옳지 않은 것은?

① 그는 문제를 <u>해결하기는커녕</u> 일을 더욱 크게 만들었다.
② 그 음식은 <u>기다리면서까지</u> 먹을 정도의 맛은 아니었어.
③ 오늘따라 날씨가 정말 <u>맑군 그래</u>.
④ 몸매를 만들기 <u>위해서보다는</u> 건강을 지키기 위해 운동을 해야 한다.

03 다음 중 밑줄 친 단어의 맞춤법이 옳은 것은?

① 그의 초라한 모습이 내 호기심에 불을 <u>땅겼다</u>.
② 아버지께서 <u>목거리</u>를 사오셨다.
③ 한약을 <u>다릴</u> 때는 불 조절이 중요하다.
④ 그는 긴 여행에 체력이 <u>부쳤다</u>.

04 다음 밑줄 친 단어 중 맞춤법이 잘못된 것은?

> 우리 회사는 전력에 ㉠ 특화되고, '혁신기술로 고도화'된 사람을 ㉡ 포용하는 전력서비스 제공을 지원하고 있습니다. 주요 사업으로는 전력정보시스템사업, 전력정보통신사업, 전력계통ICT사업, 미래성장동력사업이 있으며, 매출액은 6,256억 원을 ㉢ 달성하였습니다. 또한 동반성장형 R&D 사업화로는 전력 빅데이터 및 지중 전력구 상태 진단, 원격검침용 차세대 DCU, 배전자동화 단말장치 및 마이크로그리드 에너지관리시스템 등 총 35과제로 700억 원의 사업화를 달성하였습니다. 더불어 정전예방설비 ㉣ 장애률은 전년 대비 14.5% 감소된 1.496%를 달성하였습니다.

① ㉠　　　　　　　　　　② ㉡
③ ㉢　　　　　　　　　　④ ㉣

대표유형 2 같은 의미 찾기

다음 중 밑줄 친 단어와 같은 의미로 쓰인 것은?

> 할아버지의 수레를 뒤에서 밀었다.

① 밖에서 오랫동안 고민하던 그는 문을 밀고 들어왔다.
② 오랫동안 기른 머리를 짧게 밀었다.
③ 오늘 일을 보면 김차장을 누가 뒤에서 밀고 있는 것 같아.
④ 송판을 대패로 밀었다.

| 해설 | 제시된 문장과 ①은 '일정한 방향으로 움직이도록 반대쪽에서 힘을 가하다.'의 의미로 사용되었다.
오답분석
② 머리카락이나 털 따위를 매우 짧게 깎다.
③ 뒤에서 보살피고 도와주다.
④ 나무 따위의 거친 표면을 반반하고 매끄럽게 깎다.

정답 ①

※ 다음 중 밑줄 친 단어와 같은 의미로 쓰인 것을 고르시오. [5~9]

05

> 동생에게 약속 장소를 말하지 않은 것이 이제야 생각난다.

① 형에게 불만을 말했더니 오히려 화를 냈다.
② 선생님에게 딸이 오면 문을 열어 달라고 말해 두었다.
③ 주장은 모든 팀원에게 경기 날짜를 말해 주었다.
④ 언니에게 거짓말하지 말라고 아무리 말해도 소용이 없었다.

06 건망증이 있는 그는 아예 일정표를 출입문에 <u>박았다</u>.

① 동생은 누운 채 천장에다 눈을 <u>박고</u> 있었다.
② 그가 나를 밀쳐 내는 바람에 벽에 머리를 쿵 <u>박았다</u>.
③ 썩은 이를 뽑고 그 자리에 금니를 해 <u>박았다</u>.
④ 형은 신문에 코를 <u>박고</u> 내 말은 들은 척도 안 했다.

07 체중 조절을 위해 저녁식사는 <u>가볍게</u> 하려고 해요.

① 소풍날은 복장을 <u>가볍게</u> 하고 오세요.
② 그녀는 입이 <u>가벼운</u> 사람처럼 보이지는 않아.
③ 죄질이 <u>가벼우니</u> 선처를 부탁드립니다.
④ 오랜만에 친구들을 만나 <u>가볍게</u> 맥주를 한잔했다.

08 지훈의 말소리는 그의 마음을 의심하리만큼 평온하였으나, 자세히 보면 그의 눈에서는 눈물 방울이 여전히 <u>듣고</u> 있는 것이었다.

① 영희의 연주는 <u>듣기</u>에 매우 괴로웠다.
② 소나기 <u>듣는</u> 소리에 나도 모르게 잠이 깼다.
③ 이 약은 다른 약보다 나에게 잘 <u>듣는다</u>.
④ 그는 농담도 진담으로 <u>듣는다</u>.

09 그는 무슨 고민이 있는지 혼자 한숨을 <u>짓고</u> 오랫동안 생각에 잠겨 있었다.

① 시골에 내려가 조그마한 집을 <u>짓고</u>, 텃밭을 가꾸면서 살고 싶다.
② 하늘 위의 새들이 무리를 <u>지어</u> 날아가고 있었다.
③ 나는 이번 일을 빠르게 마무리 <u>짓고</u> 싶었다.
④ 그녀는 그가 곧 돌아온다는 소식을 듣고 함박웃음을 <u>지었다</u>.

대표유형 3 빈칸 채우기

다음 중 제시된 문장에서 사용되지 않는 단어를 고르면?

- 환경을 ____하기 위한 캠페인이 시행되고 있다.
- 그는 소수자의 인권을 ____하는 일에 앞장섰다.
- 이 음식은 재료의 영양소를 그대로 ____하는 방식으로 조리되었다.
- 자식에 대한 부모의 지나친 ____은/는 바람직하지 않다.

① 보호
② 보전
③ 보존
④ 보강

|해설| • 보강(補強) : 보태고 채워서 더 튼튼하게 함

- 환경을 <u>보호/보전/보존</u>하기 위한 캠페인이 시행되고 있다.
- 그는 소수자의 인권을 <u>보호</u>하는 일에 앞장섰다.
- 이 음식은 재료의 영양소를 그대로 <u>보존</u>하는 방식으로 조리되었다.
- 자식에 대한 부모의 지나친 <u>보호</u>는 바람직하지 않다.

오답분석
① 보호(保護) : 위험이나 곤란 등이 미치지 않도록 잘 지키고 보살핌
② 보전(保全) : 온전하게 잘 지키거나 유지함
③ 보존(保存) : 잘 간수하여 남아있게 함

정답 ④

※ 다음 중 제시된 문장 안에서 사용되지 않는 단어를 고르시오. [10~14]

10

- 교칙은 모든 학생에게 예외 없이 ____된다.
- 회사까지는 지하철을 ____하는 것이 편리하다.
- 여가를 ____하여 외국어를 배우는 직장인이 늘고 있다.
- 그는 너무 순진해서 주변 사람들에게 종종 ____을 당하곤 한다.

① 사용
② 이용
③ 적용
④ 활용

11

- 경찰이 용의자의 집을 _____하여 증거물을 찾아냈다.
- 검역관이 입국자들의 몸을 _____했다.
- 화성에 도착한 우주선이 _____을/를 시작했다.
- 처음 만난 두 사람이 서로의 관심사를 _____하고 있다.

① 모색 ② 수색
③ 탐색 ④ 탐사

12

- 이 프로젝트는 협력사와의 상호 _____이/가 바탕이 되어야 한다.
- 그 사원에 대한 팀장님의 _____이/가 두텁다.
- 그 일로 인해 회사의 _____이/가 땅에 떨어졌다.
- 그녀는 _____ 있는 집안의 따님이다.

① 정평 ② 명망
③ 위신 ④ 신뢰

13

- 위기가 닥쳐도 극복할 수 있다는 _____을 잃지 말아야 한다.
- 그 자리에 머무르기에는 그의 _____이 너무 컸다.
- 늙으신 아버지의 오랜 _____을 풀어 드릴 수 있어서 기쁘다.

① 신망 ② 희망
③ 숙원 ④ 야망

14

- 저 청년은 하늘도 분노할 정도의 _____을 저질렀다.
- 과거 군주들은 소재가치가 액면가치보다 낮은 주화를 _____했다.
- 한성순보는 한국인이 최초로 _____한 한국 최초의 근대 신문이다.
- 저예산 영화가 이처럼 _____하는 것은 꽤 드문 일이다.

① 흥행 ② 만행
③ 발행 ④ 자행

대표유형 4 포괄하는 단어 찾기

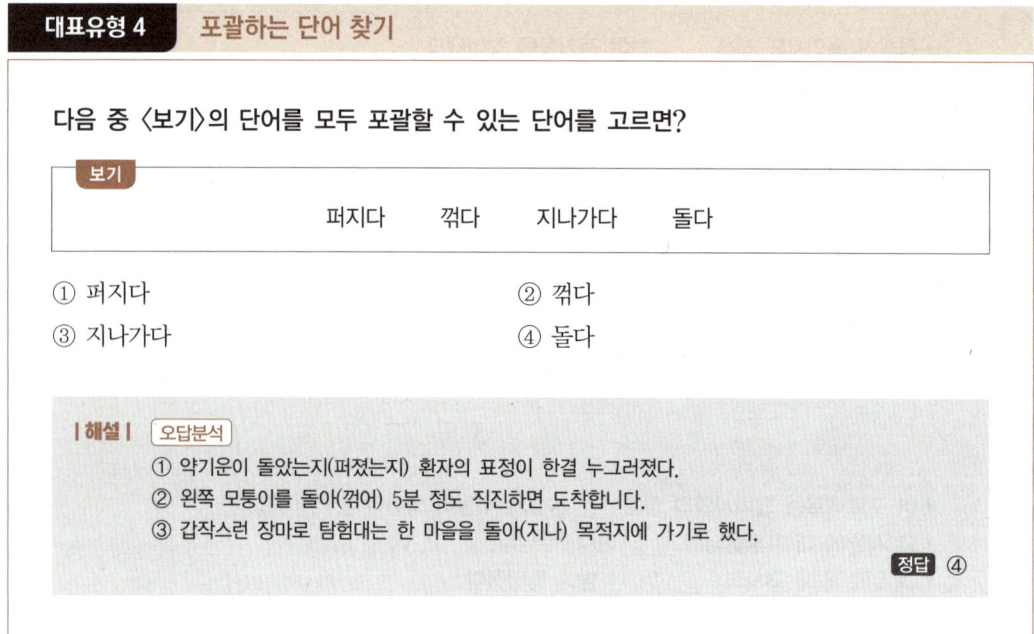

※ 다음 중 〈보기〉의 단어를 모두 포괄할 수 있는 단어를 고르시오. [15~19]

15
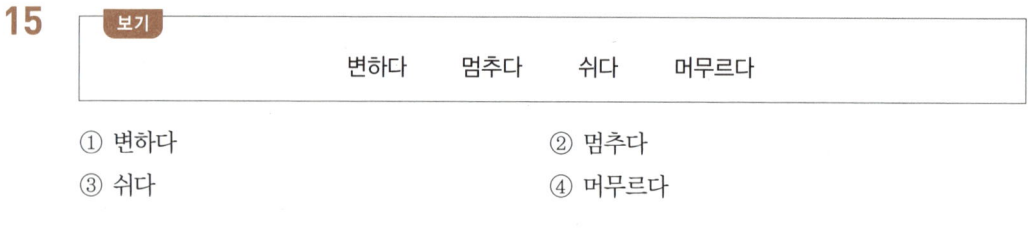

① 변하다　　　　　　　　② 멈추다
③ 쉬다　　　　　　　　　④ 머무르다

16
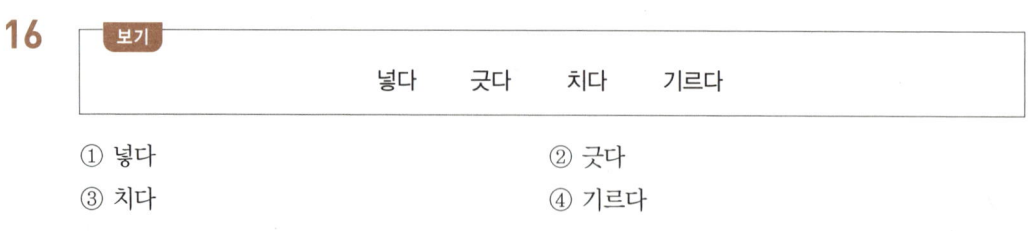

① 넣다　　　　　　　　　② 긋다
③ 치다　　　　　　　　　④ 기르다

17 보기

맡다   준비하다   맞다   보다

① 맡다 ② 준비하다
③ 맞다 ④ 보다

18 보기

넘어가다   없어지다   메다   지다

① 넘어가다 ② 없어지다
③ 메다 ④ 지다

19 보기

포장하다   저렴하다   싸다   감다

① 포장하다 ② 저렴하다
③ 싸다 ④ 감다

02 나열하기

대표유형 문단 나열

다음 문단을 논리적 순서대로 바르게 나열한 것은?

(가) 과거에 한 월간 잡지가 여성 모델이 정치인과 사귄다는 기사를 내보냈다가 기자는 손해배상을 하고 잡지도 폐간된 경우가 있었다. 일부는 추측 기사이고 일부는 사실도 있었지만, 사실이든 허위든 관계없이 남의 명예와 인권을 침해하였기에 그 책임을 진 것이다.

(나) 인권이라는 이름으로 남의 사생활을 침해하는 일은 자기 인권을 내세워 남의 불행을 초래하는 것이므로 보호받을 수 없다. 보통 연예인이나 유명인들의 사생활은 일부 노출되어 있고, 이러한 공개성 속에서 상품화되므로 비교적 보호 강도가 약하기는 하지만 그들도 인간으로서 인권이 보호되는 것은 마찬가지다.

(다) 우리 사회에서 이제 인권이라는 말은 강물처럼 넘쳐흐른다. 과거에는 인권을 말하면 붙잡혀 가고 감옥에도 가곤 했지만, 이제는 누구나 인권을 스스럼없이 주장한다. 그러나 중요한 점은 인권이라 하더라도 무제한 보장되는 것이 아니라 타인의 행복과 공동체의 이익을 침해하지 않는 범위 안에서만 보호된다는 것이다.

(라) 그런데 남의 명예를 훼손하여도 손해배상을 해주면 그로써 충분하고, 자기 잘못을 사죄하는 광고를 신문에 강제로 싣게 할 수는 없다. 헌법재판소는 남의 명예를 훼손한 사람이라 하더라도 강제로 사죄 광고를 싣게 하는 것은 필요 이상으로 가혹한 방법이라 하여 위헌으로 선고했다.

① (가) – (나) – (다) – (라)
② (나) – (가) – (다) – (라)
③ (다) – (나) – (가) – (라)
④ (다) – (나) – (라) – (가)

| 해설 | (다) 인권에 관한 화제 도입 및 인권 보호의 범위 – (나) 사생활 침해와 인권 보호 – (가) 사생활 침해와 인권 보호에 대한 예시 – (라) 결론의 순서로 연결해야 한다.

정답 ③

※ 다음 문단을 논리적인 순서대로 바르게 나열한 것을 고르시오. [1~2]

01

(가) 그래서 부모나 교사로부터 영향을 받을 가능성이 큽니다.
(나) 이는 성인들이 경험을 통해서 자신의 판단력을 향상시킬 수 있는 데 비해 청소년들은 그럴 수 있는 기회가 별로 없기 때문입니다.
(다) 대다수 청소년들은 정치적 판단 능력이 성숙하지 못합니다.
(라) 따라서 청소년들에게 정치적 판단에 대한 책임을 지우기 전에 이를 감당할 수 있도록 돕는 것이 우선이라고 봅니다.

① (다) – (가) – (나) – (라) ② (다) – (가) – (라) – (나)
③ (다) – (나) – (라) – (가) ④ (다) – (라) – (가) – (나)

02

(가) 그런데 '의사, 변호사, 사장' 등은 그 직업이나 직책에 있는 모든 사람을 가리키는 것이어야 함에도 불구하고, 실제로는 남성을 가리키는 데 주로 사용되고, 여성을 가리킬 때는 '여의사, 여변호사, 여사장' 등이 따로 사용되고 있다. 즉 여성을 예외적인 경우로 취급함으로써 남녀차별의 가치관을 이 말들에 반영하고 있는 것이다.
(나) 언어에는 사회상의 다양한 측면이 반영되어 있다. 그렇기 때문에 남성과 여성의 차이도 언어에 반영되어 있다. 한편 우리 사회는 꾸준히 양성평등을 향해서 변화하고 있지만, 언어의 변화 속도는 사회의 변화 속도를 따라가지 못한다. 따라서 국어에는 남녀차별의 사회상을 알게 해 주는 증거들이 있다.
(다) 오늘날 남녀의 사회적 위치가 과거와 다르고 지금 이 순간에도 계속 변하고 있다. 여성의 사회적 지위 향상의 결과가 앞으로 언어에 반영되겠지만, 현재 언어에 남아 있는 과거의 흔적은 우리 스스로의 노력으로 지워감으로써 남녀의 '차이'가 더 이상 '차별'이 되지 않도록 노력을 기울여야 하겠다.
(라) 우리말에는 그 자체에 성별을 구분해 주는 문법적 요소가 없다. 따라서 남성을 지칭하는 말과 여성을 지칭하는 말, 통틀어 지칭하는 말이 따로 존재해야 하지만, 국어에는 그런 경우도 있고 그렇지 않은 경우도 있다. 예를 들어 '아버지'와 '어머니'는 서로 대등하게 사용되고, '어린이'도 남녀를 구별하지 않고 가리킬 때 쓰인다.

① (나) – (가) – (라) – (다) ② (나) – (라) – (가) – (다)
③ (다) – (가) – (라) – (나) ④ (다) – (나) – (라) – (가)

※ 다음 제시된 문단을 읽고, 이어질 문단을 논리적 순서대로 바르게 나열한 것을 고르시오. [3~5]

03

'기상 측정이 시작된 이후 최대 강수량, 최대 폭설', '사람 체온을 훌쩍 넘기는 이상 기온'. 우리는 요즘 이런 말을 자주 듣는다. 예측할 수 없는 이상 기후와 자연재해의 원인을 보면 아이러니한 측면이 있다. 이제까지 인류는 화석 연료를 지혜롭게 이용한 덕에 편리함과 풍족함을 누릴 수 있었다.

(가) 그러나 화석 연료로 인한 지구 온난화는 심각한 부작용의 대표적 사례이다.
(나) 우리는 과거의 영화를 그리워하기보다는 앞으로 닥칠 미래가 어떤 식으로 진행될지 예측해야 한다.
(다) 그와 관련하여 우선 현실을 점검하고 그에 따른 대비책을 마련해야 한다.
(라) 수억의 인구가 먹고 살 수 있도록 농업 생산량을 증가시킨 농약이나 비료를 비롯하여 건강을 지켜 준 의약품, 플라스틱 제품 등 이루 헤아릴 수 없을 만큼의 많은 혜택을 인류에게 제공한 것도 화석 연료이다.
(마) 그래서 다음 몇 세기는 장기간의 화석 연료 사용이 초래한 부정적인 결과를 감당해 내야만 할 것 같다.

① (가) – (나) – (마) – (라) – (다)
② (나) – (마) – (가) – (라) – (다)
③ (나) – (마) – (다) – (가) – (라)
④ (라) – (가) – (마) – (나) – (다)

04

전 세계적으로도 온난화 기체 저감을 위한 습지 건설 기술은 아직 보고된 바가 없으며 관련 특허도 없다.

(가) 다른 방안으로 동남아시아 등에서 습지를 보존하고 복원하는 데 국내 개발 기술을 활용할 수도 있다.
(나) 우선 이산화탄소를 고정하고 메탄을 배출하지 않는 인공 습지를 개발한다고 가정해보자.
(다) 이는 기존의 목적에 덧붙여 온실가스를 제거하는 새로운 녹색 성장 기술로 사용할 수 있을 것이다.
(라) 이 경우는 기술 이전에 따른 별도 효과도 기대할 수 있을 것이다.

① (가) – (나) – (다) – (라)
② (가) – (다) – (나) – (라)
③ (나) – (가) – (다) – (라)
④ (나) – (다) – (가) – (라)

05

오늘날과 달리 과거에는 마을에서 일어난 일들을 '원님'이 조사하고 그에 따라서 자의적으로 판단하여 형벌을 내렸다. 현대에서 법에 의하지 않고 재판행위자의 입장에서 이루어진다고 생각되는 재판을 비판하는 '원님재판'이라는 말이 여기서 나왔다.

(가) 죄형법정주의는 앞서 말한 '원님재판'을 법적으로 일컫는 죄형전단주의와 대립되는데, 범죄와 형벌을 미리 규정하여야 한다는 것으로서, 서구에서 권력자의 가혹하고 자의적인 법 해석에 따른 반발로 등장한 것이다.

(나) 앞서 살펴본 죄형법정주의가 정립되면서 파생원칙 또한 등장하였는데, 관습형법금지의 원칙, 명확성의 원칙, 유추해석금지의 원칙, 소급효금지의 원칙, 적정성의 원칙 등이 있다. 이러한 파생원칙들은 모두 죄와 형벌은 미리 설정된 법에 근거하여 정확하게 내려져야 한다는 죄형법정주의의 원칙과 연관하여 쉽게 이해될 수 있다.

(다) 그러나 현대에서 '원님재판'은 이루어질 수 없다. 형사법의 영역에 논의를 한정하여 보자면, 형사법을 전반적으로 지배하고 있는 대원칙은 형법 제1조에 규정되어있는 소위 '죄형법정주의'이다.

(라) 그 반발은 프랑스 혁명의 결과물인 '인간 및 시민의 권리선언' 제8조에서 '누구든지 범죄 이전에 제정・공포되고 또한 적법하게 적용된 법률에 의하지 아니하고는 처벌되지 아니한다.'라고 하여 실질화되었다.

① (가) – (다) – (나) – (라)
② (가) – (다) – (라) – (나)
③ (다) – (가) – (라) – (나)
④ (다) – (라) – (가) – (나)

03　추론하기

대표유형 1　빈칸 추론

다음 중 빈칸에 들어갈 문장으로 가장 적절한 것은?

> 자율주행차란 운전자가 핸들과 가속페달, 브레이크 등을 조작하지 않아도 정밀한 지도, 위성항법시스템(GPS) 등 차량의 각종 센서로 상황을 파악해 스스로 목적지까지 찾아가는 자동차를 말한다. 국토교통부는 자율주행차의 상용화를 위해 '부분자율주행차(레벨 3)' 안전기준을 세계 최초로 도입했다고 밝혔다. 이에 따라 7월부터는 자동으로 차로를 유지하는 기능이 탑재된 레벨 3 자율주행차의 출시와 판매가 가능해진다. 국토부가 마련한 안전기준에 따르면 레벨 3 부분자율주행차는 운전자 탑승이 확인된 후에만 작동할 수 있다. 자동 차로 유지기능은 운전자가 직접 운전하지 않아도 자율주행시스템이 차선을 유지하면서 주행하고 긴급 상황 등에 대응하는 기능이다. 기존 '레벨 2'는 차로 유지기능을 작동했을 때 차량이 차선을 이탈하면 경고 알람이 울리는 정도여서 운전자가 직접 운전을 해야 했지만, 레벨 3 안전기준이 도입되면 지정된 작동영역 안에서는 자율주행차의 책임 아래 _____

① 운전자가 탑승하지 않더라도 자율주행이 가능해진다.
② 운전자가 직접 조작하지 않더라도 자동으로 속도 조절이 가능해진다.
③ 운전자가 운전대에서 손을 떼고도 차로를 유지하며 자율주행이 가능해진다.
④ 운전자가 직접 조작하지 않더라도 차량 간 일정한 거리 유지가 가능해진다.

| 해설 | 차로 유지기능을 작동했을 때 운전자가 직접 운전을 해야 했던 '레벨 2'와 달리 '레벨 3'은 운전자가 직접 운전하지 않아도 긴급 상황에 대응할 수 있는 자동 차로 유지기능이 탑재되어 있다. 이러한 '레벨 3' 안전기준이 도입된다면, 지정된 영역 내에서 운전자가 직접 운전하지 않고도 주행이 가능해질 것이다. 따라서 빈칸에 들어갈 내용으로 운전자가 운전대에서 손을 떼고도 자율주행이 가능해진다는 ③이 가장 적절하다.

오답분석
① 레벨 3 부분자율주행차는 운전자 탑승이 확인된 후에만 작동할 수 있다.
②·④ 제시문에서는 레벨 3 부분자율주행차의 자동 차로 유지기능에 관해 이야기하고 있으며, 자동 속도 조절이나 차량 간 거리 유지기능에 관해서는 제시문을 통해 알 수 없다.

정답 ③

※ 다음 빈칸에 들어갈 문장으로 적절한 것을 고르시오. [1~2]

01

우리의 생각과 판단은 언어에 의해 결정되는가 아니면 경험에 의해 결정되는가? 언어결정론자들은 우리의 생각과 판단이 언어를 반영하고 있고 실제로 언어에 의해 결정된다고 주장한다. 언어결정론자들의 주장에 따르면 에스키모인들은 눈에 관한 다양한 언어 표현을 갖고 있어서 눈이 올 때 우리가 미처 파악하지 못한 미묘한 차이점들을 찾아낼 수 있다. 또 언어결정론자들은 '노랗다', '샛노랗다', '누르스름하다' 등 노랑에 대한 다양한 우리말 표현들이 있어서 노란색들의 미묘한 차이가 구분되고 그 덕분에 색에 관한 우리의 인지능력이 다른 언어 사용자들보다 뛰어나다고 본다. 이렇듯 언어결정론자들은 사용하는 언어에 의해서 우리의 사고 능력이 결정된다고 본다.

정말 그럴까? 모든 색은 명도와 채도에 따라 구성된 스펙트럼 속에 놓이고, 각각의 색은 여러 언어로 표현될 수 있다. 이러한 사실에 비추어보면 우리말이 다른 언어에 비해 보다 풍부한 표현을 갖고 있다고 볼 수 없다. 나아가 _____ 따라서 우리의 생각과 판단은 언어가 아닌 경험에 의해 결정된다고 보는 쪽이 더 설득력이 있다.

① 개개인의 언어습득능력과 속도는 모두 다르기 때문에 인지능력에 대한 언어의 영향도 제각기 다르다.
② 경험이 언어에 미치는 영향과 경험이 언어에 미치는 영향을 계량화하여 비교하기는 곤란한 일이다.
③ 어떤 것을 가리키는 단어가 있을 때에만 우리는 그 단어에 대하여 사고할 수 있다.
④ 더 풍부한 표현을 가진 언어를 사용함에도 불구하고 인지능력이 뛰어나지 못한 경우들도 있다.

02

얼음의 녹는점이 0°C라는 사실은 누구나 알고 있는 보편적인 상식이다. 그런데 얼음이 녹아내리는 과정은 어떠할까? 아마도 대부분의 사람들은 주위의 온도가 0°C보다 높아야 얼음이 녹기 시작하며 물이 될 때까지 지속적으로 녹아내린다고 생각할 것이다. 하지만 실제로 얼음이 녹는 과정의 양상은 이러한 생각과는 조금 다르다.

약 150년 전, 영국의 과학자 마이클 패러데이(Michael Faraday)는 0°C 이하의 온도에서 얼음의 표면에 액체와 비슷한 얇은 층이 존재한다는 것을 처음 밝혀냈다. 이후 얼음이 미끄러지고 빙하가 움직이는 데 이 층이 중요한 역할을 한다는 사실과, 0°C에서는 이 층의 두께가 약 45nm까지 두꺼워지는 것이 밝혀졌다. 하지만 최근까지도 이 층이 몇 °C에서 생기는지, 온도에 따라 두께가 어떻게 달라지는지에 대해서는 알 수 없었다.

그런데 2016년 12월 독일의 막스플랑크 고분자연구소 엘렌 바쿠스 그룹 리더팀이 이 문제에 대한 중요한 연구결과를 발표하였다. 연구팀은 단결정 얼음의 표면에서 분자들의 상호작용을 관찰하기 위해, 고체일 때보다 액체일 때 물 분자의 수소결합이 약하다는 점을 이용해 얼음 표면에 적외선을 쏜 뒤 온도에 따라 어떻게 달라지는지를 분석하였다.

그 결과 연구팀은 −38°C에서 이미 얼음 표면의 분자 층 하나가 준 액체로 변해 있는 것을 발견했다. 온도를 더 높이자 −16°C에서 두 번째 분자 층이 준 액체로 변했다. 우리가 흔히 생각하는 것과는 달리 영하의 온도에서 이미 얼음의 표면은 녹아내리기 시작하며 그것이 지속적으로 녹는 것이 아니라 _____

① 특정 온도에 도달할 때마다 한 층씩 녹아내린다는 것이다.
② −38°C와 −16°C, 그리고 0°C에서 각각 녹는다는 것이다.
③ −38°C와 −16°C 사이에서만 지속적으로 녹지 않는다는 것이다.
④ 준 액체 상태로 유지된다는 것이다.

※ 다음 빈칸에 들어갈 문장을 〈보기〉에서 찾아 순서대로 바르게 나열한 것을 고르시오. [3~5]

03

전통적으로 화이사상(華夷思想)에 바탕을 둔 중화우월주의 사상을 가지고 있던 중국인들에게 아편전쟁에서의 패배와 그 이후 서구 열강의 침탈은 너무나 큰 충격이었다. 이런 충격에 휩싸인 당시 개혁주의자들은 서구 문화에 어떻게 대응할지를 심각하게 고민하였다. 이들이 서구 문화를 어떻게 수용했는지를 시기별로 나누어 보면 다음과 같다.

1919년 5·4 운동 이전의 개혁주의자들은 중국의 정신을 서구의 물질과 구별되는 특수한 것으로 내세운 ___(가)___ 를 개발하였다. 이러한 논리는 자문화를 중심으로 하되 도구로서 서양 물질·문명을 선택적으로 수용하여 자기 문화를 보호·유지하려는 의도를 포함하고 있다. 문화 접변의 진행에 한도를 설정하여 서구와 구별을 시도한 것이다.

이후 중국의 개혁주의자들은 거듭되는 근대화의 실패를 경험했고 5·4 운동 즈음해서는 '전통에 대해서 계승을 생각하기 이전에 철저한 부정과 파괴를 선행해야 한다는 논리'를 통해서 전통과의 결별을 꿈꾸게 된다. 구제도의 모순을 타파하지 않은 채 서구 물질만을 섭취할 수 없다는 한계를 인식한 결과이다. 동시에 5·4 운동의 정신에 역행해서 서구의 문화를 받아들이는 데는 기본적으로 동의하면서도, 무분별하게 모방하는 것에 대해 반대하는 ___(나)___ 역시 강력하게 등장하기 시작하였다. 즉, 자신이 필요로 하는 것은 택하되 '거만하지도 비굴하지도 않은' 선택을 해야 한다며, 덮어놓고 모방하는 것에 대해 반대했다.

1978년 이후 개방의 기치하에 중국은 정치 부분에서는 사회주의를 유지한 가운데, 경제 부분에서 시장경제를 선별적으로 수용한 ___(다)___ 를 추진하였다. 그 결과 문화 영역에서 서구 자본주의 문화의 침투에 대한 경계심을 유지하면서 이데올로기적으로 덜 위협적이라고 인식되는 문화요소를 여과 과정을 거쳐 수입하려는 노력을 계속하고 있다.

보기

㉠ 외래 문화를 그대로 받아들이지 않고 선별적으로 수용하자는 논리
㉡ 사회주의를 주체로 하되 자본주의를 적극적으로 이용하자는 논리
㉢ 중국 유학의 '도(道)'를 주체로 하고 서양의 '기(器)'를 이용하자는 논리

	(가)	(나)	(나)
①	㉠	㉡	㉢
②	㉠	㉢	㉡
③	㉡	㉠	㉢
④	㉢	㉠	㉡

04

_____(가)_____ 다시 말해서 현상학적 측면에서 볼 때 철학도 지식의 내용이 존재하는 어떤 것이라는 점에서는 과학적 지식의 구조와 다를 바가 없다. 존재하는 것과 그 존재하는 무엇으로 의식되는 것과의 사이에는 근본적인 구별이 선다. 백두산의 금덩어리는 누가 그것을 의식하든 말든 그대로 있고, 화성에서 일어나는 여러 가지 물리적 현상도 누가 의식하든 말든 그대로 존재한다. 존재와 의식과의 위와 같은 관계를 우리는 존재차원과 의미차원이란 말로 구별할 수 있을 것이다. 여기서 차원이란 말을 붙인 까닭은 의식 이전의 백두산과 의식 이후의 백두산은 순전히 관점의 문제, 즉 백두산을 생각할 수 있는 차원의 문제이기 때문이다.

현상학적 사고를 존재차원에서 이루어지는 것이라고 말할 수 있다면 분석철학에서 주장하는 사고는 의미차원에서 이루어진다. 바꿔 말하자면 현상학적 측면에서 볼 때 철학은 아무래도 어떤 존재를 인식하는 데 그 근본적인 기능이 있다고 보아야 하는 데 반해서, 분석철학의 측면에서 볼 때 철학은 존재와는 아무런 직접적인 관계가 없이 존재에 대한 이야기, 서술을 대상으로 한다. 구체적으로 말해서 철학은 그것이 서술할 존재의 대상을 갖고 있지 않고, 오직 어떤 존재를 서술한 언어만을 갖고 있다. 그러나 철학이 언어를 사고의 대상으로 삼는다고 말하지만, 철학은 언어학과 다르다.

_____(나)_____ 그래서 언어학은 한 언어의 기원이라든지, 한 언어가 왜 그러한 특정한 기호, 발음 혹은 문법을 갖게 되었는가 또는 그것들이 각기 어떻게 체계화되는가 등을 알려고 한다. 이에 반해서 분석철학은 언어를 대상으로 하되, 그 언어의 구체적인 면에는 근본적인 관심을 두지 않고 그와 같은 구체적인 언어가 가진 의미를 밝히고자 한다. 여기서 철학의 기능은 한 언어가 가진 개념을 해명하고 이해하는 데 있다. 바꿔 말해서, 철학의 기능은 언어가 서술하는 어떤 존재를 인식하는 데 있지 않고, 그와 관계없이 한 언어가 무엇인가를 서술하는 경우 무엇인가의 느낌을 표현하는 경우 또는 그 밖의 경우에 그 언어가 정확히 어떻게 의미가 있는가를 이해하는 데 있다.

_____(다)_____ 개념은 어떤 존재하는 대상을 표상(表象)하는 경우도 많으므로 존재와 그것을 의미하는 개념과는 언뜻 보아서 어떤 인과적 관계가 있는 듯하다.

> **보기**
> ㉠ 과학에서 말하는 현상과 현상학에서 말하는 현상은 다른 내용을 가지고 있지만, 그것들은 다 같이 어떤 존재, 즉 우주 안에서 일어나는 사건을 가리킨다.
> ㉡ 언어학은 과학의 한 분야로서 그 연구의 대상을 하나의 구체적 사물로 취급한다.
> ㉢ 따라서 분석철학자들은 흔히 말하여 철학은 개념의 분석에 지나지 않는다는 주장을 하게 되는 것이다.

	(가)	(나)	(다)
①	㉠	㉡	㉢
②	㉠	㉢	㉡
③	㉡	㉠	㉢
④	㉡	㉢	㉠

05

해프닝(Happening)이란 장르는 글자 그대로 지금 여기에서 일어나고 있는 것을 보여 준다. 이것은 즉흥적으로 이루어지며, 말보다는 시각적이고 청각적인 소재들을 중요한 표현의 도구로 삼는다. 공연은 폐쇄된 극장이 아니라 화랑이나 길거리, 공원, 시장, 부엌 등과 같은 일상적인 공간에서 이루어지기 때문에 이동성이 뛰어나다. 또한, 논리적으로 연결되지 않는 사건과 행동들이 파편적으로 이어져 있어 기이하고 추상적이기도 하다. 대화는 생략되거나 아예 없으며, 때로 불쑥불쑥 튀어나오는 말도 특별한 의미를 지니지 않는 경우가 많다. _____(가)_____ 이러한 해프닝의 발상은 미술의 콜라주, 영화의 몽타주와 비슷하고, 삶의 부조리를 드러내는 현대 연극, 랩과 같은 대중음악과도 통한다. 우리의 삶 자체가 일회적이고, 일관된 논리에 의해 통제되지 않는다는 사실이야말로 해프닝과 삶 자체의 밀접한 관계를 보여주는 것이 아닐까. 이렇듯 다양한 예술 사이의 벽을 무너뜨리는 해프닝은 기존 예술에서의 관객의 역할까지도 변화시켰다. _____(나)_____ 공연은 정해진 어느 한 곳이 아니라 이곳저곳에서 혹은 동시 다발적으로 이루어지기도 하며, 관객들은 볼거리를 따라 옮겨 다니면서 각기 다른 관점을 지닌 장면들을 보기도 한다. 이것은 관객들을 공연에 참여하게 하려는 의도라고 할 수 있다. 그렇게 함으로써 해프닝은 삶과 예술이 분리되지 않게 하고, 궁극적으로는 일상적 삶에 개입하는 의식(儀式)이 되고자 한다. 나아가 예술 시장에서 상징적 재화로 소수 사람들 사이에서 거래되는 것을 거부한다. 또 해프닝은 박물관에 완성된 작품으로 전시되고 보존되는 기존 예술의 관습에도 저항한다. 이와 같은 예술적 현상은 단순한 운동이 아니라 예술가들의 정신적 모험의 실천이라고 할 수 있다. _____(다)_____ 그럼에도 불구하고 현대 사회에서 안락한 감정에 마비되어 있는 우리들을 휘저어 놓으면서 삶과 예술의 관계를 새롭게 모색하는 이러한 예술적 모험은 좀 더 다양한 모습으로 예술의 지평을 넓혀갈 것이다.

보기

㉠ 이를 통해 해프닝은 우리 삶의 고통이나 희망 등을 논리적인 말로는 더 이상 전달할 수 없다는 것을 내세운다.
㉡ 인습적인 사회 제도에 순응하는 것을 비판하고 고정된 예술의 개념을 변혁하려고 했던 해프닝은 우연적 사건, 개인의 자의식 등을 강조해서 뭐가 뭔지 알 수 없는 것이라는 비판을 듣기도 했다.
㉢ 행위자들은 관객에게 봉사하는 것이 아니라 고함을 지르거나 물을 끼얹으면서 관객들을 자극하고 희롱하기도 한다.

	(가)	(나)	(다)
①	㉠	㉡	㉢
②	㉠	㉢	㉡
③	㉡	㉢	㉠
④	㉢	㉠	㉡

대표유형 2 | 위치 찾기

다음 글에서 〈보기〉의 문장이 들어갈 위치로 가장 적절한 곳은?

> 밥상에 오르는 곡물이나 채소가 국내산이라고 하면 보통 그 종자도 우리나라의 것으로 생각하기 쉽다. (가) 하지만 실상은 벼, 보리, 배추 등을 제외한 많은 작물의 종자를 수입하고 있어 그 자급률이 매우 낮다고 한다. (나) 또한 청양고추 종자는 우리나라에서 개발했음에도 현재는 외국 기업이 그 소유권을 가지고 있다. (다) 국내 채소 종자 시장의 경우 종자 매출액의 50%가량을 외국 기업이 차지하고 있다는 조사 결과도 있다. (라) 이런 상황이 지속될 경우, 우리 종자를 심고 키우기 어려워질 것이고 종자를 수입하거나 로열티를 지급하는 데 지금보다 훨씬 많은 비용이 들어가는 상황도 발생할 수 있다. 또한 전문가들은 세계 인구의 지속적인 증가와 기상 이변 등으로 곡물 수급이 불안정하고, 국제 곡물 가격이 상승하는 상황을 고려할 때, 결국에는 종자 문제가 식량 안보에 위협 요인으로 작용할 수 있다고 지적한다.

보기

> 양파, 토마토, 배 등의 종자 자급률은 약 16%, 포도는 약 1%에 불과하다.

① (가)
② (나)
③ (다)
④ (라)

| 해설 | 보기의 문장은 우리나라 작물의 낮은 자급률을 보여주는 구체적인 수치이다. 따라서 우리나라 작물의 낮은 자급률을 이야기하는 '하지만 실상은 벼, 보리, 배추 등을 제외한 많은 작물의 종자를 수입하고 있어 그 자급률이 매우 낮다고 한다.' 뒤에 위치하는 것이 적절하다.

정답 ②

※ 다음 글에서 〈보기〉가 들어갈 위치로 가장 적절한 곳을 고르시오. [6~10]

06

(가) 우리는 보통 공간을 배경으로 사물을 본다. 그리고 시간이나 사유를 비롯한 여러 개념을 공간적 용어로 표현한다. 이처럼 공간에 대한 용어가 중의적으로 쓰이는 과정에서, 일상적으로 쓰는 용법과 달라 혼란을 겪기도 한다. (나) 공간에 대한 용어인 '차원' 역시 다양하게 쓰인다. 차원의 수는 공간 내에 정확하게 점을 찍기 위해 알아야 하는 수의 개수이다. (다) 특정 차원의 공간은 한 점을 표시하기 위해 특정한 수가 필요한 공간을 의미한다. 따라서 다차원 공간은 집을 살 때 고려해야 하는 사항들의 공간처럼 추상적일 수도 있고, 실제의 물리 공간처럼 구체적일 수도 있다. 이러한 맥락에서 어떤 사람을 1차원적 인간이라고 표현했다면 그것은 그 사람의 관심사가 하나밖에 없다는 것을 의미한다. (라)

보기

집에 틀어박혀 스포츠만 관람하는 사람은 오로지 스포츠라는 하나의 정보로 기술될 수 있고, 그 정보를 직선 위에 점을 찍은 1차원 그래프로 표시할 수 있는 것이다.

① (가) ② (나)
③ (다) ④ (라)

07

(가) 자연계는 무기적인 환경과 생물적인 환경이 상호 연관되어 있으며 그것은 생태계로 불리는 한 시스템을 이루고 있음이 밝혀진 이래, 이는 자연을 이해하기 위한 가장 기본이 되는 것으로 받아들여지고 있다. (나) 그동안 인류는 더 윤택한 삶을 누리기 위하여 산업을 일으키고 도시를 건설하며 문명을 이룩해 왔다. (다) 이로써 우리의 삶은 매우 윤택해졌으나 우리의 생활환경은 오히려 훼손되고 있으며 환경오염으로 인한 공해가 누적되고 있고, 우리 생활에서 없어서는 안 될 각종 자원도 바닥이 날 위기에 놓이게 되었다. (라) 따라서 우리는 낭비되는 자원, 그리고 날로 황폐해져 가는 자연에 대하여 우리가 해야 할 시급한 임무가 무엇인지를 깨닫고, 이를 실천하기 위해 우리 모두의 지혜와 노력을 모아야만 한다.

보기

만약 우리가 이 위기를 슬기롭게 극복해내지 못한다면 인류는 머지않아 파멸에 이르게 될 것이다.

① (가) ② (나)
③ (다) ④ (라)

08

생물학에 있어서의 이기주의와 이타주의에 대한 문제는 학문적으로 흥미로울 뿐 아니라 인간사 일반에서도 중요한 의미를 갖는다. 예를 들어 사랑과 증오, 다툼과 도움, 주는 것과 훔치는 것, 그리고 욕심과 자비심 등이 모두 이 문제와 밀접히 연관되어 있다. (가)

만약 인간 사회를 지배하는 유일한 원리가 인간 유전자의 철저한 이기주의라면 이 세상은 매우 삭막한 곳이 될 것이다. 그럼에도 불구하고 우리가 원한다고 해서 인간 유전자의 철저한 이기성이 사라지는 것도 아니다. 인간이나 원숭이나 모두 자연의 선택 과정을 거쳐 진화해 왔다. 그리고 자연이 제공하는 선택 과정의 살벌함을 이해한다면 그 과정을 통해서 살아남은 모든 개체는 이기적일 수밖에 없음을 알게 될 것이다. (나)

따라서 만약 우리가 인간, 원숭이 혹은 어떤 살아있는 개체를 자세히 들여다보면 그들의 행동양식이 매우 이기적일 것이라고 예상할 수 있다. 우리의 이런 예상과 달리, 인간의 행동양식이 진정한 이타주의를 보여준다면 이는 상당히 놀라운 일이며 뭔가 새로운 설명을 필요로 한다. (다)

이 문제에 대해서는 이미 많은 연구와 저서가 있었다. 그러나 이 연구들은 대부분 진화의 원리를 정확히 이해하지 못해서 잘못된 결론에 도달했다. 즉, 기존의 이기주의 – 이타주의 연구에서는 진화에 있어서 가장 중요한 것이 '개체'의 살아남음이 아니라 '종' 전체 혹은 어떤 종에 속하는 한 그룹의 살아남음이라고 가정했다. (라)

진화론의 관점에서 이기주의 – 이타주의의 문제를 들여다보는 가장 타당한 견해는 자연의 선택이 유전의 가장 기본적인 단위에서 일어난다고 생각하는 것이다. 즉, 나는 자연의 선택이 일어나는 근본 단위는 혹은 생물의 이기주의가 작동하는 기본 단위는 종이나 종에 속하는 한 그룹 혹은 개체가 아니며 바로 유전자라고 주장한다.

보기

나는 성공적인 유전자가 갖는 가장 중요한 특성은 이기주의이며, 이러한 유전자의 이기성은 개체의 행동 양식에 철저한 이기주의를 심어주었다고 주장한다. 물론 어떤 특별한 경우에 유전자는 그 이기적 목적을 달성하기 위해서 개체로 하여금 제한된 형태의 이타적 행태를 보이도록 하기도 한다. 그럼에도 불구하고 조건없는 사랑이나 종 전체의 이익이라는 개념은 우리에게 그런 개념들이 아무리 좋아 보이더라도, 진화론과는 상충되는 생각들이다.

① (가)
② (나)
③ (다)
④ (라)

09

자본주의 경제 체제는 이익을 추구하려는 인간의 욕구를 최대한 보장해 주고 있다. 기업 또한 이익 추구라는 목적에서 탄생하여, 생산의 주체로서 자본주의 체제의 핵심적 역할을 수행하고 있다. 곧, 이익은 기업가로 하여금 사업을 시작하게 하는 동기가 된다. (가)

이익에는 단기적으로 실현되는 이익과 장기간에 걸쳐 지속적으로 실현되는 이익이 있다. 기업이 장기적으로 존속, 성장하기 위해서는 단기 이익보다 장기 이익을 추구하는 것이 더 중요하다. 실제로 기업은 단기 이익의 극대화가 장기 이익의 극대화와 상충할 때에는 단기 이익을 과감히 포기하기도 한다. (나)

자본주의 초기에는 기업이 단기 이익과 장기 이익을 구별하여 추구할 필요가 없었다. 소자본끼리의 자유 경쟁 상태에서는 단기든 장기든 이익을 포기하는 순간에 경쟁에서 탈락하기 때문이다. 그에 따라 기업은 치열한 경쟁에서 살아남기 위해 주어진 자원을 최대한 효율적으로 활용하여 가장 저렴한 가격으로 상품을 공급하게 되었다. (다) 이 단계에서는 기업의 소유자가 곧 경영자였기 때문에 기업의 목적은 자본가의 이익을 추구하는 것으로 집중되었다.

그러나 기업의 규모가 점차 커지고 경영 활동이 복잡해지면서 전문적인 경영 능력을 갖춘 경영자가 필요하게 되었다. (라) 이에 따라 소유와 경영이 분리되어 경영의 효율성이 높아졌지만, 동시에 기업이 단기 이익과 장기 이익 사이에서 갈등을 겪게 되는 일도 발생하였다. 주주의 대리인으로 경영을 위임 받은 전문 경영인은 기업의 장기적 전망보다 단기 이익에 치중하여 경영 능력을 과시하려는 경향이 있기 때문이다. 주주는 경영자의 이러한 비효율적 경영 활동을 감시함으로써 자신의 이익은 물론 기업의 장기 이익을 극대화하고자 하였다.

보기

이는 기업의 이익 추구가 결과적으로 사회 전체의 이익도 증진시켰다는 의미이다.

① (가)
② (나)
③ (다)
④ (라)

10 별의 밝기는 별의 거리, 크기, 온도 등을 연구하는 데 중요한 정보를 제공한다. 별의 밝기는 등급으로 나타내며, 지구에서 관측되는 별의 밝기를 '겉보기 등급'이라고 한다. 고대의 천문학자 히파르코스는 맨눈으로 보이는 별의 밝기에 따라 가장 밝은 1등급부터 가장 어두운 6등급까지 6개의 등급으로 구분하였다. 이후 1856년에 포그슨은 1등급의 별이 6등급의 별보다 약 100배 밝고, 한 등급 간에는 밝기가 약 2.5배 차이가 나는 것을 알아내었다. 이러한 등급 체계는 망원경이나 관측 기술의 발달로 인해 개편되었다. 맨눈으로만 관측 가능했던 1~6등급 범위를 벗어나 그 값이 확장되었는데 6등급보다 더 어두운 별은 6보다 더 큰 수로, 1등급보다 더 밝은 별은 1보다 더 작은 수로 나타내었다. (가)

별의 겉보기 밝기는 지구에 도달하는 별빛의 양에 의해 결정된다. 과학자들은 단위 시간 동안 단위 면적에 입사하는 빛 에너지의 총량을 '복사 플럭스'라고 정의하였는데, 이 값이 클수록 별이 더 밝게 관측된다. 그러나 별의 복사 플럭스 값은 빛이 도달되는 거리의 제곱에 반비례하기 때문에 별과의 거리가 멀수록 그 별은 더 어둡게 보인다. 이처럼 겉보기 밝기는 거리에 따라 다르게 관측되기 때문에 별의 실제 밝기는 절대 등급으로 나타낸다. (나)

절대 등급은 별이 지구로부터 10파섹(1파섹=3.086×1,013km=약 32.6광년)의 거리에 있다고 가정했을 때 그 별의 겉보기 등급으로 정의한다. 별의 실제 밝기는 별이 매초 방출하는 에너지의 총량인 광도가 클수록 밝아지게 된다. (다) 광도는 별의 반지름의 제곱과 별의 표면 온도의 네제곱에 비례한다. 즉, 별의 실제 밝기는 별의 표면적이 클수록, 표면 온도가 높을수록 밝다.

과학자들은 별의 겉보기 등급에서 절대 등급을 뺀 값인 거리 지수를 이용하여 별까지의 거리를 판단한다. (라) 어떤 별의 거리 지수가 0이면 지구와 그 별 사이의 거리가 10파섹임을 나타내고, 0보다 크면 10파섹보다 멀다는 것을 의미한다. 예를 들어 '북극성'의 겉보기 등급은 2.0 정도이고, 절대 등급은 −3.6 정도이므로 거리 지수는 5.6이다. 이 값이 0보다 크기 때문에 북극성은 10파섹보다 멀리 있으며, 실제로 지구에서 133파섹 떨어져 있다. (마) 이처럼 별의 밝기와 관련된 정보를 통해 멀리 떨어져 있는 별에 대해 탐구할 수 있다.

보기
㉠ 이 값이 큰 별일수록 지구에서 별까지의 거리가 멀다.
㉡ 예를 들어, '리겔'의 경우 겉보기 등급은 0.1 정도이지만, 절대 등급은 −6.8 정도에 해당한다.

	㉠	㉡
①	(다)	(가)
②	(라)	(나)
③	(라)	(다)
④	(라)	(마)

대표유형 3 주제·제목 찾기

다음 글의 제목으로 가장 적절한 것은?

> 많은 경제학자는 제도의 발달이 경제 성장의 중요한 원인이라고 생각해 왔다. 예를 들어 재산권 제도가 발달하면 투자나 혁신에 대한 보상이 잘 이루어져 경제 성장에 도움이 된다는 것이다. 그러나 이를 입증하기는 쉽지 않다. 제도의 발달 수준과 소득 수준 사이에 상관관계가 있다 하더라도, 제도는 경제 성장에 영향을 줄 수 있지만 경제 성장으로부터 영향을 받을 수도 있으므로 그 인과관계를 판단하기 어렵기 때문이다.

① 경제 성장과 소득 수준
② 경제 성장과 제도 발달
③ 경제 성장과 투자 혁신
④ 소득 수준과 제도 발달

| 해설 | 제시문은 재산권 제도의 발달에 따른 경제 성장을 예로 들어 제도의 발달과 경제 성장의 상관관계에 대해 설명하고 있다. 더불어 제도가 경제 성장에 영향을 줄 수는 있지만 동시에 경제 성장으로부터 영향을 받을 수도 있다는 점에서 그 인과관계를 판단하기 어렵다는 한계점을 제시하고 있다. 따라서 제목으로 적절한 것은 '경제 성장과 제도 발달'이다.

정답 ②

---

11 다음 글의 주제로 가장 적절한 것은?

> 빅데이터는 스마트 팩토리 등 산업 현장 및 ICT 소프트웨어 설계 등에 주로 활용되어 왔다. 유통이나 물류 업계의 '콘텐츠가 대량으로 이동하는 현장'에서는 데이터가 발생하면, 이를 분석하고 활용하는 쪽으로 주로 사용됐다. 이제는 다양한 영역에서 빅데이터의 적용이 빨라지고 있다. 대표적인 사례가 금융권이다. 국내의 은행들은 현재 빅데이터 스타트업 회사를 상대로 대규모 투자에 나서고 있다. 뉴스와 포털 등 현존하는 데이터를 확보하여 금융 키워드 분석에 활용하기 위해서다. 의료업계도 마찬가지다. 정부는 바이오헬스 산업의 혁신전략을 통해 연구개발 투자를 4조 원 이상으로 확대하겠다고 밝혔으며, 빅데이터와 인공지능 등을 연계한 다양한 로드맵을 준비하고 있다. 벌써 의료 현장에 빅데이터 전략을 구사하고 있는 병원도 다수이다. 국세청도 빅데이터에 관심이 많다. 빅데이터 플랫폼 인프라 구축을 끝내는 한편, 50명 규모의 빅데이터 센터를 가동하기 시작했다. 조세 행정에서 빅데이터를 통해 탈세를 예방·적발하는 등 다양한 쓰임새를 고민하고 있다.

① 빅데이터의 정의와 장·단점
② 빅데이터의 종류
③ 빅데이터의 중요성
④ 빅데이터의 다양한 활용 방안

12 다음 글의 중심 내용으로 가장 적절한 것은?

> 소액주주의 권익을 보호하고, 기업 경영의 투명성을 높여 궁극적으로 자본시장에서 기업의 자금 조달을 원활히 함으로써 기업의 중장기적인 가치를 제고해 나가기 위해 집단 소송제 도입이 필요하다. 즉, 집단 소송제의 도입은 국민 경제뿐만 아니라 기업 스스로의 가치 제고를 위해서도 바람직한 것이다. 현재 집단 소송제를 시행하고 있는 미국의 경우 전 세계적으로 자본시장이 가장 발달되었으며 시장의 투명성과 공정성이 높아 기업들이 높은 투자가치를 인정받고 있다.

① 집단 소송제는 시장에 의한 기업 지배 구조 개선을 가능하게 한다.
② 집단 소송제를 도입할 경우 경영의 투명성을 높여 결국 기업에 이득이 된다.
③ 기업의 투명성과 공정성은 집단 소송제의 시행 여부에 따라 판단된다.
④ 제도를 도입함으로써 제기되는 부작용은 미국의 경험과 사례로 방지할 수 있다.

13 다음 글의 제목으로 가장 적절한 것은?

> 일반적으로 소비자들은 합리적인 경제 행위를 추구하기 때문에 최소 비용으로 최대 효과를 얻으려 한다는 것이 소비의 기본 원칙이다. 그들은 '보이지 않는 손'이라고 일컬어지는 시장 원리 아래에서 생산자와 만난다. 그러나 이러한 일차적 의미의 합리적 소비가 언제나 유효한 것은 아니다. 생산보다는 소비가 화두가 된 소비 자본주의 시대에 소비는 단순히 필요한 재화, 그리고 경제학적으로 유리한 재화를 구매하는 행위에 머물지 않는다. 최대 효과 자체에 정서적이고 사회 심리학적인 요인이 개입하면서, 이제 소비는 개인이 세계와 만나는 다분히 심리적인 방법이 되어버린 것이다. 곧 인간의 기본적인 생존 욕구를 충족시켜 주는 합리적 소비 수준에 머물지 않고, 자신을 표현하는 상징적 행위가 된 것이다. 이처럼 오늘날의 소비문화는 물질적 소비 차원이 아닌 심리적 소비 형태를 띠게 된다.
>
> 소비 자본주의의 화두는 과소비가 아니라 '과시 소비'로 넘어간 것이다. 과시 소비의 중심에는 신분의 논리가 있다. 신분의 논리는 유용성의 논리, 나아가 시장의 논리로 설명되지 않는 것들을 설명해 준다. 혈통으로 이어지던 폐쇄적 계층 사회는 소비 행위에 대해 계급에 근거한 제한을 부여했다. 먼 옛날 부족 사회에서 수장들만이 걸칠 수 있었던 장신구에서부터, 제아무리 권문세가의 정승이라도 아흔아홉 칸을 넘을 수 없던 집이 좋은 예이다. 권력을 가진 자는 힘을 통해 자기의 취향을 주위 사람들과 분리시킴으로써 경외감을 강요하고, 그렇게 자기 취향을 과시함으로써 잠재적 경쟁자들을 통제한 것이다.
>
> 가시적 신분 제도가 사라진 현대 사회에서도 이러한 신분의 논리는 여전히 유효하다. 이제 개인은 소비를 통해 자신의 물질적 부를 표현함으로써 신분을 과시하려 한다.

① 계층별 소비 규제의 필요성
② 신분사회에서 의복 소비와 계층의 관계
③ 소비가 곧 신분이 되는 과시 소비의 원리
④ 소득을 고려하지 않은 무분별한 과소비의 폐해

04 독해

대표유형 1   사실적 독해

다음 글은 키덜트(Kidult)에 대한 내용이다. 이에 대한 설명으로 적절하지 않은 것은?

> 키덜트란 키드와 어덜트의 합성어로 20~40대의 어른이 되었음에도 불구하고 여전히 어린이의 분위기와 감성을 간직하고 추구하는 성인들을 일컫는 말이다. 한때 이들은 책임감 없고 보호받기만을 바라는 '피터팬증후군'이라는 말로 표현되기도 하였으나, 이와 달리 키덜트는 각박한 현대인의 생활 속에서 마음 한구석에 어린이의 심상을 유지하는 사람들로 긍정적인 이미지를 가지고 있다.
>
> 이들의 특징은 무엇보다 진지하고 무거운 것 대신 유치하고 재미있는 것을 추구한다는 점이다. 예를 들면 대학생이나 직장인들이 라이언&춘식이와 같은 앙증맞은 인형을 가방이나 핸드폰에 매달고 다니는 것, 회사 책상 위에 인형을 올려놓는 것 등이다. 키덜트들은 이를 통해 얻은 영감이나 에너지가 일에 도움이 된다고 한다.
>
> 이렇게 생활하면 정서 안정과 스트레스 해소에 도움이 된다는 긍정적인 의견이 나오면서 키덜트 특유의 감성이 반영된 트렌드가 유행하고 있다. 기업들은 키덜트족을 타깃으로 하는 상품과 서비스를 만들어내고 있으며, 엔터테인먼트 쇼핑몰과 온라인 쇼핑몰도 쇼핑과 놀이를 동시에 즐기려는 키덜트족의 욕구를 적극 반영하고 있는 추세이다.

① 키덜트의 나이도 범위가 존재한다.
② 피터팬증후군과 키덜트는 혼용하여 사용한다.
③ 키덜트는 현대사회와 밀접한 관련이 있다.
④ 키덜트의 행위가 긍정적인 영향을 끼치기도 한다.

| 해설 | '피터팬증후군이라는 말로 표현되기도 하였으나, 이와 달리 키덜트는 … 긍정적인 이미지를 가지고 있다.'라는 내용을 통해 두 단어가 혼용하여 사용하지 않음을 알 수 있다.

오답분석
① '20~40대의 어른이 되었음에도 불구하고'라는 내용에서 나이를 알 수 있다.
③ '키덜트는 각박한 현대인의 생활 속에서 마음 한구석에 어린이의 심상을 유지하는 사람들로 긍정적인 이미지를 가지고 있다.'라는 문장을 통해 키덜트와 현대사회가 밀접한 관련이 있음을 짐작할 수 있다.
④ '키덜트들은 이를 통해 얻은 영감이나 에너지가 일에 도움이 된다고 한다.'의 내용에서 찾을 수 있다.

정답 ②

01 다음 글의 내용으로 가장 적절한 것은?

> 사회진화론은 다윈의 생물진화론을 개인과 집단에 적용한 사회 이론이다. 사회진화론의 중심 개념은 '생존경쟁'과 '적자생존'인데, 이 두 개념의 적용 범위가 개인인가 집단인가에 따라 자유방임주의와 결합하기도 하고 민족주의나 제국주의와 결합하기도 하였다. 1860년대 대표적인 사회진화론자인 스펜서는 인간사회의 생활은 개인 간의 '생존경쟁'이며, 그 경쟁은 '적자생존'에 의해 지배된다고 주장하였다. 19세기 말 키드, 피어슨 등은 인종이나 민족, 국가 등의 집단 단위로 '생존경쟁'과 '적자생존'을 적용하여 우월한 집단이 열등한 집단을 지배하는 것은 자연법칙이라고 주장함으로써 인종차별이나 제국주의를 정당화하였다. 일본에서는 19세기 말 문명개화론자들이 사회진화론을 수용하였다. 이들은 '생존경쟁'과 '적자생존'을 국가와 민족 단위에 적용하여 '약육강식', '우승열패'의 논리를 바탕으로 서구식 근대 문명국가 건설과 군국주의를 역설하였다.

① 사회진화론은 생물진화론을 바탕으로 개인에게만 적용한 사회 이론이다.
② 사회진화론자들은 인종차별이나 제국주의를 비판하였다.
③ 키드, 피어슨 등의 주장은 사회진화론의 개념을 집단 단위에 적용한 결과이다.
④ 문명개화론자들은 생물진화론을 수용하였다.

02 다음 글을 읽고 〈보기〉의 내용 중 적절하지 않은 것을 모두 고르면?

> 찬 공기가 따뜻한 공기 쪽으로 이동하면 상대적으로 밀도가 낮은 따뜻한 공기는 찬 공기 위로 상승하게 된다. 이때 상승하는 공기가 충분한 수분을 포함하고 있다면 공기 중의 수증기가 냉각되어 작은 물방울이나 얼음 알갱이로 응결되면서 구름이 형성된다. 이 과정에서 열이 외부로 방출된다. 이때 방출된 열이 상승하는 공기에 공급되어 공기가 더 높은 고도로 상승할 수 있게 한다. 그런데 공기에 포함된 수증기의 양이 충분하지 않으면 상승하던 공기는 더 이상 열을 공급받지 못하게 되면서 주변의 대기보다 차가워지게 되고 그렇게 되면 공기가 더 이상 상승하지 못하고 구름도 발달하기 어렵게 된다. 만일 상승하는 공기가 일반적인 공기에 비해 매우 따뜻하고 습한 공기일 경우에는 상승 과정에서 수증기가 냉각 응결하며 방출하는 열이 그 공기에 지속적으로 공급되면서 일반적인 공기보다 더 높은 고도에서도 계속 새로운 구름들을 만들어 낼 수 있다. 그렇기 때문에 따뜻하고 습한 공기는 상승하는 과정에서 구름을 생성하고 그 구름들이 아래쪽부터 연직으로 차곡차곡 쌓이게 되어 두터운 구름층을 형성하게 된다. 이렇게 형성된 구름을 적란운이라고 한다.

> **보기**
> ㉠ 구름은 공기에 충분한 수분이 있을 때 생길 가능성이 높다.
> ㉡ 구름이 생성될 때 공기의 온도는 높아진다.
> ㉢ 공기가 따뜻하고 습할수록 구름을 생성하기 어렵다.
> ㉣ 적란운은 가로로 넓게 퍼진 형태를 띤다.

① ㉠
② ㉡
③ ㉡, ㉣
④ ㉢, ㉣

※ 다음 글의 내용으로 적절하지 않은 것을 고르시오. [3~5]

03

어떤 사회 현상이 나타나는 경우 그러한 현상은 '제도'의 탓일까, 아니면 '문화'의 탓일까? 이 논쟁은 정치학을 비롯한 모든 사회과학에서 두루 다루는 주제이다. 정치학에서 제도주의자들은 보다 선진화된 사회를 만들기 위해서 제도의 정비가 중요하다고 주장한다. 하지만 문화주의자들은 실제적인 '운용의 묘'를 살리는 문화가 제도의 정비보다 중요하다고 주장한다.

문화주의자들은 문화를 가치, 신념, 인식 등의 총체로서 정치적 행동과 행위를 특정한 방향으로 움직여 일정한 행동 양식을 만들어내는 것으로 정의한다. 이러한 문화에 대한 정의를 바탕으로 이들은 국민이 정부에게 하는 정치적 요구인 투입과 정부가 생산하는 정책인 산출을 기반으로 정치문화를 편협형, 신민형, 참여형의 세 가지로 유형화하였다.

편협형 정치문화는 투입과 산출에 대한 개념이 모두 존재하지 않는 정치문화이다. 투입이 없으며, 정부도 산출에 대한 개념이 없어서 적극적 참여자로서의 자아가 있을 수 없다. 사실상 정치 체계에 대한 인식이 국민들에게 존재할 수 없는 사회이다. 샤머니즘에 의한 신정 정치, 부족 또는 지역 사회 등 전통적인 원시 사회가 이에 해당한다.

다음으로 신민형 정치문화는 투입이 존재하지 않으며, 적극적 참여자로서의 자아가 형성되지 못한 사회이다. 이런 상황에서 산출이 존재한다는 의미는 국민이 정부가 해주는 대로 받는다는 것을 의미한다. 이들 국민은 정부에 복종하는 성향이 강하다. 하지만 편협형 정치문화와 달리 이들 국민은 정치 체계에 대한 최소한의 인식은 있는 상태이다. 일반적으로 독재국가의 정치 체계가 이에 해당한다.

마지막으로 참여형 정치문화는 국민들이 자신들의 요구 사항을 표출할 줄도 알고, 정부는 그러한 국민들의 요구에 응답하는 사회이다. 따라서 국민들은 적극적인 참여자로서의 자아가 형성되어 있으며, 그러한 적극적 참여자들로 형성된 정치 체계가 존재하는 사회이다. 이는 선진 민주주의 사회로서 현대의 바람직한 민주주의 사회상이다.

정치문화 유형 연구는 어떤 사회가 민주주의를 제대로 구현하기 위해서 우선적으로 필요한 것이 무엇인가 하는 질문에 대한 답을 제시하고 있다. 문화주의자들은 국가를 특정 제도의 장단점에 의해서가 아니라 국가의 구성 요소들이 민주주의라는 보편적인 목적을 위해 얼마나 잘 기능하고 있는가를 기준으로 평가하고 있는 것이다.

① 문화주의자들은 정치문화를 편협형, 신민형, 참여형으로 나눈다.
② 편협형 정치문화는 투입과 산출에 대한 개념이 없다.
③ 참여형 정치문화는 국민과 정부가 소통하는 사회이다.
④ 독재국가의 정치 체계는 편협형 정치문화에 해당한다.

04

> 인간 사유의 결정적이고도 독창적인 비약은 시각적인 표시의 코드 체계의 발명에 의해서 이루어졌다. 시각적인 표시의 코드 체계에 의해 인간은 정확한 말을 결정하여 텍스트를 마련하고, 또 이해할 수 있게 된 것이다. 이것이 바로 진정한 의미에서의 '쓰기(Writing)'이다.
> 이러한 '쓰기'에 의해 코드화된 시각적인 표시는 말을 사로잡게 되고, 그 결과 그때까지 소리 속에서 발전해 온 정밀하고 복잡한 구조나 지시 체계의 특수한 복잡성이 그대로 시각적으로 기록될 수 있게 되고, 나아가서는 그러한 시각적인 기록으로 인해 그보다 훨씬 정교한 구조나 지시 체계가 산출될 수 있게 된다. 그러한 정교함은 구술적인 발화가 지니는 잠재력으로써는 도저히 이룩할 수 없는 정도의 것이다. 이렇듯 '쓰기'는 인간의 모든 기술적 발명 속에서도 가장 영향력이 큰 것이었으며, 지금도 그러하다. 쓰기는 말하기에 단순히 첨가된 것이 아니다. 왜냐하면 쓰기는 말하기를 구술-청각의 세계에서 새로운 감각의 세계, 즉 시각의 세계로 이동시킴으로써 말하기와 사고를 함께 변화시키기 때문이다.

① 인간은 시각적 코드 체계를 사용함으로써 말하기를 한층 정교한 구조로 만들었다.
② 인간은 쓰기를 통해서 정확한 말을 사용한 텍스트의 생산과 소통이 가능하게 되었다.
③ 인간은 쓰기를 통해 지시 체계의 복잡성을 기록함으로써 말하기와 사고의 변화를 일으킨다.
④ 인간이 쓰기를 발명하기 전에는 정밀하고 복잡한 구조나 지시 체계가 형성되어 있지 않았다.

05

> 경제학자인 사이먼 뉴컴이 소개한 화폐와 실물 교환의 관계식인 '교환방정식'을 경제학자인 어빙 피셔가 발전시켜 재소개한 것이 바로 '화폐수량설'이다. 사이먼 뉴컴의 교환방정식은 'MV=PQ'로 나타나는데, M(Money)은 화폐의 공급, V(Velocity)는 화폐유통속도, P(Price)는 상품 및 서비스의 가격, Q(Quantity)는 상품 및 서비스의 수량이다. 즉 화폐공급과 화폐유통속도의 곱은 상품의 가격과 거래된 상품 수의 곱과 같다는 항등식이다.
>
> 어빙 피셔는 이러한 교환방정식을 인플레이션율과 화폐공급의 증가율 간 관계를 나타내는 이론인 화폐수량설로 재탄생시켰다. 이 중 기본 모형이 되는 피셔의 거래모형에 따르면 교환방정식은 'MV=PT'로 나타나는데, M은 명목화폐수량, V는 화폐유통속도, P는 상품 및 서비스의 평균가격, T(Trade)는 거래를 나타낸다. 다만 거래의 수를 측정하기 어렵기 때문에 최근에는 총거래 수인 T를 총생산량인 Y로 대체하여 소득모형인 'MV=PY'로 사용하고 있다.

① 사이먼 뉴컴의 교환방정식 'MV=PQ'에서 Q는 상품 및 서비스의 수량을 의미한다.
② 어빙 피셔의 화폐수량설은 최근 총거래 수를 총생산량으로 대체하여 사용하고 있다.
③ 교환방정식 'MV=PT'는 화폐수량설의 기본 모형이 된다.
④ 어빙 피셔의 교환방정식 'MV=PT'의 V는 교환방정식 'MV=PY'에서 Y와 함께 대체되어 사용되고 있다.

대표유형 2   비판적 독해

다음 글의 주장에 대한 반박으로 가장 적절한 것은?

> 인공지능 면접은 더 많이 활용되어야 한다. 인공지능을 활용한 면접은 인터넷에 접속하여 인공지능과 문답하는 방식으로 진행되는데, 지원자는 시간과 공간에 구애받지 않고 면접에 참여할 수 있는 편리성이 있어 면접 기회가 확대된다. 또한 회사는 면접에 소요되는 인력을 줄여, 비용 절감 측면에서 경제적이다. 실제로 인공지능을 면접에 활용한 G회사는 전년 대비 2억 원 정도의 비용을 절감했다. 그리고 기존 방식의 면접에서는 면접관의 주관이 개입될 가능성이 크지만, 인공지능을 활용한 면접에서는 빅데이터를 바탕으로 한 일관된 평가 기준을 적용할 수 있다. 이러한 평가의 객관성 때문에 많은 회사들이 인공지능 면접을 도입하는 추세이다.

① 빅데이터는 사회에서 형성된 정보가 축적된 결과물이므로 왜곡될 가능성이 적다.
② 인공지능을 활용한 면접은 기술적으로 완벽하기 때문에 인간적 공감을 떨어뜨린다.
③ 회사 관리자 대상의 설문조사에서 인공지능을 활용한 면접을 신뢰한다는 비율이 높게 나온 것으로 보아 기존의 면접 방식보다 지원자의 잠재력을 판단하는 데 더 적합하다.
④ 회사의 특수성을 고려해 적합한 인재를 선발하려면 오히려 해당 분야의 경험이 축적된 면접관의 생각이나 견해가 면접 상황에서 중요한 판단 기준이 되어야 한다.

| 해설 | 제시문에서는 편리성, 경제성, 객관성 등을 이유로 인공지능 면접을 지지하고 있다. 따라서 객관성보다 면접관의 생각이나 견해가 회사 상황에 맞는 인재를 선발하는 데 적합하다는 논지로 반박하는 것이 적절하다.

오답분석
①·③ 제시문의 주장에 반박하는 것이 아니라 제시문의 주장을 강화하는 근거에 해당한다.
② 인공지능 면접에 필요한 기술과 인간적 공감의 관계는 제시문에서 주장한 내용이 아니므로 반박의 근거로도 적절하지 않다.

정답 ④

06 다음 글의 주장에 대한 반박으로 가장 적절한 것은?

> 한국 사회의 행복 수준은 단순히 풍요의 역설로 설명할 수 없다. 행복에 대한 심리학적 연구에 따르면 타인과 비교하는 성향이 강한 사람일수록 행복감이 낮아지게 된다. 비교 성향이 강한 사람은 사회적 관계에서 자신보다 우월한 사람들을 준거집단으로 삼아 비교하기 쉽고 이에 따라 상대적 박탈감이 커질 수 있기 때문이다. 한국과 같은 경쟁 사회에서는 진학이나 구직 등에서 과열 경쟁이 벌어지고 등수에 의해 승자와 패자가 구분된다. 이 과정에서 비교 우위를 차지하지 못한 사람들은 좌절을 경험하기 쉬운데, 비교 성향이 강할수록 좌절감은 더 크다. 따라서 한국 사회의 행복감이 낮은 이유는 한국 사람들이 다른 사람들과 비교하는 성향이 매우 높은 데에서 찾을 수 있다.

① 한국 사회는 인당 소득 수준이 비슷한 다른 나라와 비교했을 때 행복감의 수준이 상당히 낮다.
② 준거집단을 자신보다 우월한 사람들로 삼지 않는 나라여도 행복감이 높지 않은 나라가 있다.
③ 자신보다 우월한 사람들을 준거집단으로 삼는 경향이 한국보다 강해도 행복감이 높은 나라가 있다.
④ 한국보다 소득 수준이 높고 대학 입학을 위한 입시 경쟁이 매우 치열한 나라도 있다.

07 다음 글에서 도킨스의 논리에 대한 필자의 문제 제기로 적절한 것은?

> 도킨스는 인간의 모든 행동이 유전자의 자기 보존 본능에 따라 일어난다고 주장했다. 사실 도킨스는 플라톤에서 쇼펜하우어에 이르기까지 통용되던 철학적 생각을 유전자라는 과학적 발견을 이용하여 반복하고 있을 뿐이다. 이에 따르면 인간 개체는 유전자라는 진정한 주체의 매체에 지나지 않게 된다. 그런데 이 같은 도킨스의 논리에 근거하면 우리 인간은 이제 자신의 몸과 관련된 모든 행동에 대해 면죄부를 받게 된다. 모든 것이 이미 유전자가 가진 이기적 욕망에서 나왔다고 볼 수 있기 때문이다. 그래서 도킨스의 생각에는 살아가고 있는 구체적 생명체를 경시하게 되는 논리가 잠재되어 있다.

① 고대의 철학은 현대의 과학과 양립할 수 있는가?
② 유전자의 자기 보존 본능이 초래하게 되는 결과는 무엇인가?
③ 인간을 포함한 생명체는 진정한 주체가 될 수 없는가?
④ 생명 경시 풍조의 근원이 되는 사상은 무엇인가?

08 다음 글의 주장에 대해 반박하는 내용으로 적절하지 않은 것은?

> 프랑크푸르트학파는 대중문화의 정치적 기능을 중요하게 본다. 20세기 들어 서구 자본주의 사회에서 혁명이 불가능하게 된 이유 가운데 하나는 바로 대중문화가 대중들을 사회의 권위에 순응하게 함으로써 사회를 유지하는 기능을 하고 있기 때문이라는 것이다. 이 순응의 기능은 두 방향으로 진행된다. 한편으로 대중문화는 대중들에게 자극적인 오락거리를 제공함으로써 정신적인 도피를 유도하여 정치에 무관심하도록 만든다는 것이다. 유명한 3S(Sex, Screen, Sports)는 바로 현실도피와 마취를 일으키는 대표적인 도구들이다. 다른 한편으로 대중문화는 자본주의적 가치관과 이데올로기를 은연중에 대중들이 받아들이게 하는 적극적인 세뇌 작용을 한다. 영화나 드라마, 광고나 대중음악의 내용이 규격화되어 현재의 지배적인 가치관을 지속해서 주입함으로써, 대중은 현재의 문제를 인식하고 더 나은 상태로 생각할 수 있는 부정의 능력을 상실한 일차원적 인간으로 살아가게 된다는 것이다. 프랑크푸르트학파의 대표자 가운데 한 사람인 아도르노(Adorno)는 특별히 『대중음악에 대하여』라는 글에서 대중음악이 어떻게 이러한 기능을 수행하는지 분석했다. 그의 분석에 따르면, 대중음악은 우선 규격화되어 누구나 쉽고 익숙하게 들을 수 있는 특징을 가진다. 그리고 이런 익숙함은 어려움 없는 수동적인 청취를 조장하여, 자본주의 안에서의 지루한 노동의 피난처 구실을 한다. 그리고 나아가 대중음악의 소비자들이 기존 질서에 심리적으로 적응하게 함으로써 사회적 접착제의 역할을 한다.

① 대중문화의 영역은 지배계급이 헤게모니를 얻고자 하는 시도와 이에 대한 반대 움직임이 서로 얽혀 있는 곳으로 보아야 한다.
② 대중문화 속에는 정권이나 기득권층, 현 체제에 대한 비판과 풍자를 담은 내용들도 많으며, 실제로 큰 성공을 거두기도 한다.
③ 발표되는 음악의 80%가 인기를 얻는 데 실패하고, 80% 이상의 영화가 엄청난 광고에도 불구하고 흥행에 실패한다는 사실은 대중이 단순히 수동적인 존재가 아니라는 것을 단적으로 드러내 보여 주는 예이다.
④ 대중의 평균적 취향에 맞추어 높은 질을 유지하는 것이 어렵다 하더라도 19세기까지의 대중이 즐겼던 문화에 비하면 현대의 대중문화는 훨씬 수준 높고 진보된 것으로 평가할 수 있다.

09 다음 글에서 도출한 결론을 반박하는 주장으로 가장 적절한 것은?

> 인터넷은 국경 없이 누구나 자유롭게 정보를 주고받을 수 있는 훌륭한 매체이다. 하지만 최근 급속히 늘고 있는 성인 인터넷 방송처럼 오히려 청소년에게 해로운 매체가 될 수 있다는 사실은 선진국에서도 동감하고 있다. 그러므로 인터넷 등급제를 만들어 유해한 환경으로부터 청소년들을 보호하고, 이를 어긴 사업자는 엄격한 처벌로 다스려야만 한다.

① 인터넷 등급제를 만들어 규제를 하는 것도 완전한 방법은 아니기 때문에 유해한 인터넷 내용에는 원천적으로 접속할 수 없는 조치를 취해야 한다.
② 인터넷 등급제는 정보에 대한 책임을 일방적으로 사업자에게만 지우는 조치로, 잘못하면 국민의 표현의 자유와 알 권리를 침해할 수 있다.
③ 인터넷 등급제는 미니스커트나 장발 규제와 같은 구태의연한 조치이다.
④ 인터넷 등급제의 시행은 IT강국인 대한민국의 입지를 위축시킬 수 있다.

10 다음 글이 비판의 대상으로 삼는 주장으로 가장 적절한 것은?

> 경제 문제는 대개 해결이 가능하다. 대부분의 경제 문제에는 몇 개의 해결책이 있다. 그러나 모든 해결책은 누군가가 상당한 손실을 반드시 감수해야 한다는 특징을 갖고 있다. 하지만 누구도 이 손실을 자발적으로 감수하고자 하지 않으며, 우리의 정치제도는 누구에게도 이 짐을 짊어지라고 강요할 수 없다. 즉, 우리의 정치적·경제적 구조로는 실질적으로 제로섬(Zero-sum)적인 요소를 지니는 경제 문제에 전혀 내처할 수 없다.
> 대개의 경제적 해결책은 대규모의 제로섬적인 요소를 갖기 때문에 큰 손실을 수반한다. 모든 제로섬 게임에는 승자가 있다면 반드시 패자가 있으며, 패자가 존재해야만 승자가 존재할 수 있다. 경제적 이득이 경제적 손실을 초과할 수도 있지만, 손실의 주체에게 손실의 의미란 상당한 크기의 경제적 이득을 부정할 수 있을 만큼 매우 중요하다. 어떤 해결책으로 인해 평균적으로 사회는 더 잘 살게 될 수도 있지만, 이 평균이 훨씬 더 잘 살게 된 수많은 사람들과 훨씬 더 못 살게 된 수많은 사람들을 감춘다. 만약 당신이 더 못 살게 된 사람 중 하나라면 내 수입이 줄어든 것보다 다른 누군가의 수입이 더 많이 늘었다고 해서 위안을 얻지는 않을 것이다. 결국 우리는 우리 자신의 수입을 보호하기 위해 경제적 변화가 일어나는 것을 막거나 혹은 사회가 우리에게 손해를 입히는 공공정책을 강제로 시행하는 것을 막기 위해 싸울 것이다.

① 빈부격차를 해소하는 것만큼 중요한 정책은 없다.
② 사회의 총생산량이 많아지게 하는 정책이 좋은 정책이다.
③ 경제문제에서 모두가 만족하는 해결책은 존재하지 않는다.
④ 경제적 변화에 대응하는 정치제도의 기능에는 한계가 존재한다.

대표유형 3 추론적 독해

다음 글을 통해 추론할 수 있는 내용으로 가장 적절한 것은?

> 최근 환경에 대한 관심이 증가하면서 상표에도 '에코, 녹색' 등 '친환경'을 표방하는 상표 출원이 꾸준히 증가하는 것으로 나타났다. 특허청에 따르면, '친환경' 관련 상표 출원은 최근 10여 년간 연평균 1,200여 건이 출원돼 꾸준한 관심을 받아온 것으로 나타났다. '친환경' 관련 상표는 제품의 '친환경'을 나타내는 대표적인 문구인 '친환경, 에코, ECO, 녹색, 그린, 생태' 등의 문자를 포함하고 있는 상표이며 출원 건수는 상품류를 기준으로 한다. 즉, 단류 출원은 1건, 2개류에 출원된 경우 2건으로 계산한다.
>
> 작년 한 해 친환경 상표가 가장 많이 출원된 제품은 화장품(79건)이었으며, 그다음으로 세제(50건), 치약(48건), 샴푸(47건) 순으로 조사됐다. 특히, 출원 건수 상위 10개 제품 중 7개가 일상생활에서 흔히 사용하는 미용, 위생 등 피부와 관련된 상품인 것으로 나타나 깨끗하고 순수한 환경에 대한 관심이 친환경제품으로 확대되고 있는 것으로 분석됐다.
>
> 2007년부터 2017년까지의 '친환경' 관련 상표의 출원 실적을 보면, 영문자 'ECO'가 4,820건으로 가장 많이 사용되어 기업이나 개인은 제품의 '친환경'을 나타내는 상표 문구로 'ECO'를 가장 선호하는 것으로 드러났다. 다음으로는 '그린'이 3,862건, 한글 '에코'가 3,156건 사용됐고 '초록', '친환경', '녹색', '생태'가 각각 766건, 687건, 536건, 184건으로 그 뒤를 이었다. 특히, '저탄소·녹색성장'이 국가 주요 정책으로 추진되던 2010년에는 '녹색'을 사용한 상표 출원이 매우 증가한 것으로 나타났고, 친환경·유기농 먹거리 등에 대한 수요가 늘어나면서 2015년에는 '초록'이 포함된 상표 출원이 상대적으로 증가한 것으로 조사됐다.
>
> 최근 환경과 건강에 대한 관심이 증가하면서 이러한 '친환경' 관련 상표를 출원하여 등록받는 것이 소비자들의 안전한 구매를 촉진하는 길이 될 수 있다.

① 환경과 건강에 대한 관심이 증가하지만 '친환경'을 강조하는 상표 출원의 증가세가 주춤할 것으로 전망된다.
② 국가 주요 정책이나 환경에 대한 관심이 상표 출원에 많은 영향을 미친다.
③ 친환경 상표가 가장 많이 출원된 제품인 화장품의 경우 대부분 안전하다고 믿고 사용해도 된다.
④ 영문 'ECO'와 한글 '에코'의 의미가 동일하므로 한글 '에코'의 상표 문구 출원이 높아져 영문 'ECO'를 역전할 가능성이 높다.

|해설| 국가 주요 정책이나 환경에 대한 관심이 상표 출원에 많은 영향을 미치고 있음을 알 수 있다.

[오답분석]
① 환경과 건강에 대한 관심이 증가하면서 앞으로도 친환경 관련 상표 출원은 증가할 것으로 유추할 수 있다.
③ 친환경 상표가 가장 많이 출원된 제품이 화장품인 것은 맞지만 그 안전성에 대해서는 언급하고 있지 않기 때문에 유추하기 어렵다.
④ 2007년부터 2017년까지 영문자 ECO가 상표 출원 실적이 가장 높았으며 그다음은 그린, 에코 순이다. 본문의 내용만으로는 유추하기 어렵다.

정답 ②

11 다음 글을 읽고 난 후의 반응으로 적절한 것은?

> 우리는 개인에 따라 선호하는 정보 처리 방식이 다르다. 어떤 사람은 사태를 논리적으로 파악하는 것을 선호하나, 어떤 사람은 감성적으로 파악하는 것을 선호한다. 어떤 사람은 스스로 고심하여 문제 해결 방안을 찾는 것을 좋아하지만, 어떤 사람은 다른 사람이 명확한 답을 내려주길 바란다. 어떤 사람은 혼자서 일할 때 훌륭한 성과를 내지만, 어떤 사람은 다른 사람과 협력할 때 좋은 성과를 낸다. 이처럼 개인이 선호하는 정보 처리 방식을 인지 양식이라고 하는데, 위트킨(H. A. Witkin)은 인지 양식 유형을 장독립성과 장의존성으로 나누어 설명한다.
> 장독립성은 사물을 인식할 때 그 사물을 둘러싼 배경, 즉 장의 영향을 별로 받지 않는 인지 양식을 말한다. 즉 장독립적인 사람은 주변 상황에서 자신을 잘 분리할 수 있다. 이에 반해 장의존성은 장의 영향을 많이 받는 인지 양식을 말한다. 다시 말해, 장의존적인 사람은 주변 상황에서 자신을 분리하는 것이 쉽지 않다. 이와 같은 장독립성, 장의존성은 개인의 학습에 영향을 미친다. 장의존적인 사람은 사회적 내용을 다룬 자료를 잘 이해한다. 또 구조화되지 않은 자료를 학습하거나 주어진 자료를 재조직하는 데 어려움을 겪으며, 문제 해결을 위해 명료한 지시를 필요로 하고, 다른 사람의 비판에 영향을 많이 받는다. 이러한 장의존적인 학습자에게는 장독립적인 교사가 어울린다. 왜냐하면 장독립적인 교사는 구조화되고 명료한 강의식 교수법을 선호하기 때문에 구조화된 자료의 제공을 필요로 하는 장의존적 학습자에게 도움이 될 수 있다.
> 반면 장독립적인 사람은 사회적 내용을 다룬 자료에 집중하는 것을 어려워하며 수학이나 과학처럼 분석적 능력을 요구하는 과목을 선호한다. 또 구조화되지 않은 것을 구조화하거나, 자료를 재조직하는 능력이 뛰어나다. 외부의 비판에 영향을 적게 받고, 외부의 지시보다는 자신이 설정한 목표에 따라 문제를 해결하는 경향이 있다.
> 이러한 장독립적 학습자에게는 장의존적 교사가 어울린다. 장의존적 교사는 학습자 중심의 수업을 선호하고, 분위기를 잘 살피며 융통성이 있어서 다양한 교수 방법들을 동원하여 수업을 진행하기 때문이다.

① 학습자는 같은 인지 유형을 지닌 교사에게 배울 때 더 높은 학업 성취를 보이겠군.
② 장의존적인 사람보다 장독립적인 사람이 숨은그림찾기에서 더 뛰어난 능력을 보여주겠군.
③ 장의존적인 학습자는 다양한 방법을 시도하면서 스스로 문제 해결의 답을 구하는 것을 선호하겠군.
④ 같은 인지 유형을 지닌 학습자끼리 학습하면 혼자 학습할 때보다 학습 능률이 높아지겠군.

12 다음 글의 내용을 참고할 때 사회 변동에 가장 큰 영향력을 발휘할 수 있는 매체는?

> 현재의 수신자가 미래의 발신자가 될 수 있는지 여부는 사회 변동의 밑바탕이다. 사회혁명은 수신자였던 피지배계급이 발신자로 전면에 나서는 순간 발발한다. 사회혁명을 거치면 과거의 발신자와 수신자의 위치가 바뀐다. 부르주아 혁명을 거치면서 발신을 독점했던 왕과 성직자는 독점적 지위를 더 이상 유지하지 못하게 되었다. 과거의 수신자였던 부르주아는 혁명을 통해 새로운 발신자로 등장했다. 이처럼 발신과 수신의 관계가 뒤바뀔 가능성이 남아 있느냐의 여부는 사회 변동의 가능성과 밀접한 관련을 맺고 있다. 그래서 지배하는 계급은 지배받는 사람들이 발신자가 될 수 있는 가능성을 최대한 차단한다. 발신과 수신 구조의 고착화는 지배를 연장할 수 있는 매우 중요한 수단이다. 지배를 영속화하려면 수신의 충실도를 높이되, 수신 과정에서 학습 효과가 발휘되는 장치를 차단하면 된다.
> 레이먼드 윌리엄스는 그러한 사례를 읽고 쓰는 능력의 보급에 개입된 정치학에서 찾는다. 산업혁명 초기의 영국에서 교육 조직이 개편될 때, 지배 계층은 노동자 계층에게 읽는 능력은 가르쳐주되 쓰는 능력은 가르쳐주지 않으려 했다. 노동자 계층이 글을 읽을 줄 알게 되면 새로운 지시사항을 보다 쉽게 이해할 수 있고, 성서를 읽음으로써 도덕적 계발의 효과까지 얻을 수 있다. 노동자 계급이 읽는 능력을 획득하면, 수신의 충실도가 높아지는 것이다. 그러나 노동자 계급이 쓸 수 있는 능력을 획득하게 되면 정치적 지배에 균열이 생길 수 있다. 지배 계급의 입장에서 노동자들이 반드시 글을 쓸 줄 알아야 할 필요는 없었다. 일반적으로 노동자 계층이 학습을 하거나 명령을 할 일은 없었기 때문이다. 기껏해야 이따금씩 공적인 목적으로 사인을 하는 일 정도가 전부였을 것이다.
> 텔레비전은 읽고 쓰는 능력의 불균등한 배치와 보급을 통해 노렸던 정치적 효과를 완성한 미디어이다. 대중미디어란 민주적이지 않다는 뜻이다. 텔레비전만큼 발신과 수신의 비대칭성을 당연하게 여기는 미디어가 또 있는가? 수백만 명이 텔레비전을 시청할 수 있지만, 텔레비전에 출연하는 사람은 소수에 국한된다. 텔레비전은 발신과 수신의 비대칭을 영구화하면서, 동시에 수신의 반복을 통한 학습 효과조차 차단한 미디어이다.

① 책 ② 신문
③ 라디오 ④ SNS

※ 다음 글을 통해 추론할 수 있는 내용으로 가장 적절한 것을 고르시오. [13~14]

13

> 2009년 미국의 설탕, 옥수수 시럽, 기타 천연당의 1인당 연평균 소비량은 140파운드로 독일, 프랑스보다 50%가 많았고, 중국보다는 9배가 많았다. 그런데 설탕이 비만을 야기하고 당뇨병 환자의 건강에 해롭다는 인식이 확산되면서 사카린과 같은 인공감미료의 수요가 증가하였다.
> 세계 최초의 인공감미료인 사카린은 1879년 미국 존스홉킨스대학에서 화학물질의 산화반응을 연구하다가 우연히 발견됐다. 당도가 설탕보다 약 500배 정도 높은 사카린은 대표적인 인공감미료로 체내에서 대사되지 않고 그대로 배출된다는 특징이 있다. 그런데 1977년 캐나다에서 쥐를 대상으로 한 사카린 실험 이후 유해성 논란이 촉발되었다. 사카린을 섭취한 쥐가 방광암에 걸렸기 때문이다. 그러나 사카린의 무해성을 입증한 다양한 연구결과로 인해 2001년 미국 FDA는 사카린을 다시 안전한 식품첨가물로 공식 인정하였고, 현재도 설탕의 대체재로 사용되고 있다.
> 아스파탐은 1965년 위궤양 치료제를 개발하던 중 우연히 발견된 인공감미료로 당도가 설탕보다 약 200배 높다. 그러나 아스파탐도 발암성 논란이 끊이지 않았다. 미국암협회가 안전하다고 발표했지만 이탈리아의 한 과학자가 쥐를 대상으로 한 실험에서 아스파탐이 암을 유발한다고 결론 내렸기 때문이다.

① 사카린과 아스파탐은 설탕보다 당도가 높고, 사카린은 아스파탐보다 당도가 높다.
② 사카린과 아스파탐은 모두 설탕을 대체하기 위해 거액을 투자해 개발한 인공감미료이다.
③ 사카린은 유해성 논란으로 현재 미국에서는 더 이상 식품첨가물로 사용되지 않고 있다.
④ 2009년 기준 중국의 설탕, 옥수수 시럽, 기타 천연당의 1인당 연평균 소비량은 20파운드 이상이었을 것이다.

14
바닷속에 서식했던 척추동물의 조상형 동물들은 체와 같은 구조를 이용하여 물속의 미생물을 걸러 먹었다. 이들은 몸집이 아주 작아서 물속에 녹아 있는 산소가 몸 깊숙한 곳까지 자유로이 넘나들 수 있었기 때문에 별도의 호흡계가 필요하지 않았다. 그런데 몸집이 커지면서 먹이를 거르던 체와 같은 구조가 호흡 기능까지 갖게 되어 마침내 아가미 형태로 변형되었다. 즉, 소화계의 일부가 호흡 기능을 담당하게 된 것이다. 그 후 호흡계의 일부가 변형되어 허파로 발달하고, 그 허파는 위장으로 이어지는 식도 아래쪽으로 뻗어 나갔다. 한편, 공기가 드나드는 통로는 콧구멍에서 입천장을 뚫고 들어가 입과 아가미 사이에 자리 잡게 되었다. 이러한 진화 과정을 보여 주는 것이 폐어(肺魚) 단계의 호흡계 구조이다.

이후 진화 과정이 거듭되면서 호흡계와 소화계가 접하는 지점이 콧구멍 바로 아래로부터 목 깊숙한 곳으로 이동하였다. 그 결과 머리와 목구멍의 구조가 변형되지 않는 범위 내에서 호흡계와 소화계가 점차 분리되었다. 즉, 처음에는 길게 이어져 있던 호흡계와 소화계의 겹친 부위가 점차 짧아졌고, 마침내 하나의 교차점으로만 남게 된 것이다. 이것이 인간을 포함한 고등 척추동물에서 볼 수 있는 호흡계의 기본 구조이다. 따라서 음식물로 인한 인간의 질식 현상은 척추동물 조상형 단계를 지나 자리 잡게 된 허파의 위치 – 당시에는 최선의 선택이었을 – 때문에 생겨난 진화의 결과라 할 수 있다.

① 지금의 척추동물과는 달리 조상형 동물들은 산소를 필요로 하지 않았다.
② 조상형 동물은 몸집이 커지면서 호흡 기능의 중요성이 줄어드는 대신 소화 기능이 중요해졌다.
③ 폐어 단계의 호흡계 구조에서 갖고 있던 아가미는 척추동물의 허파로 진화하였다.
④ 진화는 순간순간에 필요한 대응일 뿐 최상의 결과를 내는 과정이 아니다.

15 다음 글을 읽고 추론한 내용으로 적절하지 않은 것은?

> 다의어란 두 가지 이상의 의미를 가진 단어로 기본이 되는 핵심 의미를 중심의미라고 하고, 중심의미에서 확장된 의미를 주변의미라고 한다. 중심의미는 일반적으로 주변의미보다 언어 습득의 시기가 빠르며 사용 빈도가 높다.
> 다의어가 주변의미로 사용되었을 때는 문법적 제약이 나타나기도 한다. 예를 들어 '한 살을 먹다.'는 가능하지만, '한 살이 먹히다.'나 '한 살을 먹이다.'는 어법에 맞지 않는다. 또한 '손'이 '노동력'의 의미로 쓰일 때는 '부족하다, 남다' 등 몇 개의 용언과만 함께 쓰여 중심의미로 쓰일 때보다 결합하는 용언의 수가 적다.
> 다의어의 주변의미는 기존의 의미가 확장되어 생긴 것으로서, 새로 생긴 의미는 기존의 의미보다 추상성이 강화되는 경향이 있다. '손'의 중심의미가 확장되어 '손이 부족하다.', '손에 넣다.'처럼 각각 '노동력', '권한이나 범위'로 쓰이는 것이 그 예이다.
> 다의어의 의미들은 서로 관련성을 갖는다. 예를 들어 '줄'의 중심의미는 '새끼 따위와 같이 무엇을 묶거나 동이는 데에 쓸 수 있는 가늘고 긴 물건'인데 길게 연결되어 있는 모양이 유사하여 '길이로 죽 벌이거나 늘여 있는 것'의 의미를 갖게 되었다. 또한 연결이라는 속성이나 기능이 유사하여 '사회생활에서의 관계나 인연'의 뜻도 지니게 되었다.
> 그런데 다의어의 의미들이 서로 대립적 관계를 맺는 경우가 있다. 예를 들어 '앞'은 '향하고 있는 쪽이나 곳'이 중심의미인데 '앞 세대의 입장', '앞으로 다가올 일'에서는 각각 '이미 지나간 시간'과 '장차 올 시간'을 가리킨다. 이것은 시간의 축에서 과거나 미래 중 어느 방향을 바라보는지에 따른 차이로서 이들 사이의 의미적 관련성은 유지된다.

① 동음이의어와 다의어는 단어의 문법적 제약이나 의미의 추상성 및 관련성 등으로 구분할 수 있을 것이다.
② '손에 넣다.'에서 '손'은 '권한이나 범위'의 의미로 사용될 수 있지만, '노동력'의 의미로 사용될 수 없을 것이다.
③ '먹다'가 중심의미인 '음식 따위를 입을 통하여 배 속에 들여보내다.'로 사용된다면 '먹히다', '먹이다'로 제약 없이 사용될 것이다.
④ '줄'의 '사회생활에서의 관계나 인연'의 의미는 '길이로 죽 벌이거나 늘여 있는 것'의 의미보다 사용 빈도가 높을 것이다.

대표유형 4　장문 독해

※ 다음 글을 읽고 이어지는 질문에 답하시오. [1~3]

> 미술가가 추구하는 효과는 결코 예측할 수 없기 때문에 이러한 종류의 규칙을 설정하기란 사실상 불가능하다. 미술가는 일단 옳다는 생각이 들면 전혀 조화되지 않는 것까지 시도하기를 원할지 모른다. 제대로 된 조각이나 그림에 대한 기준은 없기 때문에 우리가 어떤 작품을 걸작이라고 느끼더라도 그 이유를 정확하게 ㉮ 표현하는 것도 거의 불가능하다.
>
> 그렇다고 어느 작품이나 다 마찬가지라거나, 사람들이 취미에 대해 논할 수 없다는 뜻은 아니다. 별 의미가 없는 것이라 하더라도 그러한 논의들은 우리에게 그림을 더 보도록 만들 뿐만 아니라, 전에 발견하지 못했던 점들을 깨닫게 해준다. 그림을 보면서 각 시대의 미술가들이 이룩하려 했던 조화에 대한 감각을 발전시키고, 느낌이 풍부해질수록 더욱 그림 ㉯ 감상을 즐기게 될 것이다. '취미에 관한 문제는 논의의 여지가 없다.'라는 오래된 ㉰ 경구가 진실이라고 해도, 이로 인해 '취미는 개발될 수 있다.'라는 사실이 숨겨져서는 안 된다.
>
> 예컨대 ㉠차를 자주 마시지 않던 사람들은 여러 가지 차를 혼합해서 만드는 차와 다른 종류의 차가 똑같은 맛을 낸다고 느낄지 모른다. 그러나 만일 여가(餘暇)와 기회가 있어 그러한 맛의 차이를 찾아내려 한다면, 그들은 자기가 좋아하는 혼합된 차의 종류를 정확하게 ㉱ 식별해 내는 진정한 감식가가 될 수 있을 것이다.
>
> 분명히 미술 작품에 대한 취미는 음식이나 술에 대한 취미보다 매우 복잡하다. 그것은 여러 가지 미묘한 풍미(風味)를 발견하는 문제 이상으로 훨씬 진지하고 중요한 것이다. 요컨대 위대한 미술가들은 작품을 위해 그들의 모든 것을 바치고 그 작품들로 인해 고통받고 그들 작품에 심혈을 기울였으므로, 우리에게 최소한 그들이 원하는 방식으로 미술 작품을 이해하도록 노력해야 한다고 요구할 권리가 있다.

01 윗글의 집필 의도로 가장 적절한 것은?

① 미의 표현 방식을 설명하기 위해
② 미술에 대한 관심을 불러일으키기 위해
③ 미술 교육이 나아갈 방향을 제시하기 위해
④ 미술 작품 감상의 올바른 태도를 제시하기 위해

| 해설 | 제시문은 미술 작품을 올바르게 감상하기 위해 우리들이 지녀야 할 태도에 대해 언급하고 있다. 작품을 올바르게 이해하기 위해서는 기존의 편협한 사고방식이나 태도에 얽매이지 말고 나름대로의 날카로운 안목과 감수성을 길러야 함을 강조하고 있다.

정답 ④

02 윗글의 ㉠이 의미하는 바는?

① 미술에 대해 편견을 갖고 있는 사람
② 미술 작품을 소장하고 있지 않은 사람
③ 미술 작품을 자주 접할 기회가 없는 사람
④ 그림을 그리는 방법을 잘 알지 못하는 사람

> |해설| 차를 자주 마셔 보지 않던 사람들은 여러 종류의 차가 지닌 독특한 맛을 구분할 수 없다. 마찬가지로 미술 작품을 자주 접할 기회가 없는 사람은 미의 본질에 대한 이해가 부족하여 여러 종류의 미술 작품에 대한 안목과 감상 능력이 부족하다.
>
> 정답 ③

03 다음 중 ㉮~㉰의 한자 표기로 옳지 않은 것은?

① ㉮ – 표현(表現)   ② ㉯ – 감상(感想)
③ ㉰ – 경구(驚句)   ④ ㉱ – 식별(識別)

> |해설| 제시문에서 쓰인 경구의 한자어는 '어떤 사상이나 진리를 간결하고 날카롭게 표현할 글귀'를 뜻하는 경구(警句)이다. 경구(驚句)란 사람을 놀라게 할 만큼 뛰어나게 잘 지은 시구를 의미한다.
>
> 정답 ③

※ 다음 글을 읽고 이어지는 질문에 답하시오. [16~18]

사람은 태어나면서 저절로 권리 능력을 갖게 되고 생존하는 내내 보유한다. 그리하여 사람은 재산에 대한 소유권의 주체가 되며, 다른 사람에 대하여 채권을 누리기도 하고 채무를 지기도 한다. 사람들의 결합체인 단체도 일정한 요건을 갖추면 법으로써 부여되는 권리 능력인 법인격을 취득할 수 있다. 단체 중에는 사람들이 일정한 목적을 갖고 결합한 조직체로서 구성원과 구별되어 독자적 실체로서 존재하며, 운영 기구를 두어 구성원의 가입과 탈퇴에 관계없이 존속하는 단체가 있다. 이를 사단(社團)이라 하며, 사단이 갖춘 이러한 성질을 사단성이라 한다. 사단의 구성원은 사원이라 한다. 사단은 법인(法人)으로 등기되어야 법인격이 생기는데, 법인격을 갖춘 사단을 사단법인이라 부른다. 반면에 사단성을 갖추고도 법인으로 등기하지 않은 사단은 '법인이 아닌 사단'이라 한다. 사람과 법인만이 권리 능력이 있으며, 사람의 권리 능력과 법인격은 엄격히 구별된다. 그리하여 사단법인이 자기 이름으로 진 빚은 사단이 가진 재산으로 갚아야 하는 것이지 사원 개인에게까지 책임이 미치지 않는다.

회사도 사단의 성격을 갖는 법인이다. 회사의 대표적인 유형이라 할 수 있는 주식회사는 주주들로 구성되며, 주주들은 보유한 주식의 비율만큼 회사에 대한 지분을 갖는다. 그런데 2001년에 개정된 상법은 한 사람이 전액을 출자하여 1인 주주로 회사를 설립할 수 있도록 하였다. 사단성을 갖추지 못했다고 할 만한 형태의 법인을 인정한 것이다. 또 여러 주주가 있던 회사가 주식의 상속, 매매, 양도 등으로 말미암아 모든 주식이 한 사람의 소유로 되는 경우가 있다. 이런 '1인 주식회사'에서는 1인 주주가 회사의 대표이사가 되는 사례가 많다. 이처럼 1인 주주가 회사를 대표하는 기관이 되면 경영의 주체가 개인인지 회사인지 모호해진다. 법인인 회사의 운영이 독립된 주체로서의 경영이 아니라 마치 개인 사업자의 영업처럼 보이는 것이다.

구성원인 사람의 인격과 법인으로서의 법인격이 잘 분간되지 않는 듯이 보일 때는 간혹 문제가 일어난다. 상법상 회사는 이사들로 이루어진 이사회만을 업무 집행의 의결 기관으로 둔다. 또한 대표이사는 이사 중 한 명으로, 이사회에서 선출되는 직책이다. 그리고 이사의 선임과 이사의 보수는 주주총회에서 결정하도록 되어 있다. 그런데 주주가 한 사람뿐이면 사실상 그의 뜻대로 될 뿐, 이사회나 주주총회의 기능은 퇴색하기 쉽다. 심하면 회사에서 발생한 이익이 대표이사인 주주에게 귀속되고 회사 자체는 허울만 남는 일도 일어난다. 이처럼 회사의 운영이 주주 한 사람의 개인 사업과 다름없이 이루어지고, 회사라는 이름과 형식이 장식에 지나지 않을 때는, 회사와 거래 관계에 있는 사람들이 재산상 피해를 입는 문제가 발생하기도 한다. 이때 그 특정한 거래 관계에 관련하여서만 예외적으로 회사의 법인격을 일시적으로 부인하고 회사와 주주를 동일시해야 한다는 '㉠ 법인격 부인론'이 제기된다. 법률은 이에 대하여 명시적으로 규정하고 있지 않지만, 법원은 권리 남용의 조항을 끌어들여 이를 받아들인다. 회사가 1인 주주에게 완전히 지배되어 회사의 회계, 주주총회나 이사회 운영이 적법하게 작동하지 못하는데도 회사에만 책임을 묻는 것은 법인 제도가 남용되는 사례라고 보는 것이다.

16 윗글을 통해 알 수 있는 내용으로 적절하지 않은 것은?

① 사단성을 갖춘 단체는 그 단체를 운영하기 위한 기구를 둔다.
② 주주가 여러 명인 주식회사의 주주는 사단의 사원에 해당한다.
③ 법인격을 얻은 사단은 재산에 대한 소유권의 주체가 될 수 있다.
④ 사람들이 결합한 단체에 권리와 의무를 누릴 수 있는 자격을 주는 제도가 사단이다.

17 윗글에서 설명한 주식회사에 대한 이해로 가장 적절한 것은?

① 대표이사는 주식회사를 대표하는 직책이다.
② 1인 주식회사는 대표이사가 법인격을 갖는다.
③ 주식회사의 이사회에서 이사의 보수를 결정한다.
④ 주식회사에서는 주주총회가 업무 집행의 의결 기관이다.

18 윗글의 ㉠에 대한 설명으로 가장 적절한 것은?

① 회사의 경영이 이사회에 장악되어 있는 경우에만 예외적으로 법인격 부인론을 적용할 수 있다.
② 법인격 부인론은 주식회사 제도의 허점을 악용하지 못하도록 법률의 개정을 통해 도입된 제도이다.
③ 회사가 채권자에게 손해를 입혔다는 것이 확정되면 법원은 법인격 부인론을 받아들여 그 회사의 법인격을 영구히 박탈한다.
④ 특정한 거래 관계에 법인격 부인론을 적용하여 회사의 법인격을 부인하려는 목적은 그 거래와 관련하여 회사가 진 책임을 주주에게 부담시키기 위함이다.

※ 다음 글을 읽고 이어지는 질문에 답하시오. [19~20]

흔히 우리 춤을 손으로 추는 선(線)의 예술이라 한다. 서양 춤은 몸의 선이 잘 드러나는 옷을 입고 추는 데 반해 우리 춤은 옷으로 몸을 가린 채 손만 드러내놓고 추는 경우가 많기 때문이다. 한마디로 말해서 손이 춤을 구성하는 중심축이 되고, 손 이외의 얼굴과 목과 발 등은 손을 보조하며 춤을 완성하는 역할을 한다. 손이 중심이 되어 만들어 내는 우리 춤의 선은 내내 곡선을 유지한다. 예컨대 승무에서 장삼을 휘저으며 그에 맞추어 발을 내딛는 역동적인 움직임도 곡선이요, 살풀이춤에서 수건의 간드러진 선이 만들어 내는 것도 곡선이다. 해서 지방의 탈춤과 처용무에서도 S자형의 곡선이 연속적으로 이어지면서 춤을 완성해 낸다.
물론 우리 춤에 등장하는 곡선이 다 같은 곡선은 아니다. 힘 있는 선과 유연한 선, 동적인 선과 정적인 선, 무거운 선과 가벼운 선 등 그 형태가 다양하고, 길이로 볼 때도 긴 곡선이 있는가 하면 짧은 곡선도 있다. 이렇게 다양한 선들은 춤을 추는 이가 호흡을 깊이 안으로 들이마실 때에는 힘차게 휘도는 선으로 나타나고, ㉠ 가볍게 숨을 들이마시고 내쉬는 과정을 반복할 때에는 경쾌하고 자잘한 곡선으로 나타나곤 한다.
호흡의 조절을 통해 다양하게 구현되는 곡선들 사이에는 우리 춤의 빼놓을 수 없는 구성 요소인 '정지'가 숨어있다. 정지는 곡선의 흐름과 어울리며 우리 춤을 더욱 아름답고 의미 있게 만들어 주는 역할을 한다. 정지하기 쉬운 동작에서 정지는 별 의미가 없지만, ㉡ 정지하기 어려운 동작에서 정지하는 것은 예술적 기교로 간주된다. 그러나 이때의 정지는 말 그대로의 정지라기보다 ㉢ '움직임의 없음'이며, 그런 점에서 동작의 연장선상에서 이해해야 한다. 음악의 경우 연주가 시작되기 전이나 끝난 후에 일어나는 정지 상태는 별다른 의미가 없지만 연주 도중의 정지, 곧 침묵의 순간은 소리의 연장선상에서 이해되는 것과 마찬가지다. 다시 말해서 이때의 소리의 없음도 엄연히 연주의 일부라는 것이다.
우리 춤에서 정지를 ㉣ 동작의 연장으로 보는 것, 이것은 바로 우리 춤에 담겨 있는 '마음의 몰입'이 발현된 결과이다. 춤추는 이가 호흡을 가다듬며 다양한 곡선들을 연출하는 과정을 보면 한 순간 움직임을 통해 선을 만들어 내지 않고 멈춰 있는 듯한 장면이 있다. 이런 동작의 정지 상태에도 멈춤 그 자체로 머무는 것이 아니며, 여백의 그 순간에도 상상의 선을 만들어 춤을 이어가는 것을 몰입 현상이라고 말하는 것이다. 우리 춤이 춤의 진행 과정 내내 곡선을 유지한다는 말은 이처럼 실제적인 곡선뿐만 아니라 마음의 몰입까지 포함한다는 의미이며, 이것이 바로 우리 춤을 가장 우리 춤답게 만들어 주는 특성이라고 할 수 있다.

19 윗글의 내용을 통해 알 수 없는 것은?

① 우리 춤은 주로 손을 중심으로 하여 선을 만들어간다.
② 우리 춤은 곡선의 흐름을 유지하면서 내용을 전개한다.
③ 우리 춤은 힘차고 가벼운 동작을 규칙적으로 반복한다.
④ 우리 춤은 호흡 조절을 통해 여러 가지 선을 연출한다.

20 윗글의 ㉠~㉢ 중 의미하는 바가 다른 하나는?

① ㉠ ② ㉡
③ ㉢ ④ ㉣

CHAPTER 04
이해력

합격 CHEAT KEY

출제유형

01 상황판단

바람직한 사회 생활을 영위하기 위한 직업인으로서의 태도 및 자세를 평가하는 유형으로, 일련의 상황을 제시하고 이에 따른 적절한 것 혹은 적절하지 않은 것을 찾는 문제가 출제된다.

02 조직생활

조직 내 단체 생활을 하며 동료·상사와의 관계에서 어떻게 행동할 것인지 묻는 문제가 출제되고 있다.

03 갈등관리

직장 생활을 하며 업무적 마찰이나 갈등을 어떻게 해결할 것인지를 묻는 문제가 출제되고 있다.

| 학습전략 |

01 상황판단
- 제시된 상황을 빠르고 정확하게 이해해야 문제를 풀 수 있다.

02 조직생활
- 타인의 입장에서 문제 상황을 바라보고 판단할 수 있어야 한다.

03 갈등관리
- 조직 내 갈등은 부정적인 효과뿐 아니라 긍정적인 효과 또한 창출할 수 있다는 것을 이해해야 한다.

CHAPTER 04 이해력 기출예상문제

정답 및 해설 p.020

대표유형 1 　상황판단

다음 〈조건〉을 보고 판단했을 때 적절한 행동은?

조건
- 평소 A사원은 B사원과 업무를 함께 진행한다.
- A사원은 술을 잘 마시지 못한다.
- B사원은 술을 잘 마신다.
- 연말 회식자리에서 B사원이 A사원에게 업무 이야기를 하며 술을 권한다.

① A사원은 B사원에게 원래 술을 못 마신다고 말하며 술을 거절한다.
② A사원은 다른 팀원들에게 도움을 요청하여 B사원을 다른 곳으로 가게 한다.
③ A사원은 B사원이 주는 술을 몰래 버린다.
④ A사원은 B사원을 피해 다른 곳으로 은근슬쩍 자리를 옮긴다.

| 해설 | 다른 사람에 의해 본인에게 불편한 상황이 생기면 솔직하게 자신의 상황을 말하고 거절하는 것이 적절한 행동이라고 할 수 있다.

정답 ①

※ 다음 〈조건〉을 보고 판단했을 때 적절한 행동을 고르시오. [1~3]

01
조건
- 부서원들끼리 점심식사를 마치고 A사원의 카드로 우선 한꺼번에 계산을 하게 되었다.
- 다른 부서원들은 정확히 A사원에게 점심값을 전달했다.
- 평소 껄끄러웠던 선임 B대리는 실제 금액보다 적은 금액을 A사원에게 주었다.

① 큰 금액은 아니므로 개의치 않는다.
② 즉시 그 자리에서 B대리에게 금액이 틀리다고 말한다.
③ 다음에 다시 본인이 점심식사 가격을 계산하게 될 때 가벼운 농담조로 B대리에게 이 사실을 말한다.
④ B대리가 계산할 때 B가 덜 낸 만큼 본인도 덜 낸다.

02

> **조건**
> - A대리는 매년 K국가로 해외출장 시 같은 호텔을 이용한다.
> - 어느 날 묵고 있던 호텔에서 우수고객이라며 고가의 레저 이용권을 별다른 제안 없이 제공하려 한다.

① 레저 이용권을 사용한 후 회사에 알린다.
② 개인적으로 받는 것이기 때문에 다른 절차 없이 본인이 사용한다.
③ 즉시 거절하고 앞으로도 제공하지 말 것을 통보한다.
④ 부서장 또는 담당부서와 통화한 후 지침을 따른다.

03

> **조건**
> - S부서에는 M팀과 K팀이 있다.
> - 두 팀의 직원은 2년간 근무한 후 번갈아가며 M팀과 K팀을 순환하고 있다.
> - A대리가 K팀에 온 지 1년 6개월이 되어갈 시점에 사적인 이유로 M팀의 팀장과 K팀의 팀장 사이에 심각한 불화가 생겨 팀원들은 눈치를 보며 생활하는 중이다.

① A대리는 현재 K팀 소속인 만큼 K팀 팀장의 의견에 맞장구 쳐 준다.
② 상황에 따라 K팀 팀장과 M팀 팀장의 의견에 번갈아가며 맞장구 쳐 준다.
③ 사적인 일로 벌어진 상황인만큼 신경 쓰지 않는다.
④ 팀원들과 대화 시 상대 팀장의 험담은 절대 하지 않는다.

대표유형 2 조직생활

다음 중 직장생활에서 인간관계를 잘하는 방법에 대한 설명으로 적절하지 않은 것은?

① 상사나 동료의 의견에 일단 수긍을 하는 자세를 보인다.
② 업무능력보다는 인간관계가 더 중요하다는 점을 명심한다.
③ 적극적인 마인드를 가지고 업무에 임하고 자신을 강하게 어필할 수 있도록 한다.
④ 상대방에게 호감을 줄 수 있도록 항상 웃는 얼굴로 대한다.

| 해설 | 직장생활은 일이기 때문에 업무능력이 더 중요하다. 업무능력이 떨어지면 인간관계를 잘하는 것은 큰 의미가 없다. 직장생활에서 업무능력이 좋으면, 인간관계에서도 큰 영향을 미친다.

정답 ②

---

04 다음 법칙을 읽고 리더(Leader)의 입장에서 이해한 내용으로 가장 적절한 것은?

존 맥스웰(John Maxwell)의 저서 『121가지 리더십 불변의 법칙』 중 첫 번째 법칙으로 '뚜껑의 법칙'을 살펴볼 수 있다. 뚜껑의 법칙이란 용기(容器)를 키우려면 뚜껑의 크기도 그에 맞게 키워야만 용기로서의 역할을 제대로 할 수 있으며, 그렇지 않으면 병목 현상이 생겨 제 역할을 할 수 없다는 것이다.

① 리더는 적합한 인재를 등용할 수 있어야 한다.
② 참된 리더는 부하직원에게 기회를 줄 수 있어야 한다.
③ 리더는 부하직원의 실수도 포용할 수 있어야 한다.
④ 크고 작은 조직의 성과는 리더의 역량에 달려 있다.

05 다음 중 훌륭한 팀워크를 유지하기 위한 기본요소로 적절하지 않은 것은?

① 팀원 간 공동의 목표의식과 강한 도전의식을 가진다.
② 팀원 간에 상호 신뢰하고 존중한다.
③ 서로 협력하면서 각자의 역할에 책임을 다한다.
④ 팀원 개인의 능력이 최대한 발휘되는 것이 핵심이다.

06 다음 중 대인관계능력에 대한 설명으로 적절하지 않은 것은?

① 인간관계를 형성할 때 가장 중요한 요소는 무엇을 말하느냐, 어떻게 행동하느냐이다.
② 대인관계를 형성하는 출발점은 자신의 내면이다.
③ 조직구성원들에게 도움을 줄 수 있는 능력이다.
④ 고객의 요구를 충족시켜줄 수 있는 능력이다.

대표유형 3 갈등관리

다음 중 조직에서 갈등을 증폭시키는 행위로 적절하지 않은 것은?

① 팀원 간에 서로 상대보다 더 높은 인사고과를 얻기 위해 경쟁한다.
② 팀의 공동목표 달성보다는 본인의 승진이 더 중요하다고 생각한다.
③ 다른 팀원이 중요한 프로젝트를 맡은 경우에 그 프로젝트에 대해 자신이 알고 있는 노하우를 알려주지 않는다.
④ 갈등이 발견되면 바로 갈등 문제를 즉각적으로 다루려고 한다.

| 해설 | 갈등을 발견하고도 즉각적으로 다루지 않는다면 나중에는 팀 성공을 저해하는 장애물이 될 것이다. 그러나 갈등이 존재한다는 사실을 인정하고 해결을 위한 조치를 취한다면, 갈등을 해결하기 위한 하나의 기회로 전환할 수 있다.

정답 ④

07 다음은 C교육청 사보에 실린 '조직의 분쟁 해결을 위한 여섯 단계'를 설명하는 기사내용이다. 오늘 아침 회의시간에 회사 성과급 기준과 관련하여 팀원 간의 갈등이 있었는데, 기사를 읽고 고려할 수 있는 갈등 해결 방안으로 적절하지 않은 것은?

〈조직의 분쟁 해결을 위한 여섯 단계〉
1. 문제가 무엇이며, 분쟁의 원인이 무엇인지 명확히 정의하기
2. 공동의 목표 수립하기
3. 공동의 목표를 달성하는 방법에 대해 토론하기
4. 공동의 목표를 수립하는 과정에서 발생할 장애물 탐색하기
5. 분쟁을 해결하는 최선의 방법에 대해 협의하기
6. 합의된 해결 방안을 확인하고 책임 분할하기

① 성과급 기준에 대해 내가 원하는 점과 다른 사람이 원하는 점을 모두 생각해봐야지.
② 합의된 성과급 기준에서 발생할 수 있는 문제점들도 생각해봐야겠다.
③ 모두가 만족할 만한 해결 방안을 확인했으니, 팀장인 내가 책임감을 가지고 실행해야지.
④ 성과급 기준과 관련하여 팀원들과 갈등이 있었는데 원인을 찾아봐야겠다.

08 다음 중 갈등에 대한 설명으로 가장 적절한 것은?

① 의사소통의 폭을 줄이면서, 서로 접촉하는 것을 꺼리게 된다.
② 갈등이 없으면 항상 의욕이 상승하고, 조직 성과가 높아진다.
③ 승리하기보다는 문제를 해결하는 것을 중시한다.
④ 목표 달성을 위해 노력하는 팀은 갈등이 없다.

09 다음 자료는 갈등 해결을 위한 6단계 절차이다. 3단계에 해당하는 대화의 예로 가장 적절한 것은?

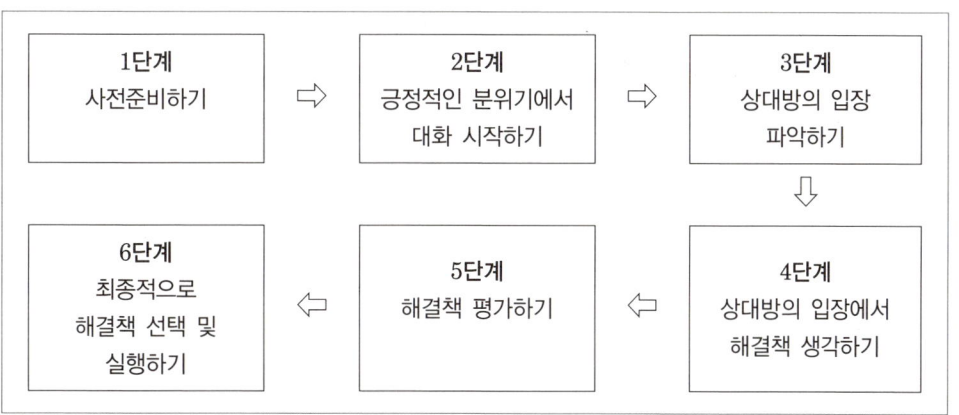

① 그럼 A씨의 생각대로 진행해 보시죠.
② 제 생각은 이런데, A씨의 생각은 어떠신지 말씀해 주시겠어요?
③ 저도 좋아요. 그것으로 결정해요.
④ 저는 모두가 만족하는 해결책을 찾고 싶어요.

CHAPTER 05
공간지각력

합격 CHEAT KEY

| 출제유형 |

01 평면도형

종이를 접어 구멍을 뚫은 후 다시 펼쳤을 때의 모습을 찾는 펀칭 문제와 일정 규칙에 따른 도형의 변화를 보고 빈칸에 들어갈 도형을 찾는 패턴 찾기 문제, 전개도를 접었을 때 나올 수 없는 도형을 찾는 전개도 문제 등이 출제되고 있다.

02 입체도형

단면도를 보고 입체도형을 찾는 단면도 문제와 모양이 다른 하나를 찾는 투상도 문제, 블록을 결합했을 때 모습 또는 빈칸에 들어갈 블록을 찾는 블록결합 문제, 제시된 모양을 만드는 데 사용된 블록의 개수를 찾는 블록개수 문제 등이 출제되고 있다.

| 학습전략 |

01 평면도형

- 공부를 하다가 잘 이해가 되지 않는 경우에는 머릿속으로 상상하는 것에 그치지 말고 실제로 종이를 접어 구멍을 뚫어 보거나 잘라 보는 것이 좋다.

02 입체도형

- 여러 시점에서 바라본 도형의 모습을 연상하며, 보이지 않는 부분까지도 유추할 수 있는 능력을 키워야 한다.
- 입체도형은 큰 덩어리보다 작고 세밀한 부분에서 답이 나올 확률이 높다. 따라서 눈대중으로 훑어보아서는 안되며, 작은 부분까지 꼼꼼하게 체크하면서 답을 찾아야 한다.

CHAPTER 05 공간지각력 핵심이론

01 평면도형

1. 펀칭

주어진 종이를 조건에 맞게 접은 후 구멍을 뚫고 펼쳤을 때 나타나는 모양을 고르는 유형이 출제된다.
- 펀칭 유형은 종이에 구멍을 낸 후 다시 종이를 펼쳐가며 구멍의 위치와 모양을 추적하는 방법으로 해결할 수 있다.
- 종이를 펼쳤을 때 구멍의 개수와 위치를 판별하는 것이 핵심이다. 이를 위해서는 '대칭'에 대한 이해가 필요하다. 구멍은 종이를 접은 선을 기준으로 대칭되어 나타난다는 것에 유의한다.
  - 개수 : 면에 구멍을 뚫으면 종이를 펼쳤을 때 구멍이 2개 나타나고, 접은 선 위에 구멍을 뚫으면 종이를 펼쳤을 때 구멍이 1개 나타난다.
  - 위치 : 종이를 접는 방향을 주의 깊게 살펴야 한다. 종이를 왼쪽에서 오른쪽으로 접은 경우, 구멍의 위치는 오른쪽에서 왼쪽으로 표시하며 단계를 거슬러 올라간다.

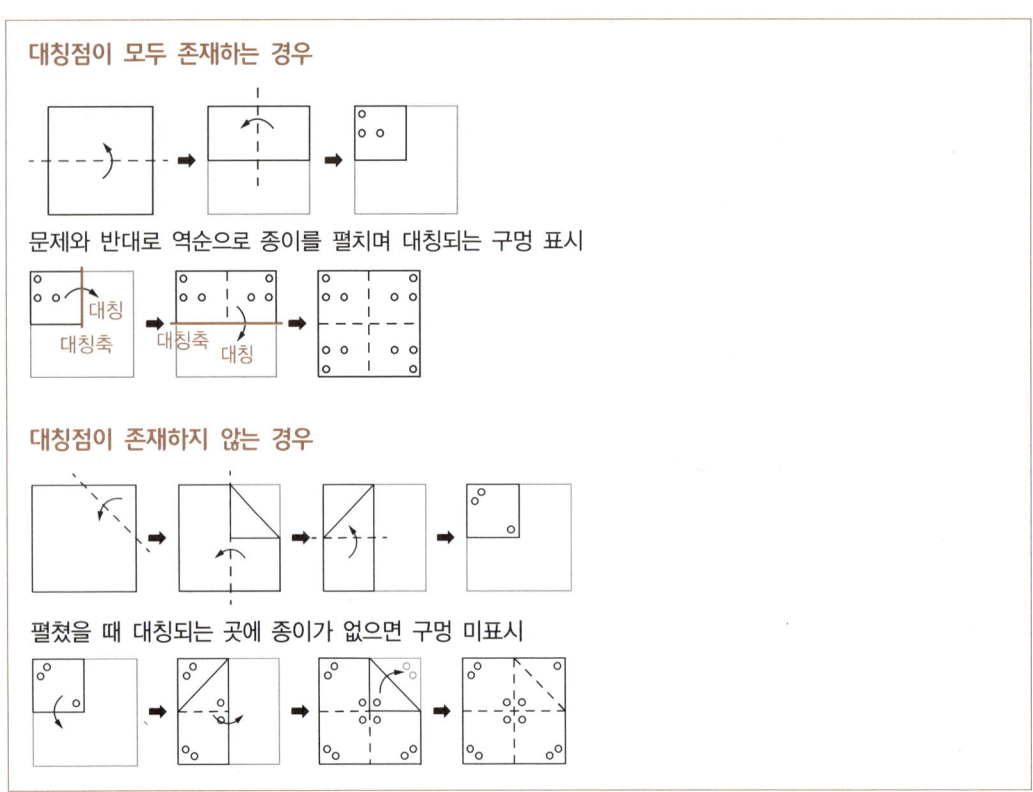

2. 도형추리

(1) 180° 회전한 도형은 좌우와 상하가 모두 대칭이 된 모양이 된다.

예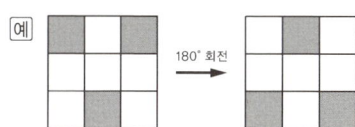

(2) 시계 방향으로 90° 회전한 도형은 시계 반대 방향 270° 회전한 도형과 같다.

예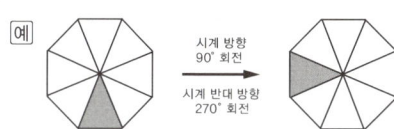

(3) 좌우 반전 → 좌우 반전, 상하 반전 → 상하 반전은 같은 도형이 된다.

예

(4) 도형을 거울에 비친 모습은 방향에 따라 좌우 또는 상하로 대칭된 모습이 나타난다.

예

02 입체도형

1. 전개도

제시된 전개도를 이용하여 만들 수 있는 입체도형을 찾는 문제와 제시된 입체도형의 전개도로 알맞은 것을 고르는 유형이 출제된다.

- 전개도상에서는 떨어져 있지만 입체도형으로 만들었을 때 서로 연결되는 면을 주의 깊게 살핀다.
- 마주보는 면과 인접하는 면을 구분하여 학습한다.
- 평면이었던 전개도가 입체도형이 되면서 면의 그림이 회전되는 모양을 확인한다.
- 많이 출제되는 전개도는 미리 마주보는 면과 인접하는 면, 만나는 꼭짓점을 학습한다.
  - ①~⑥은 접었을 때 마주보는 면을 의미한다. 즉, 두 수의 합이 7이 되는 면끼리 마주 보는 면이다. 또한 각 전개도에서 ①에 위치하는 면이 같다고 할 때, 전개도마다 면이 어떻게 배열되는지도 나타낸다.
  - 1~8은 접었을 때 만나는 점을 의미한다. 즉 접었을 때 같은 숫자가 적힌 점끼리 만난다.

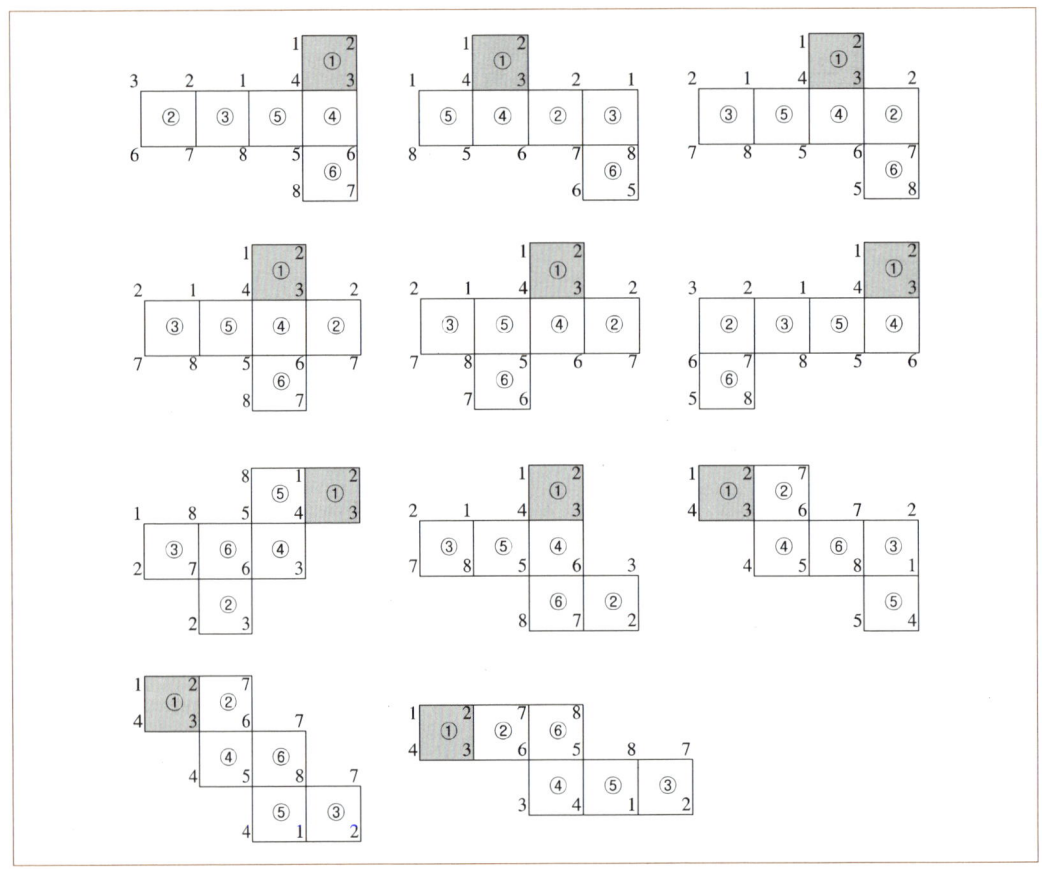

2. 단면도

입체도형을 세 방향에서 봤을 때 나타나는 단면과 일치하는 것을 고르는 유형이 출제된다.
- 제시된 세 단면이 입체도형을 어느 방향에서 바라본 단면인지 파악한다.
- 보기에 제시된 입체도형에서 서로 다른 부분을 표시한다.
- 입체도형에 표시된 부분을 기준으로 제시된 단면과 일치하지 않는 입체도형을 지워나간다.

3. 투상도

여러 방향으로 회전된 입체도형 중에 일치하지 않는 것을 고르는 유형이 출제된다.
- 주로 밖으로 나와 있는 모양이나 안으로 들어가 있는 모양이 반대로 되어 있거나 입체도형을 회전하였을 때 모양이 왼쪽, 오른쪽이 반대로 되어 있는 경우가 많으므로 이 부분을 중점으로 확인한다.

4. 블록결합

직육면체로 쌓아진 블록을 세 개의 블록으로 분리했을 때 제시되지 않은 하나의 블록을 고르는 유형이 출제된다.
- 쉽게 파악되지 않는 블록의 경우 블록을 한 층씩 나누어 생각한다.
- 블록은 다양한 방향과 각도로 회전하여 결합할 수 있으므로 결합되는 여러 가지 경우의 수를 판단한다.

> **직육면체의 입체도형을 세 개의 블록으로 분리했을 때, 들어갈 블록의 모양으로 옳은 것을 고르는 유형**
>
> 〈전체〉　〈A〉　〈B〉　〈C〉
>
> - 개별 블록과 완성된 입체도형을 비교하여 공통된 부분을 찾는다.
> - 완성된 입체도형에서 각각의 블록에 해당되는 부분을 소거한다. 전체 블록은 16개의 정육면체가 2단으로 쌓인 것으로, 〈A〉와 〈B〉를 제하면 윗단은 ☐☐이 되고, 아랫단은 ☐이 되어 〈C〉에는 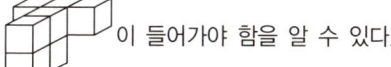 이 들어가야 함을 알 수 있다.

CHAPTER 05 공간지각력 기출예상문제

정답 및 해설 p.021

01 평면도형

대표유형 1 펀칭

01 다음 그림과 같이 화살표 방향으로 종이를 접은 후, 펀치로 구멍을 뚫어 다시 펼쳤을 때의 그림으로 옳은 것은?

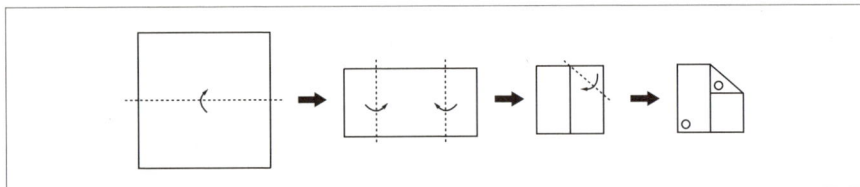

① 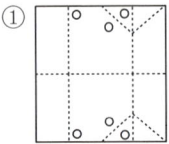   ②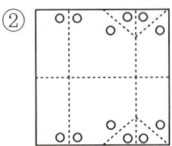

③ 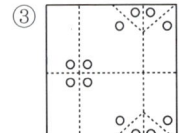   ④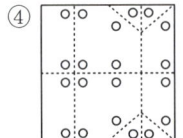

| 해설 |

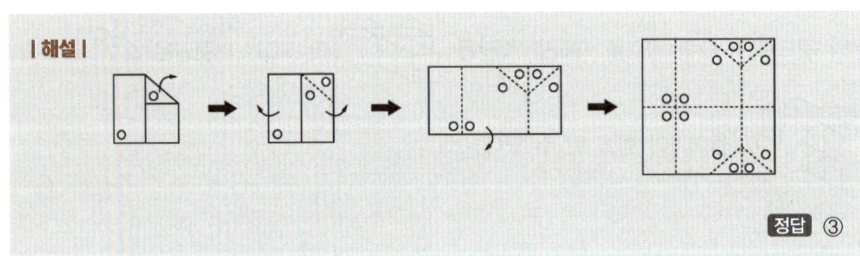

정답 ③

02 다음과 같은 정사각형의 종이를 화살표 방향으로 접고 〈보기〉의 좌표가 가리키는 위치에 구멍을 뚫었다. 다시 펼쳤을 때 뚫린 구멍의 위치를 좌표로 나타낸 것으로 옳은 것은?(단, 좌표가 그려진 사각형의 크기와 종이의 크기는 일치하며, 종이가 접힐 때 종이의 위치는 바뀌지 않는다)

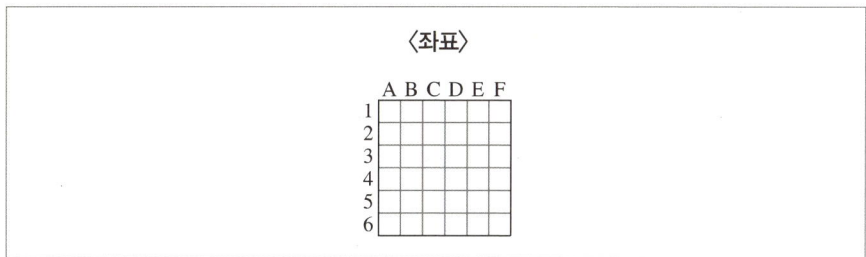

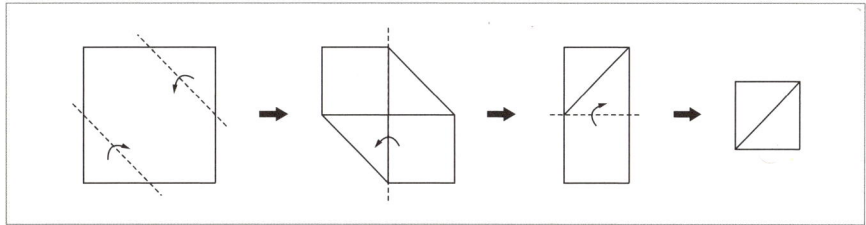

보기
C3

① A5, C3, C4, D3, D4, F5
② A6, C2, C5, D2, D5, F1
③ A6, C3, C4, D3, D4, F1
④ C3, C4, D3, D4

| 해설 | 종이에 구멍을 뚫은 상태에서 거꾸로 펼쳐가며 모양을 역추적한 후, 점선에 대하여 대칭으로 구멍의 위치를 좌표에 표시하며 답을 찾는다.

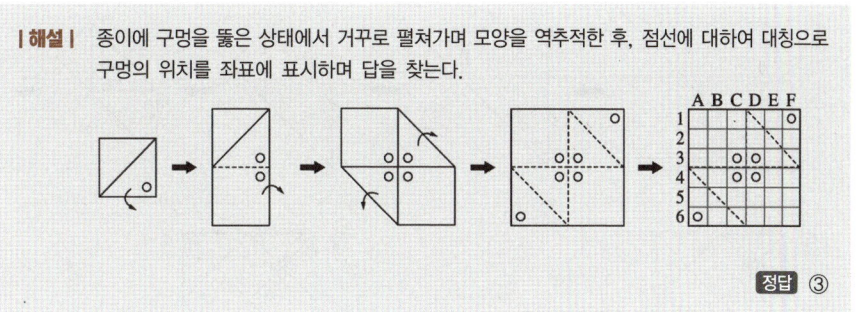

정답 ③

※ 다음 그림과 같이 화살표 방향으로 종이를 접은 후, 펀치로 구멍을 뚫어 다시 펼쳤을 때의 그림으로 옳은 것을 고르시오. [1~3]

01

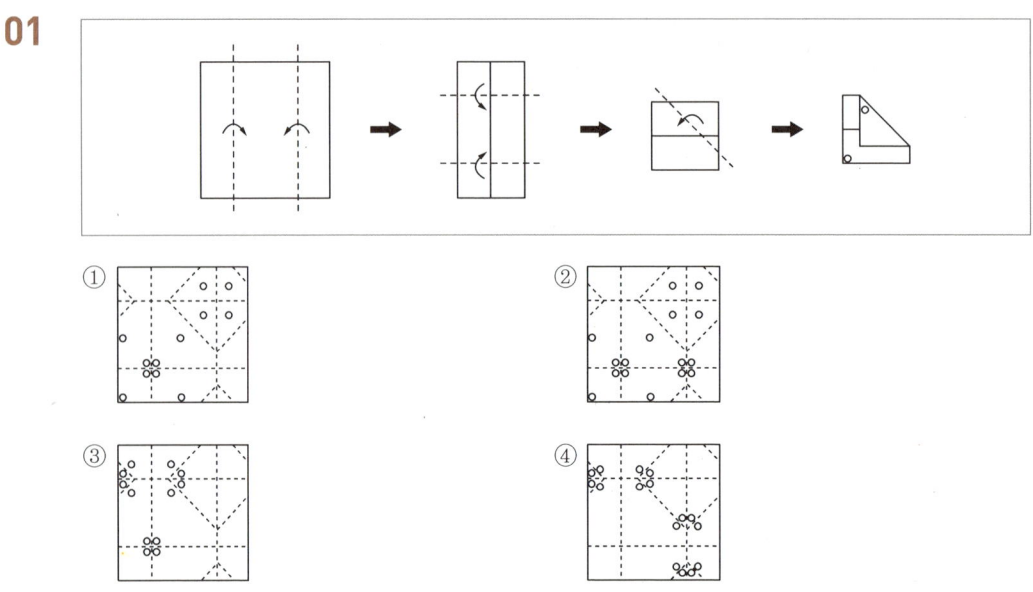

02

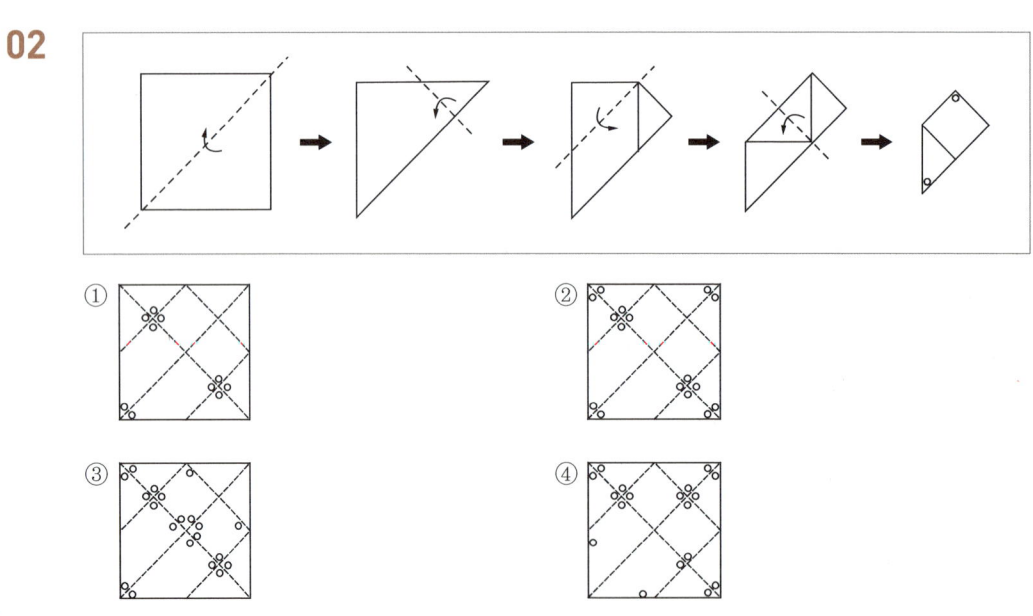

03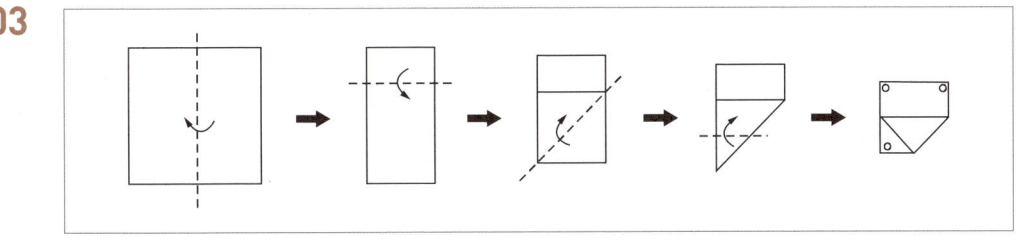

①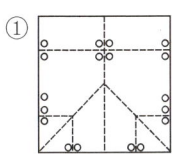

②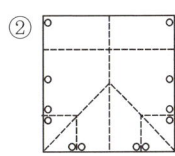

③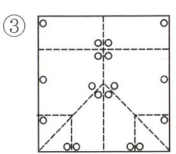

④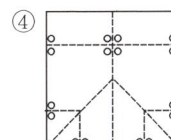

※ 다음과 같은 정사각형의 종이를 화살표 방향으로 접고 〈보기〉의 좌표가 가리키는 위치에 구멍을 뚫었다. 다시 펼쳤을 때 뚫린 구멍의 위치를 좌표로 나타낸 것으로 옳은 것을 고르시오(단, 좌표가 그려진 사각형의 크기와 종이의 크기는 일치하며, 종이가 접힐 때 종이의 위치는 바뀌지 않는다). **[4~6]**

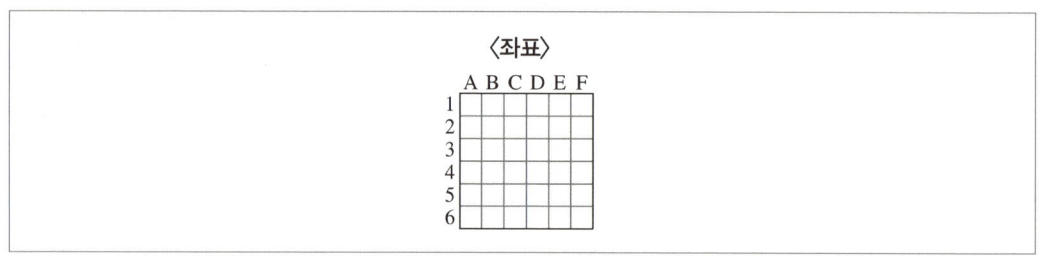

04

보기

C4

① C2, D2, C4, D4, F1, F6
② C3, C4, D3, D4, F1, F6
③ C4, D4, F1, F6
④ F1, F6

05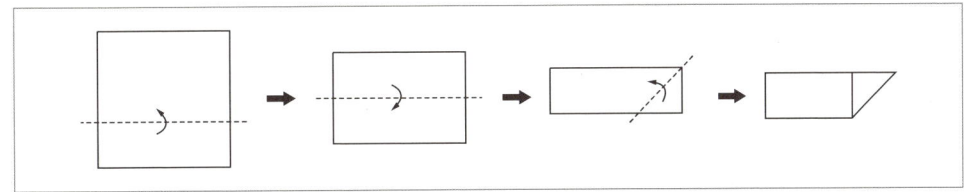

보기
E3

① D2, E3, E4, E6, F1, F5
② E2, E3, E6, F1, F3, F5
③ E1, E3, E6, F1, F4, F5
④ E2, E3, E6, F1, F4, F5

06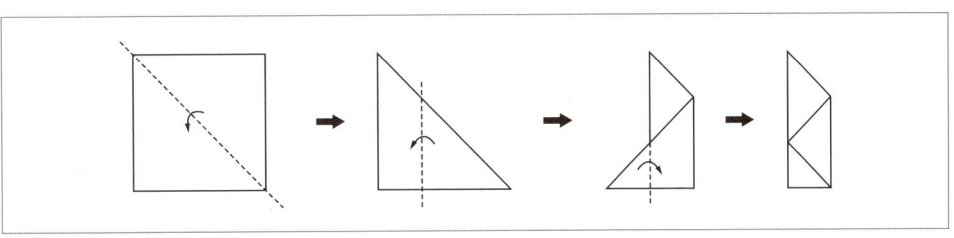

보기
A6

① A6, D6, E6, F1, F4, F5
② B6, D6, E6, F1, F4, F5
③ A6, D5, E6, F1, F4, F5
④ A6, D6, E1, E4, E6, E5

대표유형 2   패턴찾기

다음 도형 내부의 기호들은 일정한 패턴을 가지고 변화한다. 다음 중 ?에 들어갈 도형으로 가장 적절한 것은?

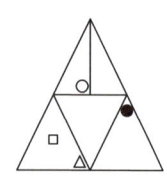 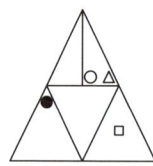 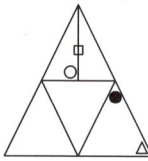 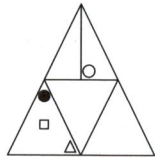

① 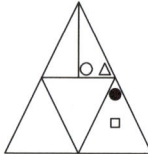   ②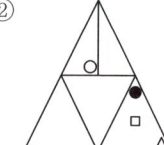

③ 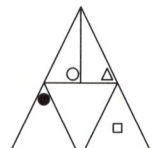   ④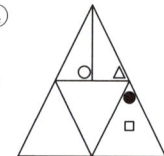

| 해설 | ○와 ●는 좌우대칭, △는 가장자리에 위치한 삼각형 내부의 우측 하단을 기준으로 시계 방향으로 이동, □는 가장자리에 위치한 삼각형 내부의 중앙을 기준으로 시계 반대 방향으로 이동한다.

정답 ④

※ 다음 도형 또는 도형 내부의 기호들은 일정한 패턴을 가지고 변화한다. 다음 중 ?에 들어갈 도형으로 가장 적절한 것을 고르시오. [7~10]

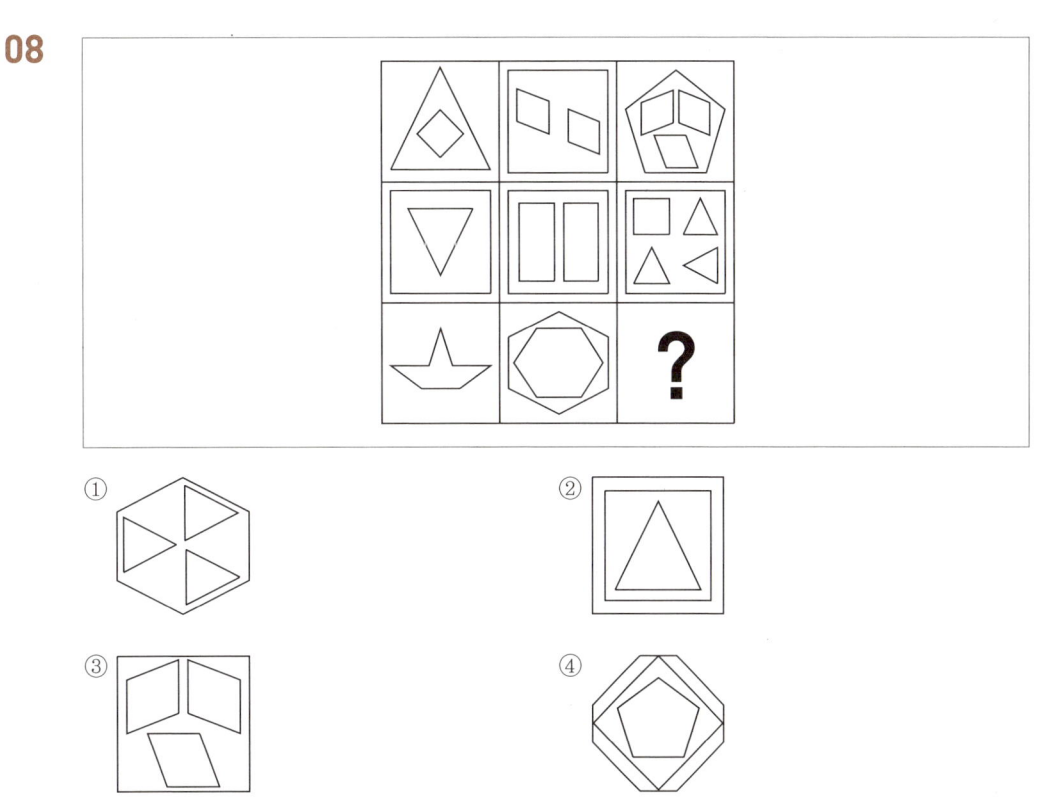

09

① 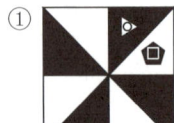 ②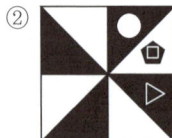

③  ④

10

①  ②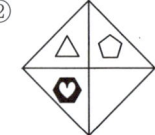

③  ④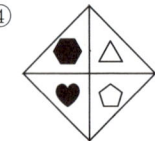

02 입체도형

대표유형 1 전개도

주어진 전개도로 입체도형을 만들었을 때, 만들어질 수 없는 것은?

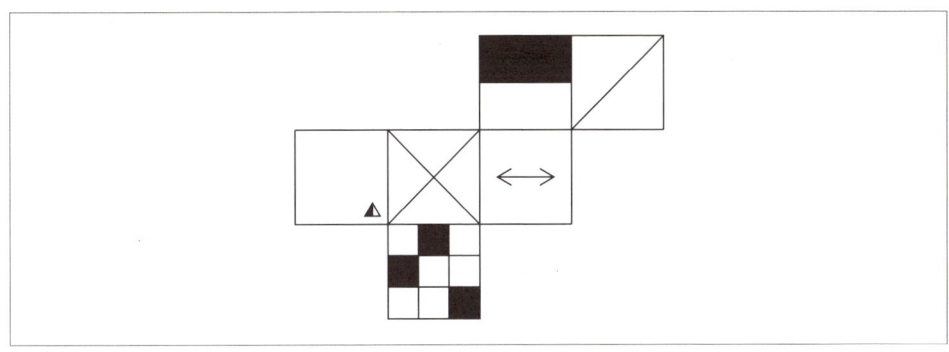

① 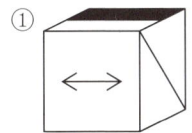   ②

③ 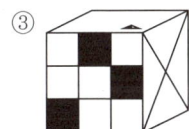   ④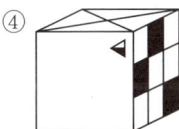

| 해설 |

정답 ②

※ 주어진 전개도로 입체도형을 만들었을 때, 만들어질 수 없는 것을 고르시오. [1~2]

01

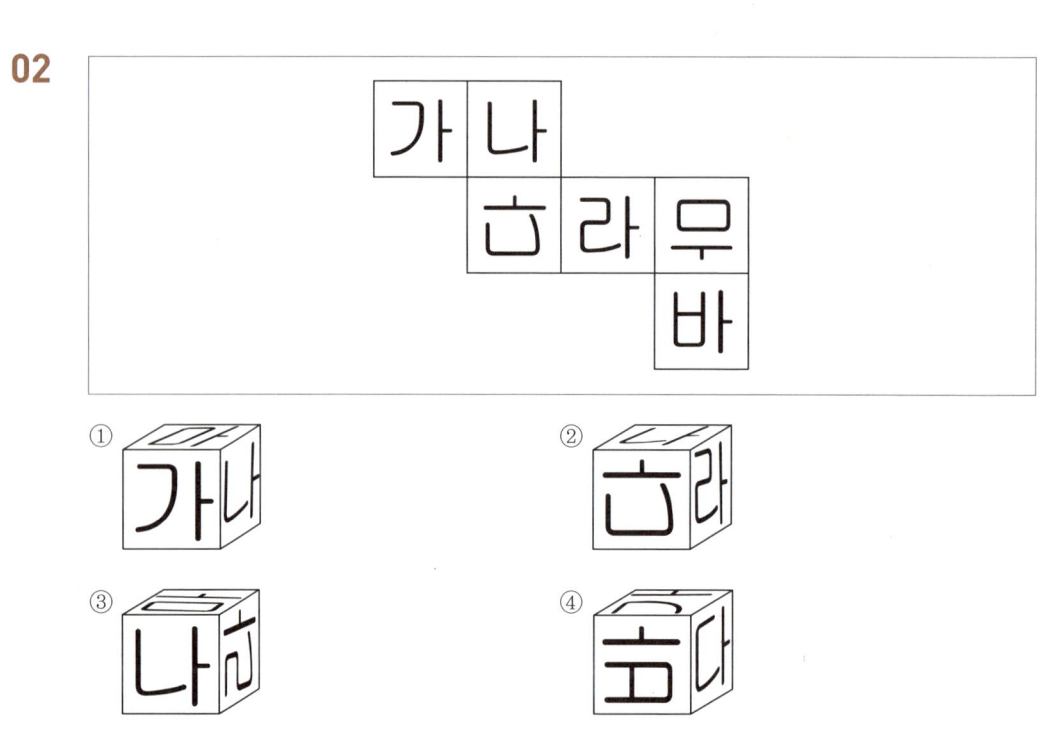

03 다음 중 입체도형을 만들었을 때, 다른 도형이 나오는 것은?

① 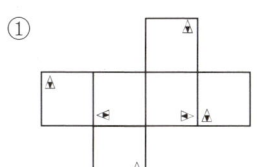 ②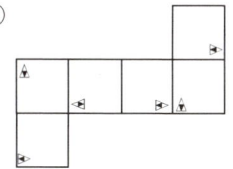

③ 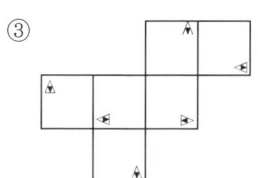 ④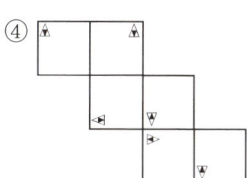

※ 주어진 전개도로 입체도형을 만들었을 때, 만들어질 수 있는 것을 고르시오. **[4~5]**

04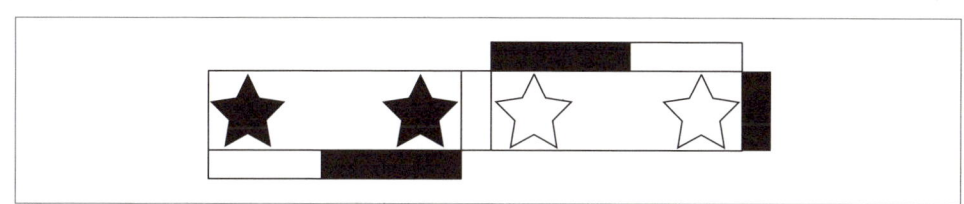

①  ②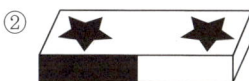

③  ④

05

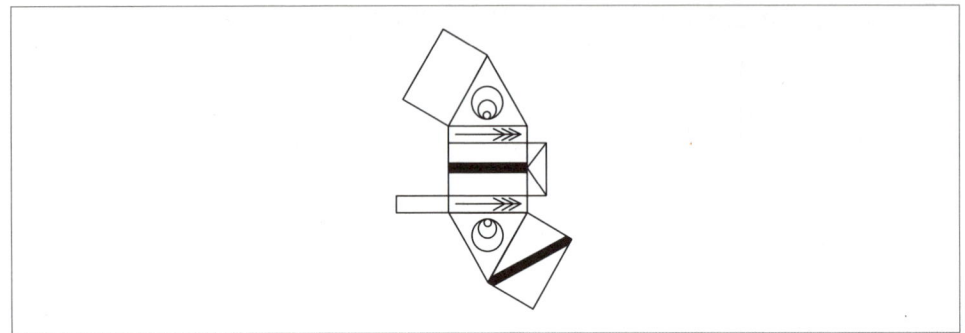

① 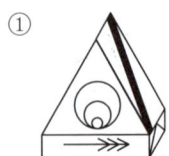   ②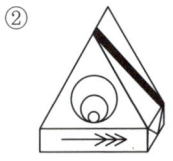

③    ④

대표유형 2 　단면도

다음 제시된 단면과 일치하는 입체도형은?

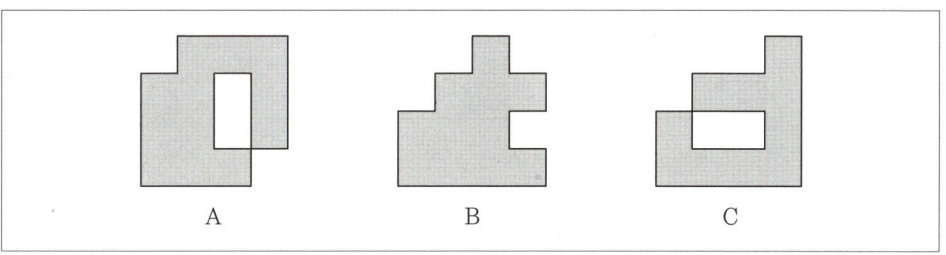

① 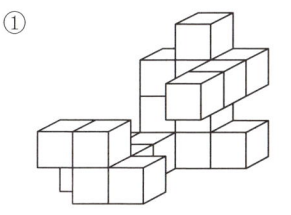　　②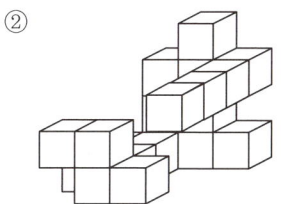

③ 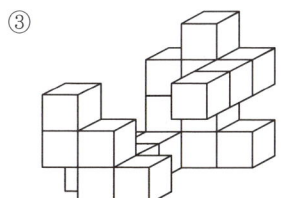　　④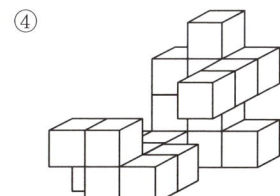

| 해설 | 선택지 도형의 아래에서 맨 위층의 볼록 튀어나온 블록을 통해 첫 번째 그림(A)이 윗면도, 두 번째 그림(B)이 정면도, 세 번째 그림(C)이 우측면도라는 것을 알 수 있다.

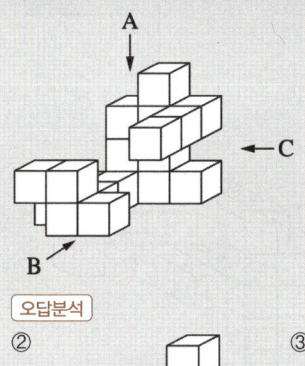

오답분석

② 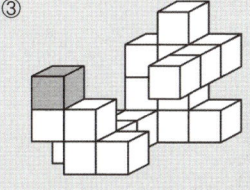　③ 　④

정답 ①

※ 다음 제시된 단면과 일치하는 입체도형을 고르시오. [6~10]

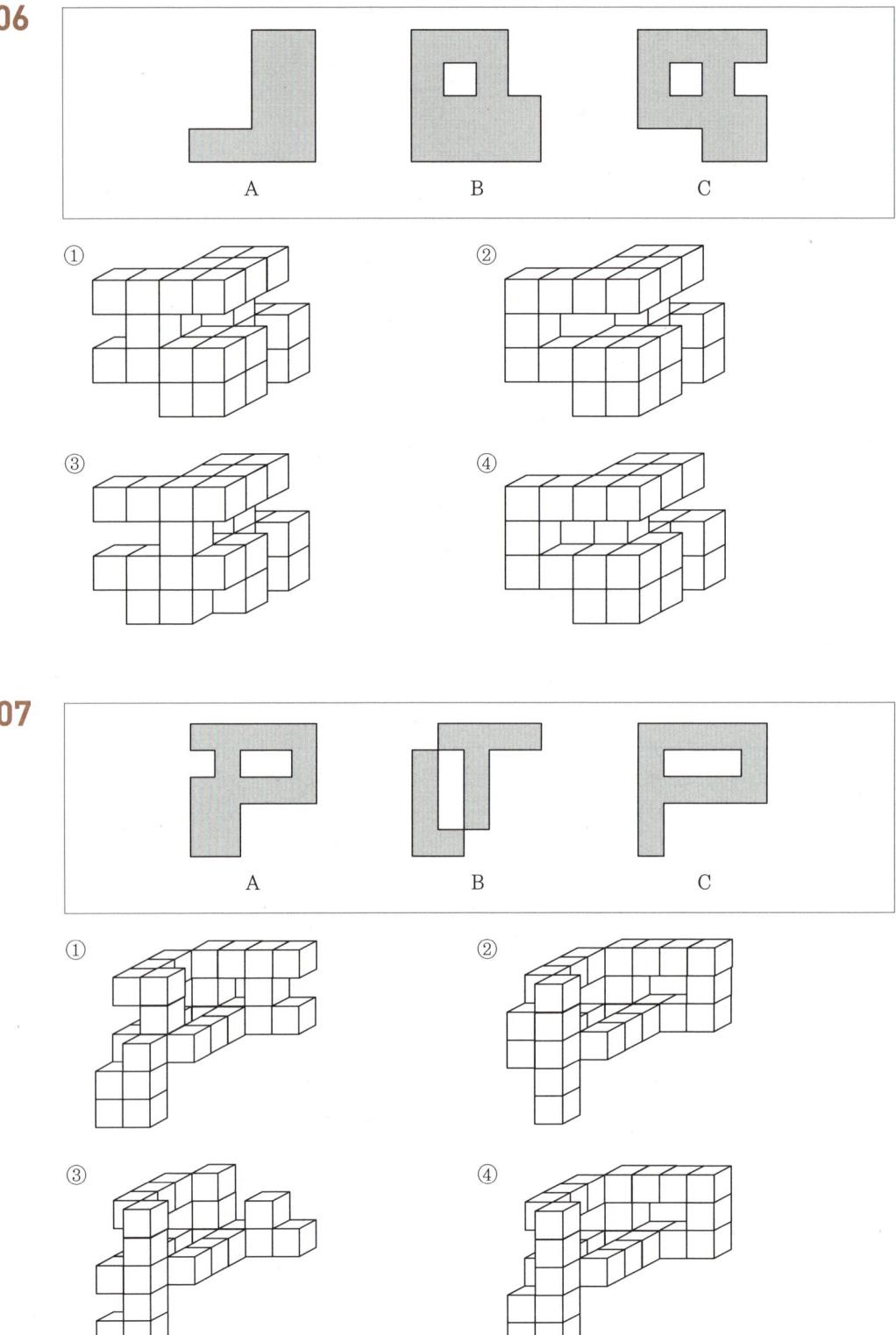

08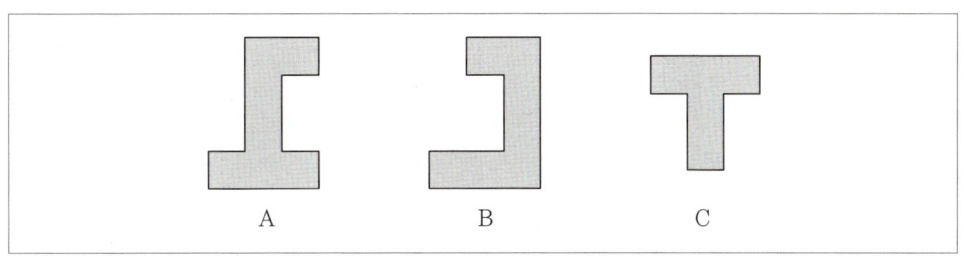

① 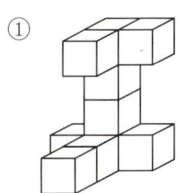 ②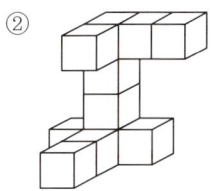

③ 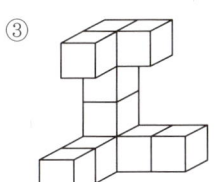 ④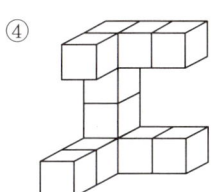

09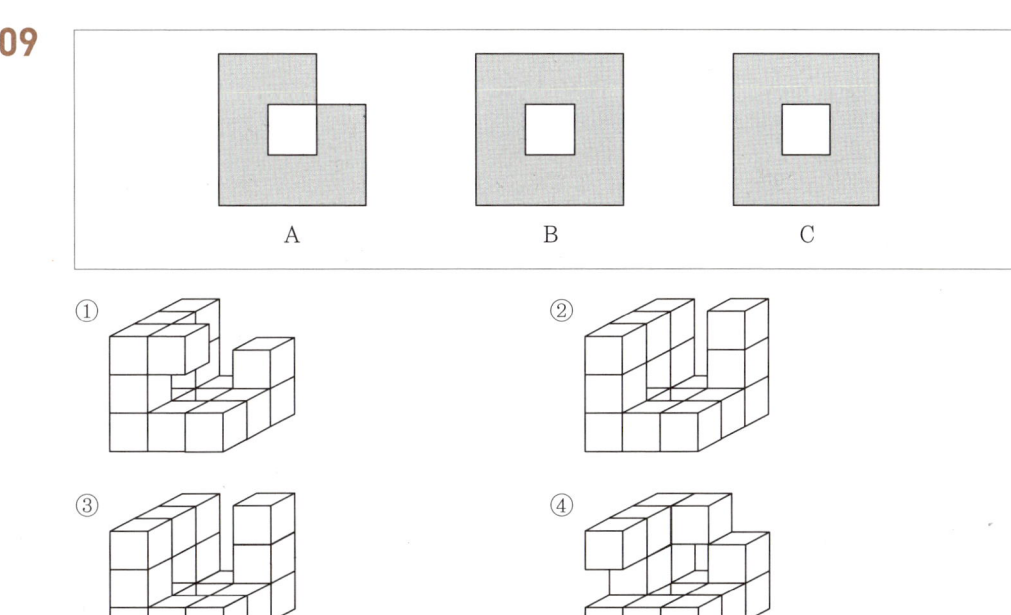

10

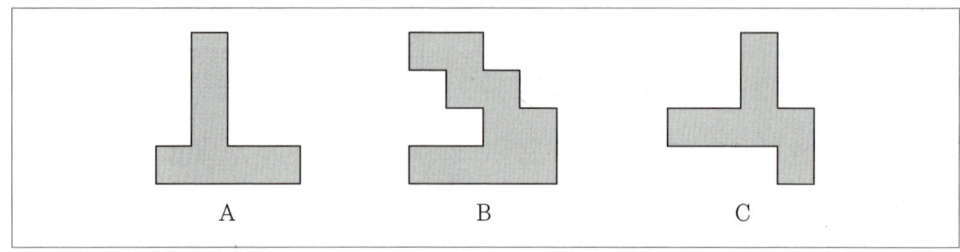

① 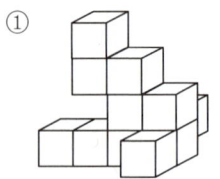   ②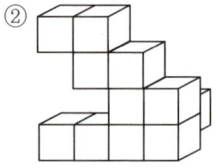

③ 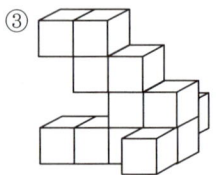   ④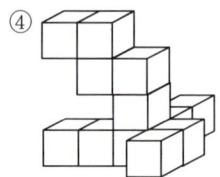

대표유형 3 투상도

다음 주어진 입체도형 중 일치하지 않는 도형은?

①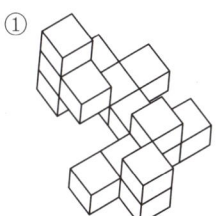
②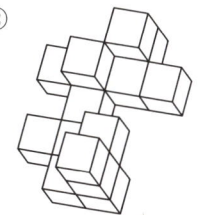

③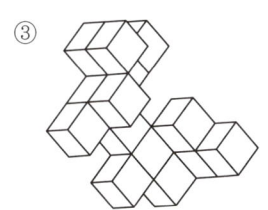
④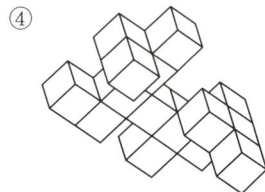

| 해설 |

정답 ④

※ 다음 주어진 입체도형 중 일치하지 않는 도형을 고르시오. [11~15]

11 ①  ②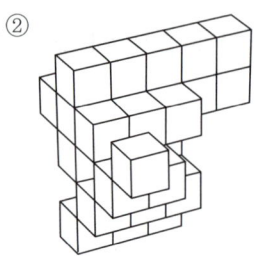

③  ④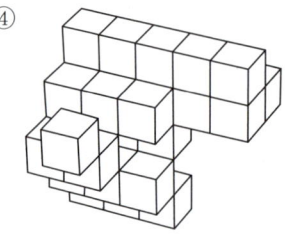

12 ① 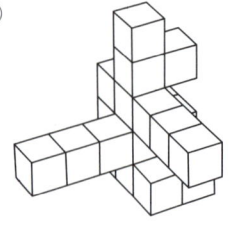 ②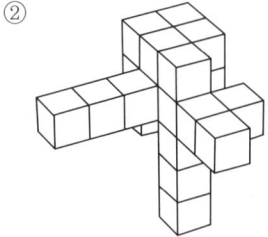

③ 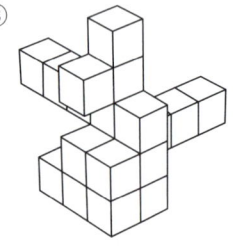 ④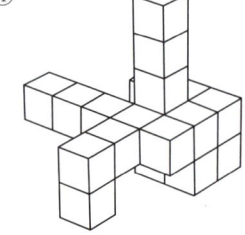

13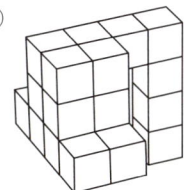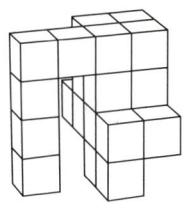

 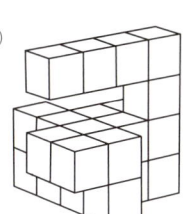   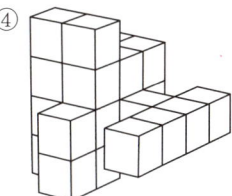

14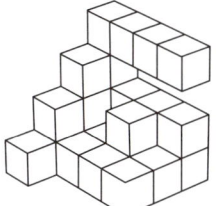

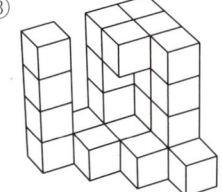   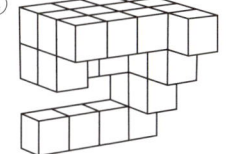

15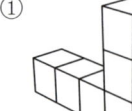

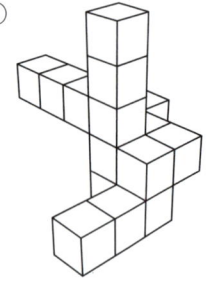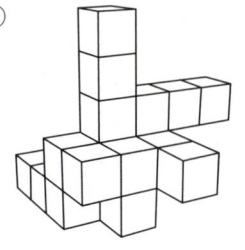

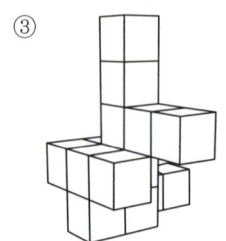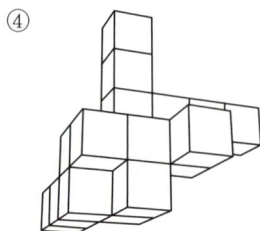

대표유형 4 블록결합

01 왼쪽의 직육면체 모양의 입체도형은 두 번째, 세 번째 입체도형과 ?를 조합하여 만들 수 있다. 다음 중 ?에 들어갈 도형으로 가장 적절한 도형은?

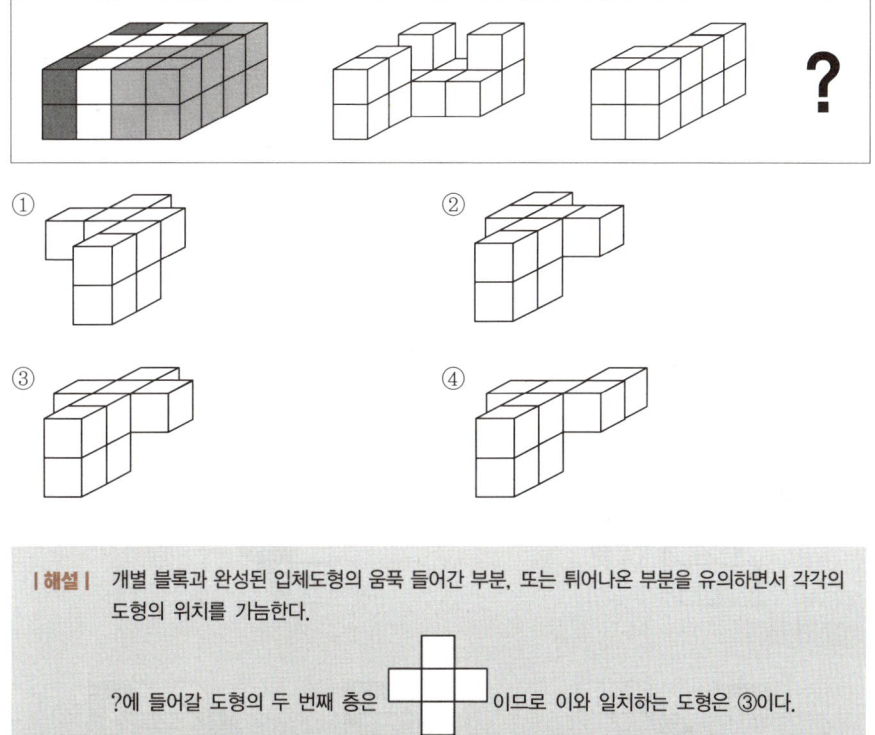

| 해설 | 개별 블록과 완성된 입체도형의 움푹 들어간 부분, 또는 튀어나온 부분을 유의하면서 각각의 도형의 위치를 가늠한다.

?에 들어갈 도형의 두 번째 층은 ⊥⊢ 이므로 이와 일치하는 도형은 ③이다.

정답 ③

02 왼쪽의 두 입체도형을 합치면 오른쪽의 3×3×3 정육면체가 완성된다. ?에 들어갈 도형을 회전한 모양으로 옳은 것은?

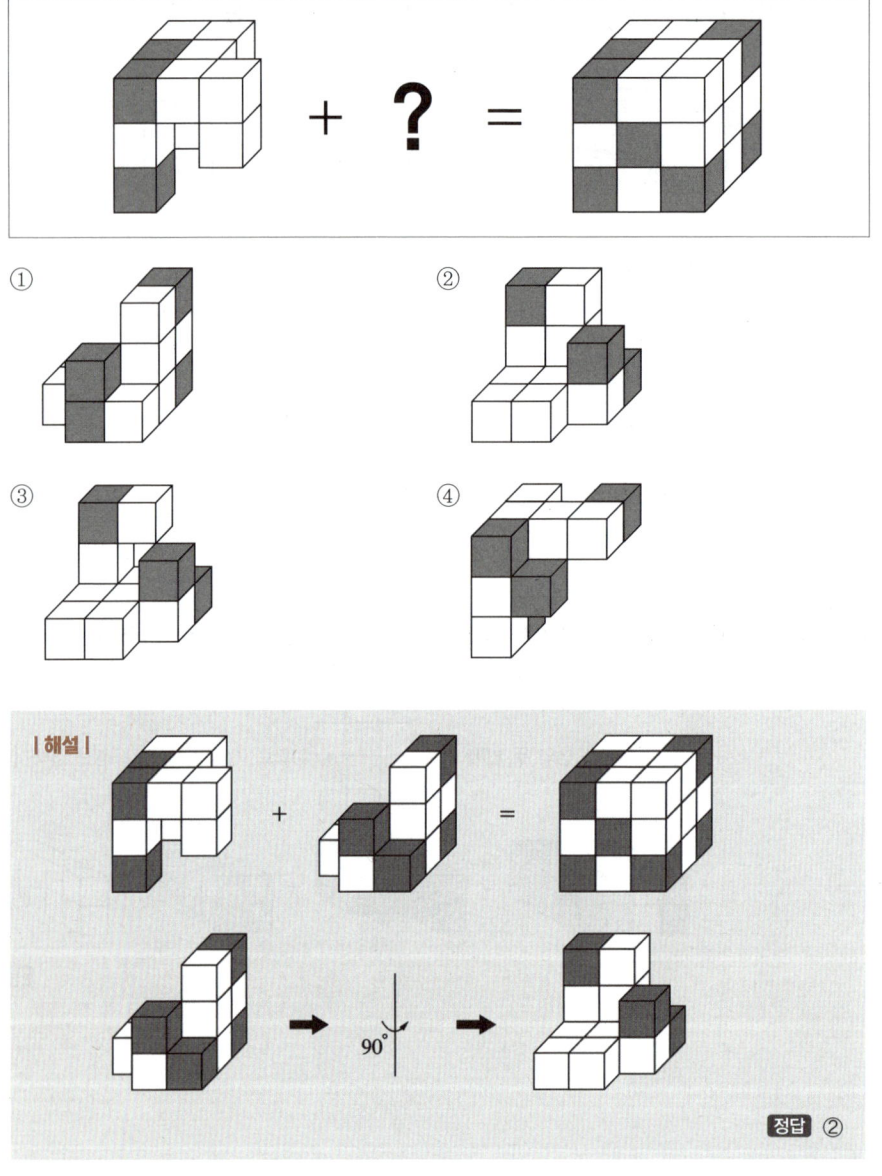

정답 ②

03 다음 두 블록을 합쳤을 때, 나올 수 있는 형태는?

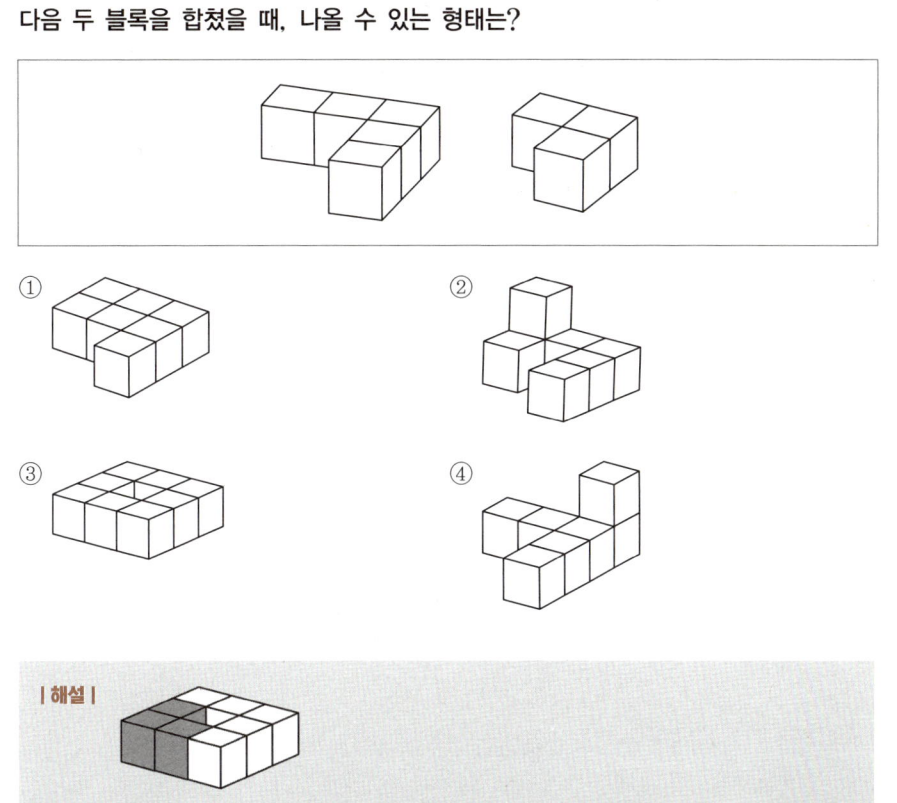

정답 ③

16 왼쪽의 직육면체 모양의 입체도형은 두 번째, 세 번째 입체도형과 ?를 조합하여 만들 수 있다. 다음 중 ?에 들어갈 도형으로 가장 적절한 것은?

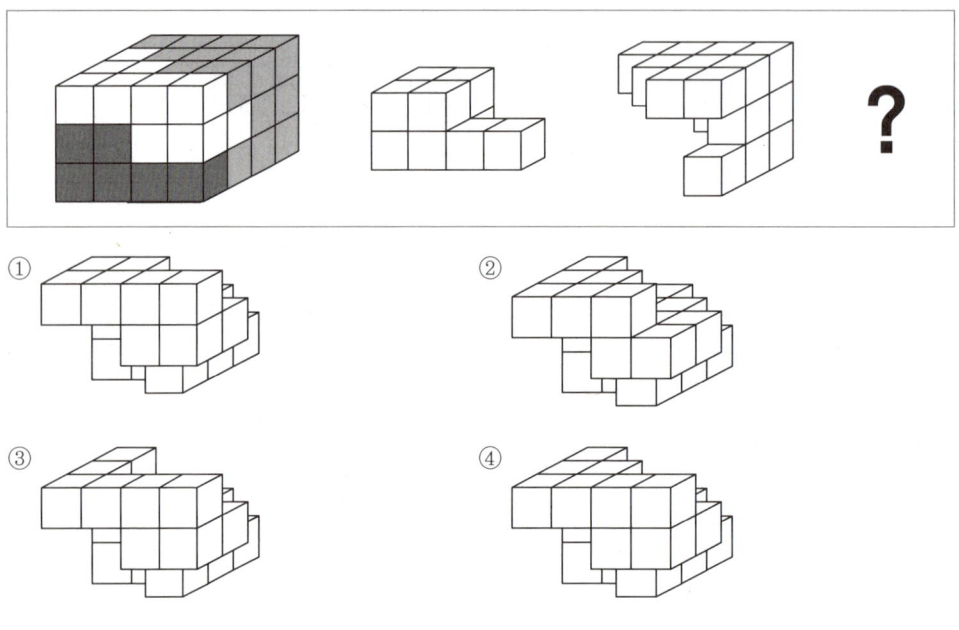

17 왼쪽의 두 입체도형을 합치면 오른쪽의 3×3×3 정육면체가 완성된다. ?에 들어갈 도형을 회전한 모양으로 옳은 것은?

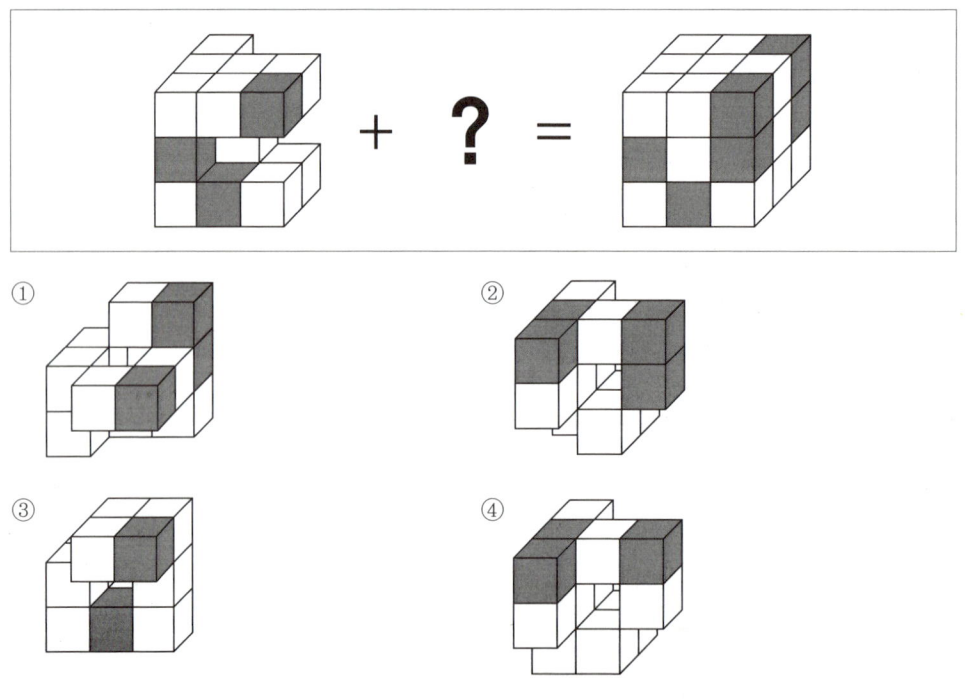

18 다음 두 블록을 합쳤을 때, 나올 수 있는 형태로 옳은 것은?

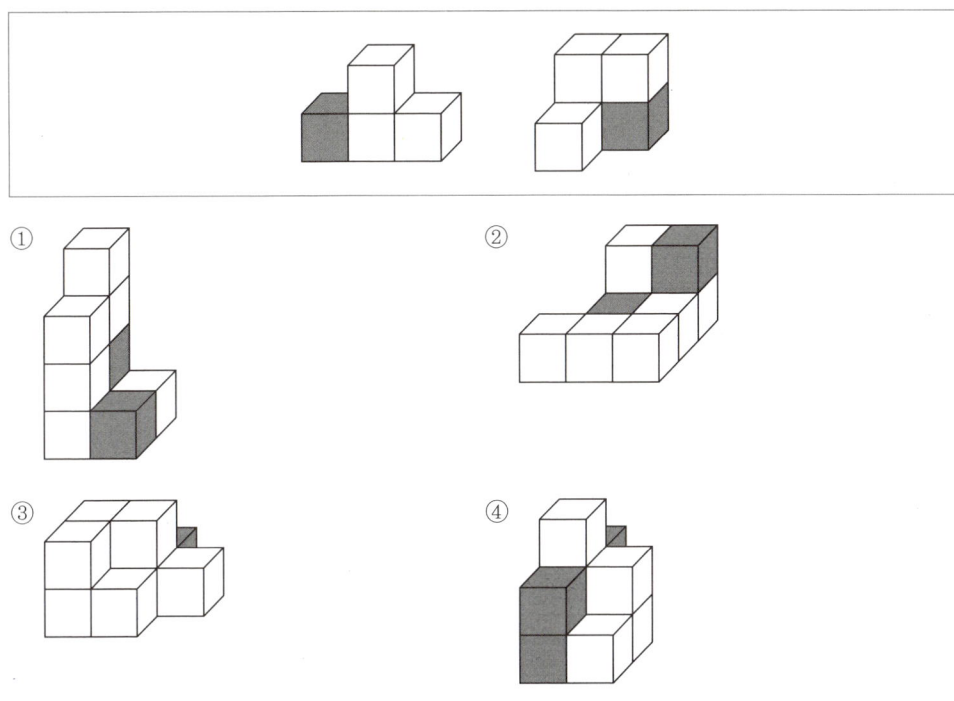

19 다음 세 블록을 합쳤을 때, 나올 수 있는 형태로 옳은 것은?

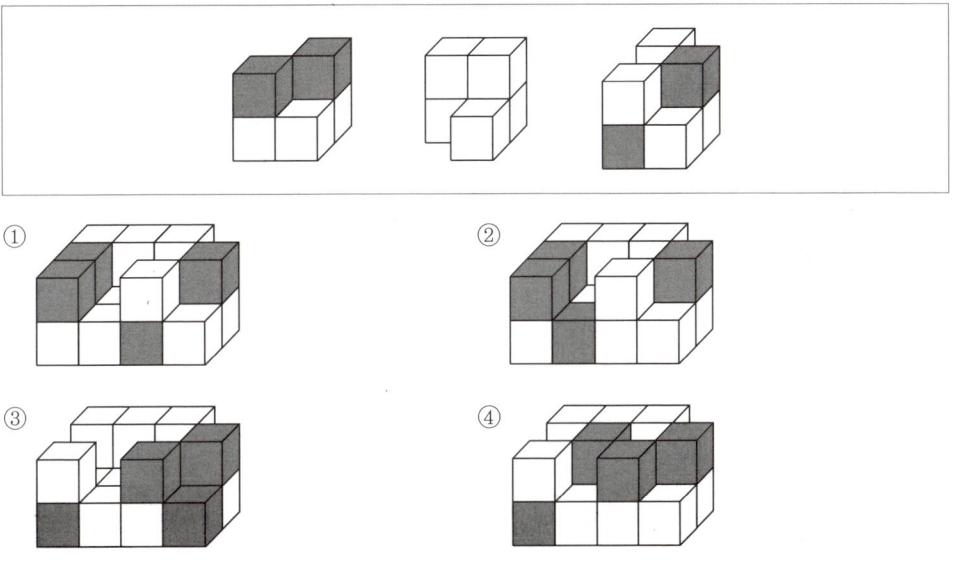

20 다음 두 블록을 합쳤을 때, 나올 수 없는 형태는?

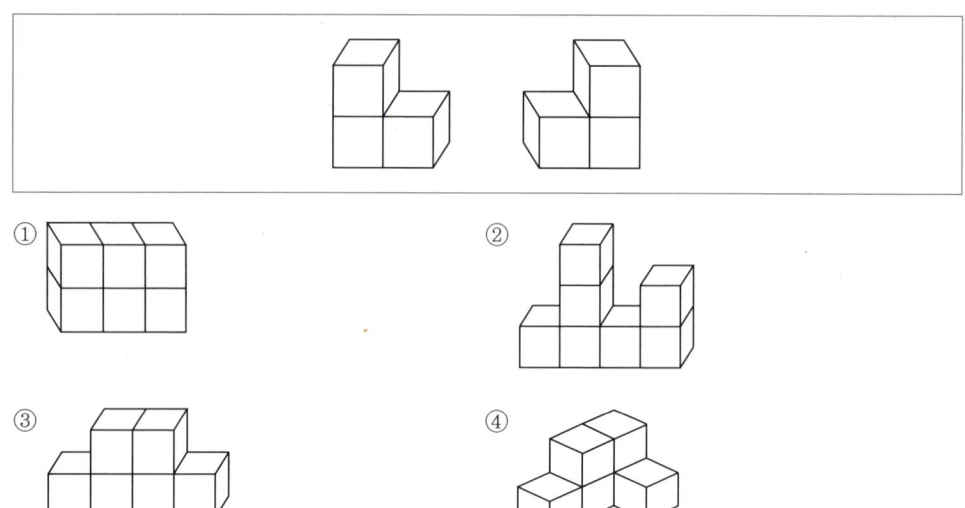

| 대표유형 5 | 블록개수 |

다음 블록의 개수는 몇 개인가?(단, 보이지 않는 곳의 블록은 있다고 가정한다)

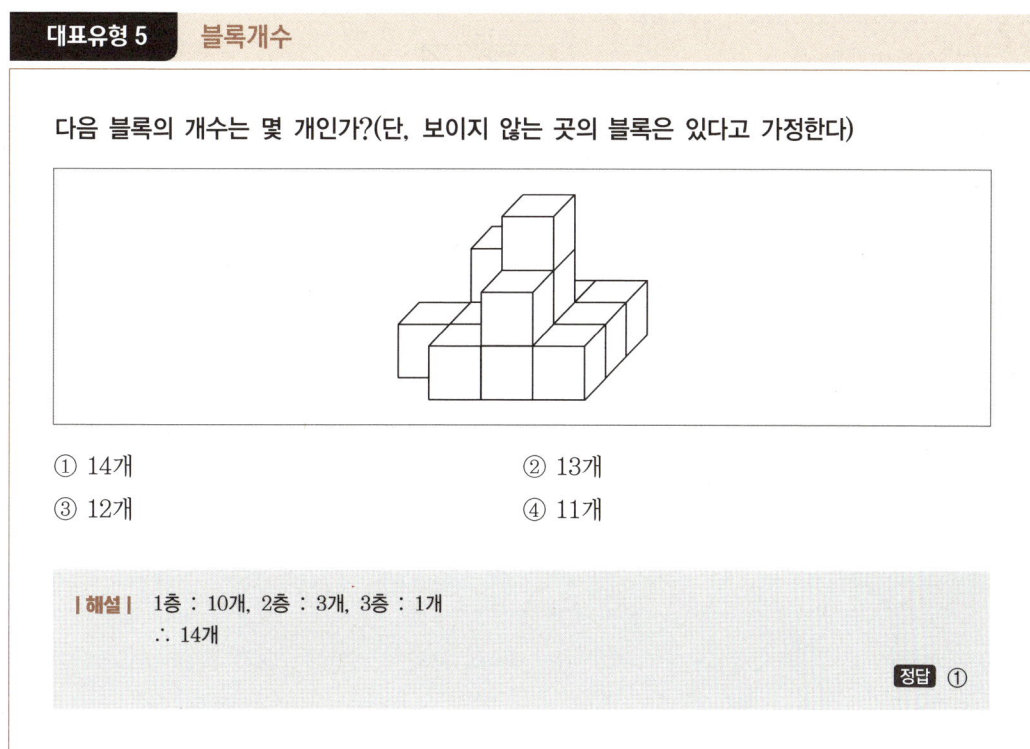

① 14개 ② 13개
③ 12개 ④ 11개

|해설| 1층 : 10개, 2층 : 3개, 3층 : 1개
∴ 14개

정답 ①

※ 다음 블록의 개수는 몇 개인지 고르시오(단, 보이지 않는 곳의 블록은 있다고 가정한다). [21~25]

21

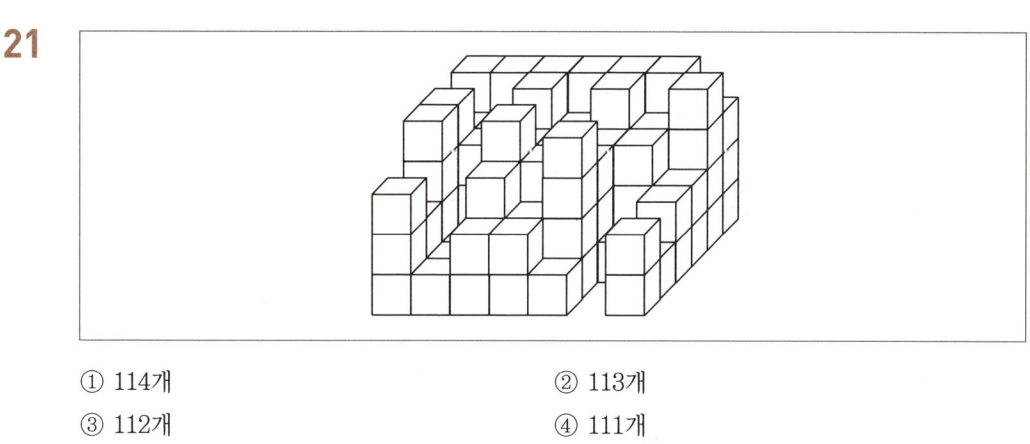

① 114개 ② 113개
③ 112개 ④ 111개

22

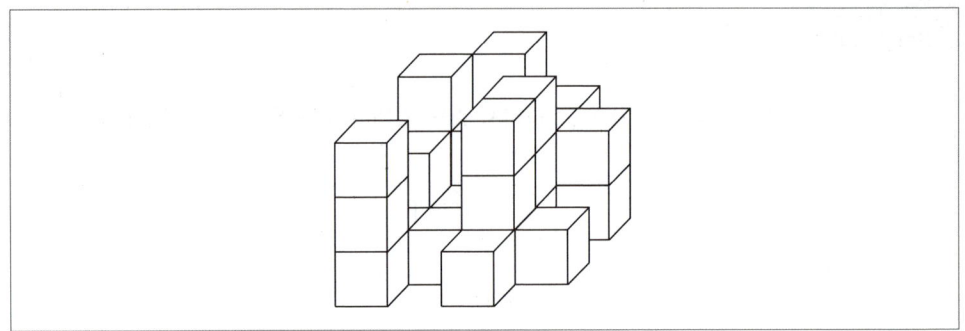

① 31개 ② 32개
③ 33개 ④ 34개

23

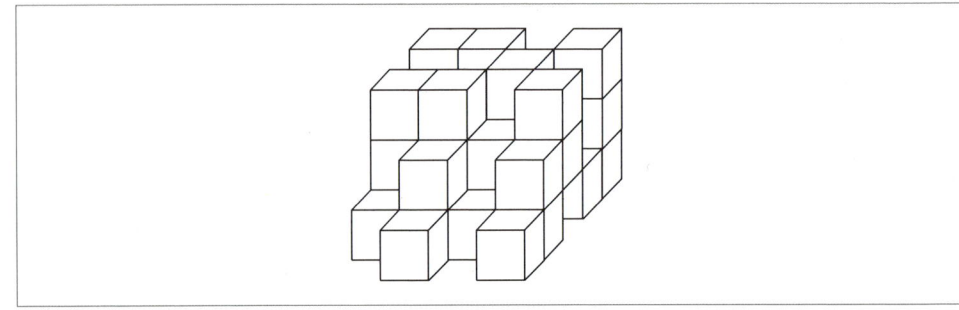

① 36개 ② 37개
③ 38개 ④ 39개

24

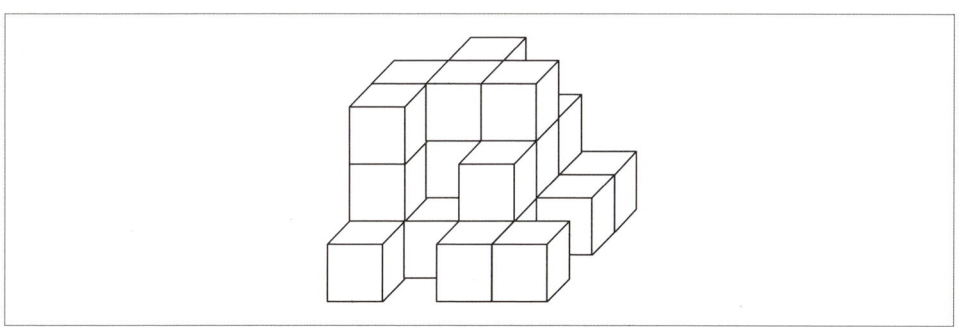

① 25개 ② 26개
③ 27개 ④ 28개

25

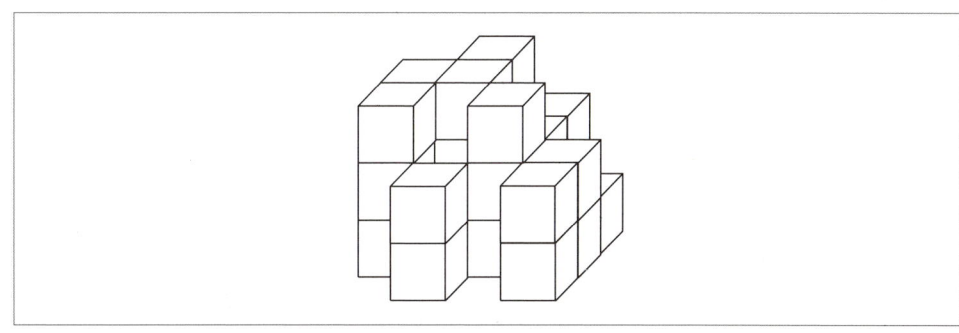

① 29개 ② 30개
③ 31개 ④ 32개

시대에듀
MEMO

PART

3

최종점검 모의고사

제1회 최종점검 모의고사
제2회 최종점검 모의고사
제3회 최종점검 모의고사
제4회 최종점검 모의고사

제1회 최종점검 모의고사

모바일 OMR
답안채점 / 성적분석
서비스

☑ 응시시간 : 50분 ☑ 문항 수 : 50문항   정답 및 해설 p.030

01 다음 빈칸에 들어갈 단어로 가장 적절한 것은?

> 인지부조화는 한 개인이 가지는 둘 이상의 사고, 태도, 신념, 의견 등이 서로 일치하지 않거나 상반될 때 생겨나는 심리적인 긴장 상태를 의미한다. 인지부조화는 불편함을 유발하기 때문에 사람들은 이것을 감소시키려고 한다. 인지부조화를 감소시키는 방법은 서로 모순관계에 있어서 양립할 수 없는 인지들 가운데 하나 이상의 인지가 갖는 내용을 바꾸어 양립할 수 있게 만들거나, 서로 모순되는 인지들 간의 차이를 좁힐 수 있는 새로운 인지를 추가하여 부조화된 인지 상태를 조화된 상태로 _____ 하는 것이다.
> 그런데 실제로 부조화를 감소시키는 행동은 비합리적인 면이 있다. 그 이유는 그러한 행동들이 사람들로 하여금 중요한 사실을 배우지 못하게 하고 자신들의 문제에 대해서 실제적인 해결책을 찾지 못하도록 할 수 있기 때문이다. 부조화를 감소시키려는 행동은 자기방어적인 행동이고, 부조화를 감소시킴으로써 우리는 자신의 긍정적인 이미지, 즉 자신이 선하고 현명하며 상당히 가치 있는 인물이라는 긍정적인 측면의 이미지를 유지하게 된다. 비록 자기방어적인 행동이 유용한 것으로 생각될 수 있지만, 이러한 행동은 부정적 결과를 초래할 수 있다.

① 전이 ② 전환
③ 변환 ④ 이양

02 다음 제시된 명제가 모두 참일 때 추론할 수 있는 것은?

> • 경란이는 5,000원을 가지고 있다.
> • 재민이는 경란이보다 2,000원을 더 가지고 있다.
> • 종민이는 재민이보다 1,000원을 적게 가지고 있다.

① 경란이가 돈이 제일 많다.
② 재민이가 돈이 제일 많다.
③ 종민이가 돈이 제일 많다.
④ 종민이는 경란이보다 가지고 있는 돈이 적다.

※ 일정한 규칙으로 수를 나열할 때, 빈칸에 들어갈 알맞은 수를 고르시오. [3~5]

03
| | 1 | 2 | 4 | 7 | 8 | 10 | 13 | 14 | ( ) |

① 14.5
② 15
③ 15.5
④ 16

04
| | 10 | 8 | 16 | 13 | 39 | 35 | ( ) |

① 90
② 100
③ 120
④ 140

05
| | 5 | −2 | 17 | −23 | 74 | ( ) |

① −85
② −143
③ −151
④ −215

06 다음 밑줄 친 부분과 같은 의미로 쓰인 것은?

> 큰 사고를 친 유명 아이돌 가수는 검찰에서 조사를 받게 되었다.

① 우리 집 개는 낯선 사람을 봐도 꼬리를 치느라 바쁘다.
② 머리를 너무 짧게 쳤는지 목이 허전한 느낌이 든다.
③ 난기류를 만난 비행기의 기체가 요동을 치자 승객들은 불안해졌다.
④ 마침내 시도 때도 없이 거짓말을 치는 남자친구와 헤어졌다.

07 등산을 하는데 올라갈 때 이용한 길보다 내려갈 때 이용한 길이 3km 더 길었다. 산에 올라갈 때는 2km/h의 속력으로 걸었고, 내려갈 때는 4km/h의 속력으로 걸어서 총 3시간이 걸렸다. 영희가 등산한 거리는?

① 8km
② 9km
③ 10km
④ 12km

08 다음 제시된 전개도로 정육면체를 만들 때, 만들 수 없는 것은?

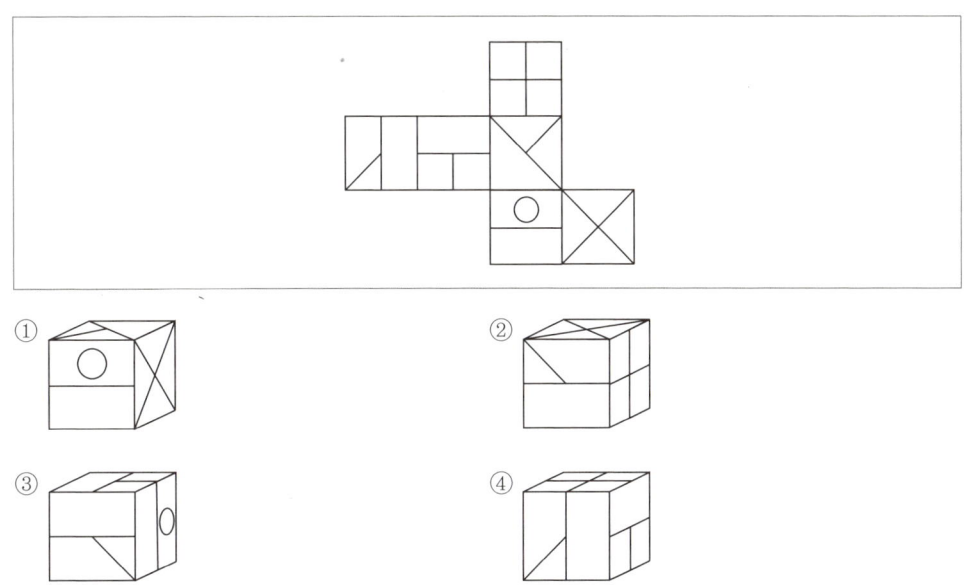

09 다음 중 제시된 단면과 일치하는 입체도형으로 옳은 것은?

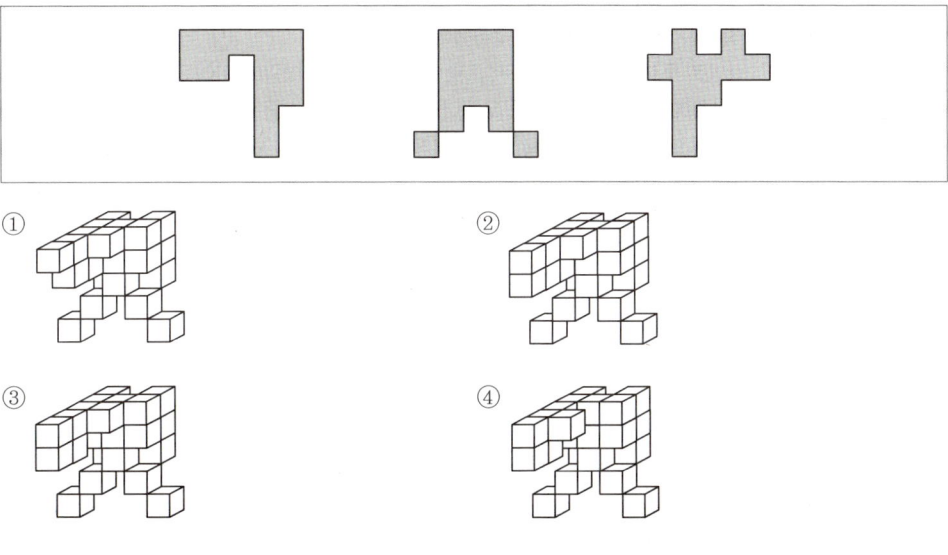

10 다음 중 짝지어진 단어 사이의 관계가 나머지와 다른 것은?

① 맷돌 – 믹서기 – 절구
② 연고 – 로션 – 반창고
③ 볼펜 – 연필 – 붓
④ 치마 – 바지 – 원피스

11 다음 중 글의 주장에 대한 반대 의견의 근거로 적절하지 않은 것은?

> 국민들이 소중한 한 표를 행사해야 하는 중요한 시점이 다가오고 있다. 투표권을 행사할 일이 있을 때마다 국민들의 적극적인 참여가 강조된다. 그런데 이러한 국가적 대사(大事)에서 소외되는 대상이 있다. 바로 청소년들이다.
> 우리나라의 투표 가능 연령은 만 19세이다. 이것은 대부분 만 18세부터 투표권을 갖는 세계적 추세와 맞지 않는 일이다. 2004년 중앙선관위 자료에 따르면 167개국 중 미국, 영국, 호주, 캐나다, 프랑스, 필리핀, 네덜란드 등 85.6%에 이르는 143개국이 만 18세에 투표권을 부여한다. 일본, 싱가포르처럼 만 21세에 투표권을 부여하는 나라도 있으나, 만 15세에 투표권을 인정하는 이란을 비롯해 브라질은 만 16세, 인도네시아, 수단 등은 만 17세를 투표 가능 연령으로 하고 있으며, 오스트리아는 2007년에 투표 가능 연령을 만 18세에서 만 16세까지 낮춘 바 있다.
> 사실 차별 없는 투표권 행사가 가능해진 것은 그리 오래전의 일이 아니다. 미국에서는 1920년에서야 여성의 투표권이 명문화되었고, 1965년에 이르러서야 흑인의 투표권이 보장됐다. 영국에서 21세 이상의 모든 여성에게 투표권이 주어진 것은 1928년의 일이다. 연령을 중심으로 살펴본다면, 우리나라의 경우 1948년 건국 당시 최소 투표 가능 연령은 만 21세였고, 이후 만 20세까지 조정되었다가 2005년에서야 만 19세까지 낮춰졌다.
> 그런데 만 19세로 투표 가능 연령을 규정하는 것은 만 19세 미만에 이미 각종 의무와 자격이 부여되는 우리나라 상황에 맞지 않는다. 즉, 우리나라 주민등록증 발급 가능 연령은 만 17세이며 만 18세부터 납세와 병역 의무, 공무원 임용, 혼인, 운전면허 취득 등의 의무와 자격이 주어진다. 만 18세가 되면 국민의 의무를 져야 함에도 민주주의 대표적 권리인 투표권이 부여되지 않는 것은 옳지 않다. 또한, 만 18세에 이미 성숙한 국민으로서 여러 자격을 갖도록 허락되는데 투표권만 예외라는 것도 앞뒤가 맞지 않는다.

① 부모의 보호 아래 있는 청소년은 비판 없이 부모들의 정치 이념을 수용할 우려가 있다.
② 우리나라 청소년은 대학 입시에 대한 부담이 크기 때문에 정치에 대해 고민할 여력이 없다.
③ 청소년은 아직 배우는 과정에 있는 미성숙한 존재로, 각종 위험으로부터 보호받아야 할 대상이다.
④ 청소년들은 촛불시위에 참여하고 인터넷에서 정치적 의견을 내는 등 이미 다양한 형태의 사회 참여를 하고 있다.

12 L씨는 콘택트렌즈를 구매하려 한다. 아래 표를 보고 가격을 비교하였을 때, 1년 동안 가장 적은 비용으로 사용할 수 있는 렌즈는 무엇인가?(단, 1년 동안 똑같은 제품만을 사용하며 1년은 52주이다)

구분	가격	착용기간	서비스
A렌즈	30,000원	1개월	-
B렌즈	45,000원	2개월	1+1
C렌즈	20,000원	1개월	1+2(3월, 7월, 11월에만)
D렌즈	65,000원	2개월	1+2

① A
② B
③ C
④ D

13 다음 명제가 참일 때, 항상 옳은 것은?

- 어떤 여학생은 채팅을 좋아한다.
- 어떤 남학생은 채팅을 좋아한다.
- 모든 남학생은 컴퓨터 게임을 좋아한다.

① 어떤 여학생은 컴퓨터 게임을 좋아한다.
② 모든 여학생은 컴퓨터 게임을 싫어한다.
③ 어떤 남학생은 채팅과 컴퓨터 게임을 모두 좋아한다.
④ 모든 남학생은 채팅을 싫어한다.

14 다음 계약서의 내용으로 적절한 것은?

> **공사도급계약서**
>
> **제9조(지급 재료 및 대여품)**
> (1) 계약에 의하여 '갑'이 지급하는 재료 및 대여품은 공사 예정표에 의한 공사 일정에 지장이 없도록 적기에 인도되어야 하며, 그 인도 장소는 시방서 등에 따라 정한 바가 없으면 공사 현장으로 한다.
> (2) '을'은 지급 재료 및 대여품의 품질 또는 규격이 시공에 적당하지 아니하다고 인정할 때에는 즉시 '갑'에게 이를 통지하고 그 대체를 요구할 수 있다.
> (3) 재료 지급의 지연으로 공사가 지연될 우려가 있을 때에는 '을'이 '갑'의 서면 승낙을 얻어 자기가 보유한 재료를 대체 사용할 수 있다. 이 경우 '갑'은 현품 또는 재료의 사용 당시 가격을 지체 없이 '을'에게 지급하여야 한다.
> (4) '을'은 '갑'이 지급한 재료 및 기계·기구 등 대여품을 선량한 관리자의 주의의무에 따라 관리하여야 하며, 계약의 목적을 수행하는 데에만 사용하여야 한다.
> (5) '을'은 공사 내용의 변경으로 인하여 필요 없게 된 지급 재료 및 사용 완료된 대여품을 지체 없이 '갑'에게 반환하여야 한다.

① '을'은 공사 내용의 변경으로 필요 없게 된 지급 재료를 소유할 수 있다.
② '갑'이 지급하는 재료 및 대여품은 따로 정한 바가 없으면 공사 현장에서 인도된다.
③ '을'은 '갑'이 지급한 재료를 계약의 목적을 수행하는 것 이외에도 필요에 따라 사용할 수 있다.
④ 재료 지급의 지연으로 공사가 지연될 우려가 있을 때, '을'은 알아서 자기가 보유한 재료를 대체 사용할 수 있다.

15 민서네 집 거실에는 4인용 원탁이 있다. 4개의 의자가 12시, 9시, 6시, 3시 방향에 놓여 있고, 각각 A, B, C, D로 표시되어 있다. 민서는 B의자, 민서의 언니는 A의자에 앉았다. 각각 주사위를 1회 던져 나온 눈의 수만큼 언니는 시계 방향으로, 민서는 시계 반대 방향으로 자리를 이동할 때, 민서와 언니가 동일한 좌석에 앉을 확률은?

① $\dfrac{1}{3}$ ② $\dfrac{5}{18}$
③ $\dfrac{11}{36}$ ④ $\dfrac{13}{36}$

16 다음 명제가 모두 참이라고 할 때 결론으로 가장 적절한 것은?

- 티라노사우르스는 공룡이다.
- 곤충을 먹으면 공룡이 아니다.
- 곤충을 먹지 않으면 직립보행을 한다.

① 직립보행을 하지 않으면 공룡이다.
② 직립보행을 하면 티라노사우르스이다.
③ 곤충을 먹지 않으면 티라노사우르스이다.
④ 티라노사우르스는 직립보행을 한다.

17 물통에 물을 가득 채우는 데 A관은 10분, B관은 15분 걸린다. A관으로 4분 동안 채운 후 남은 양을 B관으로 채우려 할 때, B관을 몇 분 동안 틀어야 하는가?

① 6분 ② 7분
③ 8분 ④ 9분

18 다음 주어진 입체도형 중 모양이 다른 하나는?

① 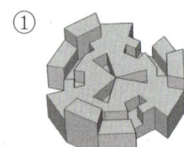 ②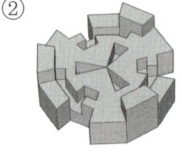

③  ④

19 다음 글을 통해 추론할 수 있는 내용으로 옳은 것은?

> 시어도어 메이먼이 루비 레이저를 개발한 이후 기체, 액체, 고체, 반도체 등의 매질로 많은 종류의 레이저가 만들어졌으며 그들의 특성은 다양하다. 하지만 모든 레이저 광선은 기본적으로 단일한 파장과 방향성을 가진 광자로 이루어져 있고, 거의 완벽하게 직진하므로 다른 방향으로 퍼지지 않는다. 또한 렌즈를 통해 극히 작은 점에 빛을 수렴시킬 수 있다. 이는 다양한 광자로 이루어져 있고, 다른 방향으로 쉽게 퍼지며, 렌즈를 통해서 쉽게 수렴이 되지 않는 보통의 빛과 크게 다른 점이다.
> 이러한 특성들을 바탕으로 레이저 광선은 보통의 빛이 도저히 할 수 없는 일을 해내고 있다. 공중에 원하는 글자나 멋진 그림을 펼쳐 보이고, CD의 음악을 재생한다. 제조업에서는 레이저 광선으로 다양한 물체를 정밀하게 자르거나 태우고, 의사는 환자의 수술에 레이저 광선을 활용한다. 단위 시간에 엄청난 양의 통신 정보를 실어 나를 수 있는 통신 매체의 기능을 하기도 한다. 레이저는 현대의 거의 모든 제품과 서비스에 막대한 영향을 끼치는 최첨단 기술로 자리 잡았다.

① 레이저 광선은 빛의 성질을 닮아 다른 방향으로 쉽게 퍼지지 않는다.
② 보통의 빛은 단일한 파장과 방향성을 갖는 광자로 이루어져 있다.
③ 빛의 특성을 잘 이용한다면, 보통의 빛을 통해서도 CD의 음악을 재생할 수 있다.
④ 레이저는 과거보다 현재 더 높은 경제적 가치를 지닌다.

20 교육청에 근무하는 A사원은 최근 자신의 상사인 B대리 때문에 스트레스를 받고 있다. A사원이 공들여 작성한 기획서를 제출하면 B대리가 중간에서 매번 퇴짜를 놓기 때문이다. 이와 동시에 A사원은 자신에 대한 B대리의 감정이 좋지 않은 것 같아 마음이 더 불편하다. A사원이 직장 동료인 C사원에게 이러한 어려움을 토로했을 때, 다음 중 C사원이 A사원에게 해줄 수 있는 조언으로 적절하지 않은 것은?

① 무엇보다 관계 갈등의 원인을 찾는 것이 중요해.
② B대리님의 입장을 충분히 고려해볼 필요가 있어.
③ B대리님과 마음을 열고 대화해보는 것은 어때?
④ B대리님과 누가 옳고 그른지 확실히 논쟁해볼 필요가 있어.

21 다음은 주요 선진국과 BRICs의 고령화율을 나타낸 표이다. 다음 중 2040년의 고령화율이 2010년 대비 3배 이상이 되는 나라를 〈보기〉에서 모두 고르면?

〈주요 선진국과 BRICs 고령화율〉
(단위 : %)

구분	한국	미국	프랑스	영국	독일	일본	브라질	러시아	인도	중국
1990년	5	12	14	13	15	11	4	10	2	5
2000년	7	12	16	15	16	17	5	12	3	6
2010년	11	13	20	16	20	18	7	13	4	10
2020년	15	16	20	20	23	28	9	17	6	11
2030년(예상치)	24	20	25	25	28	30	16	21	10	16
2040년(예상치)	33	26	30	32	30	36	21	26	16	25

보기
ㄱ. 한국   ㄴ. 미국
ㄷ. 일본   ㄹ. 브라질
ㅁ. 인도

① ㄱ, ㄴ, ㄷ   ② ㄱ, ㄴ, ㄹ
③ ㄱ, ㄹ, ㅁ   ④ ㄴ, ㄷ, ㅁ

22 어떤 가전제품 매장의 TV와 냉장고의 판매량 비율은 작년 3 : 2에서 올해 13 : 9로 변하였다. 올해 TV와 냉장고의 총판매량이 작년보다 10% 증가하였을 때, 냉장고의 판매량은 작년보다 몇 % 증가하였는가?

① 11.5% ② 12%
③ 12.5% ④ 13%

23 다음 제시된 전개도를 접었을 때, 나타나는 입체도형은?

①  ②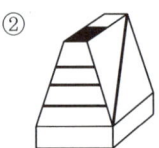

③  ④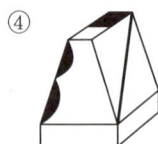

24 다음 밑줄 친 '정원'에 대한 설명으로 적절하지 않은 것은?

> 야생의 자연이라는 이상을 고집하는 자연애호가들은 인류가 자연과 내밀하면서도 창조적인 관계를 맺었던 반(反)야생의 자연, 즉 '정원'을 간과한다. 정원은 울타리를 통해 농경지보다 야생의 자연과 분명한 경계를 긋는다. 집약적인 토지 이용이라는 전통은 정원에서 시작되었다. 정원은 대규모의 농경지 경작이 행해지지 않은 원시적인 문화에서도 발견된다. 만여 종의 경작용 식물은 모두 대량 생산에 들어가기 전에 정원에서 자라는 단계를 거쳐 온 것으로 보인다.
> 농업경제의 역사에서 정원이 갖는 의미는 시대와 지역에 따라 매우 달랐다. 좁은 공간에서 집약적인 농사를 짓는 지역에서는 농부가 곧 정원사였다. 반면 예전의 독일 농부들은 정원이 곡물 경작에 사용될 퇴비를 앗아가므로 정원을 악으로 여기기도 했다. 하지만 여성들의 입장은 지역적인 편차가 없었다. 아메리카의 푸에블로 인디언부터 근대 독일의 농부 집안까지 정원은 농업 혁신을 주도해온 여성들에게는 자신들의 제국이자 자존심이었다. 그곳에는 여성들이 경험을 통해 쌓은 지식 전통이 살아 있었다. 환경사에서 여성이 갖는 특별한 역할의 물질적 근간은 대부분 정원에서 발견된다. 지난 세기들의 경우 이는 특히 여성 제후들과 관련되어 있으며 자료가 풍부하다. 작센의 여성 제후인 안나는 식물에 관한 지식을 늘 공유했던 긴밀하고도 광범위한 사회적 네트워크를 가지고 있었는데, 그중에는 식물 경제학에 조예가 깊은 고귀한 신분의 여성이나 수도원 소속의 여성도 있었다.
> 여성들이 정원에서 쌓은 경험의 특징은 무엇일까? 정원에서는 땅을 면밀히 살피고 손으로 흙을 부스러뜨리는 습관이 생겨났을 것이다. 정원에서 즐겨 이용되는 삽도 다양한 토질의 층을 자세히 연구하도록 부추겼을 것이 분명하다. 넓은 경작지보다는 정원에서 땅을 다룰 때 더 아끼고 보호했을 것이다. 정원이라는 매우 제한된 공간에는 옛날에도 충분한 퇴비를 줄 수 있었다. 경작지보다도 다양한 종류의 퇴비로 실험할 수 있었고 새로운 작물을 키우며 경험을 수집할 수 있었다. 정원에서는 좁은 공간에서 다양한 식물이 자라기 때문에 모든 종류의 식물들이 공존할 수 없다는 사실에도 주의를 기울였다. 이는 식물 생태학의 근간을 이루는 통찰이었다.
> 결론적으로 정원은 여성들이 주도하여 토양과 식물을 이해하고, 농경지 경작에 유용한 지식과 경험을 배양할 수 있는 좋은 장소였다.

① 울타리를 통해 야생의 자연과 분명한 경계를 긋는다.
② 집약적 토지 이용의 전통이 시작된 곳으로 원시적인 문화에서도 발견된다.
③ 시대와 지역에 따라 정원에 대한 여성들의 입장이 달랐다.
④ 정원에서는 모든 종류의 식물들이 서로 잘 지내지는 않는다.

25 올해 아버지의 나이는 은서 나이의 2배이고, 지은이 나이의 7배이다. 은서와 지은이의 나이 차이가 15살이라면, 아버지의 나이는?

① 39세 ② 40세
③ 41세 ④ 42세

26 다음 중 〈보기〉의 문장이 들어갈 위치로 가장 적절한 곳은?

(가) 사람과 사람이 직접 얼굴을 맞대고 하는 접촉이 라디오나 텔레비전 등의 매체를 통한 접촉보다 결정적인 영향력을 미친다는 것이 일반적인 견해로 알려져 있다. (나) 매체는 어떤 마음의 자세를 준비하게 하는 구실을 하여 나중에 직접 어떤 사람에게서 새 어형을 접했을 때 그것이 텔레비전에서 자주 듣던 것이면 더 쉽게 그쪽으로 마음의 문을 열게 한다는 점에서 영향력을 행사하기는 하지만, 새 어형이 전파되는 것은 매체를 통해서보다 상면(相面)하는 사람과의 직접적인 접촉에 의해서라는 것이 더 일반적인 견해이다. (다) 사람들은 한두 사람의 말만 듣고 언어 변화에 가담하지는 않는다고 한다. 주위의 여러 사람이 다 같은 새 어형을 쓸 때 비로소 그것을 받아들이게 된다고 한다. (라) 매체를 통해서보다 자주 접촉하는 사람들을 통해 언어 변화가 진전된다는 사실은 언어 변화를 여러 측면에서 이해하는 관점에서 핵심적인 내용이라 할 수 있다.

> **보기**
> 접촉의 형식도 언어 변화에 영향을 미치는 요소로 지적되고 있다.

① (가)   ② (나)
③ (다)   ④ (라)

27 다음 문단을 논리적 순서대로 바르게 나열한 것은?

(가) 본성 대 양육 논쟁은 앞으로 치열하게 전개될 소지가 크다. 하지만 유전과 환경이 인간의 행동에 어느 정도 영향을 미치는가를 따지는 일은 멀리서 들려오는 북소리가 북에 의한 것인지, 아니면 연주자에 의한 것인지를 분석하는 것처럼 부질없는 것인지 모른다. 본성과 양육 모두 인간 행동에 필수적인 요인이기 때문이다.
(나) 20세기 들어 공산주의와 나치주의의 출현으로 본성 대 양육 논쟁이 극단으로 치달았다. 공산주의의 사회개조론은 양육을, 나치즘의 생물학적 결정론은 본성을 옹호하는 이데올로기이기 때문이다. 히틀러의 유대인 대량학살에 충격을 받은 과학자들은 환경결정론에 손을 들어 줄 수밖에 없었다. 본성과 양육 논쟁에서 양육 쪽이 일방적인 승리를 거두게 된 것이다.
(다) 이러한 추세는 1958년 미국 언어학자 노엄 촘스키에 의해 극적으로 반전되기 시작했다. 촘스키가 치켜든 선천론의 깃발은 진화심리학자들이 승계했다. 진화심리학은 사람의 마음을 생물학적 적응의 산물로 간주한다. 1992년 심리학자인 레다 코스미데스와 인류학자인 존 투비 부부가 함께 저술한 『적응하는 마음』이 출간된 것을 계기로 진화심리학이 하나의 독립된 연구 분야가 됐다. 말하자면 윌리엄 제임스의 본능에 대한 개념이 1세기 만에 새 모습으로 부활한 셈이다.
(라) 더욱이 1990년부터 인간 게놈 프로젝트가 시작됨에 따라 본성과 양육 논쟁에서 저울추가 본성 쪽으로 기울면서 생물학적 결정론이 더욱 강화되었다. 그러나 2001년 유전자 수가 예상보다 적은 3만여 개로 밝혀지면서 본성보다는 양육이 중요하다는 목소리가 커지기 시작했다. 이를 계기로 본성 대 양육 논쟁이 재연되기에 이르렀다.

① (가) – (나) – (다) – (라)   ② (가) – (나) – (라) – (다)
③ (나) – (다) – (가) – (라)   ④ (나) – (다) – (라) – (가)

28 A사는 최근 미세먼지와 황사로 인해 실내 공기 질이 많이 안 좋아졌다는 건의가 들어와 내부 검토 후 예산 400만 원으로 공기청정기 40대를 구매하기로 하였다. 다음 두 업체 중 어느 곳에서 공기청정기를 구매하는 것이 유리하며 얼마나 더 저렴한가?

업체	할인 정보	가격
S전자	• 8대 구매 시, 2대 무료 증정 • 구매 금액 100만 원당 2만 원 할인	8만 원/대
B마트	• 20대 이상 구매 : 2% 할인 • 30대 이상 구매 : 5% 할인 • 40대 이상 구매 : 7% 할인 • 50대 이상 구매 : 10% 할인	9만 원/대

※ 1,000원 단위 이하는 절사한다.

① S전자, 82만 원
② S전자, 148만 원
③ B마트, 12만 원
④ B마트, 20만 원

29 제시된 명제가 모두 참일 때, 빈칸에 들어갈 내용으로 가장 적절한 것은?

전제1. 날씨가 좋으면 야외활동을 한다.
전제2. 날씨가 좋지 않으면 행복하지 않다.
결론. _____

① 야외활동을 하지 않으면 행복하지 않다.
② 날씨가 좋으면 행복한 것이다.
③ 야외활동을 하면 날씨가 좋은 것이다.
④ 날씨가 좋지 않으면 야외활동을 하지 않는다.

30 다음 블록의 개수는?(단, 보이지 않는 곳의 블록은 있다고 가정한다)

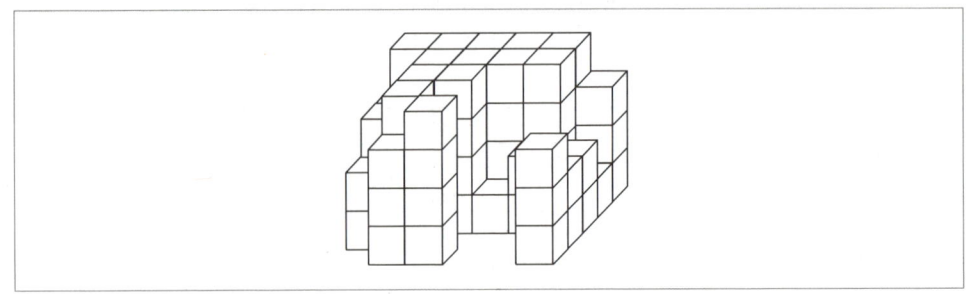

① 75개　　　　　　　　　　② 76개
③ 77개　　　　　　　　　　④ 78개

31 다음 그림과 같이 접었을 때 나올 수 있는 뒷면의 모양은?

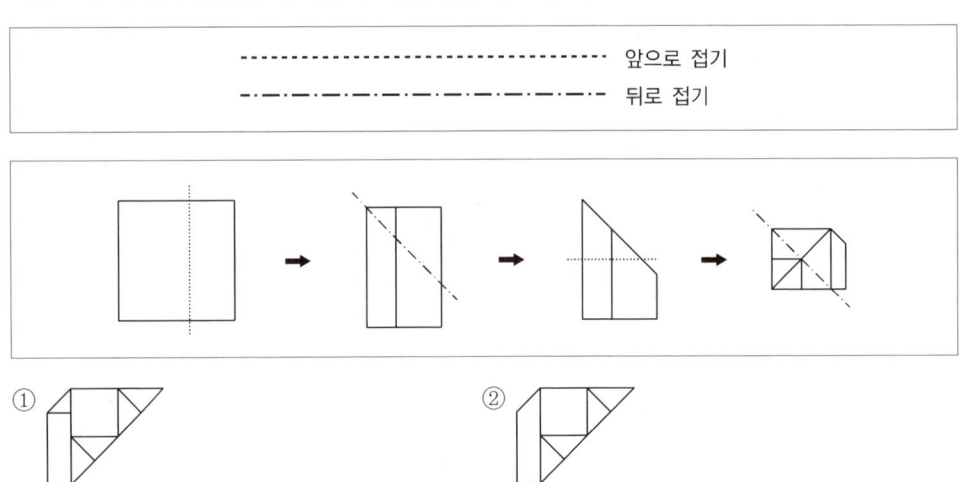

32 다음 글을 읽고 추론한 내용으로 적절한 것은?

> 조선이 임진왜란 중 필사적으로 보존하고자 한 서적은 바로 『조선왕조실록』이다. 실록은 원래 서울의 춘추관과 성주·충주·전주 4곳의 사고(史庫)에 보관되었으나, 임진왜란 이후 전주 사고의 실록만 온전한 상태였다. 전란이 끝난 후 단 1벌 남은 실록을 다시 여러 벌 등서하자는 주장이 제기되었다. 우여곡절 끝에 실록 인쇄가 끝난 것은 1606년이었다. 재인쇄 작업의 결과 원본을 포함해 모두 5벌의 실록을 갖추게 되었다. 원본은 강화도 마니산에 봉안하고 나머지 4벌은 서울의 춘추관과 평안도 묘향산, 강원도의 태백산과 오대산에 봉안했다.
>
> 이 5벌 중에서 서울 춘추관의 것은 1624년 이괄의 난 때 불에 타 없어졌고, 묘향산의 것은 1633년 후금과의 관계가 악화되자 전라도 무주의 적상산에 사고를 새로 지어 옮겼다. 강화도 마니산의 것은 1636년 병자호란 때 청군에 의해 일부 훼손되었던 것을 현종 때 보수하여 숙종 때 강화도 정족산에 다시 봉안했다. 결국 내란과 외적 침입으로 인해 5곳 가운데 1곳의 실록은 소실되었고, 1곳의 실록은 장소를 옮겼으며, 1곳의 실록은 손상을 입었던 것이다.
>
> 정족산, 태백산, 적상산, 오대산 4곳의 실록은 그 후 안전하게 지켜졌다. 그러나 일본이 다시 여기에 손을 대었다. 1910년 조선 강점 이후 일제는 정족산과 태백산에 있던 실록을 조선총독부로 이관하고 적상산의 실록은 구황궁 장서각으로 옮겼으며 오대산의 실록은 일본 동경제국대학으로 반출했다. 일본으로 반출한 것은 1923년 관동대지진 때 거의 소실되었다. 정족산과 태백산의 실록은 1930년에 경성제국대학으로 옮겨져 지금까지 서울대학교에 보존되어 있다. 한편 장서각의 실록은 6·25전쟁 때 북으로 옮겨져 현재 김일성종합대학에 소장되어 있다.

① 재인쇄하였던 실록은 모두 5벌이다.
② 태백산에 보관하였던 실록은 현재 일본에 있다.
③ 현재 한반도에 남아 있는 실록은 모두 4벌이다.
④ 현존하는 가장 오래된 실록은 서울대학교에 있다.

33 다음 중 입체도형을 만들었을 때, 다른 모양이 나오는 것은?

①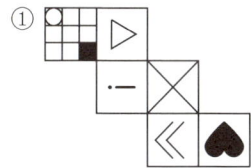

②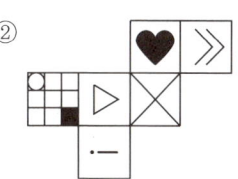

③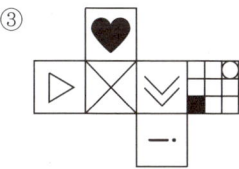

④

34 다음 그림과 같이 화살표 방향으로 종이를 접은 후, 일부분을 잘라내어 다시 펼쳤을 때의 그림으로 옳은 것은?

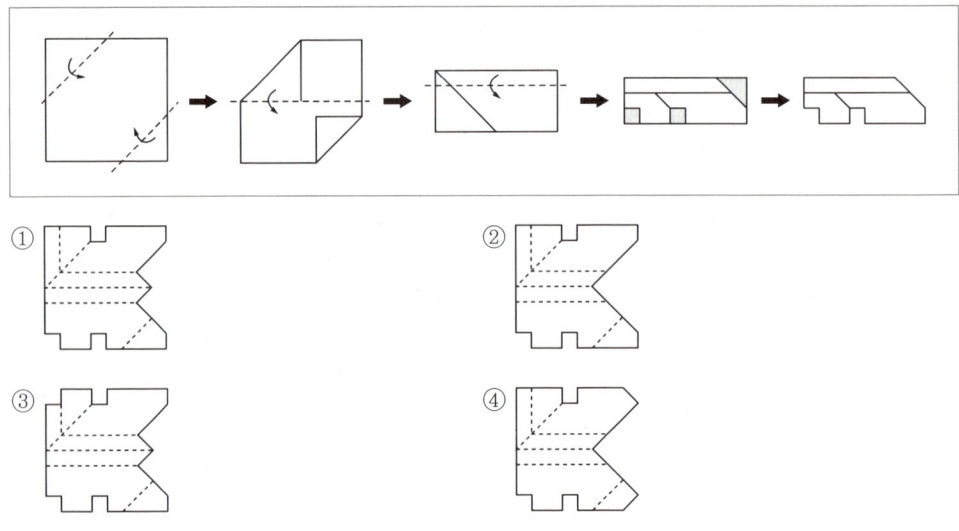

35 다음 중 팀워크에 대한 설명으로 적절하지 않은 것은?

① 팀워크가 좋은 팀의 구성원은 공동의 목적을 달성하기 위하여 서로 협력한다.
② 팀워크는 팀의 구성원으로서 계속 남아 있기를 원하게 만드는 힘을 의미한다.
③ 목적이 다른 조직은 서로 다른 유형의 팀워크를 필요로 한다.
④ 팀워크가 좋은 팀일수록 명확한 목적을 공유한다.

36 다음 대화를 읽고 A의 태도에서 나타난 문제점으로 가장 적절한 것은?

- A : 아, 이해를 못하겠네.
- B : 무슨 일 있어?
- A : C대리 말이야. 요즘 이래저래 힘들다고 너무 심각하길래 친구한테 들었던 웃긴 얘기를 해줬더니 오히려 화를 내는 거 있지? 지금까지 자기 얘기 들은 거 맞냐고. 나는 기분 좀 풀라고 한 말인데.

① 상대의 말에 집중하지 않고 다른 생각을 했다.
② 상대의 입장보다 자신의 생각에 비추어 판단했다.
③ 다른 사람의 문제인데 지나치게 자신이 해결해 주려고 했다.
④ 분위기를 고려하지 않고 농담을 했다.

37 다음과 같이 유통과정에서 상승한 배추가격은 협동조합의 최초 구매가격의 몇 %인가?

판매처	구매처	판매가격
산지	협동조합	재배 원가에 10% 이윤을 붙임
협동조합	도매상	산지에서 구입가격에 20% 이윤을 붙임
도매상	소매상	협동조합으로부터 구입가격은 판매가의 80%
소매상	소비자	도매상으로부터 구입가격에 20% 이윤을 붙임

① 20% ② 40%
③ 60% ④ 80%

38 [제시문 A]를 읽고, [제시문 B]가 참인지 거짓인지 혹은 알 수 없는지 고르면?

[제시문 A]
- 바다에 가면 문어를 먹겠다.
- 산에 가면 쑥을 캐겠다.
- 문어를 먹으면 쑥을 캐지 않겠다.

[제시문 B]
바다에 가면 산에 가지 않겠다.

① 참　　　　　② 거짓　　　　　③ 알 수 없음

39 농도 4%의 소금물 300g에 소금 100g을 추가로 넣었을 때, 소금물의 농도는?

① 24% ② 26%
③ 28% ④ 30%

40 다음 중 ㉠~㉣의 수정 방안으로 적절하지 않은 것은?

> 실제로 예상보다 많은 청소년이 아르바이트를 하고 있거나, 아르바이트를 했던 경험이 있다고 응답했다. ㉠ 청소년들의 가장 많은 아르바이트는 '광고 전단 돌리기'였다. 전단지 아르바이트는 ㉡ 시급이 너무 적지만 아르바이트 중에서도 가장 짧은 시간에 할 수 있는 대표적인 단기 아르바이트로 유명하다. 이러한 특징으로 인해 대부분의 사람들이 전단지 아르바이트를 꺼리게 되고, 돈은 필요하지만 학교에 다니면서 고정적으로 일하기는 어려운 청소년들이 주로 하게 된다. 전단지 아르바이트 다음으로는 음식점에서 아르바이트를 해보았다는 청소년들이 많았다. 음식점 중에서도 패스트푸드점에서 아르바이트를 하고 있거나 해보았다는 청소년들이 가장 많았는데, 패스트푸드점은 ㉢ 대체로 최저임금을 받거나 대형 프랜차이즈가 아닌 경우에는 최저임금마저도 주지 않는다는 조사 결과가 나왔다. 또한 식대나 식사를 제공하지 않아서 몇 시간 동안 서서 일하면서도 끼니조차 제대로 해결하지 못했던 경험을 한 청소년이 많은 것으로 밝혀졌다. ㉣ 근로자로써 당연히 보장받아야 할 권리를 청소년이라는 이유로 보호받지 못하고 있는 것이다.

① ㉠ : 호응 관계를 고려하여 '청소년들이 가장 많이 경험해 본'으로 수정한다.
② ㉡ : '너무'는 주로 부정적으로 한정하는 부사로 쓰이므로 '매우'로 수정한다.
③ ㉢ : 호응 관계를 고려하여 '대체로 최저임금으로 받거나'로 수정한다.
④ ㉣ : '로써'는 어떤 일의 수단이나 도구를 나타내는 격조사이므로 '근로자로서'로 수정한다.

41 다음과 같은 정사각형의 종이를 화살표 방향으로 접고 〈보기〉의 좌표가 가리키는 위치에 구멍을 뚫었다. 다시 펼쳤을 때 뚫린 구멍의 위치를 좌표로 나타낸 것으로 옳은 것은?(단, 좌표가 그려진 사각형의 크기와 종이의 크기는 일치하며, 종이가 접힐 때 종이의 위치는 바뀌지 않는다)

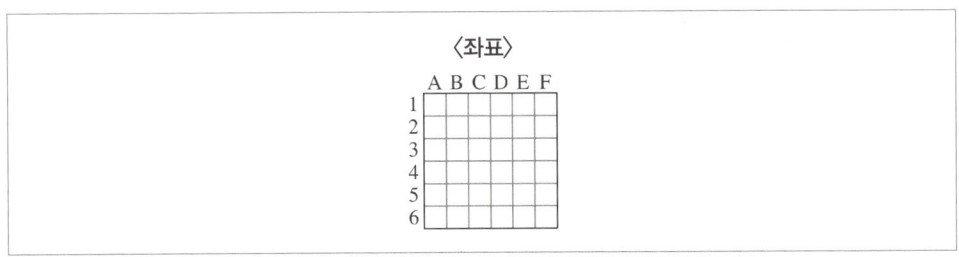

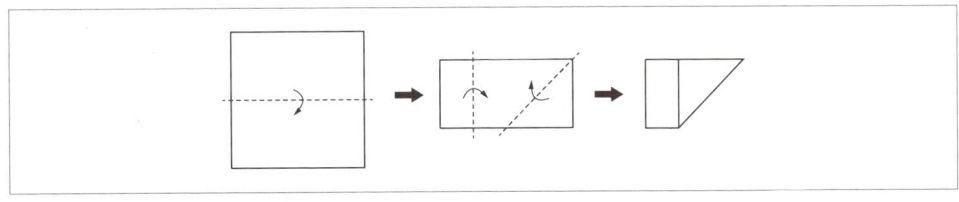

① C3, C4, D2, D5, D6
② C3, C5, C6, D6
③ C3, C6, D5, D6
④ D2, D5, E1, E6

42 다음 중 나머지 도형과 모양이 다른 것을 고르면?

①

②

③

④

43 K회사에 근무 중인 A~D사원 4명 중 1명이 주임으로 승진하였다. 다음 대화에서 A~D 중 1명만 진실을 말하고 있을 때, 주임으로 승진한 사람은 누구인가?

> A : B가 주임으로 승진하였다.
> B : A가 주임으로 승진하였어.
> C : D의 말은 참이야.
> D : C와 B 중 1명 이상이 주임으로 승진하였다.

① A사원　　　　　　　　　　② B사원
③ C사원　　　　　　　　　　④ D사원

44 다음 제시된 단어의 관계와 동일한 것을 고르면?

구리 – 전선

① 바람 – 태양열　　　　　　② 밀 – 쌀
③ 도토리 – 솔방울　　　　　④ 계란 – 마요네즈

45 다음은 A상품과 B상품의 1년 동안 계절별 판매량을 나타낸 그래프이다. 그래프를 이해한 내용으로 적절하지 않은 것은?

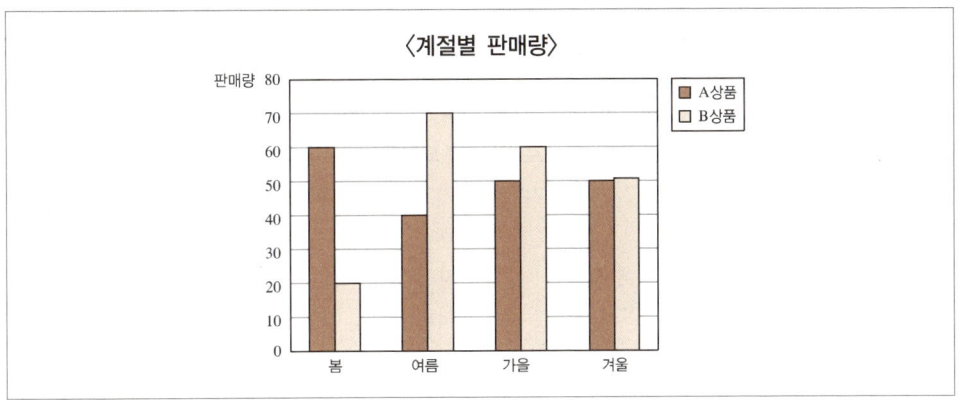

① A상품과 B상품의 연간 판매량은 거의 같다.
② A상품 판매량의 표준편차가 B상품 판매량의 표준편차보다 크다.
③ A상품과 B상품 판매량의 합이 가장 작은 계절은 봄이다.
④ 두 상품 판매량의 차는 시간이 지남에 따라 감소한다.

46 다음 글의 제목으로 가장 적절한 것은?

> 우리는 비극을 즐긴다. 비극적인 희곡과 소설을 즐기고, 비극적인 그림과 영화 그리고 비극적인 음악과 유행가도 즐긴다. 슬픔, 애절, 우수의 심연에 빠질 것을 알면서도 소포클레스의 「안티고네」, 셰익스피어의 「햄릿」을 찾고, 베토벤의 「운명」, 차이코프스키의 「비창」, 피카소의 「우는 연인」을 즐긴다. 아니면 드라마나 영화를 보고 값싼 눈물이라도 흘린다. 이를 동정과 측은과 충격에 의한 '카타르시스', 즉 마음의 세척으로 설명한 아리스토텔레스의 주장은 유명하다. 그것은 마치 눈물로 스스로의 불안, 고민, 고통을 씻어내는 역할을 한다는 것이다.
> 니체는 좀 더 심각한 견해를 갖는다. 그는 "비극은 언제나 삶에 아주 긴요한 기능을 가지고 있다. 비극은 사람들에게 그들을 싸고도는 생명 파멸의 비운을 똑바로 인식해야 할 부담을 덜어주고, 동시에 비극 자체의 암울하고 음침한 원류에서 벗어나게 해서 그들의 삶의 흥취를 다시 돋우어 준다."라고 하였다. 그런 비운을 직접 전면적으로 목격하는 일, 또 더구나 스스로 직접 그것을 겪는 일이라는 것은 너무나 끔찍한 일이기에, 그것을 간접경험으로 희석한 비극을 봄으로써 '비운'이란 그런 것이라는 이해와 측은지심을 갖게 되고, 동시에 실제 비극이 아닌 그 가상적인 환영(幻影) 속에서 비극에 대한 어떤 안도감도 맛보게 된다.

① 비극의 현대적 의의　　② 비극에 반영된 삶
③ 비극의 기원과 역사　　④ 비극을 즐기는 이유

47 다음 중 ㉠~㉣에 들어갈 적절한 어휘를 바르게 연결한 것은?

> 대중이 급부상한 두 번째 이유는 문명의 ㉠ 에 있다. 정치사상에 대한 것이든, 과학 기술에 대한 것이든 지금껏 문명은 꾸준히 발달해왔다. 자유, 평등의 이념을 바탕으로 ㉡ 한 사유를 전개하여 만들어 낸 근대 정치사상과 자연에 대한 치밀한 탐구를 통해 발견해낸 자연 과학적 원리들은 대중의 삶에 ㉢ 영향을 미쳤다. 그런데 여기서 문제는 대중이 자신들의 삶에서 ㉣ 누리게 된 생활 편의를 아주 당연한 것으로 여기게 되었다는 데 있다.

	㉠	㉡	㉢	㉣
①	퇴보	치열	부정적인	갑자기
②	퇴보	안일	긍정적인	서서히
③	발달	치열	부정적인	서서히
④	발달	치열	긍정적인	갑자기

48 다음은 A지점의 서비스 만족도를 조사한 자료이다. 이에 대한 설명으로 옳지 않은 것은?

〈서비스 만족도 조사 결과〉

만족도	응답자 수(명)	비율(%)
매우 만족	(A)	20%
만족	33	22%
보통	(B)	(C)
불만족	24	16%
매우 불만족	15	(D)
합계	150	100%

① 방문 고객 150명을 대상으로 은행서비스 만족도를 조사하였다.
② 응답한 고객 중 30명이 본 지점의 서비스를 '매우 만족'한다고 평가하였다.
③ 방문 고객의 약 $\frac{1}{3}$이 본 지점의 서비스 만족도를 '보통'으로 평가하였다.
④ 고객 중 $\frac{1}{5}$이 '매우 불만족'으로 평가하였다.

49 다음 중 제시된 그림에서 찾을 수 없는 도형은?

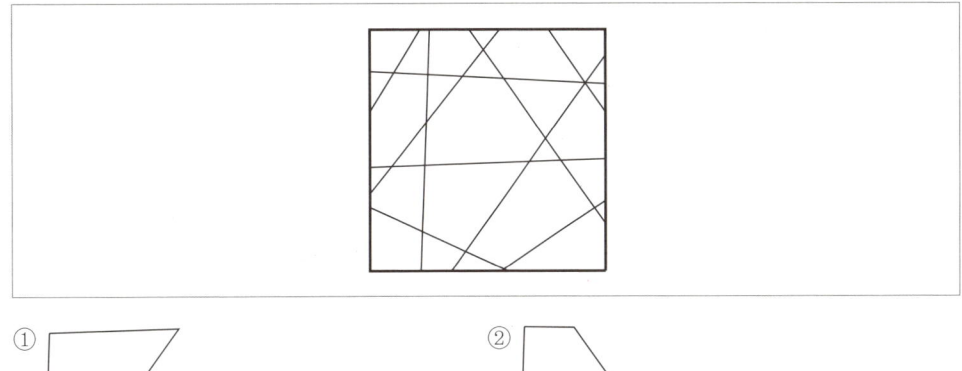

①    ②

③   ④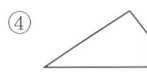

50 기획부 사원 A ~ E는 야근을 해야 한다. 다음 〈조건〉에 따라 수요일에 야근하는 사원을 고르면?

조건
- 사장님이 출근할 때는 모든 사람이 야근을 한다.
- E는 화요일에 야근을 한다.
- A가 야근할 때 C도 반드시 해야 한다.
- 수요일에는 한 명만 야근을 한다.
- 사장님은 월요일과 목요일에 출근을 한다.
- 월요일부터 금요일까지 한 사람당 3번 야근한다.
- B는 금요일에 야근을 한다.

① A   ② B
③ D   ④ E

제2회 최종점검 모의고사

☑ 응시시간 : 50분 ☑ 문항 수 : 50문항

정답 및 해설 p.039

01 다음 중 밑줄 친 단어가 옳지 않은 것은?

① 우리 고향이 주요 개발 대상지로 선정되어서 마을 잔치를 했다.
② 평소에 자기 계발을 계속한 사람은 기회가 왔을 때 그것을 잡을 확률이 높다.
③ 5년간의 연구 끝에 신제품 개발에 성공했다.
④ 인류는 미래를 위해서 화석 연료 대체 에너지 계발에 힘써야 한다.

02 다음 명제가 모두 참일 때, 반드시 참인 것은?

- L마트에서 사온 초콜릿 과자 3개와 커피 과자 3개를 A, B, C, D, E가 서로 나누어 먹었다.
- A와 C는 한 종류의 과자만 먹었다.
- B는 초콜릿 과자 1개만 먹었다.
- C는 B와 같은 종류의 과자를 먹었다.
- D와 E 중 한 명은 두 종류의 과자를 먹었다.

① A는 초콜릿 과자 2개를 먹었다.
② C는 초콜릿 과자 2개를 먹었다.
③ A가 커피 과자 1개를 먹었다면, D와 E 중 한 명은 과자를 먹지 못했다.
④ A와 D가 같은 과자를 하나씩 먹었다면, E가 두 종류의 과자를 먹었을 것이다.

03 농도 9%의 소금물에 물을 200g 더 넣었더니 6%의 소금물이 되었다. 처음 농도 9%의 소금물의 양은?

① 250g ② 300g
③ 350g ④ 400g

04 다음 글의 주제로 가장 적절한 것은?

> 멸균이란 곰팡이, 세균, 박테리아, 바이러스 등 모든 미생물을 사멸시켜 무균 상태로 만드는 것을 의미한다. 멸균 방법에는 물리적, 화학적 방법이 있으며, 멸균 대상의 특성에 따라 적절한 멸균 방법을 선택하여 실시할 수 있다. 먼저 물리적 멸균법에는 열이나 화학약품을 사용하지 않고 여과기를 이용하여 세균을 제거하는 여과법, 병원체를 불에 태워 없애는 소각법, 100℃에서 10~20분간 물품을 끓이는 자비소독법, 미생물을 자외선에 직접 노출시키는 자외선 소독법, 160~170℃의 열에서 1~2시간 동안 건열 멸균기를 사용하는 건열법, 포화된 고압증기 형태의 습열로 미생물을 파괴시키는 고압증기 멸균법 등이 있다. 다음으로 화학적 멸균법은 화학약품이나 가스를 사용하여 미생물을 파괴하거나 성장을 억제하는 방법을 말한다. 여기에는 에틸렌 옥사이드 가스, 알코올, 염소 등 여러 가지 화학약품이 사용된다.

① 멸균의 중요성
② 뛰어난 멸균 효과
③ 다양한 멸균 방법
④ 멸균 시 발생할 수 있는 부작용

05 다음 제시된 명제가 모두 참일 때 추론할 수 있는 것은?

> • 아메리카노는 카페라테보다 많이 팔린다.
> • 유자차는 레모네이드보다 덜 팔린다.
> • 카페라테는 레모네이드보다 많이 팔리지만, 녹차보다는 덜 팔린다.
> • 녹차는 스무디보다 덜 팔리지만, 아메리카노보다 많이 팔린다.

① 가장 많이 팔리는 음료는 스무디이다.
② 유자차는 가장 안 팔리지는 않는다.
③ 카페라테보다 덜 팔리는 음료는 3개이다.
④ 녹차가 가장 많이 팔린다.

06 다음은 A~D조명기구에 같은 시간 동안 공급된 전기에너지와 발생한 빛에너지를 나타낸 것이다. 에너지 효율이 가장 높은 조명기구는?

조명기구	A	B	C	D
전기에너지	20	20	40	40
빛에너지	5	10	5	10

① A조명기구
② B조명기구
③ C조명기구
④ D조명기구

07 다음 중 제시된 그림에서 찾을 수 없는 도형은?

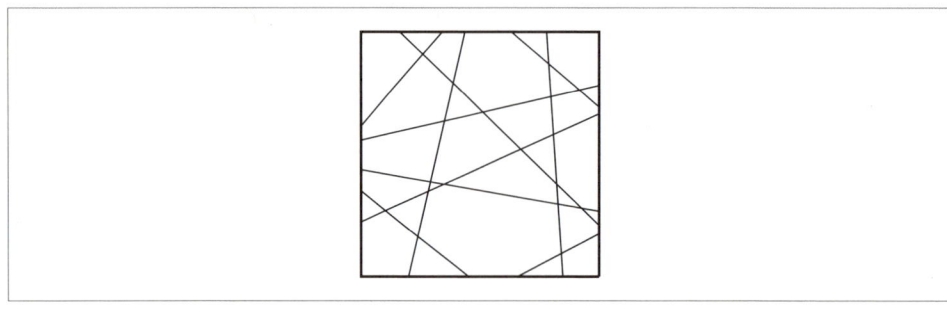

① ② ③ ④

08 다음이 참일 때, 추론한 것 중 적절하지 않은 것은?

> • 사과 수확량이 감소하면, 사과 가격이 상승한다.
> • 사과 소비량이 감소하면, 사과 수확량이 감소한다.
> • 사과 수확량이 감소하지 않으면, 사과주스 가격이 상승하지 않는다.

① 사과 주스의 가격이 상승하면, 사과 가격이 상승한다.
② 사과 가격이 상승하지 않으면, 사과 수확량이 감소하지 않는다.
③ 사과 소비량이 감소하지 않으면, 사과주스 가격이 상승하지 않는다.
④ 사과 수확량이 감소하지 않으면, 사과 소비량이 감소하지 않는다.

09 다음 〈보기〉에서 대인관계능력을 향상시키는 방법을 모두 고르면?

> **보기**
> ㉠ 상대방에 대한 이해심
> ㉡ 사소한 일까지 관심을 두지 않는 것
> ㉢ 약속을 이행하는 것
> ㉣ 처음부터 너무 기대하지 않는 것
> ㉤ 진지하게 사과하는 것

① ㉠, ㉡, ㉣
② ㉠, ㉡, ㉢
③ ㉠, ㉢, ㉤
④ ㉠, ㉢, ㉣, ㉤

10 어떤 두 소행성 간의 거리는 150km이다. 이 두 소행성이 서로를 향하여 각각 초속 10km와 5km로 접근한다면, 둘은 몇 초 후에 충돌하겠는가?

① 5초
② 10초
③ 15초
④ 20초

11 다음은 연도별 및 연령대별 흡연율 관련 자료이다. 이를 나타낸 그래프로 옳지 않은 것은?

〈연도별·연령대별 흡연율〉

(단위 : %)

구분	연령대				
	20대	30대	40대	50대	60대 이상
2015년	28.4	24.8	27.4	20.0	16.2
2016년	21.5	31.4	29.9	18.7	18.4
2017년	18.9	27.0	27.2	19.4	17.6
2018년	28.0	30.1	27.9	15.6	2.7
2019년	30.0	27.5	22.4	16.3	9.1
2020년	24.2	25.2	19.3	14.9	18.4
2021년	13.1	25.4	22.5	15.6	16.5
2022년	22.2	16.1	18.2	13.2	15.8
2023년	11.6	25.4	13.4	13.9	13.9
2024년	14.0	22.2	18.8	11.6	9.4

① 40~50대 연도별 흡연율

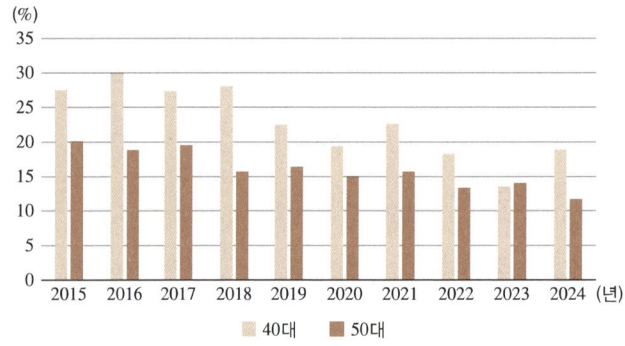

② 2021 ~ 2024년 연령대별 흡연율

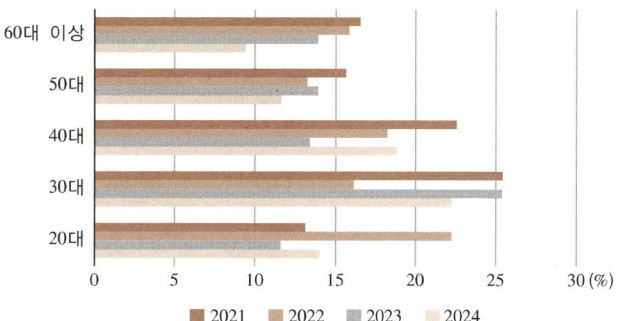

③ 2019 ~ 2024년 60대 이상 연도별 흡연율

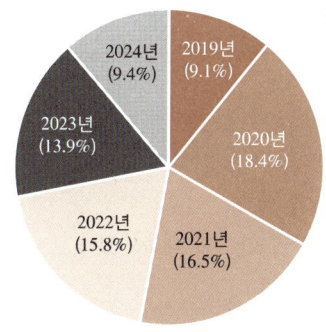

④ 20 ~ 30대 연도별 흡연율

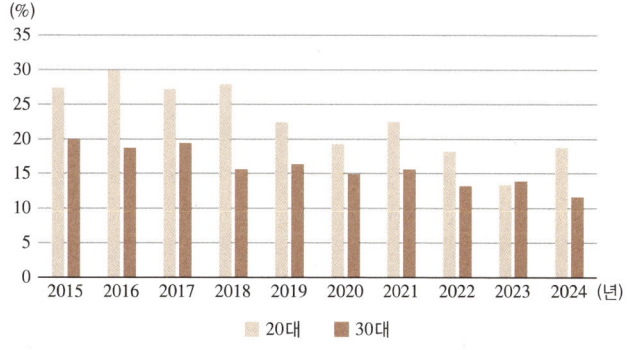

12 다음은 A도서관에서 특정 시점에 구입한 도서 10,000권의 5년간 대출 현황을 조사한 자료이다. 이에 대한 설명으로 옳지 않은 것은?

〈도서 10,000권의 5년간 대출 현황〉

(단위 : 권)

구분	구입~1년	구입~3년	구입~5년
0회	5,302	4,021	3,041
1회	2,912	3,450	3,921
2회	970	1,279	1,401
3회	419	672	888
4회	288	401	519
5회	109	177	230
합계	10,000	10,000	10,000

① 구입 후 1년 동안 도서의 절반 이상이 대출되었다.
② 도서의 약 40%가 구입 후 3년 동안 대출되지 않았으며, 도서의 약 30%가 구입 후 5년 동안 대출되지 않았다.
③ 구입 후 1년 동안 1회 이상 대출된 도서의 60% 이상이 단 1회 대출되었다.
④ 구입 후 1년 동안 도서의 평균 대출 횟수는 약 0.78이다.

13 다음 제시된 문장들을 논리적 순서대로 바르게 나열한 것은?

(가) 또한 내과 교수팀은 "이번에 발표된 치료성적은 치료 중인 많은 난치성 결핵환자들에게 큰 희망을 줄 수 있을 것"이라며 덧붙였다.
(나) A병원 내과 교수팀은 지난 결핵 및 호흡기학회에서 그동안 치료가 매우 어려운 것으로 알려진 난치성 결핵의 치료 성공률을 세계 최고 수준인 80%로 높였다고 발표했다.
(다) 완치가 거의 불가능한 난치성 결핵균에 대한 치료성적이 우리나라가 세계 최고 수준인 것으로 발표되어 치료 중인 환자와 가족들에게 희소식이 되고 있다.
(라) 내과 교수팀은 지난 10년간 A병원에서 새로운 치료법을 적용한 결핵 환자 155명의 치료성적을 분석한 결과, 치료 성공률이 49%에서 현재는 80%에 이르렀다고 설명했다.

① (나) – (가) – (다) – (라)
② (다) – (나) – (라) – (가)
③ (다) – (라) – (가) – (나)
④ (라) – (가) – (다) – (나)

14 다음 글의 주장에 대한 반박으로 가장 적절한 것은?

> 고전주의 범죄학은 법적 규정 없이 시행됐던 지배 세력의 불합리한 형벌 제도를 비판하며 18세기 중반에 등장했다. 고전주의 범죄학에서는 범죄를 포함한 인간의 모든 행위는 자유 의지에 입각한 합리적 판단에 따라 이루어지므로 범죄에 비례해 형벌을 부과할 경우 개인의 합리적 선택에 의해 범죄가 억제될 수 있다고 보았다. 고전주의 범죄학의 대표자인 베카리아는 형벌은 법으로 규정해야 하고, 그 법은 누구나 이해할 수 있도록 문서로 만들어야 한다고 강조했다. 또한 형벌의 목적은 사회 구성원에 대한 범죄 행위의 예방이며, 따라서 범죄를 저지를 경우 누구나 법에 의해 확실히 처벌받을 것이라는 두려움이 범죄를 억제할 것이라고 확신했다. 이러한 고전주의 범죄학의 주장은 각 국가의 범죄 및 범죄자에 대한 입법과 정책에 많은 영향을 끼쳤다.

① 범죄에 대한 인간의 행위를 규제할 수 있는, 보다 강력한 법적인 구속력이 필요하다.
② 범죄를 효과적으로 제지하기 위해서는 엄격하고 확실한 처벌이 신속하게 이루어져야 한다.
③ 인간은 욕구 충족이나 문제 해결을 위한 방법으로 범죄 행위를 선택할 수 있으므로 모든 법적 책임은 범죄인에게 있다.
④ 사회가 혼란한 시기에 범죄율과 재범률이 급격하게 증가하는 것을 보면 범죄는 개인의 자유 의지로 통제할 수 없다.

15 다음 〈보기〉에서 빈칸에 들어갈 말을 적절하게 연결한 것은?

> 매킨타이어는 덕이 실천 활동을 통해 __(가)__ 될 수 있다고 말한다. 이때 실천은 그 활동에 __(나)__ 하는 선들이 그 활동을 통해 실현되도록 하는 것을 의미한다. 또한 실천은 개인적인 것이 아니라 사회적으로 __(다)__ 된 협동적인 활동을 말한다. 그러므로 활동 자체에 있는 선들을 실현하는 활동이라 하더라도 자기가 속한 공동체와의 연관성이 없을 때는 덕을 얻기 어렵다고 본다. 결국 매킨타이어는 실천에서 공동체성이 중요한 의미를 띤다고 본다. 그렇다면 실천에서 왜 공동체성이 중요한 의미가 있는가? 이를 설명하기 위해 매킨타이어는 삶을 이야기 양식으로 이해할 것을 __(라)__ 한다.

보기
㉠ 내포 ㉡ 내재 ㉢ 성립 ㉣ 확보 ㉤ 취득 ㉥ 획득 ㉦ 장려 ㉧ 요구

	(가)	(나)	(다)	(라)
①	㉤	㉠	㉢	㉧
②	㉤	㉠	㉣	㉦
③	㉥	㉡	㉢	㉦
④	㉥	㉣	㉢	㉧

16 제시된 명제가 모두 참일 때, 빈칸에 들어갈 내용으로 가장 적절한 것은?

> 전제1. 어휘력이 좋지 않으면 책을 많이 읽지 않은 것이다.
> 전제2. 글쓰기 능력이 좋지 않으면 어휘력이 좋지 않은 것이다.
> 결론. _____

① 책을 많이 읽지 않으면 어휘력이 좋지 않은 것이다.
② 글쓰기 능력이 좋으면 어휘력이 좋은 것이다.
③ 어휘력이 좋지 않으면 글쓰기 능력이 좋지 않은 것이다.
④ 글쓰기 능력이 좋지 않으면 책을 많이 읽지 않은 것이다.

17 다음 중 글의 내용으로 적절하지 않은 것은?

> 감귤의 미숙과인 풋귤이 피부 관리에 도움이 되는 것으로 밝혀졌다. 풋귤 추출물이 염증 억제를 돕고 피부 보습력을 높이는 것이 실험을 통해 밝혀진 것이다. 우선 사람 각질세포를 이용한 풋귤 추출물의 피부 보습 효과 실험을 살펴보면, 각질층에 수분이 충분해야 피부가 건강하고 탄력 있는데, 풋귤 추출물은 수분은 물론 주름과 탄성에도 영향을 주는 히알루론산을 많이 생성하게 한다. 실험 결과 사람 각질세포에 풋귤 추출물을 1% 추가하면 히알루론산이 40% 증가하는 것으로 나타났다. 또한 동물 대식세포를 이용한 풋귤 추출물의 염증 억제 실험을 살펴보면 염증 반응의 대표 지표 물질인 산화질소와 염증성 사이토카인의 생성 억제 효과를 확인했다. 풋귤 추출물을 $200\mu g/mL$ 추가했더니 산화질소 생성이 40% 정도 줄어들었으며, 염증성 사이토카인 중 일부 성분은 30%에서 많으면 80%까지 억제된 것이다.
> 다음으로 풋귤은 완숙 감귤보다 폴리페놀과 플라보노이드 함량이 2배 이상 높은 것으로 나타났으며, 그밖에도 많은 기능성 성분과 신맛을 내는 유기산도 들어 있다. 특히 피로의 원인 물질인 젖산을 분해하는 구연산 함량이 1.5%~2%로 완숙과보다 3배 정도 높아 지친 몸과 피부를 보호하는 데 도움이 될 수 있다.
> 이처럼 풋귤의 기능 성분들이 하나씩 밝혀지면서 솎아내 버려졌던 풋귤을 이용할 수 있을 것으로 보이며, 풋귤의 이용이 대량 유통으로 이어지면 감귤 재배 농가의 부가 소득 창출에도 기여할 수 있을 것으로 보인다. 또한 앞으로 피부 임상실험 등을 거쳐 항염과 주름 개선 화장품 소재로도 개발될 수 있을 것이다.

① 풋귤은 감귤의 미숙과로 솎아내 버려지곤 했다.
② 풋귤 추출물은 피부 보습에 효과가 있다.
③ 풋귤 추출물은 산화질소와 사이토카인의 생성을 억제한다.
④ 풋귤은 구연산 함량이 완숙 감귤보다 3배 정도 낮아 피로 해소에 도움이 된다.

18 다음 제시된 두 블록을 합쳤을 때, 나올 수 없는 형태는?

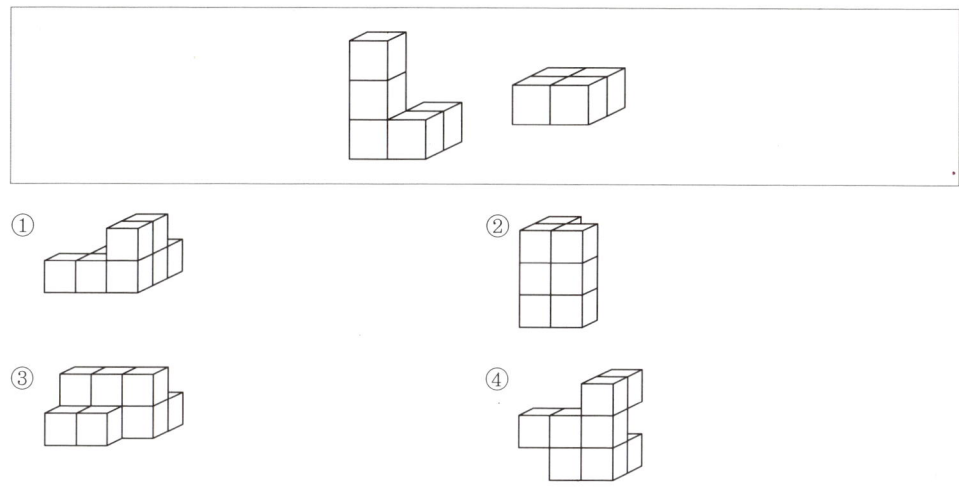

19 다음 중 글의 주된 내용 전개 방식으로 적절한 것은?

> 1972년 프루시너는 병에 걸린 동물을 연구하다가, 우연히 정상 단백질이 어떤 원인에 의해 비정상적인 구조로 변하면 바이러스처럼 전염되며 신경 세포를 파괴한다는 사실을 밝혀냈다. 프루시너는 이 단백질을 '단백질(Protein)'과 '바이러스 입자(Viroid)'의 합성어인 '프리온(Prion)'이라 명명하고 이를 학계에 보고했다.
> 프루시너가 프리온의 존재를 발표하던 당시, 분자 생물학계의 중심 이론은 1957년 크릭에 의해 주창된 '유전 정보 중심설'이었다. 이 이론의 핵심은 유전되는 모든 정보는 DNA 속에 담겨 있다는 것과 유전 정보는 핵산(DNA, RNA)에서 단백질로만 이동이 가능하다는 것이다. 크릭에 따르면 모든 동식물의 세포에서 DNA의 유전 정보는 DNA로부터 세포핵 안의 또 다른 핵산인 RNA가 전사되는 과정에서 선날뇌고, 이 RNA가 세포질로 나와 단백질을 합성하는 번역의 과정을 통해 단백질로의 전달이 이루어진다. 따라서 단백질은 핵산이 없으므로 스스로 정보를 저장할 수 없고 자기 복제를 할 수 없다는 것이다.
> 그런데 프루시너는 프리온이라는 단백질은 핵산이 아예 존재하지 않음에도 자기 복제를 한다고 주장하였다. 이 주장은 크릭의 유전 정보 중심설에 기반한 분자 생물학계의 중심 이론을 흔들게 된다. 아직 논란이 끝난 것은 아니지만 '자기 복제하는 단백질'이라는 개념이 분자 생물학자들에게 받아들여지기까지는 매우 험난한 과정이 필요했다. 과학자들은 충분하지 못한 증거를 가진 주장에 대해서는 매우 보수적일 뿐만 아니라, 기존의 이론으로 설명할 수 없는 현상을 대했을 때는 어떻게든 기존의 이론으로 설명해내려 노력하기 때문이다. 프루시너가 프리온을 발견한 공로로 노벨 생리학·의학상을 받은 것은 1997년에 이르러서였다.

① 특정 이론과 그에 대립하는 이론을 함께 설명하고 있다.
② 특정 이론의 관점에서 그 원인을 분석하고 나아가야 할 방향성을 제시하고 있다.
③ 특정 이론을 실제 사례에 적용하여 실현 가능성을 검토하고 있다.
④ 현상에 대한 여러 관점을 소개한 뒤 각 관점의 장단점을 평가하고 있다.

20 어떤 회사가 A~D 네 부서에 1명씩 신입사원을 선발하였다. 지원자는 총 5명이었으며, 선발 결과에 대해 다음과 같이 진술하였다. 이 중 1명의 진술만 거짓으로 밝혀졌을 때, 추론한 내용으로 옳은 것은?

- 지원자 1 : 지원자 2가 A부서에 선발되었다.
- 지원자 2 : 지원자 3은 A부서 또는 D부서에 선발되었다.
- 지원자 3 : 지원자 4는 C부서가 아닌 다른 부서에 선발되었다.
- 지원자 4 : 지원자 5는 D부서에 선발되었다.
- 지원자 5 : 나는 D부서에 선발되었는데, 지원자 1은 선발되지 않았다.

① 지원자 1은 B부서에 선발되었다.
② 지원자 2는 A부서에 선발되었다.
③ 지원자 3은 D부서에 선발되었다.
④ 지원자 4는 B부서에 선발되었다.

21 다음 중 코칭의 진행 과정에 대한 설명으로 옳은 것을 모두 고르면?

ㄱ. 코칭을 할 경우 시간과 목표를 명확히 알린다.
ㄴ. 문제점에 대한 해결책을 직접 제시한다.
ㄷ. 코칭 과정을 반복한다.
ㄹ. 질문과 피드백에 충분한 시간을 할애한다.
ㅁ. 경청보다는 핵심적인 질문 위주로 진행한다.

① ㄱ, ㄴ, ㅁ
② ㄱ, ㄷ, ㄹ
③ ㄴ, ㄷ, ㄹ
④ ㄴ, ㄹ, ㅁ

22 다음은 K신문사의 인터넷 여론조사에서 '여러분이 길거리에서 침을 뱉거나, 담배꽁초를 버리다가 단속반에 적발되어 처벌을 받는다면 어떤 생각이 들겠습니까?'라는 질문에 대하여 1,200명이 응답한 결과이다. 이 조사 결과에 대한 설명으로 적절한 것을 고르면?

(단위 : %)

변수	응답 구분	법을 위반했으므로 처벌받는 것은 당연하다.	재수가 없는 경우라고 생각한다.	도덕적으로 비난받을 수 있으나 처벌은 지나치다.
	전체	54.9	11.4	33.7
연령	20대	42.2	16.1	41.7
	30대	55.2	10.9	33.9
	40대	55.9	10.0	34.1
	50대 이상	71.0	6.8	22.2
학력	초졸 이하	65.7	6.0	28.3
	중졸	57.2	10.6	32.6
	고졸	54.9	10.5	34.6
	대학 재학 이상	59.3	10.3	35.4

① 응답자들의 준법의식은 나이가 많을수록 그리고 학력이 높을수록 높은 것으로 나타났다.
② 학력이 높을수록 처벌보다는 도덕적인 차원에서 제재를 가하는 것이 바람직하다고 보는 응답자의 비율이 높다.
③ '재수가 없는 경우라고 생각한다.'라고 응답한 사람의 수는 대졸자보다 중졸자가 더 많았다.
④ 1,200명은 충분히 큰 사이즈의 표본이므로 이 여론조사의 결과는 우리나라 사람들의 의견을 충분히 대표한다고 볼 수 있다.

23 주어진 입체도형 중 모양이 다른 하나는?

①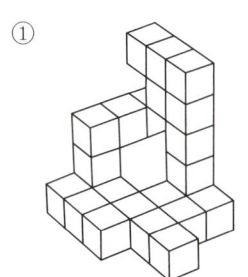

②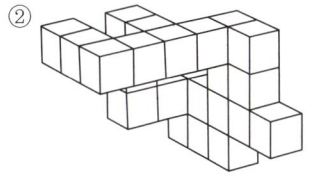

③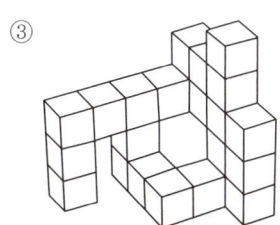

④

24 다음 중 밑줄 친 ㉠의 사례로 적절하지 않은 것은?

> 현대인은 대인관계에 있어서 가면을 쓰고 살아간다. 물론 그것이 현대 사회를 살아가기 위한 인간의 기본적인 조건인지도 모른다. 사회학자들은 사람이 다른 사람과 교제를 할 때, 상대방에 대한 자신의 인상을 관리하려는 속성이 있다는 점에 동의한다. 즉, 사람들은 대체로 남 앞에 나설 때에는 가면을 쓰고 연기를 하는 배우와 같이 행동한다는 것이다.
> 왜 그런 상황이 발생하는 것일까? 그것은 주로 대중문화의 속성에 기인한다. 사실 20세기의 대중문화는 과거와는 다른 새로운 인간형을 탄생시키는 배경이 되었다고 말할 수 있다. 특히, 광고는 내가 다른 사람의 눈에 어떻게 보일 것인가 하는 점을 끊임없이 반복하고 강조함으로써 ㉠ 그 광고를 보는 사람들에게 조바심이나 공포감을 불러일으키기까지 한다.
> 그중에서도 외모와 관련된 제품의 광고는 개인의 삶의 의미가 '자신이 남에게 어떤 존재로 보이느냐?'라는 것을 무수히 주입시킨다. 역사학자들도 '연기하는 자아'의 개념이 대중문화의 부상과 함께 더욱 의미 있는 것이 되었다고 말한다. 그들은 적어도 20세기 초부터 '성공'은 무엇을 잘하고 열심히 하는 것이 아니라 '인상 관리'를 어떻게 하느냐에 달려 있다고 한다. 이렇게 자신의 일관성을 잃고 상황에 따라 적응하게 되는 현대인들은 대중매체가 퍼뜨리는 유행에 민감하게 반응하는 과정에서 자신의 취향을 형성해 가고 있다.

① 이제 막 첫돌이 지난 아들을 둔 박대한 씨는 신문에서 아토피 피부의 원인에 대한 기사를 읽고 불안한 마음에 황토로 지은 집으로 이사 갈 것을 고려하고 있다.
② 잡지에서 '올 여름 멋쟁이 여성들의 트렌드 따라잡기'라는 기획기사를 읽은 박겨레 씨는 유행에 뒤처지지 않기 위해 잡지에 나온 것과 비슷한 옷을 여러 벌 구입했다.
③ 여고생 김영희 양은 저칼로리 다이어트 식품 광고에 나오는 같은 또래 모델의 늘씬한 몸매를 본 후, 자신의 통통한 몸매를 바꾸기 위해 동네 수영장에 다니기 시작했다.
④ 카레이서 이한국 씨는 어렸을 때 〈전설의 고향〉이라는 납량 드라마를 보고 난 후 밤에 화장실 가기가 무서워 아침까지 꾹 참았던 적이 많았다고 한다.

25 H백화점에는 1층에서 9층까지 왕복으로 운행하는 엘리베이터가 있다. 현진이와 서영이는 9층에서 엘리베이터를 타고 내려오다가 각자 어느 한 층에서 내렸다. 두 사람은 엘리베이터를 타고 내려오다가 다시 올라가지는 않는다. 이때, 두 사람이 서로 다른 층에서 내릴 확률은?

① $\dfrac{3}{8}$ ② $\dfrac{1}{2}$
③ $\dfrac{5}{8}$ ④ $\dfrac{7}{8}$

※ 일정한 규칙으로 수를 나열할 때, 빈칸에 들어갈 알맞은 수를 고르시오. [26~28]

26

| −296　　152　　−72　　40　　−16　　( )　　−2 |

① 4　　　　　　　　　　　　② 7
③ 8　　　　　　　　　　　　④ 12

27

| $\frac{1}{3}$　　$\frac{4}{3}$　　$\frac{11}{6}$　　$\frac{13}{6}$　　$\frac{29}{12}$　　( ) |

① $\frac{10}{3}$　　　　　　　　　　② $\frac{19}{6}$
③ $\frac{31}{12}$　　　　　　　　　④ $\frac{157}{60}$

28

① 1　　　　　　　　　　　　② 2
③ 3　　　　　　　　　　　　④ 4

29 왼쪽 톱니를 시계 반대 방향으로 120°, 오른쪽 톱니를 시계 방향으로 60° 회전시킨 후, 화살표 방향에서 바라보았을 때 겹쳐진 모양을 고르면?

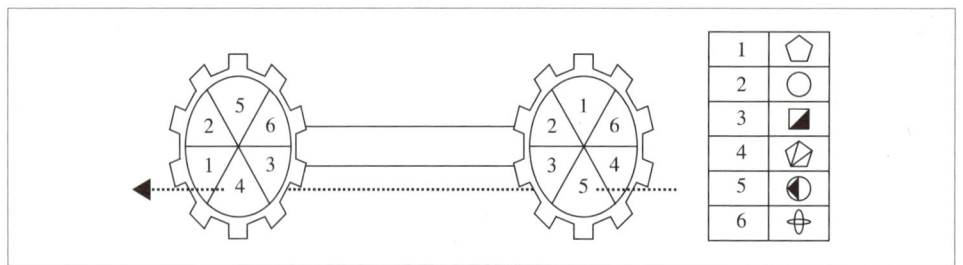

①    ②

③ 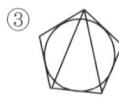   ④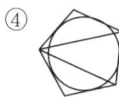

30 다음 중 밑줄 친 단어와 비슷한 의미를 지닌 단어는?

개인의 재산을 양여하기 위해서는 일정량의 세금을 납부해야 한다.

① 양도   ② 제공
③ 양수   ④ 이전

31 다음 글의 내용 전개 방식으로 가장 적절한 것은?

> 우리가 어떤 개체의 행동이나 상태 변화를 설명하고 예측하고자 할 때에는 물리적 태세, 목적론적 태세, 지향적 태세라는 전략을 활용할 수 있다. 소금을 물에 넣고, 물속의 소금에 어떤 변화가 일어날지 예측하기 위해서는 소금과 물, 그리고 그것을 지배하는 물리적 법칙을 적용해야 한다. 이는 대상의 물리적 구성 요소와 그것을 지배하는 법칙을 통해 그 변화를 예측한 것이다. 이와 같은 전략을 '물리적 태세'라 한다.
> '목적론적 태세'는 개체의 설계 목적이나 기능을 파악하여 그 행동을 설명하고 예측하는 전략이다. 가령 컴퓨터의 'F8'키가 어떤 기능을 하는지 알기만 하면 'F8'키를 누를 때 컴퓨터가 어떤 반응을 보일지 예측할 수 있다. 즉, 'F8'키를 누르면 컴퓨터가 맞춤법을 검사할 것이라고 충분히 예측 가능하다. 마지막으로 '지향적 태세'는 지향성의 개념을 사용하여 개체의 행동을 설명하고 예측하는 전략이다. 여기서 '지향성'이란 어떤 대상을 향한 개체의 의식, 신념, 욕망 등을 가리킨다.
> 가령 쥐의 왼쪽에 고양이가 나타났을 경우를 가정해 보자. 쥐의 행동을 예측하기 위해서는 어떤 전략을 사용해야 할까? 물리적 태세를 취해 쥐의 물리적 구성 요소나 쥐의 행동 양식을 지배하는 물리적 법칙을 파악할 수는 없다. 또한 쥐가 어떤 기능이나 목적을 수행하도록 설계된 개체로 보기도 어려우므로 목적론적 태세도 취할 수 없다. 따라서 우리는 쥐가 살고자 하는 지향성을 지닌 개체라고 전제하고, 그 행동을 예측하는 것이 타당할 것이다. 즉, 쥐는 생존 욕구에 의해 '왼쪽에 고양이가 있으니, 그쪽으로 가면 잡아먹힐 위험이 있다. 그러니 왼쪽으로는 가지 말아야지.'라는 믿음을 가질 것이다. 우리는 쥐가 고양이가 있는 왼쪽으로 가지 않을 것이라고 예측할 수 있다. 그런데 예측 과정에서 선행되어야 하는 것은 쥐가 살아남기 위해 합리적으로 행동하는 개체라는 점을 인식해야 한다는 것이다. 따라서 지향적 태세를 취한다는 것은 예측 대상이 합리적으로 행동하는 개체임을 가정하는 것이다.
> 유기체는 생존과 번성의 욕구를 성취하기 위한 지향성을 지닌다. 그리고 환경에 성공적으로 적응하기 위해 정보를 수집하고, 축적된 정보에 새로운 정보를 결합하여 가장 합리적이라고 판단되는 행동을 선택한다. 이와 같이 대부분의 유기체는 외부 세계와의 관계 속에서 지향성을 지니며 진화해 왔다. 지향적 태세는 우리가 대상을 바라보는 새로운 자세와 관점을 제공했다는 점에서 의의를 찾을 수 있다.

① 구체적 사례를 통해 추상적인 개념을 설명하고 있다.
② 다양한 관점을 소개하면서 이를 서로 절충하고 있다.
③ 전문가의 견해를 토대로 현상의 원인을 분석하고 있다.
④ 기존 이론의 문제점을 밝히고 새로운 이론을 제시하고 있다.

32 다음 중 〈보기〉의 단어를 모두 포괄할 수 있는 단어를 고르면?

> **보기**
>
> 들다   차다   냉담하다   가득하다

① 들다
② 차다
③ 냉담하다
④ 가득하다

33 다음 중 제시된 문단을 논리적 순서대로 바르게 나열한 것은?

> (가) 덕후에 대한 사회의 시선도 달라졌다. 과거의 덕후는 이해할 수 없는 자기들만의 세계에 빠져 소통 능력이 부족한 도태된 인간이라는 이미지가 강했다. 하지만 이제는 특정 분야에 해박한 지식을 가진 전문가, 독특한 취향을 지녀 신비하면서 멋있는 존재로 받아들여진다. 전문가들은 이제 한국의 덕후는 단어의 어원이었던 일본의 오타쿠와는 완전히 다른 존재로 진화하고 있다고 진단한다.
> (나) 현재 진화한 덕후들은 자신만의 취미에 더욱 몰입한다. 취향에 맞는다면 아낌없이 지갑을 연다. 좋아하는 대상도 다양해지고 있다. 립스틱이나 매니큐어 같은 화장품, 스타벅스 컵까지도 덕질(덕후＋질)의 대상이 된다. 이른바 취향 소비를 덕후들이 이끌고 있는 것이다. 덕후들은 자신이 좋아하는 대상을 위해 댓글을 달며 기업이 내놓는 상품에 입김을 발휘하기도 한다. 아예 스스로 좋아하는 대상과 관련된 상품을 제작해 판매하기도 하고, 파생 산업까지 나오고 있다.
> (다) 덕후는 일본의 오타쿠(御宅)를 한국식으로 발음한 인터넷 신조어 오덕후를 줄인 말이다. 얼마 전까지 덕후는 사회성이 부족하거나 우스꽝스럽다는 이미지로 그다지 긍정적이지 않았다. 하지만 최근 들어 인터넷과 SNS는 물론 일상생활에서도 자신이 덕후임을 만천하에 드러내며 덕밍아웃(덕후＋커밍아웃)하는 사례가 늘고 있다.

① (가) – (나) – (다)
② (가) – (다) – (나)
③ (나) – (가) – (다)
④ (다) – (가) – (나)

34 다음은 경제의식에 대한 설문조사 결과이다. 이에 대한 설명으로 옳은 것은?

〈경제의식에 대한 설문조사 결과〉

(단위 : %)

설문내용	구분	전체	성별		학교별	
			남	여	중학교	고등학교
용돈을 받는지 여부	예	84.2	82.9	85.4	87.6	80.8
	아니오	15.8	17.1	14.6	12.4	19.2
월간 용돈 금액	5만 원 미만	75.2	73.9	76.5	89.4	60
	5만 원 이상	24.8	26.1	23.5	10.6	40
용돈기입장 기록 여부	기록한다	30	22.8	35.8	31.0	27.5
	기록 안 한다	70	77.2	64.2	69.0	72.5

① 용돈을 받는 남학생의 비율이 용돈을 받는 여학생의 비율보다 높다.
② 월간 용돈을 5만 원 미만으로 받는 비율은 중학생이 고등학생보다 높다.
③ 용돈을 받는 고등학생 전체 인원을 100명이라 한다면, 월간 용돈을 5만 원 이상 받는 고등학생은 60명이다.
④ 용돈기입장은 전체에서 볼 때, 기록하는 비율이 안 하는 비율보다 높다.

35 다음은 갈등해결 방법에 있어서 명심해야 할 점이다. 제시된 9가지 행동 중 옳지 않은 것은 총 몇 가지인가?

〈갈등해결 방법에 있어서 명심해야 할 점〉
- 다른 사람의 입장을 이해한다.
- 어려운 문제는 피하도록 한다.
- 자신의 의견을 명확하게 밝히고 지속적으로 강화한다.
- 사람들과 눈을 자주 마주치지 않도록 한다.
- 마음을 열어놓고 적극적으로 경청한다.
- 타협하려 애쓴다.
- 어느 한쪽으로 치우치지 않는다.
- 논쟁하고 싶은 유혹을 떨쳐낸다.
- 존중하는 자세로 사람들을 대한다.

① 1가지 ② 2가지
③ 3가지 ④ 4가지

36 다음은 A국의 국제유가 도입 현황을 나타낸 자료이다. 원유 도입단가가 3% 상승할 때마다 A국 전체가 100억 달러의 손해를 본다고 할 때, 1월 대비 4월의 손해액은 얼마인가?

〈2024년 국제유가 도입 현황〉

(단위 : 달러/배럴, 백만 배럴)

구분	1월	2월	3월	4월	5월	6월	7월	8월
국제유가	41.4	40.5	52.0	49.8	50.2	51.4	51.0	53.4
도입단가	40.0	42.2	44.6	55.0	53.0	52.8	50.5	56.1
도입물량	84.6	82.8	94.9	99.5	94.7	91.0	88.0	92.5

① −250억 달러
② −500억 달러
③ −750억 달러
④ −1,250억 달러

37 다음은 어느 연구원에서 자녀가 있는 부모를 대상으로 본인과 자녀의 범죄 피해에 대한 두려움에 대해 조사한 것이다. 이에 대한 설명으로 옳지 않은 것은?

〈본인과 자녀의 범죄 피해에 대한 두려움〉

(단위 : %)

응답내용 / 응답자	피해대상	본인	아들	딸
걱정하지 않는다.	아버지	41.2	9.7	5.7
	어머니	16.3	8.0	5.1
그저 그렇다.	아버지	31.7	13.2	4.7
	어머니	25.3	8.6	3.8
걱정한다.	아버지	27.1	77.1	89.6
	어머니	58.4	83.4	91.1

① 아버지에 비해 어머니는 본인, 아들, 딸에 대해 걱정하는 비율이 높다.
② 아버지, 어머니 모두 아들보다 딸을 걱정하는 비율이 더 높다.
③ 본인에 대해 아버지가 걱정하는 비율은 50% 이상이다.
④ 어머니가 아들과 딸에 대해 걱정하는 비율의 차이는 아버지가 아들과 딸에 대해 걱정하는 비율의 차이보다 작다.

38 [제시문 A]를 읽고, [제시문 B]가 참인지 거짓인지 혹은 알 수 없는지 고르면?

- 수진이는 2개의 화분을 샀다.
- 지은이는 6개의 화분을 샀다.
- 효진이는 화분을 수진이보다는 많이 샀지만, 지은이보다는 적게 샀다.

> **보기**
> 효진이는 4개 이하의 화분을 샀다.

① 참   ② 거짓   ③ 알 수 없음

39 5인조 남성 신인 아이돌 그룹의 모든 멤버의 나이 합은 105살이다. 5명 중 3명의 나이는 5명의 평균 나이와 같고, 가장 큰 형의 나이가 24살일 때, 막내의 나이는 몇 살인가?

① 18살   ② 19살
③ 20살   ④ 21살

40 다음 글의 빈칸에 들어갈 내용으로 가장 적절한 것은?

> 제주 한라산 천연보호구역에 있는 한 조립식 건물에서 불이 나 3명의 사상자가 발생했다. 이 건물은 무속 신을 모시는 신당으로 수십 년 동안 운영된 곳이나, 실상은 허가 없이 지은 불법 건축물에 해당되었다. 특히 해당 건물은 조립식 샌드위치 패널로 지어져 있어 이번 화재는 자칫 대형 산불로 이어져 한라산까지 타버릴 아찔한 사고였지만, 행정당국은 불이 난 뒤에야 이 건축물의 존재를 파악했다. 해당 건물에서의 화재는 30여 분 만에 빠르게 진화되었지만, 이 불로 건물 안에 있던 40대 남성이 숨지고, 60대 여성 2명이 화상을 입어 병원으로 이송되었다. 이는 해당 건물이 _____ 불이 삽시간에 번져 나갔기 때문이었다.
> 행정당국은 서귀포시는 산림이 울창하고, 인적이 드문 곳이어서 관련 신고가 접수되지 않는 등 단속에 한계가 있다고 밝히며 행정의 손이 미치지 않는 취약한 지역, 산지나 으슥한 지역은 관련 부서와 협의를 거쳐 점검할 필요가 있다고 말했다.

① 화재에 취약한 구조로 지어져 있어
② 산지에 위치해 기후가 건조했기 때문에
③ 안정성을 검증받지 못한 가건물에 해당 되어
④ 소방시설과 거리가 있는 곳에 위치하고 있어

41 다음 제시된 전개도의 세 모서리가 서로 맞닿게 접었을 때, 나타나는 입체도형은?

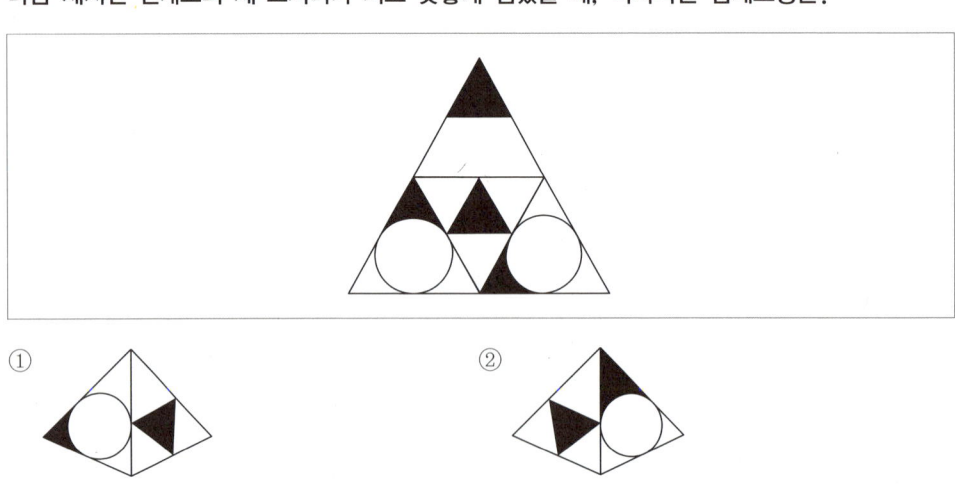

※ 다음 글을 읽고 이어지는 질문에 답하시오. [42~43]

공유경제는 한 번 생산된 제품을 여럿이 공유해 쓰는 협력소비를 기본으로 한 경제 방식을 말한다. 이는 유형과 무형을 모두 포함하며, 거래 형태에 따라 크게 쉐어링, 물물교환, 협력적 커뮤니티로 분류할 수 있다. 쉐어링은 사용자들이 제품 혹은 서비스를 소유하지 않고 사용할 수 있는 방식으로 카쉐어링이 대표적이다. 물물교환은 필요하지 않은 제품을 필요한 사람에게 재분배하는 방식으로 주로 중고매매를 말한다. 마지막으로 협력적 커뮤니티는 특정한 커뮤니티 내부의 사용자 사이의 협력을 통한 방식으로 유형과 무형의 자원 전부를 다룬다. 자신의 공간을 여행자에게 제공하는 에어비앤비(AirBnB)나 지식 공유 플랫폼 등이 널리 알려져 있는 협력적 커뮤니티 공유경제이다.
공유경제는 _____ 예를 들어, 기존 기업은 제품 판매를 통해 벌어들인 수익과 사회 환원을 별개로 생각한다면, 공유경제에서는 거래 당사자들이 이익을 취할 뿐만 아니라 거래 자체가 자원의 절약과 환경문제 해소로 이어져 사회 전체에 기여한다. 그러나 '공유경제'가 다 좋다고 말하기에는 다소 이른 감이 있다. 아직까지는 그 제도적 기반이 취약하여 실제 거래에 있어 불이익이 발생한다 하더라도 법적 보호를 받기 어렵기 때문이다. 이러한 점들을 면밀히 살피고 개선해 나갈 때 공유경제가 바꿔 놓을 미래의 삶도 기대할 수 있을 것이다.

42 다음 중 공유경제의 사례로 보기 어려운 것은?

① 승객과 자동차를 운행하는 일반인을 매칭시켜 주는 자동차 공유 플랫폼
② 집의 남는 방을 여행객에게 제공하는 단기 숙박 서비스
③ 자신의 일상 사진을 업로드하고 일상을 공유하는 소셜네트워크 서비스
④ 소규모 회사를 위한 사무공간을 공유하는 공유 오피스 서비스

43 다음 중 빈칸에 들어갈 내용으로 가장 적절한 것은?

① 세계 경제 위기 속에서 과소비를 줄이고, 합리적인 소비생활을 하도록 돕는다.
② 인터넷 중심의 IT기술과 모바일 산업의 발전을 통해 활성화되었다.
③ 소유자들이 많이 이용하지 않는 물건으로부터 더 많은 수익을 창출할 수 있다.
④ 이용자와 중개자, 사회 전체 모두에게 이익이 되는 윈윈(Win – Win) 구조를 지향하고 있다.

44 동수와 세협이는 건담 프라모델을 만들려고 한다. 동수가 혼자 만들면 8일, 세협이가 혼자 만들면 9일 만에 만들 수 있다. 동수가 혼자 하루 동안 프라모델을 조립하고 그 다음 둘이 함께 며칠간 조립했다. 이후 세협이가 혼자 하루 동안 도색을 했더니 건담이 완성되었다. 동수와 세협이는 함께 며칠간 프라모델을 만들었는가?

① $\frac{31}{17}$ 일
② $\frac{43}{17}$ 일
③ $\frac{55}{17}$ 일
④ $\frac{61}{17}$ 일

45 다음 중 주어진 도형을 만들기 위해 필요하지 않은 조각은?

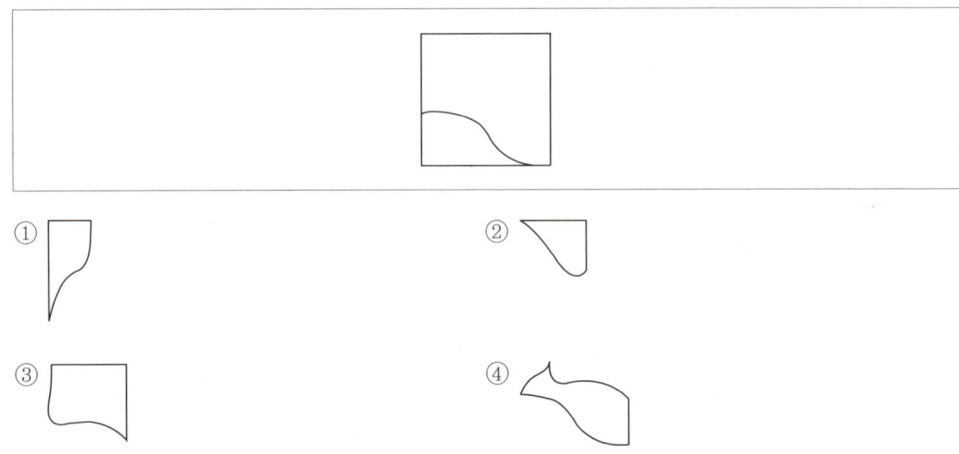

46 다음 그림과 같이 화살표 방향으로 종이를 접은 후, 펀치로 구멍을 뚫어 다시 펼쳤을 때의 그림은?

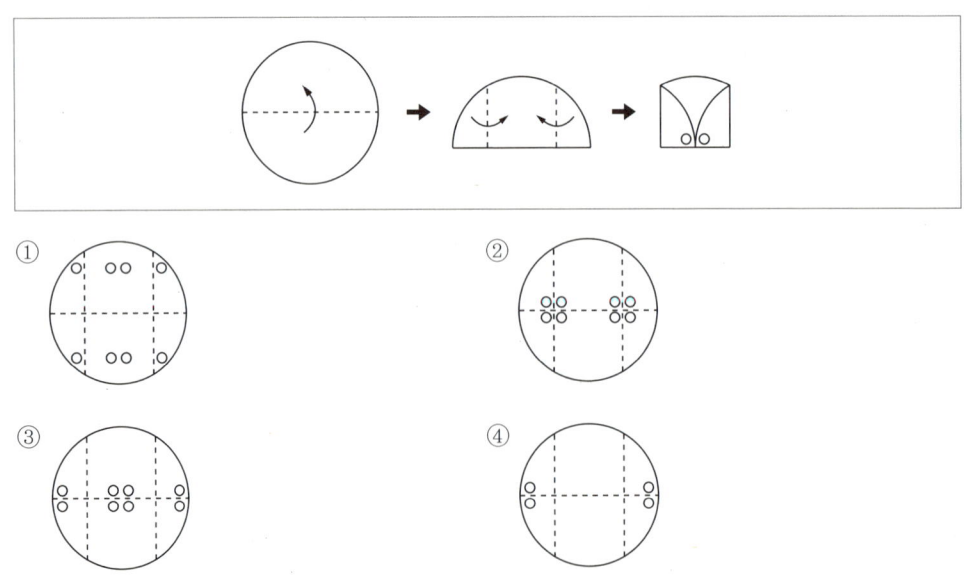

47 다음 도형들은 일정한 규칙으로 변화하고 있다. ?에 들어갈 알맞은 도형을 고르면?

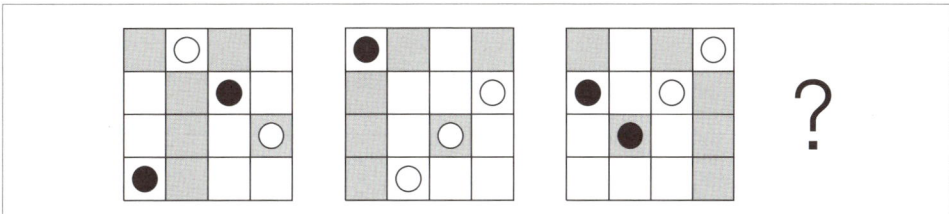

① 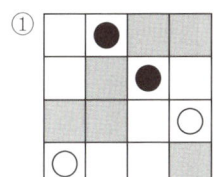   ②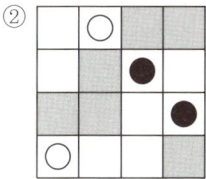

③ 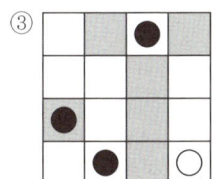   ④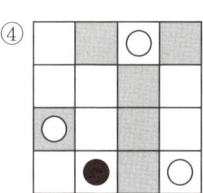

48 다음 〈보기〉의 빈칸 (가), (나)에 들어갈 말로 가장 적절한 것은?

> 보기
>
> (가) : 연주하다 = 연필 : (나)

	(가)	(나)
①	노래	찍다
②	소리	색칠하다
③	음표	지우다
④	피아노	쓰다

49 다음은 연도별 미세먼지 관측횟수와 지속일수에 관한 자료이다. 이에 대한 설명으로 옳지 않은 것은?

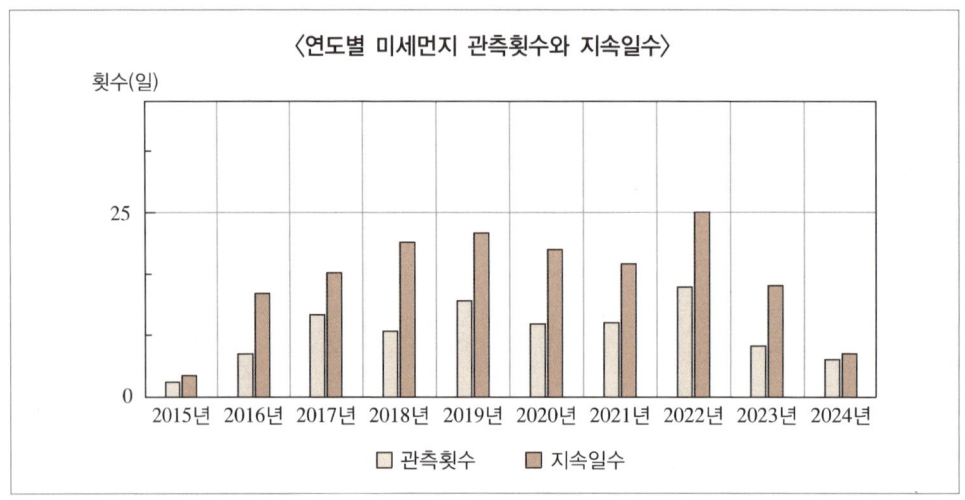

① 미세먼지의 지속일수는 2022년에 25일로 가장 높았다.
② 미세먼지의 관측횟수는 2017년에 최고치를 기록했다.
③ 2022년 이후 연도별 미세먼지 관측횟수는 감소하는 추세이다.
④ 2022년 이후 연도별 미세먼지 지속일수는 감소하는 추세이다.

50 다음 중 입체도형을 만들었을 때, 다른 모양이 나오는 것은?

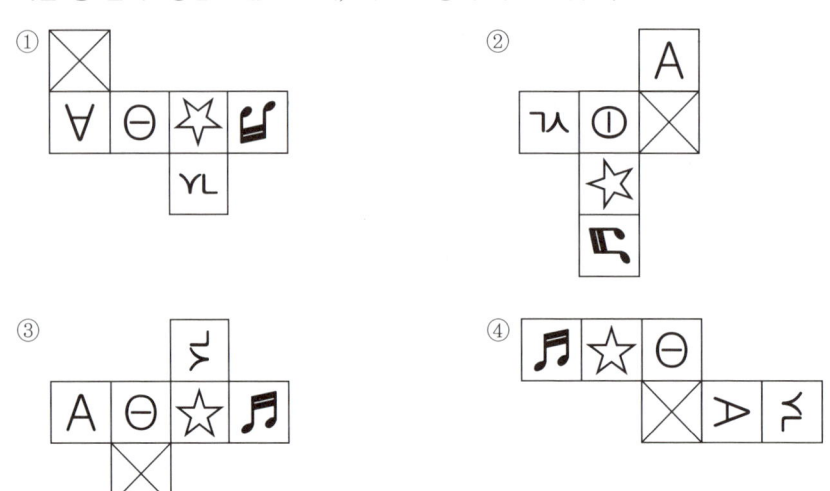

제3회 최종점검 모의고사

01 다음 중 '토끼의 털이 검은색이면 당근을 먹지 않는다.'의 대우 명제는?

① 당근을 먹으면 토끼의 털은 검은색이 아니다.
② 당근을 먹지 않으면 토끼의 털은 검은색이다.
③ 토끼의 털이 검은색이면 당근을 먹는다.
④ 토끼의 털이 하얀색이면 당근을 먹지 않는다.

02 다음은 베란다형 태양광 미니발전소 보급업체의 자격기준 변경에 대한 기사이다. 기사를 읽고 이해한 내용으로 적절하지 않은 것은?

> 서울시가 베란다형 태양광 미니발전소 보급사업의 참가업체 기준을 강화했다. 앞으로 베란다형 태양광 미니발전소 보급사업에 참여하기 위해서는 전기공사업 면허를 소지해야 한다. 지난해까지는 전기공사업 면허 없이도 보급업체로 참여할 수 있었으나, 올해부터는 보급업체의 자격 기준을 전기공사업 등록업체로 제한한다고 밝힌 것이다. 이는 태양광 미니발전소가 전기를 생산하는 발전설비인 만큼 안전문제가 발생할 수 있고, 이를 미연에 방지하고자 기준을 강화했다고 볼 수 있다. 즉, 베란다에 설치되는 태양광 발전설비가 거치대 풍압시험, 모듈 내풍압성 시험 등을 거쳐야만 하므로 전기시설로 보아야 한다는 것이다.
> 실제 베란다형 태양광 미니발전소 사업은 2014년도부터 시작되어 꾸준히 증가하고 있다. 2014년도에는 1,777개의 가정에 설치되었으며, 2015년에는 3,259개가, 2016년에는 8,311개가 설치되었다. 또한, 2017년 상반기에만 7,991개가 설치되었다.
> 하지만 지금까지 전기공사업 면허가 없는 업체도 사업에 참여해왔는데 갑자기 전기공사업 면허를 자격기준에 포함하면서 일부에서는 불만이 제기되고 있다. 동네 마트 등에서 쉽게 구할 수 있었던 미니태양광은 가전제품에 가까웠는데 아무나 설치할 수 없는 설비로 기준이 바뀌면서 불편해졌다는 것이다. 또한 태양광 설치의 대중화를 발목잡는 서울시의 결정이 잘못되었다고 보는 사람들도 많다. 그러나 서울시는 안전문제를 등한시할 수는 없다는 입장으로 베란다형 태양광 미니발전소 보급사업에 대한 기준은 그대로 강화될 예정이다.

① 서울시는 안전문제를 이유로 전기공사업 면허를 소지해야 한다고 보고 있다.
② 베란다형 태양광 미니발전소 설치는 2014년도에 비해 2016년에 3배 이상 증가하였다.
③ 보급업체 자격 기준 변경으로 일부에서는 태양광 설치의 대중화를 기대하고 있다.
④ 지난해까지는 전기공사업 면허가 없어도 보급사업에 참여할 수 있었다.

03 다음 제시된 도형의 규칙을 보고 ?에 들어갈 알맞은 도형을 고르면?

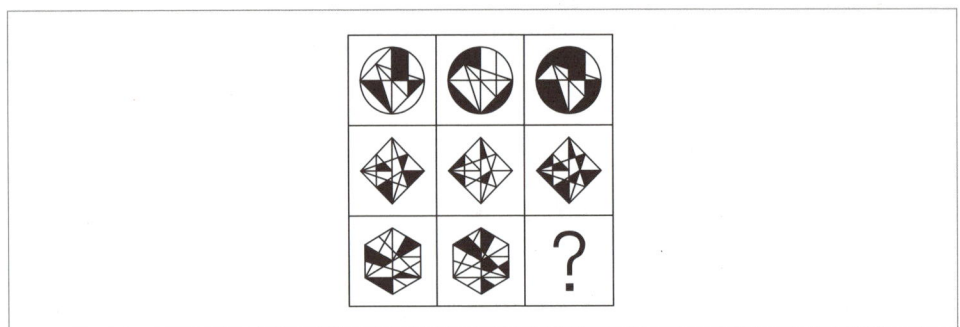

① 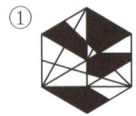   ②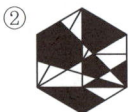

③    ④

04 다음 문단을 논리적 순서대로 바르게 나열한 것은?

> (가) 1980년대 말 미국 제약협회는 특허권을 통해 25년 동안 의약품의 독점 가격을 법으로 보장하도록 칠레 정부를 강하게 압박했다. 1990년 칠레 정부는 특허법 개정안을 제시했지만, 미국 제약협회는 수용을 거부했다.
> (나) 그러나 칠레의 사례는 이보다 훨씬 더 큰 사건을 예고하는 것이었다. 바로 세계무역기구에서 관리하는 1994년의 무역 관련 지식재산권 협정이다. 이 협정의 채택은 개별 국가의 정책에 영향을 미치는 강제력이 있는 전 지구적 지식재산권 체제의 시대가 왔음을 의미한다. 12명의 미국인으로 구성된 지식재산권위원회가 그 모든 결정권자였다.
> (다) 결국 칠레는 특허법 개정안을 원점에서 재검토하여 의약품에 대한 15년 동안의 특허 보호를 인정하는 개정안을 마련하였다. 이를 특허법에 반영하였고, 미국 제약협회는 이에 만족한다고 발표하였다.
> (라) 1990년 미국의 제약협회가 외국의 주권 국가가 제정한 법률을 거부하고 고치도록 영향력을 행사하는 사건이 일어났다. 1990년 전까지 칠레는 의약품에 대한 특허권을 인정하지 않았다. 특허권과 같은 재산권보다 공중 건강을 더 중시해 필요한 의약품의 가격을 적정 수준으로 유지하려는 노력의 일환이었다.

① (가) - (다) - (라) - (나)   ② (가) - (라) - (나) - (다)
③ (라) - (가) - (나) - (다)   ④ (라) - (가) - (다) - (나)

05 다음은 1,000명을 대상으로 진행한 5개 제조사 타이어제품 소비자 선호도 조사 결과에 대한 자료이다. 1차 선택 후, 일주일간 사용하고 다시 2차 선택을 하였다. 다음 중 〈보기〉의 질문에 대한 답을 순서대로 짝지은 것은?

〈5개 제조사 타이어제품 소비자 선호도 조사 결과〉

(단위 : 명)

2차 선택 1차 선택	A사	B사	C사	D사	E사	합계
A사	120	17	15	23	10	185
B사	22	89	11	(가)	14	168
C사	17	11	135	13	12	188
D사	15	34	21	111	21	202
E사	11	18	13	15	200	257
합계	185	169	195	194	257	1,000

보기

1. (가)에 들어갈 수는?
2. 1차에서 D사를 선택하고, 2차에서 C사를 선택한 소비자 수와 1차에서 E사를 선택하고 2차에서 B사를 선택한 소비자 수의 차이는?

① 32, 3
② 32, 6
③ 12, 11
④ 12, 3

06 다음은 2020 ~ 2024년 S사의 경제 분야 투자규모에 대한 자료이다. 이에 대한 설명으로 옳지 않은 것은?

〈S사의 경제 분야 투자규모〉

(단위 : 억 원, %)

구분	2020년	2021년	2022년	2023년	2024년
경제 분야 투자규모	16	20	15	12	16
총지출 대비 경제 분야 투자규모 비중	6.5	7.5	8	7	5

① 2024년 총지출은 300억 원 이상이다.
② 2021년 경제 분야 투자규모의 전년 대비 증가율은 25%이다.
③ 2022년과 2023년의 경제 분야 투자규모의 전년 대비 감소율의 차이는 3%p이다.
④ 2020~2024년 동안 경제 분야에 투자한 금액은 79억 원이다.

07 다음 제시된 전개도로 정육면체를 만들 때, 만들 수 없는 것은?

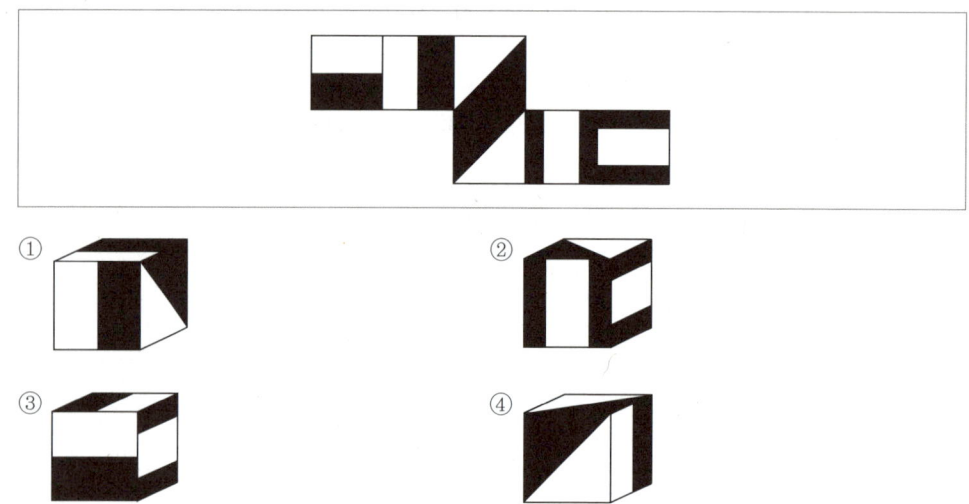

08 다음은 주요 곡물별 수급 현황에 대한 자료이다. 이에 대한 설명으로 옳지 않은 것은?

〈주요 곡물별 수급 현황〉

(단위 : 백만 톤)

구분		2022년	2023년	2024년
소맥	생산량	695	650	750
	소비량	697	680	735
옥수수	생산량	885	865	950
	소비량	880	860	912
대두	생산량	240	245	260
	소비량	237	240	247

① 2022년부터 2024년까지 대두의 생산량과 소비량이 지속적으로 증가하였다.
② 전체적으로 2024년에 생산과 소비가 가장 활발하였다.
③ 2023년에 옥수수는 다른 곡물에 비해 전년 대비 소비량의 변화가 가장 작았다.
④ 2022년 전체 곡물 생산량과 2024년 전체 곡물 생산량의 차이는 140백만 톤이다.

09 어느 한 사람이 5지선다형 문제 2개를 풀고자 한다. 첫 번째 문제의 정답은 선택지 중 1개이지만, 두 번째 문제의 정답은 선택지 중 2개이며, 모두 맞혀야 정답으로 인정된다. 두 문제 중 하나만 맞힐 확률은?

① 18% ② 20%
③ 26% ④ 30%

10 신입사원인 수호, 민석, 종대는 임의의 순서로 검은색, 갈색, 흰색 책상에 이웃하여 앉아 있고, 커피, 주스, 콜라 중 한 가지씩을 좋아한다. 또한 기획, 편집, 디자인의 서로 다른 업무를 하고 있다. 알려진 정보가 〈조건〉과 같을 때 반드시 참인 것을 〈보기〉에서 모두 고르면?

조건
- 종대는 갈색 책상에 앉아 있다.
- 검은색 책상에 앉은 사람은 편집 업무를 담당한다.
- 기획 담당과 디자인 담당은 서로 이웃해 있지 않다.
- 디자인을 하는 사람은 커피를 좋아한다.
- 수호는 편집 담당과 이웃해 있다.
- 수호는 주스를 좋아한다.

보기
ㄱ. 종대는 커피를 좋아한다.
ㄴ. 민석이와 종대는 이웃해 있다.
ㄷ. 수호는 편집을 하지 않고, 민석이는 콜라를 좋아하지 않는다.
ㄹ. 민석이는 흰색 책상에 앉아 있다.
ㅁ. 수호는 기획 담당이다.

① ㄱ, ㄴ ② ㄴ, ㄷ
③ ㄷ, ㄹ ④ ㄱ, ㄴ, ㅁ

11 다음 글을 읽고 추론한 내용으로 적절하지 않은 것은?

> 브랜드 전략의 성공요인을 다음의 세 가지로 집약할 수 있다.
> 첫째, 브랜드 핵심이다. 이것은 한 제품을 다른 비슷한 제품들과 구별되게 하고 그것을 독특하게 만드는 모든 요소들을 말한다. 물론 어느 브랜드도 모든 면에서 다른 브랜드와 다를 수는 없다. 그러나 적어도 그것은 전략적인 차별점이나 독특하다고 내세우는 면, 그리고 경쟁에서의 강점 등에서는 다른 브랜드와 확연히 구별돼야 한다.
> 둘째, 높은 인지도다. 이상적인 경우에는, 브랜드 이름이 제품 범주 전체를 가리키게 된다. 제록스(복사기), 미원(조미료), 스카치테이프(테이프), 지프(오프로드형 SUV), 팸퍼스(기저귀) 등이 바로 그런 보기들이다.
> 셋째, 감성적인 가치다. 강력한 브랜드는 한결같이 쓰는 사람들이 각별한 애정을 느낀다. 보통 브랜드 핵심은 특수한 기법을 써서 측정할 수 있고, 브랜드 인지도도 마케팅조사를 통해서 어느 정도 파악할 수 있다. 그러나 브랜드의 감성적인 가치는 계량화하기 힘들다. 그래서 브랜드의 감성적인 측면은 기업이 가장 통제하기 어려운 면이기도 하다. 또 이것은 고객들의 신뢰 및 그들의 브랜드 충성도와 깊이 연관되어 있다. 특히 오늘날처럼 변화의 속도가 빠른 시대일수록 브랜드에 대한 변함없는 애정은 기업의 아주 귀중한 자산이자 매우 바람직한 소비자들의 행동방식이다.

① 브랜드의 감성적인 측면은 고객의 충성도와 밀접한 관련이 있다.
② A사 핸드폰의 지문인식은 브랜드 전략의 성공요인 첫 번째, 브랜드 핵심과 관련이 있다.
③ 호치키스(스테이플러)는 둘째, 높은 인지도의 예로 들 수 있다.
④ 브랜드 핵심은 특수한 기법을 써도 측정할 수 없다.

12 다음 주어진 입체도형 중 모양이 다른 하나는?

①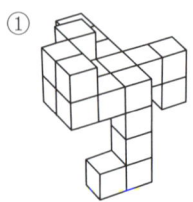

②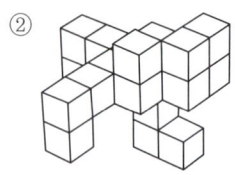

③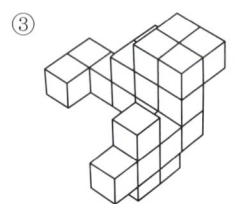

④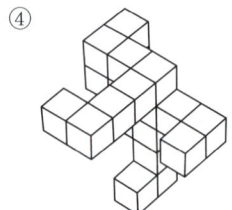

13 다음 중 글의 주제로 가장 적절한 것은?

> 금융당국은 은행의 과점체제를 해소하고, 은행과 비은행의 경쟁을 촉진하는 방안으로 은행의 고유 전유물이었던 통장을 보험 및 카드 업계로의 도입을 검토하겠다고 밝혔다.
>
> 이는 전자금융거래법을 개정해 대금결제업, 자금이체업, 결제대행업 등 모든 전자금융업 업무를 관리하는 종합지금결제사업자를 제도화하여 비은행에 도입한다는 것으로, 이를 통해 비은행권은 간편결제·송금 외에도 은행 수준의 보편적 지급결제 서비스가 가능해지는 것이다.
>
> 특히 금융당국이 은행업 경쟁 촉진 방안으로 검토 중인 여러 방안 중에서 종합지금결제사업자 제도를 중점으로 검토 중인 이유는, 은행의 유효경쟁을 촉진시킴으로써 은행의 과점 이슈를 가장 빠르게 완화할 수 있을 것으로 판단되기 때문이다.
>
> 이는 소비자 측면에서도 기대효과가 있는데, 은행 계좌가 없는 금융소외계층은 종합지금결제사업자 제도를 통해 금융 서비스를 제공받을 수 있고, 기존 방식에서 각 은행에 지불하던 지급결제 수수료가 절약돼 그만큼 보험료가 인하될 가능성도 기대해 볼 수 있기 때문이다. 보험사 및 카드사 측면에서도 기존 방식에서는 은행을 통해 진행했던 방식이 해당 제도가 확립된다면 직접 처리할 수 있게 되어 방식이 간소화될 수 있다는 장점이 있다.
>
> 하지만 이 또한 현실적으로 많은 문제들이 제기되는데, 그중 하나가 소비자보호 사각지대의 발생이다. 비은행권은 은행권과 달리 예금보험제도가 적용되지 않을 뿐더러 은행권에 비해 규제 수준이 상대적으로 낮기 때문에 금융소비자 보호 등 리스크 관리가 우려되기 때문이다. 또한 종합지금결제업 자체가 사실상 은행업과 크게 다르지 않기 때문에 은행권의 극심한 반발도 예상된다.

① 은행의 과점체제 해소를 위한 방안
② 종합지금결제사업자 제도의 득과 실
③ 은행의 권리를 침해하는 비은행 업계
④ 은행과 비은행 경쟁 속 소비자의 실익

14 다음 〈조건〉을 만족할 때, 2023년 신소재공학과 입학생 수의 2022년 대비 증감률은?

〈K대학교 입학생 수〉
(단위 : 명)

구분	건축학과	기계공학과	화학공학과	신소재공학과	합계
2022년도 입학생 수	50		100		320

조건
- 2023년 K대학교 화학공학과 입학생 수는 2022년에 비해 20% 감소하였다.
- 2023년 신소재공학과 입학생 수는 2022년 건축학과 입학생 수의 2배이다.
- 2023년 기계공학과 입학생 수는 2022년보다 30명이 늘었다.
- 2023년 건축학과의 입학생 수는 신소재공학과의 입학생 수와 같다.
- 2023년 전체 입학생 수가 2022년 대비 25% 증가했다.

① -25%
② -15%
③ 25%
④ 15%

15 다음 〈보기〉의 빈칸 (가), (나)에 들어갈 말로 가장 적절한 것은?

보기

마우스 : (가) = (나) : 젓가락

	(가)	(나)
①	핸드폰	고기
②	키보드	숟가락
③	카메라	접시
④	핸드폰	그릇

16 C사의 사내 체육대회에서 A~F 여섯 명은 키가 큰 순서에 따라 두 명씩 1팀, 2팀, 3팀으로 나뉘어 배치된다. 다음 〈조건〉에 따라 배치된다고 할 때 키가 가장 큰 사람은?

> **조건**
> - A, B, C, D, E, F의 키는 서로 다르다.
> - 2팀의 B는 A보다 키가 작다.
> - D보다 키가 작은 사람은 4명이다.
> - A는 1팀에 배치되지 않는다.
> - E와 F는 한 팀에 배치된다.

① A ② B
③ C ④ D

17 다음 〈보기〉에서 빈칸에 들어갈 단어를 적절하게 짝지은 것은?

> 광고주들은 광고를 통해 상품의 인지도를 높이고 상품에 대한 호의적 태도를 확산시키려 한다. 간접광고에서는 이러한 광고 __(가)__ 을/를 거두기 위해 주류적 배치와 주변적 배치를 __(나)__ 한다. 주류적 배치는 출연자가 상품을 __(다)__ 하거나 대사를 통해 상품을 언급하는 것이고, 주변적 배치는 화면 속의 배경을 통해 상품을 노출하는 것인데, 시청자들은 주변적 배치보다 주류적 배치에 더 주목하기 때문에 주류적 배치가 광고 __(라)__ 이/가 높다.

> **보기**
> ㉠ 활용 ㉡ 효용 ㉢ 효과 ㉣ 조율 ㉤ 효율 ㉥ 사용 ㉦ 과시 ㉧ 효능

	(가)	(나)	(다)	(라)
①	㉡	㉠	㉥	㉤
②	㉡	㉣	㉦	㉧
③	㉢	㉠	㉥	㉤
④	㉢	㉠	㉥	㉧

18 다음 두 블록을 합쳤을 때, 나올 수 있는 형태는?

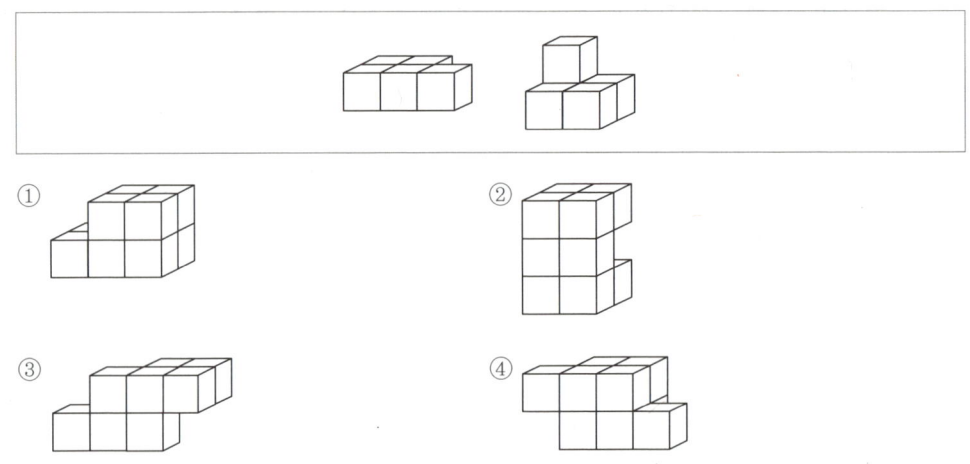

19 다음은 예식장 사업 형태에 대한 자료이다. 이에 대한 설명으로 옳지 않은 것은?

〈예식장 사업 형태〉

(단위 : 개, 십억 원)

구분	개인경영	회사법인	회사 이외의 법인	비법인 단체	합계
사업체 수	900	50	85	15	1,050
매출	270	40	17	3	330
비용	150	25	10	2	187

※ $[수익률(\%)] = \left(\dfrac{(매출)}{(비용)} - 1\right) \times 100$

① 예식장 사업은 대부분 개인경영 형태로 이루어지고 있다.
② 사업체 1개당 매출액이 가장 큰 예식장 사업 형태는 회사법인이다.
③ 수익률이 가장 높은 예식장 사업 형태는 회사법인이다.
④ 개인경영 형태의 예식장 수익률은 비법인 단체 형태의 예식장 수익률의 2배 미만이다.

20 다음 중 글의 제목으로 가장 적절한 것은?

우리는 처음 만난 사람의 외모를 보고, 그를 어떤 방식으로 대우할지를 결정할 때가 많다. 그가 여자인지 남자인지, 얼굴색이 흰지 검은지, 나이가 많은지 적은지 혹은 그의 스타일이 조금은 상류층의 모습을 띠고 있는지 아니면 너무나 흔해서 별 특징이 드러나 보이지 않는 외모를 하고 있는지 등을 통해 그들과 나의 차이를 재빨리 감지한다. 일단 감지가 되면 우리는 둘 사이의 지위 차이를 인식하고 우리가 알고 있는 방식으로 그를 대하게 된다. 한 개인이 특정 집단에 속한다는 것은 단순히 다른 집단의 사람과 다르다는 것뿐만 아니라, 그 집단이 다른 집단보다는 지위가 높거나 우월하다는 믿음을 갖게 한다. 모든 인간은 평등하다는 우리의 신념에도 불구하고 왜 인간들 사이의 이러한 위계화(位階化)를 당연한 것으로 받아들일까? 위계화란 특정 부류의 사람들은 자원과 권력을 소유하고 다른 부류의 사람들은 낮은 사회적 지위를 갖게 되는 사회적이며 문화적인 체계이다. 다음에서 우리는 이러한 불평등이 어떠한 방식으로 경험되고 조직되는지를 살펴보기로 하자.

인간이 불평등을 경험하게 되는 방식은 여러 측면으로 나눌 수 있다. 산업 사회에서의 불평등은 계층과 계급의 차이를 통해서 정당화되는데, 이는 재산, 생산 수단의 소유 여부, 학력, 집안 배경 등등의 요소들의 결합에 의해 사람들 사이의 위계를 만들어 낸다. 또한 모든 사회에서 인간은 태어날 때부터 얻게 되는 인종, 성, 종족 등의 생득적 특성과 나이를 통해 불평등을 경험한다. 이러한 특성들은 단순히 생물학적인 차이를 지칭하는 것이 아니라, 개인의 열등성과 우등성을 가늠하게 만드는 사회적 개념이 되곤 한다.

한편 불평등이 재생산되는 다양한 사회적 기제들이 때로는 관습이나 전통이라는 이름 아래 특정 사회의 본질적인 문화적 특성으로 간주되고 당연시되는 경우가 많다. 불평등은 체계적으로 조직되고 개인에 의해 경험됨으로써 문화의 주요 부분이 되었고, 그 결과 같은 문화권 내의 구성원들 사이에 권력 차이와 그에 따른 폭력이나 비인간적인 행위들이 자연스럽게 수용될 때가 많다.

문화인류학자들은 사회 집단의 차이와 불평등, 사회의 관습 또는 전통이라고 얘기되는 문화 현상에 대해 어떤 입장을 취해야 할지 고민을 한다. 문화인류학자가 이러한 문화 현상은 고유한 역사적 산물이므로 나름대로 가치를 지닌다는 입장만을 반복하거나 단순히 관찰자로서의 입장에 안주한다면, 이러한 차별의 형태를 제거하는 데 도움을 줄 수 없다. 실제로 문화인류학 연구는 기존의 권력관계를 유지시켜주는 다양한 문화적 이데올로기를 분석하고, 인간 간의 차이가 우등성과 열등성을 구분하는 지표가 아니라 동등한 다름일 뿐이라는 것을 일깨우는 데 기여해 왔다.

① 차이와 불평등
② 차이의 감지 능력
③ 문화인류학의 역사
④ 위계화의 개념과 구조

21 다음 자료에 대한 설명으로 옳은 것을 〈보기〉에서 모두 고르면?

(단위 : 천 원)

구분	A기업	B기업	C기업	D기업
자기자본	100,000	500,000	250,000	80,000
액면가	5	5	0.5	1
순이익	10,000	200,000	125,000	60,000
주식가격	10	15	8	12

※ (자기자본 순이익률)=$\frac{(순이익)}{(자기자본)}\times 100$, (주당 순이익)=$\frac{(순이익)}{(발행 주식 수)}$

※ (자기자본)=(발행 주식 수)×(액면가)

보기

ㄱ. 주당 순이익은 A기업이 가장 낮다.
ㄴ. 주당 순이익이 높을수록 주식가격이 높다.
ㄷ. D기업의 발행 주식 수는 A기업의 발행 주식 수의 4배이다.
ㄹ. 1원의 자기자본에 대한 순이익은 C기업이 가장 높고, A기업이 가장 낮다.

① ㄱ ② ㄴ
③ ㄱ, ㄷ ④ ㄴ, ㄷ

22 예선 경기에서 우승한 8명의 선수들이 본선 경기를 진행하려고 한다. 경기 방식은 토너먼트이고 작년에 우승한 1~4위까지의 선수들이 첫 경기에서 만나지 않도록 대진표를 정한다. 가능한 대진표의 경우의 수는?

① 60가지 ② 64가지
③ 68가지 ④ 72가지

23 다음 중 밑줄 친 부분과 같은 의미로 쓰인 것은?

> 구석에 숨어 그곳에서 일어나는 상황을 엿볼 수 있었다.

① 너무 궁금해서 쥐구멍을 통해 엿보았다.
② 좁은 문틈으로 무엇을 하고 있는지 엿보았다.
③ 골목 뒤에서 기회를 엿보다가 친구를 놀래켜 주었다.
④ 이번에 고백할 여인의 마음을 엿보고 싶다.

24 다음 중 글의 빈칸에 들어갈 내용으로 가장 적절한 것은?

> 민주주의의 목적은 다수가 폭군이나 소수의 자의적인 권력행사를 통제하는 데 있다. 민주주의의 이상은 모든 자의적인 권력을 억제하는 것으로 이해되었는데, 이것이 오늘날에는 자의적 권력을 정당화하기 위한 장치로 변화되었다. 이렇게 변화된 민주주의는 민주주의 그 자체를 목적으로 만들려는 이념이다. 이것은 법의 원천과 국가권력의 원천이 주권자 다수의 의지에 있기 때문에 국민의 참여와 표결 절차를 통하여 다수가 결정한 법과 정부의 활동이라면 그 자체로 정당성을 갖는다는 것이다. 즉, 유권자 다수가 원하는 것이면 무엇이든 실현할 수 있다는 말이다.
> 이런 민주주의는 '무제한적 민주주의'이다. 어떤 제약도 없는 민주주의라는 의미이다. 이런 민주주의는 자유주의와 부합할 수 없다. 그것은 다수의 독재이고 이런 점에서 전체주의와 유사하다. 폭군의 권력이든, 다수의 권력이든, 군주의 권력이든 위험한 것은 권력 행사의 무제한성이다. 중요한 것은 이러한 권력을 제한하는 일이다.
> 민주주의 그 자체를 수단이 아니라 목적으로 여기고 다수의 의지를 중시한다면, 그것은 다수의 독재를 초래하고, 이는 전체주의만큼이나 위험하다. 민주주의 존재 그 자체가 언제나 개인의 자유에 대한 전망을 밝게 해 준다는 보장은 없다. 개인의 자유와 권리를 보장하지 못하는 민주주의는 본래의 민주주의가 아니다. 본래의 민주주의는 _____

① 다수의 의견을 수렴하여 이를 그대로 정책에 반영해야 한다.
② 서로 다른 목적의 충돌로 인한 사회적 불안을 해소할 수 있어야 한다.
③ 다수 의견보다는 소수 의견을 채택하면서 진정한 자유주의의 실현에 기여해야 한다.
④ 민주적 절차 준수에 그치지 않고 과도한 권력을 실질적으로 견제할 수 있어야 한다.

25 다음은 A~D고등학교의 대학진학 통계를 나타낸 것이다. 이에 대한 추론으로 옳은 것을 〈보기〉에서 모두 고르면?

〈A~D고등학교 대학진학 통계〉

구분		국문학과	경제학과	법학과	기타	진학 희망자 수
A	대학진학 희망자	60%	10%	20%	10%	700명
	희망대학 진학자	20%	10%	30%	40%	
B	대학진학 희망자	50%	20%	40%	20%	500명
	희망대학 진학자	10%	30%	30%	30%	
C	대학진학 희망자	20%	50%	40%	60%	300명
	희망대학 진학자	35%	40%	15%	10%	
D	대학진학 희망자	5%	25%	80%	30%	400명
	희망대학 진학자	30%	25%	20%	25%	

> **보기**
> ㄱ. B고등학교와 D고등학교 중에서 경제학과에 합격한 학생은 D고등학교가 많다.
> ㄴ. A고등학교에서 법학과에 합격한 학생은 40명보다 많고, C고등학교에서 국문학과에 합격한 학생은 20명보다 적다.
> ㄷ. 국문학과에 진학한 학생들이 많은 순서대로 나열하면 A고등학교 → B고등학교 → C고등학교 → D고등학교의 순서가 된다.

① ㄱ
② ㄴ
③ ㄷ
④ ㄱ, ㄴ

26 A회사의 신입사원 채용시험 응시자가 200명이었다. 시험점수의 전체평균은 55점, 합격자의 평균은 70점, 불합격자의 평균은 40점이었을 때, 합격한 사람은 몇 명인가?

① 70명
② 80명
③ 90명
④ 100명

27 다음 글에서 버클리의 견해와 부합하는 것을 〈보기〉에서 모두 고르면?

세계관은 세계의 존재와 본성, 가치 등에 관한 신념들의 체계이다. 세계를 해석하고 평가하는 준거인 세계관은 곧 우리 사고와 행동의 토대가 되므로, 우리는 최대한 정합성과 근거를 갖추도록 노력해야 한다. 모순되거나 일관되지 못한 신념은 우리의 사고와 행동을 교란할 것이므로 세계관에 대한 관심과 검토는 중요하다. 세계관을 이루는 여러 신념 가운데 가장 근본적인 수준의 신념은 '세계는 존재한다.'이다. 이 신념이 성립해야만 세계에 관한 다른 신념, 이를테면 세계가 항상 변화한다든가 불변한다든가 하는 등의 신념이 성립하기 때문이다.

실재론은 이 근본적 신념에 덧붙여 세계가 '우리 정신과 독립적으로' 존재함을 주장한다. 내가 만들어 날린 종이비행기는 멀리 날아가, 볼 수 없게 되었다 해도 여전히 존재한다. 이는 명확해서 논란의 여지가 없어 보이지만, 반실재론자는 이 상식에 도전한다. 유명한 반실재론자인 버클리는 세계의 독립적 존재를 부정한다. 그에 따르면, 우리가 감각 경험에 의존하지 않고는 세계를 인식할 수 없다고 한다. 그는 이를 바탕으로 세계에 관한 주장을 편다. 그에 의하면 '주관적' 성질인 색깔, 소리, 냄새, 맛 등은 물론, '객관적'으로 성립한다고 여겨지는 형태, 공간을 차지함, 딱딱함, 운동 등의 성질도 오로지 우리가 감각할 수 있을 때만 존재하는 주관적 속성이다. 세계 속의 대상과 현상이란 이런 속성으로 구성되므로 세계는 감각으로 인식될 때만 존재한다는 것이다.

버클리의 주장은 우리의 통념과 충돌한다. 당시 어떤 사람이 돌을 차면서 "나는 이렇게 버클리를 반박한다!"라고 외쳤다고 한다. 그는 날아간 돌이 엄연히 존재한다는 점을 근거로 버클리의 주장을 반박하고자 한 것이다. 그러나 버클리를 비롯한 반실재론자들이 부정한 것은 세계가 정신과 독립하여 그 자체로 존재한다는 신념이다. 따라서 돌을 찬 사람은 그들을 제대로 반박하지 못했다고 볼 수 있다.

최근까지도 새로운 형태의 반실재론이 제기되어 활발한 논의가 진행 중이다. 논증의 성패를 떠나 반실재론자는 타성에 젖은 실재론적 세계관의 토대에 대해 성찰할 기회를 제공한다. 또한 세계관에 대한 도전과 응전의 반복은 그 자체로 인간 지성이 상호 소통하면서 발전해 가는 과정을 보여준다.

> **보기**
> ㄱ. 번개가 치는 현상은 감각 경험으로 구성된 것이다.
> ㄴ. '비둘기가 존재한다.'는 '비둘기가 지각된다.'와 같은 뜻이다.
> ㄷ. 우리에게 지각되는 책상은 우리의 인식 이전에 그 자체로 존재한다.
> ㄹ. 사과의 단맛은 주관적인 속성이며, 둥근 모양은 객관적 속성이다.

① ㄱ, ㄴ
② ㄱ, ㄷ
③ ㄴ, ㄷ
④ ㄷ, ㄹ

28 다음 중 바르게 쓰인 문장은?

① 생선을 졸인다.
② 옷을 달인다.
③ 마음을 조린다.
④ 배추를 절인다.

29 다음 중 나머지 도형과 다른 것을 고르면?

①    ②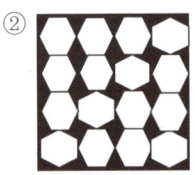

③ 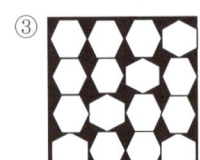   ④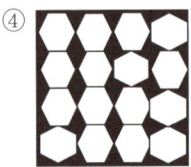

30 다음은 2020 ~ 2024년 자원봉사 참여현황에 대한 자료이다. 이를 토대로 참여율이 4번째로 높은 해의 전년 대비 참여율의 증가율을 구하면?(단, 소수점 둘째 자리에서 반올림한다)

〈자원봉사 참여현황〉

(단위 : 명, %)

구분	2020년	2021년	2022년	2023년	2024년
총 성인 인구수	39,377,310	39,832,282	40,287,814	40,747,638	41,210,561
자원봉사 참여 성인 인구수	5,077,428	5,823,697	6,666,477	7,169,252	7,998,625
참여율	12.9	14.6	16.5	17.6	19.4

① 약 7.5%   ② 약 9.6%
③ 약 11.6%   ④ 약 13.2%

31 다음 중 〈보기〉의 문장이 들어갈 위치로 가장 적절한 곳은?

> 기억이 착오를 일으키는 프로세스는 인상적인 사물을 받아들이는 단계부터 이미 시작된다. (가) 감각적인 지각 대부분은 무의식중에 기록되고 오래 유지되지 않는다. (나) 대개는 수 시간 안에 사라져 버리며, 약간의 본질만이 남아 장기 기억이 된다. 무엇이 남을지는 선택에 의해서이기도 하고, 그 사람의 견해에 따라서도 달라진다. (다) 분주하고 정신이 없는 장면을 보여 주고, 나중에 그 모습에 관해서 이야기하게 해 보자. (라) 어느 부분에 주목하고, 또 어떻게 그것을 해석했는지에 따라 즐겁기도 하고 무섭기도 하다. 단순히 정신 사나운 장면으로만 보이는 경우도 있다. 기억이란 원래 일어난 일을 단순하게 기록하는 것이 아니다.

> **보기**
> 일어난 일에 대한 묘사는 본 사람이 무엇을 중요하게 판단하고, 무엇에 흥미를 느꼈느냐에 따라 크게 다르다.

① (가)   ② (나)
③ (다)   ④ (라)

32 다음 중 제시된 상황에서 갑이 메일을 보낼 때에 대한 설명으로 적절하지 않은 것은?

> A팀 팀장은 팀원 갑에게 B팀 소속 을도 회의에 참석할 수 있도록 회의 내용을 전달할 것을 지시하였다. 이에 갑은 을에게 회사 메일을 통해 회의 참석을 전달하려고 한다.

① 갑이 보내는 메일의 수신인은 회의에 참석해야 하는 을과 그의 상사인 B팀 팀장이다.
② 갑은 해당 업무를 지시한 A팀 팀장이 해당 메일을 볼 수 있게 참조인에 넣을 수 있다.
③ 갑은 해당 메일을 A팀 팀장에게 전달함으로써 지시받은 업무를 갑이 어떻게 처리했는지 보고할 수 있다.
④ 갑은 해당 메일을 B팀 팀장에게 전달함으로써 B팀 팀원인 을이 어떠한 업무를 지원하게 되었는지 알릴 수 있다.

33 민호는 겨울방학 동안 6개의 도시를 여행했다. 다음 〈조건〉에 따라 여행하였으며, 부산이 민호의 4번째 여행지였다면, 전주는 몇 번째 여행지였는가?

> **조건**
> • 춘천은 3번째 여행지였다.
> • 대구는 6번째 여행지였다.
> • 전주는 강릉의 바로 전 여행지였다.
> • 부산은 안동의 바로 전 여행지였다.

① 1번째 ② 2번째
③ 3번째 ④ 4번째

34 다음 중 제시된 그림에서 찾을 수 없는 도형은?

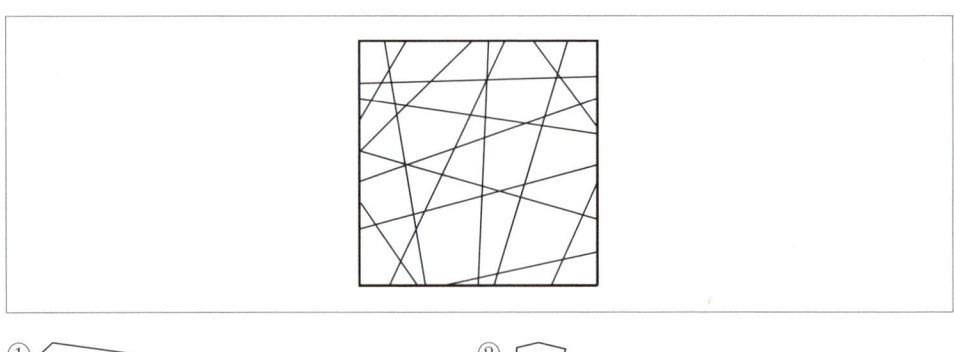

① 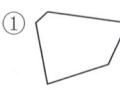   ②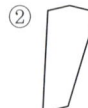

③ 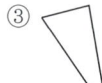   ④

35 다음 중 ㉠~㉣의 수정 방안으로 적절하지 않은 것은?

> 사회복지와 근로의욕과의 관계에 대한 조사를 보면 '사회복지와 근로의욕이 관계가 있다.'는 응답과 '그렇지 않다.'는 응답의 비율이 비슷하게 나타난다. 하지만 기타 의견에 ㉠<u>따라</u> 과도한 사회복지는 근로의욕을 저하시킬 수 있다는 응답이 많았던 것으로 조사되었다. 예를 들어 정부지원금을 받으나 아르바이트를 하나 비슷한 돈이 나온다면 차라리 일을 하지 않고 정부지원금으로만 먹고 사는 사람들이 많이 있다는 것이다. 여기서 주목해야 할 점은 과도한 복지 때문이 아닌 정책상의 문제라는 의견도 있다는 사실이다. 현실적으로 일을 할 수 있는 능력이 있는 사람에게는 ㉡<u>최대한의</u> 생계비용 이외의 수입을 인정하고, 빈곤층에서 벗어날 수 있게 지원해주는 것이 개인에게도, 국가에게도 바람직한 방식이라는 것이다.
> 이 설문조사 결과에서 주목해야 할 또 다른 측면은 사회복지 체제가 잘 되어 있을 수록 근로의욕이 떨어진다고 응답한 사람의 ㉢<u>과반수 이상이</u> 중산층 이상의 경제력을 가지고 있었다는 점이다. 재산이 많은 사람에게는 약간의 세금 확대가 ㉣<u>영향이 적을 수 있기 때문에</u> 경제발전을 위한 세금 확대는 찬성하더라도 복지정책을 위한 세금 확대는 반대하는 것이다. 이러한 점을 고려해 보면 소득격차 축소를 원하는 국민보다 복지정책을 위한 세금 확대를 반대하는 국민이 많은 다소 모순된 설문 결과에 대한 설명이 가능하다.

① ㉠ : 호응관계를 고려하여 '따르면'으로 수정한다.
② ㉡ : 전반적인 내용의 흐름을 고려하여 '최소한의'로 수정한다.
③ ㉢ : '과반수'의 뜻을 고려하여 '절반 이상이' 또는 '과반수가'로 수정한다.
④ ㉣ : 일반적인 사실을 말하는 것이므로 '영향이 적기 때문에'로 수정한다.

36 다음 중 그리스 수학에 대한 내용으로 적절한 것은?

> '20세기 최고의 수학자'로 불리는 프랑스의 장피에르 세르 명예교수는 경북 포항시 효자동에 위치한 포스텍 수리과학관 3층 교수 휴게실에서 '수학이 우리에게 왜 필요한가.'를 묻는 질문에 다음과 같이 대답했다.
> "교수님은 평생 수학의 즐거움, 학문(공부)하는 기쁨에 빠져 있었었죠. 후회는 없나요? 수학자가 안 됐으면 어떤 인생을 살았을까요?"
> "내가 굉장히 좋아했던 선배 수학자가 있었어요. 지금은 돌아가셨죠. 그분은 라틴어와 그리스어 등 언어에 굉장히 뛰어났습니다. 그만큼 재능이 풍부했지만 본인은 수학 외엔 다른 일을 안 하셨어요. 나보다 스무 살 위의 앙드레 베유 같은 이는 뛰어난 수학적 재능을 타고 태어났습니다. 하지만 나는 수학적 재능은 없는 대신 호기심이 많았습니다. 누가 써놓은 걸 이해하려 하기보다 새로운 걸 발견하는 데 관심이 있었죠. 남이 이미 해놓은 것에는 별로 흥미가 없었어요. 수학 논문들도 재미있어 보이는 것만 골라서 읽었으니까요."
> "학문이란 과거의 거인들로부터 받은 선물을 미래의 아이들에게 전달하는 일이라고 누군가 이야기했습니다. 그 비유에 대해 어떻게 생각하세요?"
> "학자의 첫 번째 임무는 새로운 것을 발견하려는 진리의 추구입니다. 전달(교육)은 그다음이죠. 우리는 발견한 진리를 혼자만 알고 있을 게 아니라, 출판(Publish : 넓은 의미의 '보급'에 해당하는 원로학자의 비유)해서 퍼트릴 의무는 갖고 있습니다."
> 장피에르 교수는 고대부터 이어져 온 고대 그리스 수학자의 정신을 잘 나타내고 있다고 볼 수 있다. 그가 생각하는 학자에 대한 관점처럼 고대 그리스 수학자들에게 수학과 과학은 사람들에게 새로운 진리를 알려주고 놀라움을 주는 것이었다. 이때의 수학자들에게 수학이라는 학문은 순수한 앎의 기쁨을 깨닫게 해 주는 것이었다. 그래서 고대 그리스에서는 수학을 연구하는 다양한 학파가 등장했을 뿐만 아니라 많은 사람의 연구를 통해 짧은 시간에 폭발적인 혁신을 이룩할 수 있었다.

① 그리스 수학을 연구하는 학파는 그리 많지 않았다.
② 그리스의 수학자들은 학문적 성취보다는 교육을 통해 후대를 양성하는 것에 집중했다.
③ 그리스 수학은 장기간에 걸쳐 점진적으로 발전하였다.
④ 고대 수학자들에게 수학은 새로운 사실을 발견하는 순수한 학문적 기쁨이었다.

37 혜영이는 서울에 살고 준호는 부산에 산다. 두 사람이 만나기 위해 혜영이는 시속 85km, 준호는 시속 86.2km의 속력으로 자동차를 타고 서로를 향해 출발했다. 두 사람이 동시에 출발하여 2시간 30분 후에 만났다면 서울과 부산 간의 거리는?

① 410km
② 416km
③ 422km
④ 428km

38 L백화점에서 20% 할인해서 팔던 옷을 할인된 가격의 30%를 추가로 할인하여 28만 원에 구입하였다면 할인받은 총 금액은?

① 14만 원
② 18만 원
③ 22만 원
④ 28만 원

39 다음 중 〈보기〉를 모두 포괄할 수 있는 단어를 고르면?

> **보기**
> 치다   내리다   빠지다   짓다

① 치다
② 내리다
③ 빠지다
④ 짓다

40 제시된 전개도를 접었을 때 나타나는 입체도형으로 옳은 것은?

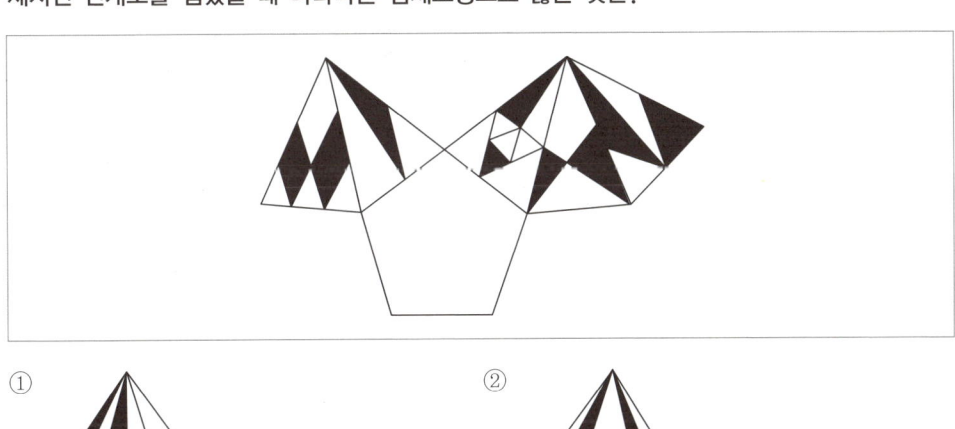

①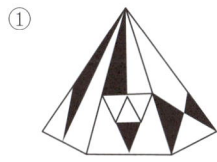
②
③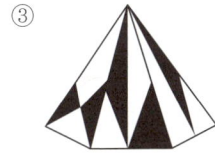
④

※ 일정한 규칙으로 수를 나열할 때, 빈칸에 들어갈 알맞은 수를 고르시오. [41~43]

41

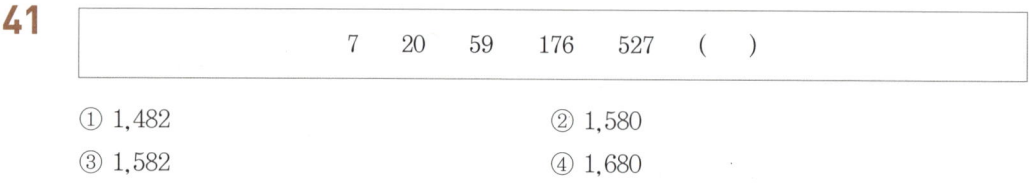

① 1,482
② 1,580
③ 1,582
④ 1,680

42

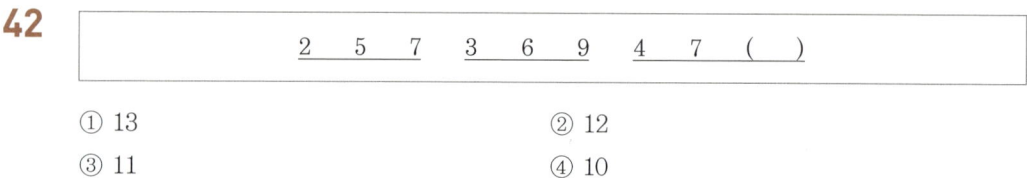

① 13
② 12
③ 11
④ 10

43

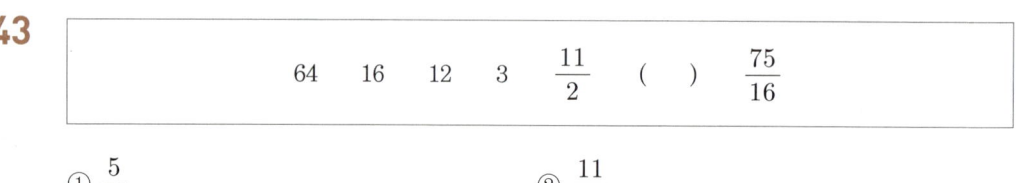

① $\dfrac{5}{4}$
② $\dfrac{11}{4}$
③ $\dfrac{7}{8}$
④ $\dfrac{11}{8}$

44 주어진 시간 동안 A가 정리할 수 있는 운동장의 넓이는 B의 1.5배이다. A와 B가 100m2 넓이의 운동장을 5시간 만에 모두 정리하였다면, A가 1시간 동안에 정리할 수 있는 면적은?

① $8m^2$
② $12m^2$
③ $15m^2$
④ $18m^2$

45 다음 〈보기〉의 밑줄 친 정책의 방향에 대한 추론으로 가장 적절한 것은?

> 동일한 환경에서 야구공과 고무공을 튕겨 보면, 고무공이 훨씬 민감하게 튀어 오르는 것을 볼 수 있다. 즉, 고무공은 야구공보다 탄력이 좋다. 일정한 가격에서 사람들이 사고자 하는 물건의 양인 수요량에도 탄력성의 개념이 적용될 수 있다. 재화의 가격이 변화할 때 수요량도 변화하게 되는 것이다. 이때 경제학에서는 가격 변화에 대한 수요량 변화의 민감도를 측정하는 표준화된 방법을 수요 탄력성이라고 한다.
>
> 수요탄력성은 수요량의 변화 비율을 가격의 변화 비율로 나눈 값이다. 일반적으로 가격과 수요량은 반비례하므로 수요탄력성은 음(-)의 값을 가진다. 그러나 통상적으로 음의 부호를 생략하고 절댓값만 표시한다.
>
> 가격에 따른 수요량 변화율에 따라 상품의 수요는 '단위 탄력적', '탄력적', '완전 탄력적', '비탄력적', '완전 비탄력적'으로 나눌 수 있다. 수요탄력성이 1인 경우 수요는 '단위 탄력적'이라고 불린다. 또한 수요탄력성이 1보다 큰 경우 수요는 '탄력적'이라고 불린다. 한편 영(0)에 가까운 아주 작은 가격 변화에도 수요량이 매우 크게 변화하면 수요탄력성은 무한대가 된다. 이 경우의 수요는 '완전 탄력적'이라고 불린다. 소비하지 않아도 생활에 지장이 없는 사치품이 이에 해당한다. 반면, 수요탄력성이 1보다 작다면 수요는 '비탄력적'이라고 불린다. 만일 가격이 아무리 변해도 수요량에 어떠한 변화도 나타나지 않는다면 수요탄력성은 영(0)이 된다. 이 경우 수요는 '완전 비탄력적'이라고 불린다. 생필품이 이에 해당한다.
>
> 수요탄력성의 크기는 상품의 가격이 변할 때 이 상품에 대한 소비자의 지출이 어떻게 변하는지를 알려 준다. 상품에 대한 소비자의 지출액은 물론 가격에 수요량을 곱한 것이다. 먼저 상품의 수요가 탄력적인 경우를 따져 보자. 이 경우에는 수요탄력성이 1보다 크기 때문에, 가격이 오른 정도에 비해 수요량이 많이 감소한다. 이에 따라, 가격이 상승하면 소비자의 지출액은 가격이 오르기 전보다 감소한다. 반면에 가격이 내릴 때에는 가격이 내린 정도에 비해 수요량이 많아지므로 소비자의 지출액은 증가한다. 물론 수요가 비탄력적인 경우에는 위와 반대되는 현상이 일어난다. 즉, 가격이 상승하면 소비자의 지출액은 증가하며, 가격이 하락하면 소비자의 지출액은 감소하게 된다.

〈보기〉
A국가의 정부는 경제 안정화를 위해 <u>개별 소비자들이 지출액을 줄이도록 유도하는 정책</u>을 시행하기로 하였다.

① 생필품의 가격은 높이고 사치품의 가격은 유지하려 하겠군.
② 생필품의 가격은 낮추고 사치품의 가격은 높이려 하겠군.
③ 생필품의 가격은 유지하고 사치품의 가격은 낮추려 하겠군.
④ 생필품과 사치품의 가격을 모두 유지하려 하겠군.

※ A, B, C, D, E, F가 함께 다트 게임을 하였고, 서로 다른 점수를 기록하였다고 할 때, 다음을 참고하여 이어지는 질문에 답하시오. [46~47]

- A는 꼴찌로 3점을 기록했다.
- B는 8점을 기록하여 3등을 차지했다.
- C는 D보다 높은 등수를 차지했다.
- E는 F보다 높은 등수를 차지했다.
- 다트 게임은 10점 만점이다.

46 다음 중 참이 아닌 것은?

① C가 1등이라면 D는 10점 이하의 점수를 기록하였을 것이다.
② D가 2등이라면 C는 10점의 점수를 기록하였을 것이다.
③ F가 5등이라면 E는 4등일 것이다.
④ E가 4등이라면 F는 5등일 것이다.

47 C가 E보다 높은 점수를 기록했을 때, 다음 중 반드시 참인 것은?

① D는 2등을 했다.
② E는 2등을 했다.
③ C와 B의 점수 차이는 2점이다.
④ E와 A의 점수 차이는 6점이다.

48 그릇 A에는 농도 9%의 소금물 200g, 그릇 B에는 농도 4%의 소금물 150g이 있다. 그릇 A에서 100g의 소금물을 그릇 B로 옮겼을 때, 그릇 B에 들어 있는 소금물의 농도는?

① 4%
② 4.5%
③ 5%
④ 6%

※ 다음을 읽고 이어지는 물음에 답하시오. [49~50]

사원 이혜민은 급하게 ㉠상사와 통화를 원하는 외부전화를 받았다. 상사는 현재 사내 상품개발팀과 신제품 개발 아이디어 수집에 대해 전화회의를 하고 있다. 상대방의 양해를 얻어 전화를 대기시키고 ㉡메모지에 내용을 적어 통화 중인 상사에게 전하고 잠시 기다렸다. 통화 중인 상사는 사원 이혜민에게 전화를 ㉢받을 수 없다는 손짓을 하고, 메모지에 ㉣'나중에 통화'라고 적었다. 이혜민 사원은 상사의 뜻을 전하고 ㉤전화번호를 물어보았다. 잠시 후 상품개발팀장과 통화를 끝낸 상사는 이혜민 사원에게 다음과 같이 지시하였다. ㉥"다음 주에 약 12명이 모여 신상품 아이디어에 대한 브레인스토밍 회의를 할 겁니다. 화요일을 제외하고 날짜를 잡아 팀장과 의논해서 준비하세요."

49 다음 중 의사전달 매체를 말, 글, 비언어적 수단 등으로 구분할 때 ㉠~㉥ 중 같은 매체로 짝지어진 것은?

① ㉠, ㉢
② ㉡, ㉤
③ ㉡, ㉣
④ ㉢, ㉣

50 위의 내용으로 보아 다음 중 ㉥과 같은 형태의 회의 특징과 가장 거리가 먼 것은?

① 고정관념을 버린다.
② 의사결정에 있어 양보다 질을 추구한다.
③ 자유로운 분위기를 조성한다.
④ 여러 사람의 아이디어를 활용하여 더 좋은 안을 도출한다.

제4회 최종점검 모의고사

모바일 OMR 답안채점 / 성적분석 서비스

☑ 응시시간 : 50분   ☑ 문항 수 : 50문항   정답 및 해설 p.058

01 다음 중 밑줄 친 부분의 맞춤법 수정방안으로 적절하지 않은 것은?

> 옛것을 <u>본받는</u> 사람은 옛 자취에 <u>얽메이는</u> 것이 문제다. 새것을 만드는 사람은 이치에 <u>합당지</u> 않은 것이 걱정이다. 진실로 능히 옛것을 <u>변화할줄</u> 알고, 새것을 만들면서 법도에 맞을 수만 있다면 지금 글도 옛글만큼 훌륭하게 쓸 수 있을 것이다.

① 본받는 → 본 받는
② 얽메이는 → 얽매이는
③ 합당지 → 합당치
④ 변화할줄 → 변화할 줄

02 다음 글에서 설명하는 정언적 명령과 일치하지 않는 것은?

> 칸트는 우리가 특정한 목적을 달성하기 위해 준수해야 할 일 또는 어떤 처지가 되지 않기 위해 회피해야 할 일에 대한 것을 가언적 명령이라고 했다. 가언적 명령과 달리, 우리가 이성적 인간으로서 가지는 일정한 의무를 정언적 명령이라고 한다. 이는 절대적이고 무조건적인 의무이며, 이에 복종함으로써 뒤따르는 결과가 어떠하든 그와 상관없이 우리가 따라야 할 명령이다. 칸트는 이와 같은 정언적 명령들의 체계가 곧 도덕이라고 보았다.

① 언제나 진실을 말해야 한다.
② 결코 사람을 죽여서는 안 된다.
③ 감옥에 가지 않으려면 도둑질을 하면 안 된다.
④ 인간을 수단으로 다루지 말고 목적으로 다루어라.

03 석훈이와 소영이는 운동장에 있는 원형 달리기 트랙에서 같은 지점에서 출발해 반대방향으로 달리기 시작했다. 석훈이는 평균 6m/s의 속력으로, 소영이는 평균 4m/s의 속력으로 달렸으며, 출발할 때를 제외하고 두 번째 만날 때까지 걸린 시간이 1분 15초일 때, 운동장 트랙의 둘레를 구하면?

① 315m
② 325m
③ 355m
④ 375m

04 다음 글의 내용으로 적절하지 않은 것은?

> 사람에게서는 인슐린이라는 호르몬이 나온다. 이 호르몬은 당뇨병에 걸리지 않게 하는 호르몬이다. 따라서 이 호르몬이 제대로 생기지 않는 사람은 당뇨병에 걸리게 된다. 이런 사람에게는 인슐린을 주사하여 당뇨병을 치료할 수 있다. 문제는 인슐린을 구하기가 어렵다는 것이다. 돼지의 인슐린을 뽑아서 이용하기도 했지만, 한 마리 돼지로부터 얻을 수 있는 인슐린이 너무 적어서 인슐린은 아주 값이 비싼 약일 수밖에 없었다.
> 사람에게는 인슐린을 만들도록 하는 DNA가 있다. 이 DNA를 찾아 잘라낸다. 그리고 이 DNA를 대장균의 DNA에 연결한다. 그러면 대장균은 인슐린을 만들어 낸다.

① 인슐린을 만드는 DNA를 가공할 수 있다.
② 대장균의 DNA와 인간의 DNA가 결합할 수 있다.
③ 돼지의 인슐린이 인간의 인슐린을 대체할 수 있다.
④ 인슐린은 당뇨병을 예방할 수 있게 해 주는 약이다.

05 A가게에서는 감자 한 박스에 10,000원이고 배송비는 무료이며, B가게에서는 한 박스에 8,000원이고 배송비는 3,000원이라고 할 때, 최소한 몇 박스를 사야 B가게에서 사는 것이 A가게에서 사는 것보다 저렴한가?

① 2박스
② 3박스
③ 4박스
④ 5박스

06 강을 따라 20km 떨어진 A지점과 B지점을 배로 왕복하였더니 올라가는 데는 4시간, 내려오는 데는 2시간이 걸렸다. 강물이 흐르는 속력은?

① 2km/h
② 2.5km/h
③ 3km/h
④ 3.5km/h

07 다음 주어진 입체도형 중 모양이 다른 하나는?

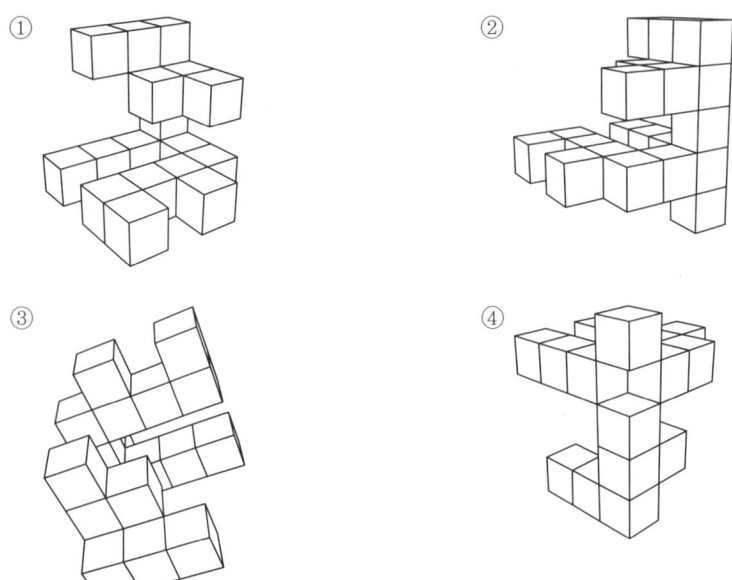

08 ㉠, ㉡의 전개도를 ♠면이 정면에 오도록 접은 후 주어진 방향으로 회전하여 결합시켰을 때, 겹쳐진 면을 위에서 바라보았을 때의 그림으로 옳은 것은?

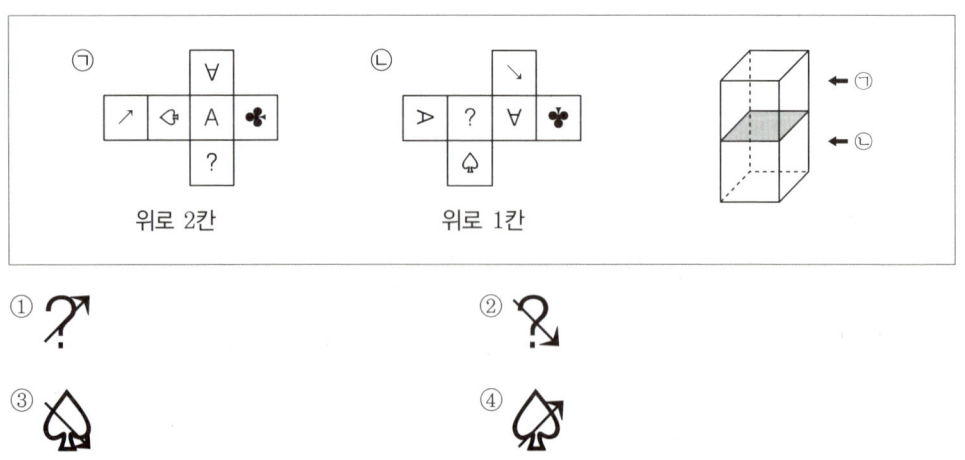

09 다음 글의 빈칸 (가) ~ (다)에 들어갈 말을 〈보기〉에서 골라 바르게 연결한 것은?

언젠가부터 우리 바닷속에 해파리나 불가사리와 같이 특정한 종들만이 크게 번창하고 있다는 우려의 말이 들린다. 한마디로 다양성이 크게 줄었다는 이야기다. 척박한 환경에서는 몇몇 특별한 종들만이 득세한다는 점에서 자연 생태계와 우리 사회는 닮은 것 같다. 어떤 특정 집단이나 개인들에게 앞으로 어려워질 경제 상황은 새로운 기회가 될지도 모른다. ____(가)____ 왜냐하면 자원과 에너지 측면에서 보더라도 이들 몇몇 집단들만 존재하는 세계에서는 이들이 쓰다 남은 물자와 이용하지 못한 에너지는 고스란히 버려질 수밖에 없고 따라서 효율성이 극히 낮기 때문이다.

다양성 확보는 사회 집단의 생존과도 무관하지 않다. 조류독감이 발생할 때마다 해당 양계장은 물론 그 주변 양계장의 닭까지 모조리 폐사시켜야 하는 참혹한 현실을 본다. 단 한 마리의 닭이 조류독감에 걸려도 그렇게 많은 닭들을 죽여야 하는 이유는 인공적인 교배로 인해 이들 모두가 똑같은 유전자를 가졌기 때문이다. ____(나)____

이처럼 다양성의 확보는 자원의 효율적 사용과 사회 안정에 중요하지만 많은 비용이 들기도 한다. 예를 들어 출산 휴가를 주고, 노약자를 배려하고, 장애인에게 보조 공학 기기와 접근성을 제공하는 것을 비롯해 다문화 가정, 외국인 노동자를 위한 행정 제도 개선 등은 결코 공짜가 아니다. ____(다)____

보기

㉠ 따라서 다양한 유전 형질을 확보하는 길만이 재앙의 확산을 막고 피해를 줄이는 길이다.
㉡ 하지만 이는 사회 전체로 볼 때 그다지 바람직한 현상이 아니다.
㉢ 그럼에도 불구하고 다양성 확보가 중요한 이유는 우리가 미처 깨닫고 있지 못하는 넓은 이해와 사랑에 대한 기회를 사회 구성원 모두에게 제공하기 때문이다.

	(가)	(나)	(다)
①	㉠	㉡	㉢
②	㉠	㉢	㉡
③	㉡	㉠	㉢
④	㉡	㉢	㉠

10 다음은 S기관 지원자의 인턴 및 해외연수 경험과 합격여부에 대한 자료이다. 이에 대한 〈보기〉의 설명 중 옳은 것을 모두 고르면?

〈S기관 지원자의 인턴 및 해외연수 경험과 합격여부〉

(단위 : 명, %)

인턴 경험	해외연수 경험	합격여부		합격률
		합격	불합격	
있음	있음	95	400	19.2
	없음	25	80	23.8
없음	있음	0	5	0.0
	없음	15	130	10.3

※ 합격률(%) = $\frac{(합격자 수)}{(합격자 수)+(불합격자 수)} \times 100$

※ 합격률은 소수점 둘째 자리에서 반올림한 값임

보기

ㄱ. 해외연수 경험이 있는 지원자가 해외연수 경험이 없는 지원자보다 합격률이 높다.
ㄴ. 인턴 경험이 있는 지원자가 인턴 경험이 없는 지원자보다 합격률이 높다.
ㄷ. 인턴 경험과 해외연수 경험이 모두 있는 지원자 합격률은 인턴 경험만 있는 지원자 합격률의 2배 이상이다.
ㄹ. 인턴 경험과 해외연수 경험이 모두 없는 지원자와 인턴 경험만 있는 지원자 간 합격률 차이는 20%p보다 크다.

① ㄱ, ㄴ ② ㄱ, ㄷ
③ ㄴ, ㄷ ④ ㄴ, ㄹ

11 학교수업이 끝난 후 수민, 한별, 영수는 각각 극장, 농구장, 수영장 중 서로 다른 곳에 갔다. 이들 3명은 다음과 같이 진술하였는데, 이 중 1명의 진술은 참이고 2명의 진술은 모두 거짓이라고 할 때, 극장, 농구장, 수영장에 간 사람을 차례로 바르게 나타낸 것은?

- 수민 : 나는 농구장에 갔다.
- 한별 : 나는 농구장에 가지 않았다.
- 영수 : 나는 극장에 가지 않았다.

① 수민, 한별, 영수
② 수민, 영수, 한별
③ 한별, 수민, 영수
④ 영수, 한별, 수민

12 다음 중 가장 적절한 의사표현법을 사용하고 있는 사람은?

① A대리 : (늦잠으로 지각한 후배 사원의 잘못을 지적하며) "오늘도 지각을 했네요. 어제도 늦게 출근하지 않았나요? 왜 항상 지각하는 거죠?"
② B대리 : (후배 사원의 고민을 들으며) "방금 뭐라고 이야기했죠? 미안해요. 아까 이야기한 고민에 대해서 어떤 답을 해줘야 할지 생각하고 있었어요."
③ C대리 : (후배 사원의 실수가 발견되어 이를 질책하며) "이번 프로젝트를 위해 많이 노력했다는 것 압니다. 다만, 발신 메일 주소를 한 번 더 확인하는 습관을 갖는 것이 좋겠어요. 앞으로는 더 잘할 거라고 믿어요."
④ D대리 : (거래처 직원에게 변경된 계약서에 서명할 것을 설득하며) "이 정도는 그쪽에 큰 손해 사항도 아니지 않습니까? 지금 서명해주지 않으시면 곤란합니다."

13 박대리는 비품 정리를 하던 중 볼펜 5자루, 형광펜 6자루, 지우개 8개 그리고 서로 다른 상자 A, B를 발견했다. 비품 중에서 1개를 골라 A상자에 넣고, 이 비품과 다른 종류의 비품을 B상자에 9개를 넣어 두려고 할 때, 가능한 경우의 수는?(단, 각 비품은 같은 종류이다)

① 14가지　　　　　　　　　　　② 16가지
③ 18가지　　　　　　　　　　　④ 20가지

14 다음 중 제시된 단면과 일치하는 입체도형으로 옳은 것은?

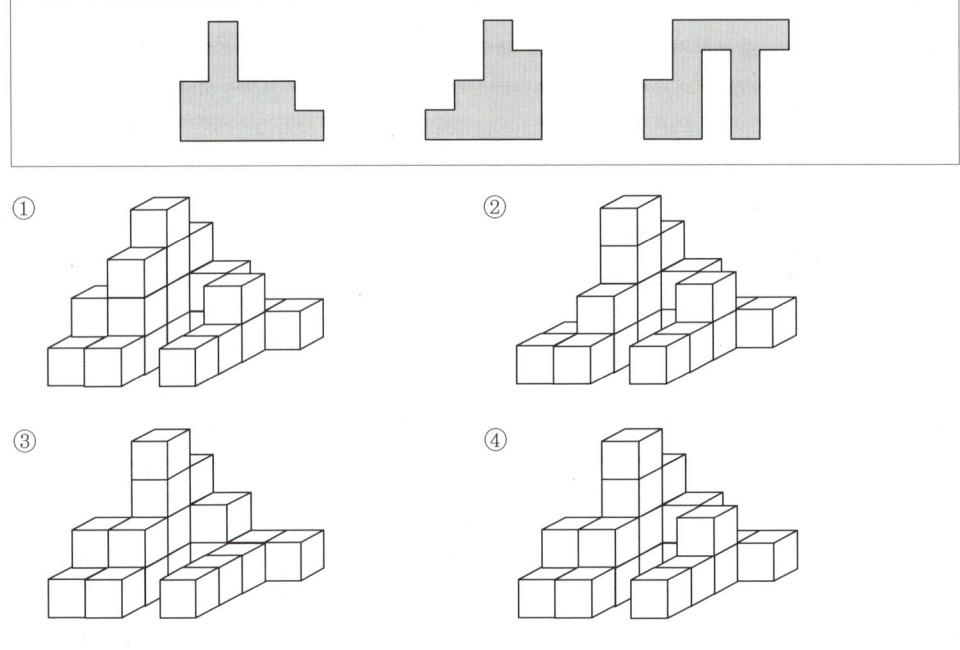

15 다음 문장을 읽고 추론할 수 있는 것은?

- 경환은 덕진의 손자이다.
- 수환은 휘영의 아들이다.
- 진철은 경환의 아버지이다.
- 휘영은 덕진의 형이다.

① 휘영은 진철의 조카이다.
② 휘영은 경환의 삼촌이다.
③ 덕진은 수환의 삼촌이다.
④ 진철은 수환보다 나이가 적다.

16 다음 문장을 읽고 유추할 수 있는 것을 고르면?

- A회사는 고객만족도 조사에서 90점을 받았다.
- B회사의 고객만족도 점수는 A회사보다 5점 높다.
- C회사의 고객만족도 점수는 A회사와 B회사의 평균 점수이다.

① A회사의 점수가 가장 높다.
② A회사의 점수가 C회사의 점수보다 높다.
③ B회사의 점수가 C회사의 점수보다 낮다.
④ A회사의 점수가 가장 낮다.

17 다음 밑줄 친 단어의 의미와 유사한 것은?

흑사병은 페스트균에 의해 발생하는 급성 열성 감염병으로, 쥐에 기생하는 벼룩에 의해 사람에게 전파된다. 국가위생건강위원회의 자료에 따르면 중국에서는 최근에도 간헐적으로 흑사병 확진 판정이 나온 바 있다. 지난 2014년에는 중국 북서부에서 38살의 남성이 흑사병으로 목숨을 잃었으며, 2016년과 2017년에도 각각 1건씩 발병 사례가 확인됐다.

① 근근이　　　　　　　　② 자못
③ 이따금　　　　　　　　④ 빈번히

18 다음 〈보기〉에서 빈칸에 들어갈 말을 적절하게 연결한 것은?

낭만 발레는 19세기 초 프랑스에서 __(가)__ 이/가 잡혔는데, 목가적 분위기의 무대를 배경으로 요정을 사랑한 인간, 시골 처녀의 비극적인 사랑 등의 낭만적인 줄거리가 __(나)__ 된다. 낭만 발레는 어스름한 조명 아래 창백하고 가녀린 요정들이 공중을 떠다니듯이 춤추는 환상적이고 신비로운 장면으로 __(다)__ 되어, 정교한 구성보다는 주인공인 여성 무용수를 돋보이게 하는 안무가 우선시되었다. 이 시기 발레의 __(라)__ 은/는 여성 무용수들이었고, 남성 무용수들은 대개 여성 무용수를 들어 올렸다가 내리거나 회전의 지지대 역할을 하는 보조자에 불과했다.

보기
㉠ 전개　㉡ 기틀　㉢ 조연　㉣ 상연　㉤ 터전　㉥ 주역　㉦ 전환　㉧ 연출

	(가)	(나)	(다)	(라)
①	㉡	㉠	㉧	㉥
②	㉡	㉣	㉦	㉥
③	㉡	㉣	㉧	㉢
④	㉤	㉠	㉧	㉥

19 갑, 을, 병 3명에게 같은 양의 물건을 한 사람씩 똑같이 나누어 주면 각각 30일, 60일, 40일 동안 사용할 수 있다고 한다. 만약 세 사람에게 나누어 줄 물건의 양을 모두 합하여 세 사람이 함께 사용한다면, 세 사람이 함께 모든 물건을 사용하는 데 걸리는 시간은 얼마인가?

① 20일   ② 30일
③ 35일   ④ 40일

20 다음 중 상황에 따른 의사표현 방법으로 적절하지 않은 것은?

① 상대방의 잘못을 지적할 때는 '○○ 씨, 오늘 지각했어요.'와 같이 상대방이 알 수 있도록 확실하게 지적한다.
② 상대방에게 부탁할 때는 '이렇게 해주셔야 하는데 괜찮습니까?'와 같이 상대의 사정을 우선시하는 태도를 보인다.
③ 상대방의 요구를 거절할 때는 정색하면서 '안 된다.'라고 단호하게 거절해야 한다.
④ 설득할 때는 '나도 이렇게 할 테니까 너도 이렇게 하자.'와 같이 나도 양보하겠다는 의지를 보여준다.

21 다음 제시된 전개도로 정육면체를 만들 때, 만들 수 없는 것은?

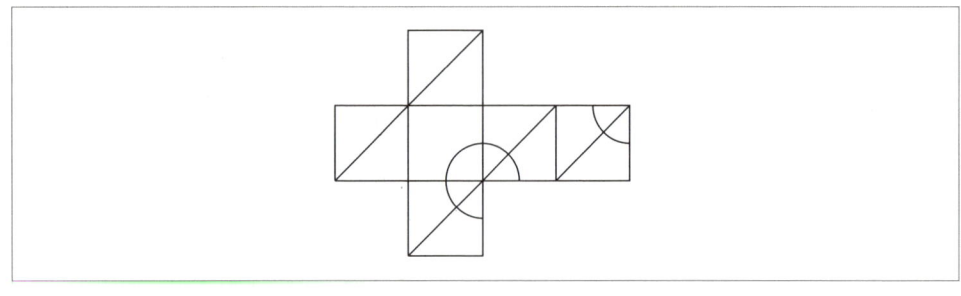

① 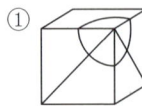   ②

③ 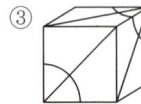   ④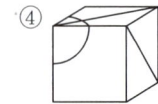

22 농도를 모르는 소금물 300g에 농도 5%의 소금물 200g을 모두 섞었더니 섞은 소금물의 농도는 9%가 되었다. 처음 300g의 소금물에 들어있는 소금은 몇 g인가?

① 30g
② 32g
③ 35g
④ 38g

23 다음은 어느 기관의 등급별 인원 비율 및 1인당 상여금에 대한 자료이다. 마케팅부서의 인원은 20명이고, 영업부서의 인원은 10명일 때, 이 자료에 대한 설명으로 옳지 않은 것은?

〈등급별 인원 비율 및 1인당 상여금〉

구분	S	A	B	C
인원 비율	10%	30%	40%	20%
1인당 상여금(만 원)	500	420	300	200

① 마케팅부서의 S등급 상여금을 받는 인원과 영업부서의 C등급 상여금을 받는 인원의 수가 같다.
② A등급 1인당 상여금은 B등급 1인당 상여금보다 40% 많다.
③ 영업부서 A등급의 인원은 마케팅부서 B등급의 인원보다 5명 적다.
④ 영업부서에 지급되는 S등급과 A등급의 상여금의 합은 B등급과 C등급의 상여금의 합보다 적다.

24 다음 중 ㉠ ~ ㉣의 예로 적절하지 않은 것은?

> 좌절과 상실을 당하여 상대방에 대해 외향적 공격성을 보이는 ㉠ 원(怨)과 무력한 자아를 되돌아보고 자책하고 한탄하는 내향적 공격성인 ㉡ 탄(嘆)이 한국의 고유한 정서인 한(恨)의 기점이 되고 있다. 이러한 것들은 체념의 정서를 유발할 수 있다. 이른바 한국적 한에서 흔히 볼 수 있는 소극적·퇴영적인 자폐성과 허무주의, 패배주의 등은 이러한 체념적 정서의 부정적 측면이다. 그러나 체념에 부정적인 것만 있는 것은 아니다. 오히려 체념에 철저함으로써 달관의 경지에 나아갈 수 있다. 세상의 근원을 바라볼 수 있는 관조의 눈이 열리게 되는 것이다. 여기서 더욱 중요하게 보아야 하는 것이 한국적 한의 또 다른 내포다. 그것은 바로 '밝음'에 있다. 한이 세상과 자신에 대한 공격성을 갖는 것이 아니라 오히려 세계와 대상에 대하여 연민을 갖고, 공감할 수 있는 풍부한 감수성을 갖는 경우가 있다. 이를 ㉢ '정(情)으로서의 한'이라고 할 수 있다. 또한 한이 간절한 소망과 연결되기도 한다. 결핍의 상황으로 인한 한이 그에 대한 강한 욕구 불만에 대한 반사적 정서로서의 간절한 소원을 드러내는 것이다. 이것이 ㉣ '원(願)으로서의 한'이다.

① ㉠: 매질에 이 몸 죽으면 귀신되어 그 한을 풀리로다.
② ㉡: 농부들 하는 말이 여자가 한을 품으면 오뉴월에 서리 내리니 춘향 한을 어이할고.
③ ㉢: 제비도 못 잊어서 다시 돌아와 이별을 안타까워하는 듯 흥부는 한이 많은 사람이라 눈물을 흘리며 이별을 하는구나.
④ ㉣: 심청 팔자 무상하여 맹인 아비뿐이온데, 아비의 평생한(平生恨)이 눈뜨기에 있사온데, 백미 삼백 석을 시주하면 아비 눈을 뜬다 하나 가세가 빈한하여 가진 것이 몸밖에 없사오니 이 몸 사갈 사람 지시하여 주옵소서.

25 [제시문 A]를 읽고 [제시문 B]가 참인지, 거짓인지, 혹은 알 수 없는지 고르면?

> [제시문 A]
> • 테니스를 치는 사람은 마라톤을 한다.
> • 마라톤을 하는 사람은 축구를 하지 않는다.
> • 축구를 하는 사람은 등산을 한다.
>
> [제시문 B]
> 축구를 하는 사람은 테니스를 치지 않는다.

① 참　　　　　　　② 거짓　　　　　　　③ 알 수 없음

26 아시안 게임에 참가한 어느 종목의 선수들을 A, B, C등급으로 분류하여 전체 4,500만 원의 포상금을 지급하려고 한다. A등급인 선수는 B등급보다 2배, B등급은 C등급보다 $\frac{3}{2}$배의 포상금을 지급하려고 한다. A등급은 5명, B등급은 10명, C등급은 15명이라면, A등급을 받은 선수 한 명에게 지급될 금액은?

① 300만 원
② 400만 원
③ 450만 원
④ 500만 원

27 다음 제시된 두 블록을 합쳤을 때, 나올 수 있는 형태는?

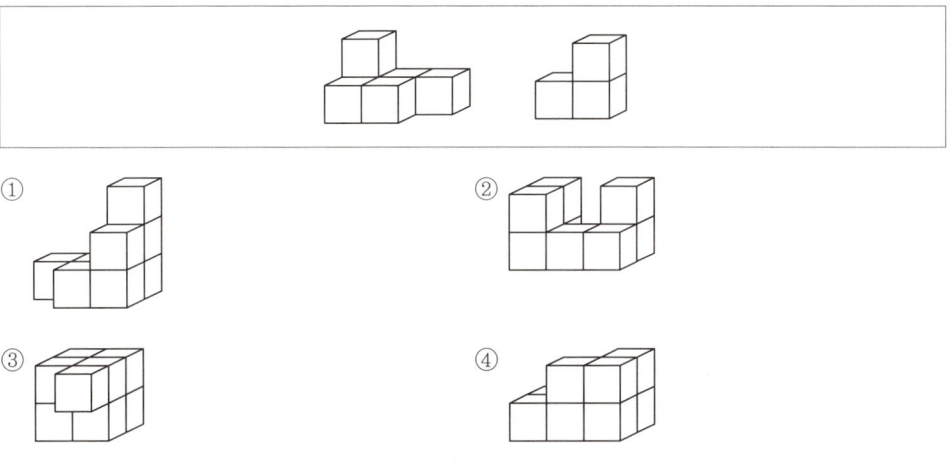

28 왼쪽 톱니를 시계 반대 방향으로 180°, 오른쪽 톱니를 시계 방향으로 270° 회전시킨 후, 화살표 방향에서 바라보았을 때 겹쳐진 모양을 고르면?

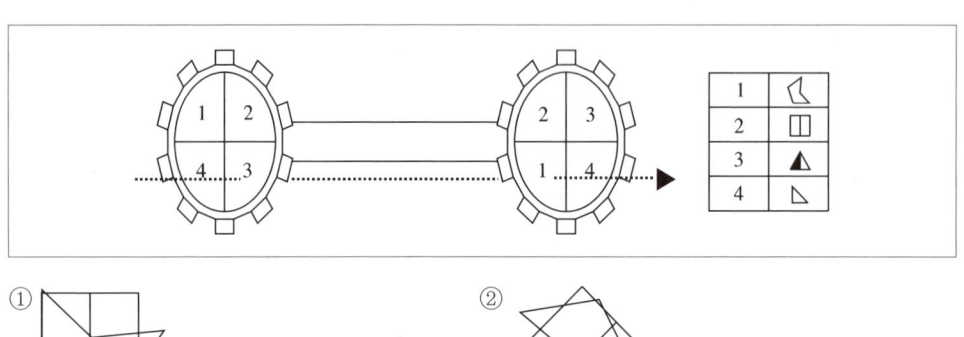

①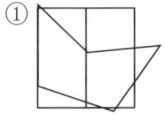

②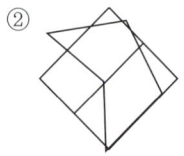

③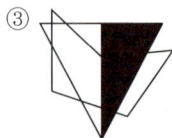

④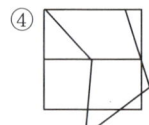

※ 일정한 규칙으로 수를 나열할 때, 빈칸에 들어갈 알맞은 숫자를 고르시오. [29~31]

29

| 3 12 6 24 12 48 ( ) 96 |

① 16　　　　　　　　　② 20
③ 24　　　　　　　　　④ 28

30

| 4　8　1　2　−5　−10　−17　( ) |

① 27　　　　　　　　　② −27
③ 33　　　　　　　　　④ −34

31

| 3　17　7　5　( )　10　7　33　13 |

① 20　　　　　　　　　② 25
③ 30　　　　　　　　　④ 35

32 다음 문단을 논리적 순서대로 바르게 나열한 것은?

> (가) 보통 라면은 일본에서 유래된 것으로 알려졌다. 그러나 우리가 좋아하는 라면과 일본의 라멘은 다르다. 일본의 라멘은 하나의 '요리'로서 위치하고 있으며, 처음에 인스턴트 라면이 발명된 것은 라멘을 휴대하고 다니면서 어떻게 하면 쉽게 먹을 수 있을까 하는 발상에서 기인한다. 그러나 한국의 라면은 그렇지 않다.
> (나) 일본의 라멘이 고기 육수를 통한 맛을 추구한다면, 한국의 인스턴트 라면에서 가장 중요한 특징은 '매운맛'이다. 한국의 라면은 매운맛을 좋아하는 한국 소비자의 입맛에 맞춰 변화되었다.
> (다) 이렇게 한국의 라면이 일본 라멘과 전혀 다른 모습을 보이면서, 라멘과 한국의 라면은 독자적인 영역을 만들어내기 시작했고, 당연히 해외에서도 한국의 라면은 라멘과 달리 나름대로 마니아층을 만들어내고 있다.
> (라) 한국의 라면은 요리라기보다는 일종의 간식으로서 취급되며, '일본 라멘의 간소화'로 인스턴트 라면과는 그 맛도 다르다. 이는 일본의 라멘이 어떠한 맛을 추구하고 있는지에 대해서 생각해 보면 알 수 있다.

① (가) – (라) – (나) – (다)
② (가) – (라) – (다) – (나)
③ (라) – (가) – (나) – (다)
④ (라) – (가) – (다) – (나)

33 다음 명제가 참일 때, 항상 옳은 것은?

> • 어떤 학생은 책 읽기를 좋아한다.
> • 책 읽기를 좋아하는 사람의 대부분은 어린이다.
> • 모든 어린이는 유치원에 다닌다.

① 모든 학생은 어린이다.
② 모든 학생은 유치원에 다닌다.
③ 책 읽기를 좋아하는 사람 중에는 어린이가 아닌 사람이 있다.
④ 책 읽기를 좋아하는 사람 모두 학생이다.

34 다음과 같은 상황에서 기획팀 직원 A가 가장 먼저 답장해야 할 사람은?

> 기획팀 직원인 A는 사내 행사를 준비하기 위해 경영지원팀 직원 B로부터 사내 행사계획서를 메일로 전달받았다. 그런데 B가 보낸 사내 행사계획서를 살펴보니 사내 행사의 내용과 일정이 바뀌어 있었다.

① 총무팀 담당자
② 경영지원팀 팀장
③ 경영지원팀 직원 B
④ 사내 행사 기획자

35 고등학생 A가 13살 동생, 40대 부모님, 65세 할머니와 함께 박물관에 가려고 한다. 주말에 입장할 때와 주중에 입장할 때의 요금 차이는?

〈입장료〉

구분	주말	주중
어른	20,000원	18,000원
중·고등학생	15,000원	13,000원
어린이	11,000원	10,000원

※ 어린이 : 3세 이상 13세 이하
※ 경로 : 65세 이상은 50% 할인

① 8,000원
② 9,000원
③ 10,000원
④ 11,000원

36 다음 글의 주장을 비판하기 위한 탐구 활동으로 가장 적절한 것은?

> 기술은 그 내부적인 발전 경로를 이미 가지고 있으며, 따라서 어떤 특정한 기술(혹은 인공물)이 출현하는 것은 '필연적'인 결과라고 생각하는 사람들이 많다. 이러한 통념을 약간 다르게 표현하자면, 기술의 발전 경로는 이전의 인공물보다 '기술적으로 보다 우수한' 인공물들이 차례차례 등장하는 인공물들의 연쇄로 파악할 수 있다는 것이다. 그리고 기술의 발전 경로를 '단일한' 것으로 보고, 어떤 특정한 기능을 갖는 인공물을 만들어 내는 데 있어서 '유일하게 가장 좋은' 설계 방식이나 생산 방식이 있을 수 있다고 가정한다. 이와 같은 생각을 종합하면 기술의 발전은 결코 사회적인 힘이 가로막을 수 없는 것일 뿐 아니라 단일한 경로를 따르는 것이므로, 사람들이 할 수 있는 일은 이미 정해져 있는 기술의 발전 경로를 열심히 추적해 가는 것밖에 남지 않게 된다는 결론이 나온다. 그러나 다양한 사례 연구에 의하면 어떤 특정 기술이나 인공물을 만들어 낼 때, 그것이 특정한 형태가 되도록 하는 데 중요한 역할을 하는 것은 그 과정에 참여하고 있는 엔지니어, 자본가, 소비자, 은행, 정부 등의 이해관계나 가치체계임이 밝혀졌다. 이렇게 보면 기술은 사회적으로 형성된 것이며, 이미 그 속에 사회적 가치를 반영하고 있는 셈이 된다. 뿐만 아니라 복수의 기술이 서로 경쟁하여 그중 하나가 사회에서 주도권을 잡는 과정을 분석해 본 결과, 이 과정에서 중요한 역할을 하는 것은 기술적 우수성이나 사회적 유용성이 아닌 관련된 사회집단들의 정치적·경제적 영향력인 것으로 드러났다고 한다. 결국 현재에 이르는 기술 발전의 궤적은 결코 필연이고 단일한 것이 아니었으며, '다르게' 될 수도 있었음을 암시하고 있는 것이다.

① 논거가 되는 연구 결과를 반박할 수 있는 다른 연구 자료를 조사한다.
② 사회 변화에 따라 가치 체계의 변동이 일어나게 되는 원인을 분석한다.
③ 기술 개발에 관계자들의 이해관계나 가치가 작용한 실제 사례를 조사한다.
④ 글쓴이가 문제 삼고 있는 통념에 변화가 생기게 된 계기를 분석한다.

37 서울에 위치한 A회사는 서울에 위치한 B회사에 800g의 소포를, 인천에 위치한 C회사에 2.4kg의 소포를 보내려고 한다. 두 회사로 보낸 소포의 총 중량이 16kg 이하이고, 택배요금의 합계가 6만 원이다. 택배요금이 다음과 같을 때, A회사는 800g 소포와 2.4kg 소포를 각각 몇 개씩 보냈는가? (단, 소포는 각 회사로 1개 이상 보낸다)

구분	2kg 이하	2kg 초과 4kg 이하	4kg 초과 6kg 이하	6kg 초과 8kg 이하	8kg 초과 10kg 이하
동일지역	4,000원	5,000원	6,500원	8,000원	9,500원
타지역	5,000원	6,000원	7,500원	9,000원	10,500원

	800g	2.4kg
①	12개	4개
②	12개	2개
③	9개	4개
④	9개	2개

38 다음 글의 주제로 가장 적절한 것은?

> 동양 사상이라 해서 언어와 개념을 무조건 무시하는 것은 결코 아니다. 만약 그렇다면 동양 사상은 경전이나 저술을 통해 언어화되지 않고 순전히 침묵 속에서 전수되어 왔을 것이다. 물론 이것은 사실이 아니다. 동양 사상도 끊임없이 언어적으로 다듬어져 왔으며 논리적으로 전개되어 왔다. 흔히 동양 사상은 신비주의적이라고 말하지만, 이것은 동양 사상의 한 면만을 특정 지우는 것이지 결코 동양의 철인(哲人)들이 사상을 전개함에 있어 논리를 무시했다거나 항시 어떤 신비적인 체험에 호소해서 자신의 주장들을 폈다는 것을 뜻하지는 않는다.
> 그러나 역시 동양 사상은 신비주의적임에 틀림없다. 거기서는 지고(至高)의 진리란 언제나 언어화될 수 없는 어떤 신비한 체험의 경지임이 늘 강조되어 왔기 때문이다. 최고의 진리는 언어 이전, 혹은 언어 이후의 무언(無言)의 진리이다. 엉뚱하게 들리겠지만, 동양 사상의 정수(精髓)는 말로써 말이 필요 없는 경지를 가리키려는 데에 있다고 해도 과언이 아니다. 말이 스스로를 부정하고 초월하는 경지를 나타내도록 사용된 것이다. 언어로써 언어를 초월하는 경지를 나타내고자 하는 것이야말로 동양 철학이 지닌 가장 특징적인 정신이다.
> 동양에서는 인식의 주체를 심(心)이라는 매우 애매하면서도 포괄적인 말로 이해해 왔다. 심(心)은 물(物)과 항시 자연스러운 교류를 하고 있으며, 이성은 단지 심(心)의 일면일 뿐인 것이다. 동양은 이성의 오만이라는 것을 모른다. 지고의 진리, 인간을 살리고 자유롭게 하는 생동적 진리는 언어적 지성을 넘어선다는 의식이 있었기 때문일 것이다. 언어는 언제나 마음을 못 따르며 둘 사이에는 항시 괴리가 있다는 생각이 동양인들의 의식 저변에 깔려 있는 것이다.

① 동양 사상은 신비주의적인 요소가 많다.
② 언어와 개념을 무시하면 동양 사상을 이해할 수 없다.
③ 동양 사상은 언어적 지식을 초월하는 진리를 추구한다.
④ 인식의 주체를 심(心)으로 표현하는 동양 사상은 이성적이라 할 수 없다.

39 다음 글을 통해 확인할 수 있는 내용이 아닌 것은?

> 영화 촬영 시 카메라가 찍기 시작하면서 멈출 때까지의 연속된 촬영을 '쇼트(Shot)'라 하고, 이러한 쇼트의 결합으로 이루어져 연극의 '장(場)'과 같은 역할을 수행하는 것을 '씬(Scene)'이라고 한다. 그리고 여러 개의 씬이 연결되어 영화의 전체 흐름 속에서 비교적 독립적인 의미를 지니는 것을 '시퀀스(Sequence)'라 일컫는다.
>
> 시퀀스는 씬을 제시하는 방법에 따라 '에피소드 시퀀스'와 '병행 시퀀스'로 구분할 수 있다. 먼저 에피소드 시퀀스는 짧은 장면을 연결하여 긴 시간의 흐름을 간단하게 보여주는 것을 말한다. 예를 들어 특정 인물의 삶을 다룬 영화의 경우, 주인공의 생애를 있는 그대로 재현하는 것은 불가능하므로 특징적인 짧은 장면을 연결하여 인물의 삶을 요약적으로 제시하는 것이 여기에 해당한다.
>
> 이와 달리 병행 시퀀스는 같은 시간, 다른 공간에서 일어나는 둘 이상의 별개 사건이 교대로 전개되는 것을 말한다. 범인을 추격하는 영화의 경우, 서로 다른 공간에서 쫓고 쫓기는 형사와 범인의 영상을 교차로 제시하는 방식이 좋은 예이다. 이 방법은 극적 긴장감을 조성할 수 있으며, 시간을 나타내는 특별한 표지가 없더라도 두 개의 사건에 동시성을 부여하여 시각적으로 통일된 단위로 묶을 수 있다.
>
> 시퀀스 연결 방법은 크게 두 가지로 나눌 수 있는데, 자연스럽게 연결하는 경우와 그렇지 않은 경우이다. 원래 이미지가 점점 희미해지면서 다른 이미지로 연결되는 디졸브 등의 기법을 사용하면 관객들은 하나의 시퀀스가 끝나고 다음 시퀀스가 시작된다는 것을 자연스럽게 알게 된다. 이러한 자연스러운 시퀀스 연결은 관객들이 사건의 전개 과정을 쉽게 파악하고, 다음에 이어질 장면을 예상하는 데 도움을 준다. 이와 달리 시퀀스의 마지막 부분에 시공간이 완전히 다른 이미지를 연결하여 급작스럽게 시퀀스를 전환하기도 하는데, 이러한 부자연스러운 시퀀스 연결은 관객들에게 낯선 느낌을 주고 의아함을 불러일으켜 시퀀스 연결 속에 숨은 의도나 구조를 생각하게 한다.
>
> 일반적으로 각 시퀀스의 길이가 길어 시퀀스의 수가 적은 영화들은 느린 템포로 사건이 진행되기 때문에 서사적 이야기 구조를 안정되게 제시하는 데 적합하다. 반면 길이가 매우 짧은 시퀀스를 사용한 영화는 빠른 템포로 사건이 전개되므로 극적 긴장감을 조성할 수 있으며, 특정 이미지를 강조하거나 인물의 심리 상태 등도 효과적으로 제시할 수 있다.
>
> 이밖에도 서사의 줄거리를 분명하고 세밀하게 전달하기 위해 각 시퀀스에서 의미를 완결지어 관객으로 하여금 작은 단위의 카타르시스를 경험하게 하는 경우도 있고, 시퀀스 전체의 연결 관계를 통해서 영화의 서사 구조를 파악하게 하는 경우도 있다. 따라서 영화에 사용된 시퀀스의 특징을 분석하는 것은 영화의 서사 구조와 감독의 개성을 효과적으로 파악할 수 있는 좋은 방법이다.

① 시퀀스의 연결 방법과 효과
② 시퀀스의 길이에 따른 특징
③ 영화의 시퀀스를 구성하는 요소와 개념
④ 영화의 발전 과정과 시퀀스의 상관관계

40 다음 중 입체도형을 만들었을 때, 다른 모양이 나오는 것은?

① 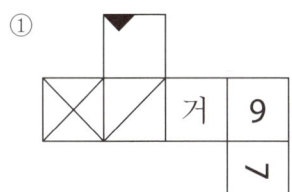   ②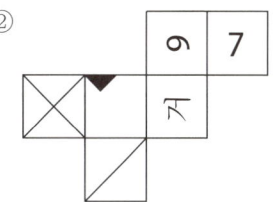

③ 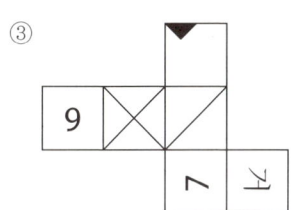   ④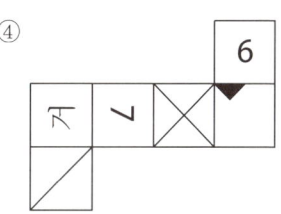

41 다음 중 제시된 도형을 조합하였을 때, 만들 수 없는 것은?

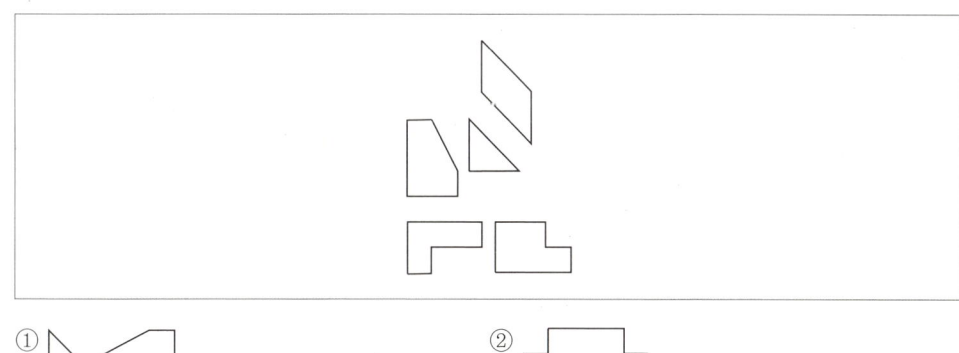

① 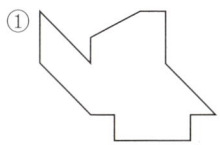   ②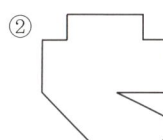

③ 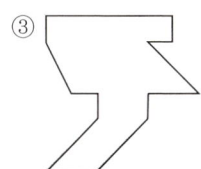   ④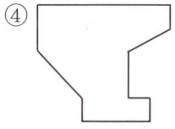

42 다음 중 〈보기〉의 단어를 모두 포괄할 수 있는 단어를 고르면?

> **보기**
>
> 그만두다   놓다   풀다   두다

① 그만두다
② 놓다
③ 풀다
④ 두다

43 다음 중 글의 빈칸에 들어갈 내용으로 가장 적절한 것은?

> 상품을 만들어 파는 사람이 그 수고의 대가를 받고 이익을 누리는 것은 당연하다. 하지만 그 이익이 다른 사람의 고통을 무시하고 얻어진 경우에는 정당하지 않을 수 있다. 제3세계에 사는 많은 환자가 신약 가격을 선진국의 수준으로 유지하는 거대제약회사의 정책 때문에 고통 속에서 죽어가고 있다. 그 약값을 감당할 수 있는 우리 영국인이 보기에도 이는 이익이란 명분 아래 발생하는 끔찍한 사례다. 비난의 목소리가 높아지자 제약회사의 대규모 투자자 중 일부는 자신들의 행동이 윤리적인지 고민하기 시작했다. 사람들이 약값 때문에 약을 구할 수 없다는 것은 분명히 잘못된 일이다. 하지만 그렇다고 해서 국가가 제약회사에 손해를 감수하라는 요구를 할 수는 없다는 데 사태의 복잡성이 있다.
> 신약을 개발하는 일에는 막대한 비용과 시간이 들며, 그 안전성 검사가 법으로 정해져 있어서 추가 비용이 발생한다. 이를 상쇄하기 위해 제약회사는 시장에서 최대한 이익을 뽑아내려 한다. 얼마나 많은 환자가 신약을 통해 고통에서 벗어나는가에 대한 관심을 이들에게 기대하긴 어렵다. 그러나 만약 제약회사가 존재하지 않는다면 신약 개발도 없을 것이다.
> 상업적 고려와 인간의 건강 사이에 존재하는 긴장을 어떻게 해소해야 할까? 제3세계의 환자를 치료하는 일은 응급사항이며, 제약회사들이 자선하리라고 기대하는 것은 비현실적이다. 그렇다면 그 대안은 명백하다. _____ 물론 여기에도 문제는 있다. 이 대안이 왜 실현되기 어려운 걸까? 그 이유가 무엇인지는 우리가 자신의 주머니에 손을 넣어 거기에 필요한 돈을 꺼내는 순간 분명해질 것이다.

① 제3세계에 제공되는 신약 가격을 선진국과 같도록 해야 한다.
② 제3세계 국민에게 필요한 신약을 선진국 국민이 구매하여 전달해야 한다.
③ 선진국들은 자국의 제약회사가 제3세계에 신약을 저렴하게 공급하도록 강제해야 한다.
④ 각국 정부는 거대 제약회사의 신약 가격 결정에 자율권을 주어 개발 비용을 보상받을 수 있게 해야 한다.

44 50명의 남학생 중에서 24명, 30명의 여학생 중에서 16명이 뮤지컬을 좋아한다고 한다. 전체 80명의 학생 중에서 임의로 선택한 1명이 뮤지컬을 좋아하지 않는 학생이었을 때, 그 학생이 여학생일 확률은?

① $\dfrac{1}{4}$
② $\dfrac{3}{10}$
③ $\dfrac{3}{20}$
④ $\dfrac{7}{20}$

45 어느 통신회사는 이동전화의 통화시간에 따라 월 2시간까지는 기본요금, 2시간 초과 3시간까지는 분당 a원을 그리고 3시간 초과부터 $2a$원을 부과한다. 다음과 같이 요금이 청구되었을 때, a의 값은?

구분	통화시간	요금
1월	3시간 30분	21,600원
2월	2시간 20분	13,600원

① 50
② 80
③ 100
④ 120

46 다음 밑줄 친 단어의 유의어로 적절한 것은?

> 그때의 기억이 어제의 일인 것처럼 <u>선연하게</u> 떠오른다.

① 차가운 아스팔트 위에 <u>성긴</u> 눈발이 희끗희끗 날리고 있었다.
② 그는 바닷바람이 <u>선선하게</u> 부는 해변을 걸었다.
③ 매일 등하교를 했던 거리는 <u>또렷하게</u> 그의 기억 속에 남아 있었다.
④ 들판의 벼는 <u>영글기</u> 시작했다.

47 다음 중 글을 통해 답을 확인할 수 있는 질문으로 적절하지 않은 것은?

> '붕어빵'을 팔던 가게에서 붕어빵과 모양은 비슷하지만 크기가 더 큰 빵을 '잉어빵'이란 이름의 신제품으로 내놓았다고 하자. 이 잉어빵은 어떻게 만들어진 말일까? '붕어 : 붕어빵 = 잉어 : ___'과 같은 관계를 통해 잉어빵의 형성을 설명할 수 있다. 이는 붕어와 붕어빵의 관계를 바탕으로 붕어빵보다 크기가 큰 신제품의 이름을 잉어빵으로 지었다는 뜻이다. 붕어빵에서 잉어빵을 만들어 내듯이 기존 단어의 유사한 속성을 바탕으로 새로운 단어를 만들어 내는 것을 유추에 의한 단어 형성이라고 한다.
>
> 유추에 의해 단어가 형성되는 과정은 보통 네 가지 단계로 이루어진다. 첫째, 새로운 개념을 나타내는 어떤 단어가 필요한 경우 그것을 만들겠다고 결정한다. 둘째, 머릿속에 들어 있는 수많은 단어 가운데 근거로 이용할 만한 단어들을 찾는다. 셋째, 수집한 단어들과 만들려는 단어의 개념과 형식을 비교하여 공통성을 포착한다. 이 단계에서 근거로 삼을 단어를 확정한다. 넷째, 근거로 삼은 단어의 개념과 형식 관계를 적용해서 단어 형성을 완료한다. 이렇게 형성된 단어는 처음에는 신어(新語)로 다루어지지만 이후에 널리 쓰이게 되면 국어사전에 등재된다.
>
> 그러면 이러한 단계에 따라 '종이공'이라는 단어가 형성되는 과정을 살펴보자. 먼저 '종이로 만든 공'이라는 개념의 단어를 만들기로 결정한다. 그 다음에 근거가 되는 단어를 찾는다. 그런데 근거 단어가 될 만한 '○○공'에는 두 가지 종류가 있다. 하나는 축구공, 야구공 유형이고 다른 하나는 고무공, 가죽공 유형이다. 전자의 경우 공 앞에 오는 말이 공의 사용 종목인 반면 후자는 공의 재료라는 차이가 있다. 언어 사용자는 종이공을 고무공, 가죽공보다 축구공, 야구공에 가깝다고 생각하지는 않는다. 그러므로 '종이를 할 때 쓰는 공'으로 해석하지 않고 '종이로 만든 공'으로 해석한다. 그 결과 '종이로 만든 공'을 의미하는 종이공이라는 새로운 단어가 형성된다.
>
> 유추에 의해 단어가 형성되는 과정을 잘 살펴보면 불필요한 단어를 과도하게 생성하지 않는 장치가 있다는 것을 알 수 있다. 필요에 의해 기존 단어를 본떠서 단어를 형성하므로 불필요한 단어의 생성을 최대한 억제할 수 있는 것이다. 유추에 의해 단어가 형성된다는 이론에서는 이러한 점을 포착할 수 있다는 장점이 있다.

① 유추에 의한 단어 형성이란 무엇인가?
② 유추에 의해 단어가 형성되는 예로는 무엇이 있는가?
③ 유추에 의한 단어 형성 외에 어떤 단어 형성 방식이 있는가?
④ 유추에 의해 단어가 형성된다는 이론의 장점은 무엇인가?

48 다음 주어진 입체도형 중 일치하지 않는 도형은?

49 다음 블록의 개수는?(단, 보이지 않는 곳의 개수는 있다고 가정한다)

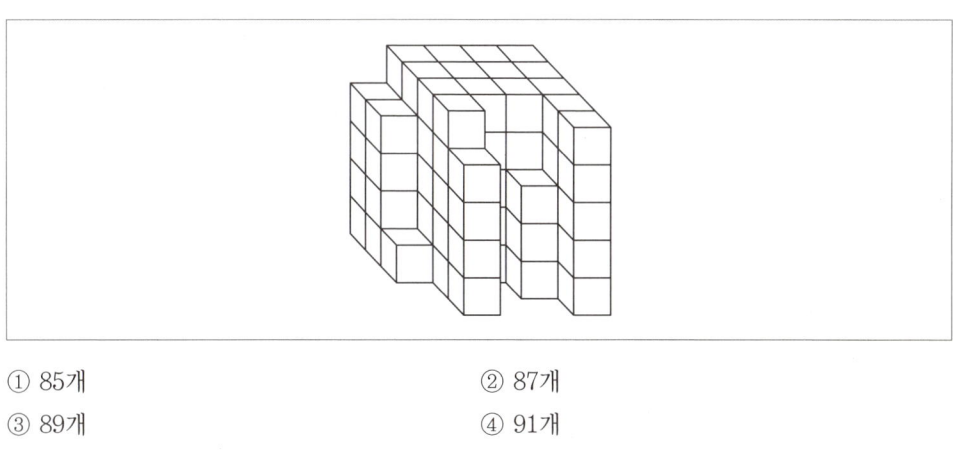

① 85개 ② 87개
③ 89개 ④ 91개

50 다음 〈보기〉에서 공통으로 연상할 수 있는 단어로 적절한 것은?

보기
짜다   액체   메주

① 소금 ② 식초
③ 간장 ④ 된장

MEMO

PART

4

면접

CHAPTER 01 면접 소개
CHAPTER 02 충청남도교육청 예상 면접질문

CHAPTER 01 면접 소개

01 면접 주요사항

면접의 사전적 정의는 면접관이 지원자를 직접 만나보고 인품(人品)이나 언행(言行) 따위를 시험하는 일로, 흔히 필기시험 후에 최종적으로 심사하는 방법이다.

최근 주요 기업의 인사담당자들을 대상으로 한 설문조사에서 채용 시 면접이 차지하는 비중이 50~80% 이상이라고 답한 사람은 전체 응답자의 80%를 넘었다. 이와 대조적으로 지원자들을 대상으로 취업 시험에서 면접을 준비하는 기간을 물었을 때, 대부분의 응답자가 2~3일 정도라고 대답했다.

지원자는 서류전형과 직무성검사를 통과해야만 면접을 볼 수 있기 때문에 자연스럽게 면접은 그 비중이 작아질 수밖에 없다. 하지만 아이러니하게도 실제 채용 과정에서 면접이 차지하는 비중은 절대적이라고 해도 과언이 아니다.

기업들은 채용 과정에서 토론 면접, 인성 면접, 프레젠테이션 면접, 역량 면접 등의 다양한 면접을 실시한다. 1차 커트라인이라고 할 수 있는 서류전형을 통과한 지원자들의 스펙이나 능력은 서로 엇비슷하다고 판단하기 때문에 지원자의 인성을 파악하기 위해 면접을 더욱 강화하는 것이다.

면접의 기본은 자기 자신을 면접관에게 알기 쉽게 표현하는 것이다. 이러한 표현을 바탕으로 자신의 단점을 극복할 수 있는 연습을 한다면 좋은 결과를 얻을 수 있을 것이다.

1. 자기소개

자기소개를 시키는 이유는 면접자가 지원자의 자기소개서를 압축해서 듣고, 지원자의 첫인상을 평가할 시간을 가질 수 있기 때문이다. 면접을 위한 워밍업이라고 할 수 있으며, 첫인상을 결정하는 과정이므로 매우 중요한 순간이다. 자신을 잘 소개할 수 있는 문구의 1분 자기소개를 미리 준비해서 연습해야 한다.

2. 1분 자기소개 시 주의사항

면접에서 바른 자세가 중요하다는 것은 익히 알고 있다. 하지만 문제는 무의식적으로 나오는 흐트러진 자세 때문에 나쁜 인상을 줄 수 있다는 것이다. 이러한 습관을 고칠 수 있는 가장 좋은 방법은 캠코더로 녹화하거나 스터디를 통해 모의 면접을 해보면서 끊임없이 피드백을 받는 것이다.

3. 대화법

전문가들이 말하는 대화법의 핵심은 '상대방을 배려하면서 이야기하라.'는 것이다. 대화는 나와 다른 사람의 소통이다. 내용에 대한 공감이나 이해가 없다면 대화는 더 이상 진전되지 않는다.

4. 첫인상

취업을 위해 성형수술을 받는 지원자들에 대한 이야기는 더 이상 뉴스거리가 되지 않는다. 그만큼 많은 사람이 좁은 취업문을 뚫기 위해 이미지 향상에 신경을 쓰고 있다. 하지만 외모와 첫인상을 절대적인 관계로 이해하는 것은 잘못된 판단이다. 외모가 첫인상에서 많은 부분을 차지하지만, 외모 외에 다른 결점이 발견된다면 그로 인해 장점들이 가려질 수도 있다. 첫인상은 말 그대로 한 번밖에 기회가 주어지지 않으며 몇 초 안에 결정된다. 첫인상을 결정짓는 요소 중 시각적인 요소가 80% 이상을 차지한다. 첫눈에 들어오는 생김새나 복장, 표정 등에 의해서 결정되는 것이다. 면접을 시작할 때 자기소개를 시키는 것도 지원자별로 첫인상을 평가하기 위해서이다. 첫인상이 중요한 이유는 만약 첫인상이 부정적으로 인지될 경우, 지원자의 다른 좋은 면까지 거부당하기 때문이다. 이러한 현상을 심리학에서는 초두효과(Primacy Effect)라고 한다.

이는 먼저 제시된 정보가 추후 알게 된 정보보다 더 강력한 영향을 미치는 현상으로, 앞서 제시된 정보가 나중의 것보다 기억이 더 잘 되고, 인출도 더 잘 된다는 것이다. 예를 들어 첫인상이 착하게 기억되면 나중에 나쁜 행동을 하더라도 순간의 실수로 생각되는 반면, 첫인상이 나쁘다면 착한 행동을 하더라도 그 진위에 의심을 사게 되는 것이다. 이처럼 한 번 형성된 첫인상은 여간해서 바꾸기 힘들다. 따라서 평소에 첫인상을 좋게 만들기 위한 노력을 꾸준히 해야만 한다.

깔끔한 옷차림과 부드러운 표정 그리고 말과 행동 등에 의해 전반적인 이미지가 만들어진다. 누구나 한두 가지 단점은 가지고 있지만 이미지 컨설팅을 통해서 자신의 단점들을 보완하는 지원자도 있다. 특히, 표정이 밝지 않은 지원자는 평소 웃는 연습을 의식적으로 하여 면접을 받는 동안 계속해서 여유 있는 표정을 짓는 것이 중요하다. 성공한 사람들은 인상이 좋다는 것을 명심하자.

02 면접의 유형 및 실전 대책

1. 면접의 유형

과거 천편일률적인 일대일 면접과 달리 현재는 면접에 다양한 유형이 도입되어 "면접은 이렇게 보는 것이다."라고 말할 수 있는 정해진 유형이 없어졌다. 그러나 대부분의 기업에서 현재까지는 집단 면접과 다대일 면접이 진행되고 있으므로 어느 정도 유형을 파악하여 사전에 대비가 가능하다. 면접의 기본인 단독 면접부터 다대일 면접, 집단 면접, PT면접 유형과 그 대책에 대해 알아보자.

(1) 단독 면접

단독 면접이란 응시자와 면접관이 일대일로 마주하는 형식을 말한다. 면접위원 한 사람과 응시자 한사람이 마주 앉아 자유로운 화제를 가지고 질의응답을 되풀이하는 방식이다. 이 방식은 면접의 가장 기본적인 방법으로 소요시간은 10 ~ 20분 정도가 일반적이다.

① 단독 면접의 장점

필기시험 등으로 판단할 수 없는 성품이나 능력을 알아내는 데 가장 적합하다고 평가받아 온 면접방식으로 응시자 한 사람 한 사람에 대해 여러 면에서 비교적 폭넓게 파악할 수 있다. 응시자의 입장에서는 한 사람의 면접관만을 대하는 것이므로 상대방에게 집중할 수 있으며, 긴장감도 다른 면접방식에 비해서는 적은 편이다.

② 단독 면접의 단점

면접관의 주관이 강하게 작용해 객관성을 저해할 소지가 있으며, 면접 평가표를 활용한다 하더라도 일면적인 평가에 그칠 가능성을 배제할 수 없다. 또한 시간이 많이 소요되는 것도 단점이다.

> **단독 면접 준비 Point**
>
> 단독 면접에 대비하기 위해서는 평소 일대일로 논리 정연하게 대화를 나눌 수 있는 능력을 기르는 것이 중요하다. 그리고 면접장에서는 면접관을 선배나 선생님 혹은 아버지를 대하는 기분으로 면접에 임하는 것이 부담도 훨씬 적고 실력을 발휘할 수 있는 방법이 될 것이다.

(2) 다대일 면접

다대일 면접은 일반적으로 가장 많이 사용되는 면접방법으로 보통 2~5명의 면접관이 1명의 응시자에게 질문하는 형태의 면접방법이다. 면접관이 여러 명이므로 다각도에서 질문을 하여 응시자에 대한 정보를 많이 알아낼 수 있다는 점 때문에 선호하는 면접방법이다.

하지만 응시자의 입장에서는 면접관에 따라 질문도 각양각색이고 동료 응시자가 없으므로 숨 돌릴 틈도 없게 느껴진다. 또한 관찰하는 눈도 많아서 조그만 실수라도 지나치는 법이 없기 때문에 정신적 압박과 긴장감이 높은 면접방법이다. 따라서 응시자는 긴장을 풀고 한 명의 면접관이 질문하더라도 면접관 전원을 향해 대답한다는 기분으로 또박또박 대답하는 자세가 필요하다.

① 다대일 면접의 장점

면접관이 집중적인 질문과 다양한 관찰을 통해 응시자가 과연 조직에 필요한 인물인가를 완벽히 검증할 수 있다.

② 다대일 면접의 단점

면접시간이 보통 10~30분 정도로 긴 편이고 응시자에게 지나친 긴장감을 조성하는 면접방법이다.

> **다대일 면접 준비 Point**
>
> 질문을 들을 때 시선은 면접위원을 향하고 다른 데로 돌리지 말아야 하며, 대답할 때에도 고개를 숙이거나 입속에서 우물거리는 소극적인 태도는 피하도록 한다. 면접위원과 대등하다는 마음가짐으로 편안한 태도를 유지하면 대답도 자연스러운 상태에서 좀 더 충실히 할 수 있고, 이에 따라 면접위원이 받는 인상도 달라진다.

(3) 집단 면접

집단 면접은 다수의 면접관이 여러 명의 응시자를 한꺼번에 평가하는 방식으로 짧은 시간에 능률적으로 면접을 진행할 수 있다. 각 응시자에 대한 질문 내용, 질문 횟수, 시간 배분이 똑같지는 않으며, 모두에게 같은 질문이 주어지기도 하고, 각각 다른 질문을 받기도 한다.

또 어떤 응시자가 한 대답에 대한 의견을 묻는 등 그때그때의 분위기나 면접관의 의향에 따라 변수가 많다. 집단 면접의 경우 응시자의 입장에서는 개별 면접에 비해 긴장감은 다소 덜한 반면에 다른 응시자들과 확실하게 비교되므로 응시자는 몸가짐이나 표현력·논리성 등이 결여되지 않도록 자신의 생각이나 의견을 솔직하게 발표하여 집단 속에 묻히거나 밀려나지 않도록 주의해야 한다.

① 집단 면접의 장점

집단 면접의 장점은 면접관이 응시자 한 사람에 대한 관찰시간이 상대적으로 길고, 비교 평가가 가능하기 때문에 결과적으로 평가의 객관성과 신뢰성을 높일 수 있다는 점이며, 응시자는 동료들과 함께 면접을 받기 때문에 긴장감이 다소 덜하다는 것을 들 수 있다. 또한 동료가 답변하는 것을 들으며, 자신의 답변 방식이나 자세를 조정할 수 있다는 것도 큰 이점이다.

② 집단 면접의 단점

응답하는 순서에 따라 응시자마다 유리하고 불리한 점이 있고, 면접위원의 입장에서는 각각의 개인적인 문제를 깊게 다루기가 곤란하다는 것이 단점이다.

> **집단 면접 준비 Point**
>
> 너무 자기 과시를 하지 않는 것이 좋다. 대답은 자신이 말하고 싶은 내용을 간단명료하게 말해야 한다. 내용이 없는 발언을 한다거나 대답을 질질 끄는 태도는 좋지 않다. 또 말하는 중에 내용이 주제에서 벗어나거나 자기중심적으로만 말하는 것도 피해야 한다. 집단 면접에 대비하기 위해서는 평소에 설득을 지닌 자신의 논리력을 계발하는 데 힘써야 하며, 다른 사람 앞에서 자신의 의견을 조리 있게 개진할 수 있는 발표력을 갖추는 데에도 많은 노력을 기울여야 한다.
> - 실력에는 큰 차이가 없다는 것을 기억하라.
> - 동료 응시자들과 서로 협조하라.
> - 답변하지 않을 때의 자세가 중요하다.
> - 개성 표현은 좋지만 튀는 것은 위험하다.

(4) 집단 토론식 면접

집단 토론식 면접은 집단 면접과 형태는 유사하지만 질의응답이 아니라 응시자들끼리의 토론이 중심이 되는 면접방법으로 최근 들어 급증세를 보이고 있다.

이는 공통의 주제에 대해 다양한 견해들이 개진되고 결론을 도출하는 과정, 즉 토론을 통해 응시자의 다양한 면에 대한 평가가 가능하다는 집단 토론식 면접의 장점이 널리 확산된 데 따른 것으로 보인다. 사실 집단 토론식 면접을 활용하면 주제와 관련된 지식 정도와 이해력, 판단력, 설득력, 협동성은 물론 리더십, 조직 적응력, 적극성과 대인관계 능력 등을 파악하는 것이 용이하다고 한다. 토론식 면접에서는 자신의 의견을 명확히 제시하면서도 상대방의 의견을 경청하는 토론의 기본자세가 필수적이며, 지나친 경쟁심이나 자기 과시욕은 접어두는 것이 좋다.

또한 집단 토론의 목적이 결론을 도출해 나가는 과정에 있다는 것을 감안하여 무리하게 자신의 주장을 관철시키기보다 오히려 토론의 질을 높이는 데 기여하는 것이 좋은 인상을 줄 수 있다는 점을 알아야 한다. 취업준비생은 토론식 면접이 급속도로 확산되는 추세임을 감안해 특히 철저히 준비해야 한다. 평소에 신문의 사설이나 매스컴 등의 토론 프로그램을 주의 깊게 보면서 논리 전개 방식을 비롯한 토론 과정을 익히도록 하고, 친구들과 함께 간단한 주제를 놓고 토론을 진행해 볼 필요가 있다. 또한 사회·시사문제에 대해 자기 나름대로의 관점을 정립해두는 것도 꼭 필요하다.

집단 토론식 면접 준비 Point

- 토론은 정답이 없다는 것을 명심한다.
- 내 주장을 강조하지 않는다.
- 남이 말할 때 끼어들지 않는다.
- 필기구를 준비하여 메모하면서 면접에 임한다.
- 주제에 자신이 없다면 첫 번째 발언자가 되지 않는다.
- 자신의 입장을 먼저 밝힌다.
- 상대측의 사소한 발언에 집착하지 않고 전체적인 의미에 초점을 놓치지 않아야 한다.
- 남의 의견을 경청한다.
- 예상 밖의 반론에 당황스럽다 하더라도 유연함을 잃지 않아야 한다.

(5) PT 면접

PT 면접, 즉 프레젠테이션 면접은 최근 들어 집단 토론 면접과 더불어 그 활용도가 점차 커지고 있다. PT 면접은 기업마다 특성이 다르고 인재상이 다른 만큼 인성 면접만으로는 알 수 없는 지원자의 문제해결능력, 전문성, 창의성, 기본 실무능력, 논리성 등을 관찰하는 데 중점을 두는 면접으로, 지원자 간의 변별력이 높아 대부분의 기관에서 적용하고 있으며, 확산되는 추세이다.

면접 시간은 기업별로 차이가 있지만, 전문지식, 시사성 관련 주제를 제시한 다음 보통 20~50분 정도 준비하여 5분가량 발표할 시간을 준다. 단순히 질의응답으로 이루어지는 것이 아니라 면접관은 주제에 대해 일정 시간 동안 지원자의 발언과 발표하는 모습 등을 관찰하게 된다. 정확한 답이나 지식보다는 논리적 사고와 의사표현력이 더 중시되기 때문에 자신의 생각을 어떻게 설명하느냐가 매우 중요하다. PT 면접에서 같은 주제라도 직무별로 평가요소가 달리 나타난다. 예를 들어, 영업직은 설득력과 의사소통 능력에 중점을 둘 수 있겠고, 관리직은 신뢰성과 창의성 등을 더 중요하게 평가한다.

PT 면접 준비 Point

- 면접관의 관심과 주의를 집중시키고, 발표 태도에 유의한다.
- 모의 면접이나 거울 면접으로 미리 점검한다.
- PT 내용은 세 가지 정도로 정리해서 말한다.
- PT 내용에는 자신의 생각이 담겨 있어야 한다.
- PT 중간에 자문자답 방식을 활용한다.
- 평소 지원하는 분야의 동향이나 직무에 대한 전문지식을 쌓아둔다.
- 부적절한 용어 사용이나 무리한 주장 등은 하지 않는다.

2. 면접의 실전 대책

(1) 면접 대비사항

① 지원한 기관에 대한 사전지식을 충분히 갖는다.

필기시험 또는 서류전형의 합격통지가 온 후 면접시험 날짜가 정해지는 것이 보통이다. 이때 지원자는 면접시험을 대비해 사전에 본인이 지원한 기관 또는 부서에 대해 폭넓은 지식을 가질 필요가 있다.

> **지원 기관에 대해 알아두어야 할 사항**
> - 지원 기관의 연혁
> - 지원 기관의 장
> - 지원 기관의 경영목표와 방침
> - 지원 분야의 업무 내용
> - 지원 기관의 인재상
> - 지원 기관의 비전

② 충분한 수면을 취한다.

충분한 수면으로 안정감을 유지하고 첫 출발의 신선한 마음가짐을 갖는다.

③ 면접 당일 아침에 인터넷으로 신문을 읽는다.

그날의 뉴스가 질문 대상에 오를 수가 있다. 특히 경제면, 정치면, 문화면 등을 유의해서 봐둘 필요가 있다.

> **출발 전 확인할 사항**
> 지갑, 신분증(주민등록증), 손수건, 휴지, 필기도구, 수첩, 예비스타킹(여성의 경우) 등을 준비하자.

(2) 면접 시 옷차림

면접에서 옷차림은 간결하고 단정한 느낌을 주는 것이 가장 중요하다. 색상과 디자인 면에서 지나치게 화려한 색상이나, 노출이 심한 디자인은 자칫 면접관의 눈살을 찌푸리게 할 수 있다. 단정한 차림을 유지하면서 자신만의 독특한 멋을 연출하는 것, 지원 기관의 분위기를 파악했다는 센스를 보여주는 것 등이 면접 복장의 포인트다.

> **복장 점검**
> - 구두는 잘 닦여 있는가?
> - 옷은 깨끗이 다려져 있으며 스커트 길이는 적당한가?
> - 손톱은 길지 않고 깨끗한가?
> - 머리는 흐트러짐 없이 단정한가?

(3) 면접요령

① 첫인상을 중요시한다.

상대에게 인상을 좋게 주지 않으면 어떠한 얘기를 해도 충분히 전달되지 않을 수 있다. 예를 들면 '저 친구는 표정이 없고 무엇을 생각하고 있는지 전혀 알 길이 없다.'라고 생각하게 만들면 최악의 상태다. 청결한 복장과 바른 자세로 면접장에 침착하게 들어가 건강하고 신선한 이미지를 주도록 한다.

② 좋은 표정을 짓는다.

얘기할 때의 표정은 중요한 사항 중 하나다. 거울 앞에서 웃는 연습을 해본다. 웃는 얼굴은 상대를 편안하게 만들고 특히 면접 등 긴박한 분위기에서는 큰 효과를 나타낼 것이다. 그렇다고 하여 항상 웃고만 있어서는 안 된다. 본인이 할 얘기를 진정으로 전하고 싶을 때는 진지한 표정으로 상대의 눈을 바라보며 얘기한다.

③ 결론부터 이야기한다.

본인의 의사나 생각을 상대에게 정확하게 전달하기 위해서는 먼저 무엇을 말하고자 하는가를 명확히 결정해 두어야 한다. 대답을 할 경우에는 결론을 먼저 이야기하고 나서 그에 따르는 설명과 이유를 나중에 덧붙이면 논지(論旨)가 명확해지고 이야기가 깔끔하게 정리된다. 보통 한 가지 사실을 이야기하거나 설명하는 데는 3분이면 충분하다. 복잡한 이야기도 어느 정도의 길이로 요약해서 이야기하면 상대도 이해하기 쉽고 자기도 정리할 수 있다. 긴 이야기는 오히려 상대를 불쾌하게 할 수가 있다.

④ 질문의 요지를 파악한다.

면접 때의 이야기는 간결성만으로 부족하다. 상대의 질문이나 이야기에 대해 적절하고 필요한 대답을 하지 않으면 대화는 끊어지고 자기의 생각도 제대로 표현하지 못한다. 이는 면접관이 지원자의 인품이나 사고방식 등을 명확히 파악할 수 없도록 만들게 된다. 면접에서는 면접관이 무엇을 묻고 있는지, 무슨 이야기를 하고 있는지 그 요점을 정확히 알아내야 한다.

(4) 면접 시 주의사항

① 지각은 있을 수 없다.

면접 당일에 시간을 맞추지 못하여 지각하는 것은 있을 수 없는 일이다. 약속을 못 지키는 사람은 좋은 평가를 받을 수 없다. 면접 당일에는 지정시간 10 ~ 20분쯤 전에 미리 면접장에 도착해 마음을 가라앉히고 준비해야 한다.

② 손가락을 움직이지 마라.

면접 시에 손가락을 까딱거리거나 만지작거리는 행동은 유난히 눈에 띌 뿐만 아니라 면접관의 눈에 거슬리기 마련이다. 다리를 떠는 행동은 말할 것도 없다. 불안정하거나 산만하다는 느낌을 줄 수 있으므로 주의할 필요가 있다.

③ 옷매무새를 자주 고치지 마라.

여성의 경우 외모에 너무 신경 쓴 나머지 머리를 계속 쓸어 올리거나, 깃과 치마 끝을 만지작거리는 경우가 많다. 짧은 미니스커트를 입고 와서 면접시간 내내 치마 끝을 내리는 행위는 면접관으로 하여금 인상을 찌푸리게 만든다. 인사담당자의 말에 의하면 이런 사람이 의외로 많다고 한다.

④ 적당한 목소리 톤으로 말해라.

면접관과의 거리가 어느 정도 떨어져 있기 때문에 작은 소리로 웅얼거리는 것은 좋지 않다. 그러나 너무 크게 소리를 질러가며 말하는 사람은 오히려 거북하게 느껴진다.

⑤ 성의 있는 응답 자세를 보여라.
질문에 대해 너무 '예, 아니요'로만 답변하면 성의 없다는 인상을 심어주게 된다. 따라서 설명을 덧붙일 수 있는 질문에 대해서는 지루하지 않을 만큼의 설명을 붙인다.

⑥ 구두를 깨끗이 닦는다.
앉아있는 사람의 구두는 면접관의 위치에서 보면 눈에 잘 띈다. 그러나 의외로 구두에 대해 신경써서 미리 깨끗이 닦아둔 사람은 드물다. 면접 전날 반드시 구두를 깨끗이 닦아준다.

⑦ 지나친 화장은 피한다.
여성의 경우 지나치게 화장을 짙게 하면 거부감을 불러일으킬 수 있다. 또한 머리도 단정히 정리해서 이마가 가급적이면 드러나 보이게 하는 것이 좋다. 여기저기 흘러나온 머리는 지저분하고 답답한 느낌을 준다. 지나친 액세서리도 금물이다.

⑧ 기타 사항
㉠ 앉으라고 할 때까지 앉지 마라. 의자로 재빠르게 다가와 앉으면 무례한 사람처럼 보이기 쉽다.
㉡ 응답 시 너무 말을 꾸미지 마라.
㉢ 질문이 떨어지자마자 답변을 외운 것처럼 바쁘게 대답하지 마라.
㉣ 혹시 잘못 대답하였다고 해서 혀를 내밀거나 머리를 긁지 마라.
㉤ 머리카락에 손대지 마라. 정서불안으로 보이기 쉽다.
㉥ 면접실에 다른 지원자가 들어올 때 절대로 일어서지 마라.
㉦ 동종업계나 라이벌 회사에 대해 비난하지 마라.
㉧ 면접관 책상에 있는 서류를 보지 마라.
㉨ 농담을 하지 마라. 쾌활한 것은 좋지만 지나치게 경망스러운 태도는 의지가 부족하게 보인다.
㉩ 질문에 대해 대답할 말이 생각나지 않는다고 천장을 쳐다보거나 고개를 푹 숙이고 바닥을 내려다보지 마라.
㉪ 면접관이 서류를 검토하는 동안 말하지 마라.
㉫ 과장이나 허세로 면접관을 압도하려 하지 마라.
㉬ 은연중에 연고를 과시하지 마라.

> **자세 점검**
> - 지원 기관의 소재지(본사·지사·공장 등)를 정확히 알고 있다.
> - 지원 기관의 정식 명칭(Full Name)을 알고 있다.
> - 약속된 면접시간 10분 전에 도착하도록 스케줄을 짤 수 있다.
> - 면접실에 들어가서 공손히 인사한 후 또렷한 목소리로 자기 수험번호와 성명을 말할 수 있다.
> - 앉으라고 할 때까지는 의자에 앉지 않는다는 것을 알고 있다.
> - 자신에 대해 3분간 이야기할 수 있는 준비가 되어 있다.
> - 자신의 긍정적인 면을 상대방에게 바르게 전달할 수 있다.

CHAPTER 02 충청남도교육청 예상 면접질문

- 1분 동안 자신을 소개해 보시오.
- 교육공무직에 지원하게 된 동기를 말해 보시오.
- 충청남도교육청의 교육비전을 말해 보시오.
- 충청남도교육청의 기본방향을 말해 보시오.
- 충청남도교육청의 심벌마크에 대해 설명해 보시오.
- 충청남도교육청의 마스코트에 대해 설명해 보시오.
- 교육이란 무엇이라고 생각하는지 말해 보시오.
- 교육공무직원이 하는 일을 설명해 보시오.
- 교육공무직의 8가지 의무를 4가지 이상 말해 보시오.
- 교육공무직원의 업무를 3가지 이상 말해 보시오.
- 교육공무직원이 갖춰야 할 자세를 3가지 이상 말해 보시오.
- 교육공무직원이 필요한 이유를 4가지 이상 설명해 보시오.
- 교육공무직을 수행하는 데 있어 가장 중요한 것이 무엇이라고 생각하는지 말해 보시오.
- 교육공무제도의 장·단점을 설명해 보시오.
- 충청남도교육청 행정서비스헌장에 대하여 설명해 보시오.
- 공무원과 교육공무직원의 공통점과 차이점을 말해 보시오.
- 교육청에서 하는 업무에 대하여 아는 대로 설명해 보시오.
- 학교에서 하는 업무를 아는 대로 말해 보시오.
- 교육청과 학교 근무의 차이점에 대하여 설명해 보시오.
- 지원한 직렬에서 수행하는 업무에 대하여 아는 대로 설명해 보시오.
- 2명의 상급자로부터 업무를 지시받았을 때 어떻게 해결할 것인지 말해 보시오.
- 업무를 수행하는 과정에서 상급자의 실수를 발견하였다면 어떻게 할 것인지 말해 보시오.
- 갈등이 있을 때 어떻게 해결하는지 말해 보시오.
- 채용 후 본인 업무 외 다른 업무를 시킬 경우 어떻게 대처할 것인지 말해 보시오.
- 민원 처리 방법에 대하여 설명해 보시오.
- 방문 민원 응대 방법에 대하여 설명해 보시오.
- 전화 응대 방법에 대하여 설명해 보시오.
- 폭언을 하는 민원인의 민원을 어떻게 해결할 것인지 말해 보시오.
- 부정청탁 금품 수수에 해당하는 사례를 말해 보시오.
- 최근 교육 관련 이슈에 대하여 소개하고, 자신의 의견을 말해 보시오.
- 교무 행정사가 되면 무엇을 잘할 수 있는지 말해 보시오.
- 학부모가 화를 내면서 찾아온다면 어떻게 할 것인지 말해 보시오.
- 지인이나 친구들에게 어떤 친구로 기억되고 싶은지 말해 보시오.
- 직장 내 동료와 갈등이 발생한다면 어떻게 해결할 것인지 말해 보시오.
- 먼 거리에 직장을 배정받았을 때, 어떻게 할 것인지 말해 보시오.
- 업무 중 본인이 무시당했을 때 어떻게 대처할 것인지 말해 보시오.

합격의 공식 **시대에듀**

교육공무직 합격!

시대에듀에서 제안하는
교육공무직
합격 로드맵

교육공무직 어떻게 준비하세요?
핵심만 짚어주는 교재!
시대에듀의 교육공무직 교재로 합격을 준비하세요.

더 이상의
교육청 시리즈는 없다!

"알차다"
꼭 알아야 할 내용을 담고 있으니까

"친절하다"
핵심 내용을 쉽게 설명하고 있으니까

"핵심을 뚫는다"
시험 유형과 적합한 문제를 다루니까

"명쾌하다"
상세한 풀이로 완벽하게 익힐 수 있으니까

시대에듀가 신뢰와 책임의 마음으로 수험생 여러분에게 다가갑니다.

[2026 최신판]

SDC
SDC는 시대에듀 데이터 센터의 약자로 약 30만 개의 NCS·적성 문제 데이터를
바탕으로 최신 출제경향을 반영하여 문제를 출제합니다.

충청남도 교육청
교육공무직원 소양평가

인성검사 3회 + 모의고사 7회 + 면접 + 무료공무직특강

편저 | SDC(Sidae Data Center)

모바일 OMR
답안채점 / 성적분석
서비스

[합격시대]
온라인 모의고사
무료쿠폰

정답 및 해설

PART 2

직무능력검사

CHAPTER 01   문제해결력
CHAPTER 02   수리력
CHAPTER 03   언어논리력
CHAPTER 04   이해력
CHAPTER 05   공간지각력

끝까지 책임진다! 시대에듀!

QR코드를 통해 도서 출간 이후 발견된 오류나 개정법령, 변경된 시험 정보, 최신기출문제, 도서 업데이트 자료 등이 있는지 확인해 보세요! **시대에듀 합격 스마트 앱**을 통해서도 알려 드리고 있으니 구글 플레이나 앱 스토어에서 다운받아 사용하세요. 또한, 파본 도서인 경우에는 구입하신 곳에서 교환해 드립니다.

CHAPTER 01 문제해결력 기출예상문제

01 수추리

01	02	03	04	05	06	07	08	09	10
③	④	②	③	③	④	②	②	④	③
11	12	13	14	15	16	17	18	19	20
②	④	②	③	③	④	④	③	③	②

01　　　　　　　　　　　　　　　　정답 ③
(앞의 항)×2−(뒤의 항)=(다음 항)인 수열이다.
따라서 (　)=3×2−(−13)=19이다.

02　　　　　　　　　　　　　　　　정답 ④
$a_1=1$, $a_2=2$, $a_{n+2}=a_n+a_{n+1}$(단, n은 1보다 큰 자연수)인 수열이다.
따라서 (　)=8+13=21이다.

03　　　　　　　　　　　　　　　　정답 ②
+2.7, ÷2가 반복되는 수열이다.
따라서 (　)=10.2÷2=5.1이다.

04　　　　　　　　　　　　　　　　정답 ③
(앞의 항)+(뒤의 항)−1=(다음 항)인 수열이다.
따라서 (　)=5+9−1=13이다.

05　　　　　　　　　　　　　　　　정답 ③
(앞의 항)×(뒤의 항)=(다음 항)인 수열이다.
따라서 (　)=6÷3=2이다.

06　　　　　　　　　　　　　　　　정답 ④
첫 번째 항부터 ×7, −11을 번갈아 적용하는 수열이다.
따라서 (　)=1,099−11=1,088이다.

07　　　　　　　　　　　　　　　　정답 ②
첫 번째 항부터 $\times\frac{3}{2}$, $\times\frac{4}{3}$을 번갈아 적용하는 수열이다.
따라서 (　)=$528\times\frac{4}{3}$=704이다.

08　　　　　　　　　　　　　　　　정답 ②
×(−1), +(4의 배수)를 번갈아 반복하는 수열이다.
따라서 (　)=(−1)×(−1)=1이다.

09　　　　　　　　　　　　　　　　정답 ④
2^1-1, 2^2-1, 2^3-1, 2^4-1, …인 수열이다.
따라서 (　)=2^6-1=63이다.

10　　　　　　　　　　　　　　　　정답 ③
앞의 항에 $+1^2$, $+2^2$, $+3^2$, $+4^2$, $+5^2$, …인 수열이다.
따라서 (　)=$57+6^2$=93이다.

11　　　　　　　　　　　　　　　　정답 ②
홀수 항은 1^2-1, 2^2-1, 3^2-1, 4^2-1, …이고, 짝수 항은 −3, −4, −5, …인 수열이다.
따라서 (　)=(−1)−5=−6이다.

12　　　　　　　　　　　　　　　　정답 ④
$\times\frac{1}{2}$, $\times\frac{1}{3}$, $\times\frac{1}{4}$, $\times\frac{1}{5}$, …인 수열이다.
따라서 (　)=$\frac{1}{12}\times\frac{1}{6}=\frac{1}{72}$이다.

13　　　　　　　　　　　　　　　　정답 ②
홀수 항은 ×100이고, 짝수 항은 $\div 2^0$, $\div 2^1$, $\div 2^2$, …인 수열이다.
따라서 (　)=$256\div 2^2$=64이다.

14
정답 ③

$\underline{A\ B\ C} \to C=(A-B)\times 2$
따라서 ( )$=19-\dfrac{10}{2}=14$이다.

15
정답 ④

$\underline{A\ B\ C\ D} \to A+B+C=D$
따라서 ( )$=5+6+2=13$이다.

16
정답 ④

앞의 항에 $+4$, $+4\times 3$, $+4\times 3^2$, $+4\times 3^3$, $+4\times 3^4$, $\cdots$인 수열이다.
따라서 ( )$=489+4\times 3^5=1,461$이다.

17
정답 ④

앞의 항에 $+3$, $+5$, $+7$, $+9$, $\cdots$인 수열이다.
따라서 ( )$=8+7=15$이다.

18
정답 ③

앞의 항에 $+5$, -10, $+15$, -20, $\cdots$인 수열이다.
따라서 ( )$=(-4)+15=11$이다.

19
정답 ③

(앞의 항)$\times(-2)=$(다음 항)인 수열이다.
따라서 ( )$=128\times(-2)=-256$이다.

20
정답 ②

홀수 항은 $\div 1$, $\div 2$, $\div 3$, $\cdots$이고, 짝수 항은 $+11$인 수열이다.
따라서 $A=11+11=22$이고, $B=840\div 4=210$이므로, $A+B=22+210=232$이다.

02 언어추리

01	02	03	04	05	06	07	08	09	10
①	②	④	④	③	②	①	④	②	③

01
정답 ①

두 번째 명제의 대우 '과제를 하지 않으면 도서관에 가지 않을 것이다.'와 첫 번째·세 번째 명제의 대우를 연결하면 '독서실에 가면 도서관에 가지 않을 것이다.'가 성립하므로, 참이다.

02
정답 ②

명랑한 사람은 마라톤을 좋아하고, 마라톤을 좋아하는 사람은 인내심이 있다. 따라서 명랑한 사람은 인내심이 있으므로 대우인 '인내심이 없는 사람은 명랑하지 않다.'를 추론할 수 있다.

03
정답 ④

세 번째 명제의 대우는 '짬뽕을 좋아하는 사람은 밥을 좋아한다.'이다. 따라서 두 번째 명제와 연결하면 '초밥을 좋아하는 사람은 밥을 좋아한다.'라는 명제를 얻을 수 있다.

04
정답 ④

세 번째 명제의 대우는 '운동을 좋아하는 사람은 고전을 좋아한다.'이다. 따라서 두 번째 명제와 연결하면 '사진을 좋아하는 사람은 고전을 좋아한다.'라는 명제를 얻을 수 있다.

05
정답 ③

네 번째·다섯 번째 정보에 의해, A와 C는 각각 2종류의 동물을 키운다. 또한 첫 번째·두 번째·세 번째 정보에 의해 A는 토끼를 키우지 않는다. 따라서 A는 개와 닭, C는 고양이와 토끼를 키운다. 첫 번째 정보에 의해 D는 닭을 키우므로 C는 키우지 않지만 D가 키우는 동물은 닭이다.

오답분석
① 세 번째 정보에 의해 B는 개를 키운다.
② B가 토끼는 키우지 않지만, 고양이는 키울 수도 있다. 하지만 주어진 정보만 가지고 확신할 수 없다.
④ A, B, D 또는 B, C, D가 같은 동물을 키울 수 있다.

06 정답 ②

제시된 진료 현황을 각각의 명제로 보고 이들을 기호로 나타내면 다음과 같다.
- B병원이 진료를 하지 않으면 A병원이 진료한다.
  : ~B → A / ~A → B
- B병원이 진료를 하면 D병원은 진료를 하지 않는다.
  : B → ~D / D → ~B
- A병원이 진료를 하면 C병원은 진료를 하지 않는다.
  : A → ~C / C → ~A
- C병원이 진료를 하지 않으면 E병원이 진료를 한다.
  : ~C → E / ~E → C

이를 하나로 연결하면, 'D → ~B → A → ~C → E'이다. 명제가 참일 경우 그 대우도 참이므로 '~E → C → ~A → B → ~D'도 참이다.
이때 E병원은 공휴일에 진료를 하지 않으므로 위의 명제를 참고하면 B병원과 C병원이 진료를 한다. 따라서 공휴일에 진료를 하는 병원은 2곳이다.

07 정답 ①

삼단논법이 성립하기 위해서는 '호야는 노력하지 않았다.'라는 명제가 필요하다.

08 정답 ④

조건에 따르면 수녀는 언제나 참이므로 A가 될 수 없고, 왕은 언제나 거짓이므로 C가 될 수 없다. 따라서 수녀는 B 또는 C이고, 왕은 A 또는 B가 된다.

ⅰ) 수녀 : B / 왕 : A
  항상 참을 말해야 하는 수녀가 자신이 농민이라고 거짓을 말하는 왕의 말이 진실이라고 하므로 모순이다.
ⅱ) 수녀 : C / 왕 : A
  농민은 B가 되는데 이때 농민은 거짓을 말하고, 수녀인 C는 자신이 농민이 아니라고 참을 말하는 것이므로 성립한다.
ⅲ) 수녀 : C / 왕 : B
  농민은 A가 되는데 이때 거짓을 말해야 하는 왕이 진실을 말하므로 모순이다.

09 정답 ②

황도 12궁은 황도가 통과하는 12개 별자리이며, 황도 전체를 30°씩 12등분하였다고 했으므로 360°의 공간에 위치한다고 설명하는 것이 옳다. 따라서 거짓이다.

10 정답 ③

주어진 명제를 정리하면 '산을 정복하고자 하는 사람 → 도전정신과 끈기 → 공부를 잘함'이다. 이때 명제가 참이면 역도 참인지는 알 수 없다.

CHAPTER 02 수리력 기출예상문제

01 응용수리

01	02	03	04	05	06	07	08	09	10	11	12	13	14					
③	③	②	④	①	①	②	①	③	③	④	③	②	③					

01
정답 ③

여객열차의 길이를 xm라 하면 다음 식이 성립한다.
$60+x=\left(\dfrac{400+x}{20}+16\right)\times 4 \to 60+x=\dfrac{400+x}{5}+64 \to 300+5x=400+x+320$
$\therefore\ x=105$m이다.
따라서 여객열차의 길이는 105m이다.

02
정답 ③

B의 속력을 $x$km/h라 하면 2시간 만에 경주용 차 A와 한 바퀴 차이가 나므로 다음 식이 성립한다.
$2x-400=6$
$\therefore\ x=203$
따라서 경주용 차 B의 속력은 203km이다.

03
정답 ②

A와 B가 만날 때까지 걸리는 시간을 x분이라고 하면 (A가 간 거리)=(B가 간 거리)+300이므로 다음 식이 성립한다.
$200x=50x+300$
$\therefore\ x=2$
따라서 2분이 지나야 만나게 된다.

04
정답 ④

농도 11% 소금물의 양은 $(100-x)+x+y=300 \to y=200$
$\dfrac{20}{100}(100-x)+x+\dfrac{11}{100}\times 200=\dfrac{26}{100}\times 300 \to 2,000-20x+100x+2,200=7,800 \to x=45$
따라서 $x+y=245$이다.

05
정답 ①

처음 퍼낸 소금물의 양을 xg이라고 하면 200g의 소금물에서 xg을 퍼낸 후의 소금의 양은 $\dfrac{8}{100}(200-x)$g이다.
$\dfrac{8}{100}(200-x)+50=\dfrac{24}{100}\times 250 \to 8(200-x)+5,000=6,000 \to 200-x=125 \to x=75$g
따라서 처음 퍼낸 소금물의 양은 75g이다.

06 정답 ①

ⅰ) 서로 다른 주사위 2개를 던져 나오는 눈의 수의 합이 4인 경우
: (1, 3), (2, 2), (3, 1)의 3가지
ⅱ) 서로 다른 주사위 2개를 던져 나오는 눈의 수의 합이 7인 경우
: (1, 6), (2, 5), (3, 4), (4, 3), (5, 2), (6, 1)의 6가지
따라서 나오는 눈의 수의 합이 4 또는 7이 나오는 경우의 수는 9가지이다.

07 정답 ②

먼저 어른들이 원탁에 앉는 경우의 수는 (3−1)!=2가지이다. 그리고 어른들 사이에 아이들이 앉는 경우의 수는 3!=6가지이다.
따라서 원탁에 앉을 수 있는 모든 경우의 수는 2×6=12가지이다.

08 정답 ①

임의로 전체 신입사원을 100명이라고 했을 때, 각각 뽑힌 인원수를 구하면 다음과 같다.

(단위 : 명)

구분	여성	남성	합계
경력 없음	60−20=40	20	60
경력 있음	100×0.2=20	20	100×0.8−60+20=40
합계	100×0.6=60	40	100

따라서 신입사원 중 여성 한 명을 뽑았을 때 경력자가 뽑힐 확률은 $\frac{20}{60}=\frac{1}{3}$ 이다.

09 정답 ③

- 8명 중 팀장 2명을 뽑는 경우의 수 : $_8C_2=28$가지
- 남자 4명 중 팀장 2명을 뽑는 경우의 수 : $_4C_2=6$가지

따라서 팀장 2명이 모두 남자로만 구성될 확률은 $\frac{_4C_2}{_8C_2}=\frac{6}{28}=\frac{3}{14}$ 이다.

10 정답 ③

가방의 원가를 x원이라고 하면 정가는 $1.4x$원이고, 할인 판매가는 $1.4x \times 0.75 = 1.05x$원이다.
$1.05x - x = 1,000 \rightarrow 0.05x = 1,000 \rightarrow x = 20,000$
따라서 가방의 원가는 20,000원이다.

11 정답 ④

동생의 나이를 x세라고 하면 수영이의 나이는 $(x+5)$세, 언니의 나이는 $2(2x+5)$세이다.
세 자매의 나이의 합이 39세이므로 다음 식이 성립한다.
$x+(x+5)+2(2x+5)=39 \rightarrow x=4$
따라서 현재 언니의 나이는 26세이고, 3년 뒤 언니의 나이는 29세이다.

12

정답 ③

50원, 100원, 500원짜리 동전의 개수를 각각 x개, y개, z개라고 하면 다음 식이 성립한다.
$x+y+z=14 \cdots \text{㉠}$
$50x+100y+500z=2,250 \rightarrow x+2y+10z=45 \cdots \text{㉡}$
㉠에 의해 $x=-(y+z)+14$이고, 이를 ㉡에 대입하면 $y+9z=31 \cdots \text{㉢}$
㉢을 만족하는 (y, z)는 (22, 1), (13, 2), (4, 3)이다. 이때 ㉠에 의해 ㉢을 만족하는 y와 z는 $y=4$, $z=3$이다.
따라서 50원짜리는 7개, 100원짜리는 4개, 500원짜리는 3개가 된다.

13

정답 ②

총자본을 a원이라고 하면 A, B, C주식에 투자한 금액은 각각 $0.3a$원, $0.2a$원, $0.5a$원이다.
- A주식 최종 가격 : $0.3a \times 1.2 = 0.36a$원
- B주식 최종 가격 : $0.2a \times 1.4 = 0.28a$원
- C주식 최종 가격 : $0.5a \times 0.8 = 0.4a$원

따라서 A, B, C주식의 최종 가격의 합은 $0.36a+0.28a+0.4a=1.04a$원이므로 총자본 대비 4%의 이익을 보았다.

14

정답 ③

A관은 1분에 16L, B관은 1분에 20L, C관은 1분에 28L를 배수할 수 있다.
처음 10분은 A관으로 배수했으므로 남은 물의 양은 $560-10 \times 16=400$L이다.
따라서 400L를 B관과 C관으로 같이 배수하면 $400 \div (20+28) = \dfrac{400}{48}$ 분이므로 8분 20초가 걸린다.

02　자료해석

01	02	03	04	05	06	07	08	09	10	11	12	13	14	15				
④	②	③	③	①	③	④	②	③	①	④	④	②	②	④				

01
정답 ④

4개 종목 모두 2020년부터 2024년까지 전년 대비 경기 수 추이가 '증가 - 감소 - 증가 - 감소 - 증가'를 반복하고 있으므로 빈칸에 들어갈 수는 420보다 큰 425이다.

02
정답 ②

매년 A, B, C 각 학과의 입학자와 졸업자의 차이는 13명으로 일정하다. 따라서 빈칸에 들어갈 값은 58-13=45이다.

03
정답 ③

전년 대비 2023년의 축구 동호회 인원 증가율은 $\frac{120-100}{100} \times 100 = 20\%$이다.

따라서 2024년 축구 동호회 인원은 120×1.2=144명일 것이다.

04
정답 ③

- 2018년 대비 2019년 사고 척수의 증가율 : $\frac{2,400-1,500}{1,500} \times 100 = 60\%$
- 2018년 대비 2019년 사고 건수의 증가율 : $\frac{2,100-1,400}{1,400} \times 100 = 50\%$

05
정답 ①

연도별 사고 건수당 인명피해의 인원수를 구하면 다음과 같다.

- 2018년 : $\frac{700}{1,400} = 0.5$명/건
- 2019년 : $\frac{420}{2,100} = 0.2$명/건
- 2020년 : $\frac{460}{2,300} = 0.2$명/건
- 2021년 : $\frac{750}{2,500} = 0.3$명/건

따라서 사고 건수당 인명피해의 인원수가 가장 많은 연도는 2018년이다.

06

정답 ③

산업이 부담하는 연구비와 그중 산업 조직이 사용하고 있는 비율은 다음과 같다.

구분	산업이 부담하는 연구비	산업 조직이 사용하는 비율
일본	707+81,161+458=82,326억 엔	$\frac{81,161}{82,326} \times 100 ≒ 98.6\%$
미국	145,000+2,300=147,300억 엔	$\frac{145,000}{147,300} \times 100 ≒ 98.4\%$
독일	393+34,771+575=35,739억 엔	$\frac{34,771}{35,739} \times 100 ≒ 97.3\%$
프랑스	52+11,867+58=11,977억 엔	$\frac{11,867}{11,977} \times 100 ≒ 99.1\%$
영국	472+16,799+322=17,593억 엔	$\frac{16,799}{17,593} \times 100 ≒ 95.5\%$

따라서 산업이 부담하는 연구비 중에서 산업 조직의 사용 비율이 가장 높은 나라는 프랑스이다.

오답분석

① 독일 정부가 부담하는 연구비는 6,590+4,526+7,115=18,231억 엔이고, 미국은 33,400+71,300+28,860=133,560억 엔이다. 따라서 $\frac{18,231}{133,560} ≒ 0.14$이므로 적절하지 않다.

② 제시된 국가 중 미국만 정부가 부담하는 연구비 중에서 산업 조직의 사용이 $\frac{71,300}{33,400+71,300+28,860} \times 100 ≒ 53.4\%$로 절반을 넘으므로 적절하지 않다.

④ 미국의 대학이 사용하는 연구비는 일본의 대학이 사용하는 연구비의 $\frac{28,860+2,300}{10,921+458} = \frac{31,160}{11,379} ≒ 2.7$배이다.

07

정답 ④

독일과 일본의 국방예산 차액은 461-411=50억 원이고, 영국과 일본의 차액은 487-461=26억 원이다.
따라서 영국과 일본의 차액은 독일과 일본의 차액의 $\frac{26}{50} \times 100 = 52\%$를 차지한다.

오답분석

① 국방예산이 가장 많은 국가는 러시아(692억 원)이며, 가장 작은 국가는 한국(368억 원)이다. 따라서 두 국가의 예산 차액은 692-368=324억 원이다.
② 사우디아라비아 국방예산은 프랑스 예산보다 $\frac{637-557}{557} \times 100 ≒ 14.4\%$ 많다.
③ 인도보다 국방예산이 적은 국가는 영국, 일본, 독일, 한국, 프랑스 5개 국가이다.

08

정답 ②

제시된 그래프에서 선의 기울기가 가파른 구간은 2012 ~ 2013년, 2013 ~ 2014년, 2016 ~ 2017년이다. 2013년, 2014년, 2017년 물이용부담금 총액의 전년 대비 증가폭을 구하면 다음과 같다.
- 2013년 : 6,631−6,166=465억 원
- 2014년 : 7,171−6,631=540억 원
- 2017년 : 8,108−7,563=545억 원

따라서 물이용부담금 총액이 전년 대비 가장 많이 증가한 해는 2017년이므로 ⓒ은 적절하지 않다.

[오답분석]
㉠ 제시된 자료를 통해 확인할 수 있다.
㉢ 2021년 금강 유역 물이용부담금 총액 : 8,661×0.2=1,732.2억 원
∴ 2021년 금강 유역에서 사용한 물의 양 : 1,732.2÷160≒10.83억m^3
㉣ 2021년 물이용부담금 총액의 전년 대비 증가율은 $\frac{8,661-8,377}{8,377} \times 100 ≒ 3.4\%$이다.

09

정답 ③

2021년 4분기 경차의 수출액은 257백만 달러이고, 2022년 4분기 경차의 수출액은 229백만 달러이므로 2022년 4분기 경차의 수출액은 전년 동분기보다 감소했다. 또한 1,500cc 초과 2,000cc 이하 휘발유·경유 승용차의 2022년 4분기 수출액도 전년 동분기보다 감소했다.

[오답분석]
① 2022년 3분기 소형 휘발유 승용차 수출액은 1,253백만 달러이고, 2022년 4분기 소형 휘발유 승용차 수출액은 1,688백만 달러이다. 따라서 전 분기 대비 2022년 4분기 소형 휘발유 승용차 수출액의 증가율은 $\frac{1,688-1,253}{1,253} \times 100 ≒ 34.7\%$이다.
② 소형 경유 승용차 한 종류이다.
④ 제시된 자료를 통해 확인할 수 있다.

10

정답 ①

- 2022년 1분기 휘발유 승용차의 매출액 : 214+1,463+3,904+2,200=7,781백만 달러
- 2022년 4분기 휘발유 승용차의 매출액 : 229+1,688+4,540+3,012=9,469백만 달러

따라서 2022년 4분기 휘발유 승용차의 매출액은 동년 1분기보다 9,469−7,781=1,688백만 달러 증가했다.

11

정답 ④

[오답분석]
① 둘째와 셋째의 수치가 바뀌었다.
② 정선의 셋째와 다섯째의 수치가 자료보다 낮다.
③ 양양의 첫째 수치가 자료보다 낮다.

12

정답 ④

[오답분석]
① 2020 ~ 2021년 기타 일간의 수치가 자료보다 높다
② 2020 ~ 2021년 기타 일간의 수치가 자료보다 높고, 2022년 인터넷 신문 수치가 자료보다 낮다.
③ 자료에서 인터넷 신문은 2018년부터 수치가 기록되어 있다.

13

정답 ②

중국의 의료 빅데이터 예상 시장 규모의 전년 대비 성장률을 구하면 다음과 같다.

구분	성장률(%)	구분	성장률(%)
2015년	-	2020년	64.9
2016년	56.3	2021년	45.0
2017년	90.0	2022년	35.0
2018년	60.7	2023년	30.0
2019년	93.2	2024년	30.0

따라서 바르게 변환한 것은 ②이다.

14

정답 ②

전년 대비 난민 인정자의 증감률을 구하면 다음과 같다.

- 2019년
  - 남자 : $\frac{35-39}{39} \times 100 ≒ -10.3\%$
  - 여자 : $\frac{22-21}{21} \times 100 ≒ 4.8\%$
- 2020년
  - 남자 : $\frac{62-35}{35} \times 100 ≒ 77.1\%$
  - 여자 : $\frac{32-22}{22} \times 100 ≒ 45.5\%$
- 2021년
  - 남자 : $\frac{54-62}{62} \times 100 ≒ -12.9\%$
  - 여자 : $\frac{51-32}{32} \times 100 ≒ 59.4\%$

따라서 그래프로 변환했을 때, 적절하지 않은 것은 ②이다.

15

정답 ④

피해금액별 교통사고·화재·산업재해 비중의 수치를 구하면 다음과 같다.

- 교통사고 : $\frac{1,290}{1,290+6,490+1,890} \times 100 = \frac{1,290}{9,670} \times 100 ≒ 13.3\%$
- 화재 : $\frac{6,490}{9,670} \times 100 ≒ 67.1\%$
- 산업재해 : $\frac{1,890}{9,670} \times 100 ≒ 19.5\%$

따라서 그래프로 변환했을 때, 적절하지 않은 것은 ④이다.

CHAPTER 03 언어논리력 기출예상문제

01 어휘력

01	02	03	04	05	06	07	08	09	10
④	③	④	④	③	③	④	②	④	①
11	12	13	14	15	16	17	18	19	
①	①	①	③	③	③	④	④	③	

01 정답 ④

[오답분석]
① '~ 문학을 즐길 예술적 본능을 지닌다.'의 주어가 생략되었다.
② '그는'이 중복되었다.
③ '~ 시작되었다.'의 주어가 생략되었다.

02 정답 ③

'그래'는 일부 종결 어미 뒤에 붙어 청자에게 문장의 내용을 강조함을 나타내는 보조사이다. 따라서 조사는 앞말에 붙여 쓴다는 한글 맞춤법에 따라 '맑군그래'와 같이 붙여 써야 한다.

03 정답 ④

[오답분석]
① 땅겼다 → 당겼다
② 목거리를 → 목걸이를
③ 다릴 → 달일

04 정답 ④

한글 맞춤법에 따르면 한자음 '랴, 려, 례, 료, 류, 리'가 단어의 첫머리에 올 적에는 두음법칙에 따라 '야, 예, 이, 오, 우'로 적고, 단어의 첫머리 '이, 오'의 경우에는 본음대로 적는다. 다만, 모음이나 'ㄴ' 받침 뒤에 이어지는 '렬, 률'은 '열, 율'로 적는다. 따라서 장애률이 아닌 장애율이 맞는 단어이다.

[오답분석]
㉠ 특화 : 한 나라의 산업 구조나 수출 구성에서 특정 산업이나 상품이 상대적으로 큰 비중을 차지함. 또는 그런 상태

㉡ 포용 : 남을 너그럽게 감싸 주거나 받아들임
㉢ 달성 : 목적한 것을 이룸

05 정답 ③

제시문과 ③의 '말하다'는 '어떠한 사실을 말로 알려 주다.'의 의미이다.

[오답분석]
① 생각이나 느낌 따위를 말로 나타내다.
② 무엇을 부탁하다.
④ 말리는 뜻으로 타이르거나 꾸짖다.

06 정답 ③

제시문과 ③의 '박다'는 '붙이거나 끼워 넣다.'의 의미이다.

[오답분석]
① 한곳을 뚫어지게 바라보다.
② 머리 따위를 부딪히다.
④ 머리나 얼굴 따위를 깊이 숙이거나 눌러서 대다.

07 정답 ④

제시문과 ④의 '가볍다'는 '식사나 먹는 것 따위가 부담이 없고 간단하다.'의 의미이다.

[오답분석]
① 옷차림 등이 가뿐하고 활동하기 편하다.
② 생각이나 언행이 신중하지 못하고 경솔하다.
③ 죄나 병 따위가 심각하지 않다.

08 정답 ②

제시문과 ②의 '듣다'는 '눈물, 빗물 따위의 액체가 방울져 떨어지다.'의 의미이다.

[오답분석]
① 사람이나 동물이 소리를 감각 기관을 통해 알아차리다.
③ 주로 약 따위가 효험을 나타내다.
④ 이해하거나 받아들이다.

09
정답 ④

제시문과 ④의 '짓다'는 '어떤 표정이나 태도 따위를 얼굴이나 몸에 나타내다.'의 의미이다.

오답분석
① 재료를 들여 밥, 옷, 집 따위를 만들다.
② 한데 모여 줄이나 대열 따위를 이루다.
③ 이어져 온 일이나 말 따위의 결말이나 결정을 내다.

10
정답 ①

• 사용(使用) : 일정한 목적이나 기능에 맞게 씀

- 교칙은 모든 학생에게 예외 없이 적용된다.
- 회사까지는 지하철을 이용하는 것이 편리하다.
- 여가를 이용 / 활용하여 외국어를 배우는 직장인이 늘고 있다.
- 그는 너무 순진해서 주변 사람들에게 종종 이용을 당하곤 한다.

오답분석
② 이용(利用)
　1. 대상을 필요에 따라 이롭게 씀
　2. 다른 사람이나 대상을 자신의 이익을 채우는 방편으로 씀
③ 적용(適用) : 무엇을 어디에 맞추거나 해당시켜 씀
④ 활용(活用) : 충분히 잘 이용함

11
정답 ①

• 모색(摸索) : 어떤 일을 해결할 수 있는 바람직한 방법이나 해결

- 경찰이 용의자의 집을 수색하여 증거물을 찾아냈다.
- 검역관이 입국자들의 몸을 수색했다.
- 화성에 도착한 우주선이 탐사를 시작했다.
- 처음 만난 두 사람이 서로의 관심사를 탐색하고 있다.

오답분석
② 수색(搜索)
　1. 압수하여야 할 물건이나 체포해야 할 범인을 찾기 위하여 신체나 주택 또는 그 밖의 장소를 조사함
　2. 어떤 물건을 뒤져 살펴봄
③ 탐색(探索) : 감추어진 사실이나 현상 따위를 알아내기 위하여 더듬어 찾음
④ 탐사(探査) : 잘 알려지지 않은 사물을 더듬어 살펴서 조사함

12
정답 ①

• 정평 : 모든 사람이 다 인정하는 평판

- 이 프로젝트는 협력사와의 상호 신뢰가 바탕이 되어야 한다.
- 그 사원에 대한 팀장님의 신뢰가 두텁다.
- 그 일로 인해 회사의 위신이 땅에 떨어졌다.
- 그녀는 명망 있는 집안의 따님이다.

오답분석
② 명망(名望) : 명성(名聲)과 인망(人望)을 아울러 이르는 말
③ 위신(威信) : 위엄과 신망을 아울러 이르는 말
④ 신뢰(信賴) : 굳게 믿고 의지함

13
정답 ①

• 신망(信望) : 믿음과 바람. 또는 믿음과 덕망

- 위기가 닥쳐도 극복할 수 있다는 희망을 잃지 말아야 한다.
- 그 자리에 머무르기에는 그의 야망이 너무 컸다.
- 늙으신 아버지의 오랜 숙원을 풀어 드릴 수 있어서 기쁘다.

오답분석
② 희망(希望) : 어떤 것을 바람. 또는 잘 될 수 있는 가능성
③ 숙원(宿怨) : 오랫동안 품어 온 염원 또는 소망
④ 야망(野望) : 크게 이루고자 하는 희망

14
정답 ④

• 자행 : 제멋대로 해 나감. 또는 심가는 태도가 없이 건방시게 행동함

- 저 청년은 하늘도 분노할 정도의 만행을 저질렀다.
- 과거 군주들은 소재가치가 액면가치보다 낮은 주화를 발행했다.
- 한성순보는 한국인이 최초로 발행한 한국 최초의 근대 신문이다.
- 저예산 영화가 이처럼 흥행하는 것은 꽤 드문 일이다.

오답분석
① 흥행 : 공연 상영 따위가 상업적으로 큰 수익을 거둠
② 만행 : 야만스러운 행위
③ 발행
　1. 출판물이나 인쇄물을 찍어서 세상에 펴냄
　2. 화폐, 증권, 증명서 따위를 만들어 세상에 내놓아 널리 쓰도록 함

15 정답 ③
- 어제 해 둔 밥이 쉬었다(변했다).
- 기계가 쉬지(멈추지) 않고 돌아간다.
- 길가에서 잠시 쉬었다가(머물렀다가) 갈까?

16 정답 ③
- 음식이 싱거우니 소금을 쳐야겠다(넣어야겠다).
- 중요한 부분에 밑줄을 쳤다(그었다).
- 상훈은 돼지를 쳐서(길러서) 생계를 유지한다.

17 정답 ④
- 그는 작은 사무실에서 회계 일을 보고(맡고) 있다.
- 어머니가 부엌에서 저녁상을 보고(준비하고) 계신다.
- 그 집이 얼마 전에 며느리를 봤다(맞았다).

18 정답 ④
- 이미 해가 서쪽으로 지고(넘어가고) 있다.
- 옷에 묻은 커피 얼룩은 잘 안 진다(없어진다).
- 철호는 커다란 가방을 지고(메고) 순례자의 길을 하염없이 걸었다.

19 정답 ③
- 먹고 남은 음식은 싸(포장해) 갈 수 있다.
- 집값이 생각보다 싸서(저렴해서) 놀랐다.
- 노끈으로 상자를 돌돌 쌌다(감았다).

02 나열하기

01	02	03	04	05
①	②	④	④	③

01 정답 ①
제시문은 청소년의 정치적 판단 능력이 성숙하지 않으며 그에 대한 근거, 그리고 그 대책에 대해 주장하고 있다. 따라서 (다) 대다수 청소년은 정치적 판단 능력이 성숙하지 않다는 문제 주장 – (가) 부모나 교사로부터 영향을 받을 가능성이 크다는 의견 – (나) 영향을 받을 가능성이 큰 이유에 대한 설명 – (라) 정치적 판단에 대한 책임을 지우기 전에 이를 감당할 수 있도록 돕는 것이 우선임을 주장의 순서로 나열하는 것이 적절하다.

02 정답 ②
제시문은 사회의 변화 속도를 따라가지 못하는 언어의 변화 속도에 대해 문제를 제기하며 구체적 예시와 함께 이를 시정할 것을 촉구하고 있다. 따라서 (나) 사회의 변화 속도를 따라가지 못하고 있는 언어의 실정 – (라) 성별을 구분하는 문법적 요소가 없는 우리말 – (가) 성별을 구분하여 사용하는 단어들의 예시 – (다) 언어의 남녀 차별에 대한 시정노력 촉구의 순서로 나열하는 것이 적절하다.

03 정답 ④
제시문에서 화석 연료 사용으로 혜택을 얻은 사례를 설명하는 (라)는 제시된 마지막 문장을 보충하는 내용이고, 앞 내용을 역접 기능의 접속어 '그러나'로 연결하며 화석 연료의 부작용인 지구 온난화에 대해 언급한 (가), 인과 기능의 접속어 '그래서'로 시작하며 그러한 온난화의 결과를 설명한 (마)가 차례로 이어진다. 다음으로 (나)와 (다) 중에 문맥상 (다)의 '그'는 '앞으로 닥칠 미래'를 가리키는 말이므로 (나)의 뒤에 온다. 따라서 (라) – (가) – (마) – (나) – (다) 순서로 나열하는 것이 적절하다.

04 정답 ④
제시문은 '온난화 기체 저감을 위한 습지 건설 기술'에 대하여 설명하는 글이다. 앞서 제시된 단락에서 '전 세계적으로 온난화 기체 저감을 위한 습지 건설 기술은 아직 보고된 바가 없으며 관련 특허도 없다.'고 했으므로 습지 건설에 관련된 흐름이 이어지는 것이 적절하다. 따라서 (나) 인공 습지 개발 가정 – (다) 그에 따른 기술적 성과 – (가) 개발 기술의 활용 – (라) 기술 이전에 따른 기대 효과의 순서로 나열하는 것이 적절하다.

05 `정답 ③`

제시문은 '원님재판'이라 불리는 죄형전단주의의 정의와 한계, 그리고 그와 대립되는 죄형법정주의의 정의와 탄생, 그리고 파생원칙에 대하여 설명하고 있다. 첫 문단에서는 '원님재판'이라는 용어의 원류에 대해 설명하고 있으므로 이어지는 문단으로는 원님재판의 한계에 대해 설명하고 있는 (다)가 오는 것이 적절하다. 따라서 (다) 원님재판의 한계와 죄형법정주의 – (가) 죄형법정주의의 정의 – (라) 죄형법정주의의 탄생 – (나) 죄형법정주의의 정립에 따른 파생원칙의 등장의 순서로 나열하는 것이 적절하다.

03 추론하기

01	02	03	04	05	06	07	08	09	10
④	①	④	①	②	④	④	④	③	②
11	12	13							
④	②	③							

01 `정답 ④`

제시문은 앞부분에서 언어가 사고능력을 결정한다는 언어결정론자들의 주장을 소개하고, 이어지는 문단에서 이에 대하여 반박하면서 우리의 생각과 판단이 언어에 경험에 의해 결정된다고 결론짓고 있다. 따라서 빈칸에 들어갈 문장은 언어결정론자들이 내놓은 근거를 반박하면서도 사고능력이 경험에 의해 결정된다는 주장에 위배되지 않는 내용이어야 한다. 그러므로 풍부한 표현을 가진 언어를 사용함에도 인지능력이 뛰어나지 못한 경우가 있다는 내용이 들어가는 것이 적절하다.

02 `정답 ①`

제시문의 첫 문단과 마지막 문단을 중점적으로 살펴야 한다. 첫 문단에서 '얼음이 물이 될 때까지 지속적으로 녹아내릴 것'이라는 상식이 사실과 다르다는 것을 이야기하였으므로 빈칸에는 이와 반대되는 내용이 들어가야 한다.

오답분석
② 실험 결과에서 −38℃와 −16℃에서 하나의 분자 층이 준 액체로 변한 것을 알 수 있지만, 그 다음 녹는 온도에 대해서는 알 수 없다.
③ −16℃ 이상의 온도에 대한 결과는 나와 있지 않다.

03

- (가) : 개혁주의자들은 중국의 정신을 서구의 물질과 구별되는 특수한 것으로 내세운 것이므로 ⓒ이 적절하다.
- (나) : 개혁주의자들은 서구의 문화를 받아들이는 데는 동의하면서도, 무분별하게 모방하는 것에 대해 반대하는 입장이므로 ㉠이 적절하다.
- (다) : 정치 부분에서는 사회주의를 유지한 가운데, 경제 부분에서 시장경제를 선별적으로 수용하자는 입장이다. 즉, 기본 골격은 사회주의를 유지하면서 시장경제(자본주의)를 이용하자는 것이므로 ⓒ이 적절하다.

04 정답 ①
- (가) : 이어지는 부연, 즉 '철학도 ~ 과학적 지식의 구조와 다를 바가 없다.'라는 진술로 볼 때 같은 의미의 내용이 들어가야 하므로 ㉠이 적절하다.
- (나) : 앞부분에서는 '철학과 언어학의 차이'를 제시하고 있고, 뒤에는 언어학의 특징이 구체적으로 서술되어 있다. 그 뒤에는 분석철학에 대한 설명이 따르고 있으므로 여기에는 언어학에 대한 일반적인 개념 정의가 서술되어야 한다. 따라서 ㉡이 적절하다.
- (다) : 앞부분에서 '철학의 기능은 한 언어가 가진 개념을 해명하고 이해한 것'이라고 설명하고 있으므로 ㉢이 적절하다.

05 정답 ②
- (가) : 앞 내용을 살펴보면 해프닝 장르에서는 대화가 없으며 의미 없는 말을 불쑥불쑥 내뱉는다고 하고 있으므로 그 이유를 설명하는 ㉠이 가장 적절하다.
- (나) : 앞 문장에서 해프닝이 관객의 역할을 변화시켰다고 하였으므로 그 예시가 되는 ㉢이 가장 적절하다.
- (다) : 뒤 문장에서 '그럼에도 불구하고'로 이어지며 해프닝의 의의를 설명하고 있으므로, 빈칸에는 해프닝의 비판점에 대하여 설명하는 ㉡이 가장 적절하다.

06 정답 ④
보기는 관심사가 하나뿐인 사람을 1차원 그래프로 표시할 수 있다는 내용이다. 이는 (라)의 앞에서 설명하는 1차원적 인간에 대한 구체적인 예시에 해당하므로 보기는 (라)에 들어가는 것이 가장 적절하다.

07 정답 ④
(라)의 앞부분에서는 위기 상황을 제시하고, 뒷부분에서는 인류의 각성을 촉구하는 내용을 다루고 있다. 각성의 당위성을 이끌어내는 내용인 보기가 (라)에 들어가면 앞뒤의 내용을 논리적으로 연결할 수 있다.

08 정답 ④
보기는 필자 자신의 주장을 역설하고 있는 부분이다. 글 전체의 내용에 비추어 봤을 때, 보기에서 역설하는 것은 개체적으로 각인되어 있는 이기적 유전자가 자연 선택의 가장 중요한 특징이며, 종 전체의 이익이라는 개념은 그로 인한 부가적 효과일 뿐 주된 동기는 되지 못한다는 것이다. 네 번째 문단에는 종적 단위의 이타심 혹은 개체가 아닌 종의 번성을 위한 이기심에 대한 주장이, 마지막 문단에는 이기주의가 작동하는 기본 단위는 유전자라는 필자의 주장이 드러나고 있으므로, 보기는 (라)에 들어가는 것이 가장 적절하다.

09 정답 ③
주어진 문장의 '이'는 앞 문장의 내용을 가리키므로, 기업의 이익 추구가 사회 전체의 이익과 관련된 결과를 가져왔다는 내용이 앞에 와야 한다. (다) 앞의 '가장 저렴한 가격으로 상품 공급'이 '사회 전체의 이익'과 연관되므로 보기는 (다)에 들어가는 것이 가장 적절하다.

10 정답 ②
- ㉠ : (라) 바로 앞의 문장에서 거리 지수를 이용해 별까지의 거리를 판단한다고 설명하고, ㉠에서 '이 값'이 클수록 지구로부터의 거리가 멀다고 했으므로 '이 값'은 거리 지수를 가리킴을 알 수 있다. 따라서 ㉠의 적절한 위치는 (라)이다.
- ㉡ : '리겔'의 겉보기 등급과 절대 등급의 사례는 (나) 바로 앞의 문장에서 언급한 내용인 별의 겉보기 밝기는 지구로부터의 거리에 따라 다르기 때문에 별의 실제 밝기는 절대 등급으로 나타낸다는 것을 이해하기 쉽게 예시를 든 것이다. 따라서 ㉡의 적절한 위치는 (나)임을 알 수 있다.

11 정답 ④
제시문은 금융권, 의료업계, 국세청 등 다양한 영역에서 빅데이터가 활용되고 있는 사례들을 열거하고 있다. 따라서 주제로 가장 적절한 것은 ④이다.

12 정답 ②
집단 소송제의 중요성과 필요성에 대하여 역설하는 글이다. 집단 소송제를 통하여 기업 경영의 투명성을 높여, 궁극적으로 기업의 가치 제고를 이룬다는 것이 글의 주제이다. 따라서 중심 내용으로 적절한 것은 ②이다.

13 정답 ③
제시문에서는 현대 사회의 소비 패턴이 '보이지 않는 손' 아래의 합리적 소비에서 벗어나 과시 소비가 중심이 되었으며, 그 이면에는 소비를 통해 자신의 물질적 부를 표현함으로써 신분을 과시하려는 욕구가 있다고 설명하고 있다.

04 독해

01	02	03	04	05	06	07	08	09	10
③	④	④	④	④	③	③	④	②	②
11	12	13	14	15	16	17	18	19	20
②	④	①	④	④	④	①	④	③	①

01　정답　③

키드, 피어슨 등은 인종이나 민족, 국가 등의 집단 단위로 '생존경쟁'과 '적자생존'을 적용하여 우월한 집단이 열등한 집단을 지배하는 것을 주장하였는데, 이는 사회진화론의 개념을 집단 단위에 적용시킨 것이다.

오답분석
① 사회진화론은 생물진화론을 개인과 집단에 적용시킨 사회 이론이다.
② 사회진화론자들은 '생존경쟁'과 '적자생존'을 적용하여 인종차별이나 제국주의를 정당화하였다.
④ 문명개화론자들은 사회진화론을 수용하였다.

02　정답　④

제시문은 공기의 이동에 따라 구름이 형성되는 과정에 대한 글이다.
ⓒ 공기가 따뜻하고 습할수록 구름이 많이 생성된다.
ⓔ 아래쪽부터 연직으로 차곡차곡 쌓이게 되어 두터운 구름층을 형성하는 형태의 구름이 적란운이다.

오답분석
㉠ 공기가 충분한 수분을 포함하고 있다면 공기 중의 수증기가 냉각되어 작은 물방울이나 얼음 알갱이로 응결되면서 구름이 형성된다.
ⓒ 구름이 생성되는 과정에서 열이 외부로 방출되고 이것이 공기의 온도를 높인다.

03　정답　④

네 번째 문단에서 독재국가의 정치 체계는 최소한의 인식이 있는 신민형 정치문화라고 설명하고 있으므로 ④는 적절하지 않은 설명이다.

04　정답　④

제시문은 '쓰기(Writing)'의 문화사적 의의를 기술한 글이다. '복잡한 구조나 지시 체계'는 이미 '소리 속에서' 발전해 왔는데 그러한 복잡한 개념들을 시각적인 코드 체계인 '쓰기'를 통해 기록할 수 있게 되었다. 또한, 그러한 '쓰기'를 통해 인간의 문명과 사고가 더욱 발전하게 되었다.
두 번째 문단에 따르면 쓰기가 발명된 시점까지 정밀하고 복잡한 구조나 지시 체계의 특수한 복잡성이 '그때까지 소리 속에서 발전해 왔다.'고 하였으므로, 쓰기가 발명되기 이전에 정밀하고 복잡한 구조나 지시 체계가 형성되어 있지 않았던 것은 아니다.

05　정답　④

어빙 피셔의 교환방정식 'MV=PT'에서 V는 화폐유통속도를 나타낸다. 따라서 사이먼 뉴컴의 교환방정식인 'MV=PQ'에서 사용하는 V(Velocity), 즉 화폐유통속도와 동일하며 대체되어 사용되지 않는다.

오답분석
① 사이먼 뉴컴의 교환방정식 'MV=PQ'에서 Q(Quantity)는 상품 및 서비스의 수량이다.
② 어빙 피셔의 화폐수량설은 최근 총거래 수 T(Trade)를 총생산량 Y로 대체하여 사용하고 있다.
③ 교환방정식 'MV=PT'는 화폐수량설의 기본 모형인 거래 모형이며, 'MV=PY'는 소득모형으로 사용된다.

06　정답　③

제시문에서는 한국 사람들이 자기보다 우월한 사람들을 준거집단으로 삼기 때문에 이로 인한 상대적 박탈감으로 행복감이 낮다고 설명하고 있으므로 이를 반증하는 사례를 통해 반박해야 한다. 따라서 만약 자신보다 우월한 사람들을 준거집단으로 삼으면서도 행복감이 낮지 않은 나라가 있다고 제시하면 이에 대한 반박이 된다.

07　정답　③

도킨스에 따르면 인간 개체는 유전자라는 진정한 주체의 매체에 지나지 않게 된다. 이러한 생각에는 살아가고 있는 구체적 생명체를 경시하게 되는 논리가 잠재되어 있다. 따라서 무엇이 진정한 주체인가에 대한 물음이 필자의 문제 제기로 적절하다.

08 정답 ④

제시문은 대중문화가 대중을 사회 문제로부터 도피하게 하거나 사회 질서에 순응하게 하는 역기능을 수행하여 혁명을 불가능하게 만든다는 내용이다. 따라서 주장에 대한 반박은 대중문화가 대중을 수동적으로 만들지 않는다는 내용이어야 한다. 그런데 ④는 현대 대중문화의 질적 수준에 대한 평가에 관한 내용이므로 이와 연관성이 없다.

09 정답 ②

언론매체에 대한 사전 검열은 표현의 자유와 개인의 알 권리를 침해할 가능성을 배제할 수 없다는 논지로 반박을 전개해야 한다.

10 정답 ②

첫 번째 문단의 '제로섬(Zero-sum)적인 요소를 지니는 경제 문제'와 두 번째 문단의 '우리 자신의 수입을 보호하기 위해 경제적 변화가 일어나는 것을 막거나 혹은 사회가 우리에게 손해를 입히는 공공정책을 강제로 시행하는 것을 막기 위해 싸울 것'이라는 것이 글의 핵심 주장이므로 이에 부합하는 논지는 '사회경제적인 총합이 많아지는 정책'에 대한 비판이라고 할 수 있다.

11 정답 ②

장독립성은 사물을 인식할 때 그 사물을 둘러싼 배경, 즉 장의 영향을 별로 받지 않는 인지 양식으로, 장독립적인 사람은 분석적 능력이 뛰어나다. 반면 장의존성은 장의 영향을 많이 받는 인지 양식을 말한다. 따라서 장의존적인 사람보다 장독립적인 사람이 숨은그림찾기에서 더 뛰어난 능력을 보여줄 것이라 추측할 수 있다.

12 정답 ④

수신자가 발신자가 될 수 있다면 사회 변동이 가능하다. SNS는 수신뿐만 아니라 발신도 자유롭기 때문에 책, 신문, 라디오, TV와 같은 수신자가 발신자가 될 가능성이 매우 낮은 매체들보다는 사회 변동에 대한 영향력이 크다.

13 정답 ①

사카린은 설탕보다 당도가 약 500배 정도 높고, 아스파탐의 당도는 설탕보다 약 200배 높다. 따라서 사카린과 아스파탐 모두 설탕보다 당도가 높고, 사카린은 아스파탐보다 당도가 높다.

오답분석
② 사카린은 화학물질의 산화반응을 연구하던 중에, 아스파탐은 위궤양 치료제를 개발하던 중에 우연히 발견되었다.
③ 사카린은 무해성이 입증되어 미국 FDA의 인증을 받았지만, 아스파탐은 이탈리아의 한 과학자에 의해 발암성 논란이 일고 있다.
④ 2009년 미국의 설탕, 옥수수 시럽, 기타 천연당의 1인당 연 평균 소비량인 140파운드는 중국보다 9배 많은 수치이므로, 2009년 중국의 소비량은 약 15파운드였을 것이다.

14 정답 ④

제시문에서는 조상형 동물의 몸집이 커지면서 호흡의 필요성에 따라 아가미가 생겨났고, 소화계 일부가 변형된 허파는 식도 아래쪽으로 생성되었으며, 이후 폐어 단계에서 척추동물로 진화하면서 호흡계와 소화계가 겹친 부위가 분리되기 시작했으나 결국 하나의 교차점을 남기면서 인간의 음식물로 인한 질식 현상과 같은 단점을 남겼다고 설명하고 있다. 또한, 마지막 문장에서 이러한 과정이 '당시에는 최선의 선택'이었다고 하였으므로, 진화가 순간순간에 필요한 대응일 뿐 최상의 결과를 내는 과정이 아님을 알 수 있다.

15 정답 ④

일반적으로 다의어의 중심의미는 주변의미보다 사용 빈도가 높다. 다만, '사회생활에서의 관계나 인연'의 의미와 '길이로 죽 벌이거나 늘여 있는 것'의 의미는 모두 '줄'의 주변의미에 해당하므로 이 둘의 사용 빈도는 서로 비교할 수 없다.

오답분석
① 문법적 제약이나 의미의 추상성·관련성 등은 제시문에서 설명하는 다의어의 특징이므로 이를 통해 동음이의어와 다의어를 구분할 수 있음을 추론할 수 있다.
② '손'이 '노동력'의 의미로 쓰일 때는 '부족하다, 남다' 등의 용언과만 함께 쓰일 수 있지만 '넣다'와는 사용될 수 없다.
③ 다의어의 문법적 제약은 주변의미로 사용될 때 나타나며, 중심의미로 사용된다면 '물을 먹이다.' '물이 먹히다.'와 같이 사용될 수 있다.

16 정답 ④

제시문은 사람들의 결합체인 단체가 법에서 정한 일정한 요건을 갖추어 취득하는 권리 능력인 법인격에 대해 살펴보고 있다. 첫 번째 문단에 따르면 사단(社團)은 사람들이 일정한 목적을 갖고 결합한 조직체로서 구성원과 구별되어 독자적 실체로서 존재하며, 운영 기구를 두어 구성원의 가입과 탈퇴에 관계없이 존속하는 단체이다. 또한, 사단은 법인(法人)으로 등기되어야 법으로써 부여되는 권리 능력인 법인격이 생기고, 법인격을 갖춘 사단을 사단법인이라 부른다. 그러므로 사단 중에서 법인격을 갖춘 사단법인이 되어야 권리와 의무를 누릴 수 있다.

오답분석
① 첫 번째 문단에 따르면 사단성을 갖춘 사단은 운영 기구를 두어 구성원의 가입과 탈퇴에 관계없이 존속한다.
② 첫 번째 문단에 따르면 사원은 사단의 구성원이며, 두 번째 문단에 따르면 사단의 성격을 갖는 법인인 회사의 대표적인 유형이라 할 수 있는 주식회사는 주주들로 구성된다. 따라서 주주는 사단의 구성원인 사원이 된다.
③ 첫 번째 문단에 따르면 사단법인이 자기 이름으로 진 빚은 사단이 가진 재산으로 갚아야 한다. 따라서 사단은 재산을 소유할 수 있다.

17 정답 ①

세 번째 문단에 따르면 상법상 회사는 이사들로 이루어진 이사회만을 업무 집행의 의결 기관으로 두며, 대표이사는 이사 중 한 명으로 이사회에서 선출되는 직책이다. 그러므로 대표이사는 주식회사를 대표하는 직책이다.

오답분석
② 두 번째 문단에 따르면 2001년에 개정된 상법은 1인 주주 형태의 회사처럼 사단성을 갖추지 못했다고 할 만한 형태의 회사도 법인으로 인정한다. 또한, 세 번째 문단에 따르면 상법상 회사는 이사들로 이루어진 이사회만을 업무 집행의 의결 기관으로 두며, 대표이사는 이사회에서 선출되는 직책이다. 그러므로 1인 주식회사라고 해도 법인격은 법인인 주식회사가 갖는 것이지 대표이사가 갖는 것이 아니다.
③ 세 번째 문단에 따르면 이사의 선임과 이사의 보수는 주주총회에서 결정하도록 되어 있다.
④ 세 번째 문단에 따르면 상법상 회사는 이사들로 이루어진 이사회만을 업무 집행의 의결 기관으로 둔다. 따라서 주주총회는 업무 집행의 의결 기관이 될 수 없다.

18 정답 ④

세 번째 문단에 따르면 회사의 운영이 주주 한 사람의 개인 사업과 다름없이 이루어지고, 회사라는 이름과 형식이 장식에 지나지 않는 경우에는, 회사와 거래 관계에 있는 사람들이 재산상 피해를 입는 문제가 발생하기도 한다. 이때, 그 특정한 거래 관계에 관련하여서만 예외적으로 회사의 법인격을 일시적으로 부인하고 회사와 주주를 동일시해야 한다는 입장이 법인격 부인론이다. 즉 회사가 진 책임을 주주에게 부담시키자는 입장이며, 회사가 1인 주주에게 완전히 지배되어 회사의 회계, 주주총회나 이사회 운영이 적법하게 작동하지 못하는데도 회사에만 책임을 묻는 것은 법인 제도가 남용되는 사례라고 보는 것이다.

19 정답 ③

우리 춤은 '곡선'을 위주로 진행되는 과정 중에 '정지'가 나타나곤 하는데, 정지의 상태에도 상상이 선을 느낄 수 있는 경지를 구현하는 것이 우리 춤의 특성이라고 할 수 있다. 우리 춤의 힘찬 선 및 부드러운 선 등 다양한 곡선은 호흡 조절을 통해 구현되는데, 그렇다고 해서 힘차고 가벼운 동작이 규칙적으로 반복되는 것은 아니다.

오답분석
① 첫 번째 문단에서 '흔히 우리 춤을 손으로 추는 선의 예술이라 한다.'라고 하였다.
② 두 번째 문단의 첫 문장에서 '우리 춤의 선은 내내 곡선을 유지한다.'라고 하였다.
④ 네 번째 문단 첫 문장의 '호흡의 조절을 통해 다양하게 구현되는 곡선'이라는 내용에서 확인할 수 있다.

20 정답 ①

우리 춤은 내내 '곡선'을 유지하면서 진행된다. 이 말은 춤이 시종일관 곡선만으로 진행된다는 말이 아니라, '정지'의 순간에도 상상의 선을 만들어 춤을 이어갈 수 있다는 것을 의미한다. 이는 몰입 현상에 의해 완성되는 우리 춤의 특성을 보여 주는 것으로, '곡선'과 더불어 '정지'의 순간에도 유지되는 선까지 느낄 수 있어야 우리 춤을 제대로 감상하는 것임을 알 수 있게 해준다. 이때 ⊙은 '실제로 보이는 곡선'을 의미하고, ⓒ·ⓒ·㉢은 '정지'의 상태를 의미한다.

CHAPTER 04 이해력 기출예상문제

01	02	03	04	05	06	07	08	09
②	④	④	④	④	①	③	①	②

01 정답 ②

돈 문제에 관해서는 되도록 깔끔하게 처리할 수 있도록 하는 것이 좋다. 나중에 농담조로 말하거나 그냥 넘어가는 행동은 실수로 계산을 틀렸을 수도 있는 상대방이나 정확한 액수를 보내온 다른 부서원들에게나 적절하지 않다.

02 정답 ④

회사 경비로 묵는 숙소이기 때문에 이용권을 받았다고 회사 동의 없이 본인이 사용할 수는 없다. 따라서 회사 경비 담당자와 상의한 후 지침을 따르는 것이 적절한 행동이다.

03 정답 ④

어느 한쪽에 치우쳐 의견을 들어주는 행동은 좋지 않으므로 어떠한 상황에서도 상대 팀장의 험담은 하지 않는 것이 적절한 행동이다.

04 정답 ④

뚜껑의 법칙에서 뚜껑은 리더를 의미하며, 뚜껑의 크기로 표현되는 리더의 역량이 조직의 성과를 이끈다는 것을 의미한다. 리더의 역량이 작다면 부하직원이 아무리 뛰어나도 병목 현상의 문제점이 발생할 수 있는 것이다.

05 정답 ④

팀워크는 개인의 능력이 발휘되는 것도 중요하지만 팀원들 간의 협력이 더 중요하다. 팀워크는 팀원 개인의 능력이 최대치일 때 가장 뛰어난 것은 아니다.

06 정답 ①

인간관계를 형성할 때 가장 중요한 요소는 무엇을 말하느냐, 어떻게 행동하느냐보다 개인의 사람됨이다.

〈대인관계능력〉
대인관계능력이란 직장생활에서 협조적인 관계를 유지하고, 조직구성원들에게 도움을 줄 수 있으며, 조직 내·외부의 갈등을 원만히 해결하고 고객의 요구를 충족시켜줄 수 있는 능력이다.

07 정답 ③

여섯 번째 단계에 따라 해결 방안을 확인한 후에는 혼자서 해결하는 것이 아닌 책임을 분할함으로써 다 같이 협동하여 실행해야 한다.

오답분석
① 두 번째 단계에 해당하는 내용이다.
② 네 번째 단계에 해당하는 내용이다.
④ 첫 번째 단계에 해당하는 내용이다.

08 정답 ①

갈등이 발생하면 서로에 대해 이해하지 않고, 배척하려는 성향이 있기 때문에 갈등 당사자 간에 의사소통이 줄어들고, 접촉을 꺼리는 경향이 생긴다.

오답분석
② 조직의 갈등은 없거나 너무 낮으면 조직원들의 의욕이 상실되고, 환경 변화에 대한 적응력도 떨어지고 조직 성과는 낮아지게 된다.
③ 갈등이 승리를 더 원하게 만든다.
④ 목표 달성을 위해 노력하는 팀이라면 갈등은 항상 있게 마련이다.

09 정답 ②

3단계는 상대방의 입장을 파악하는 단계이다. 자기 생각을 말한 뒤 A씨의 견해를 물으며 상대방의 입장을 파악하려는 ②가 3단계에 해당하는 대화로 가장 적절하다.

CHAPTER 05 공간지각력 기출예상문제

01 평면도형

01	02	03	04	05	06	07	08	09	10					
③	①	④	②	④	①	②	④	③	①					

01   정답 ③

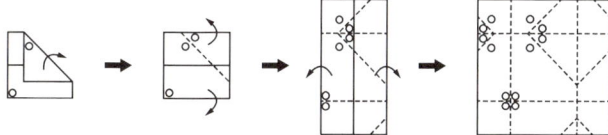

02   정답 ①

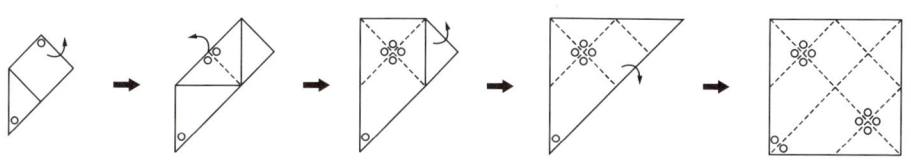

03   정답 ④

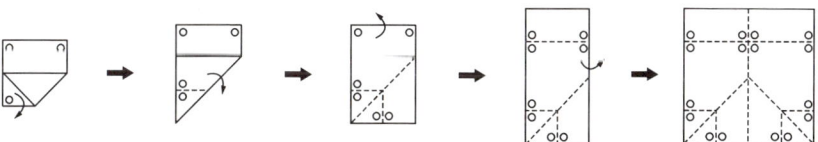

04   정답 ②

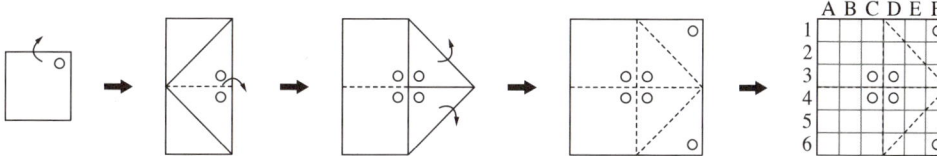

05

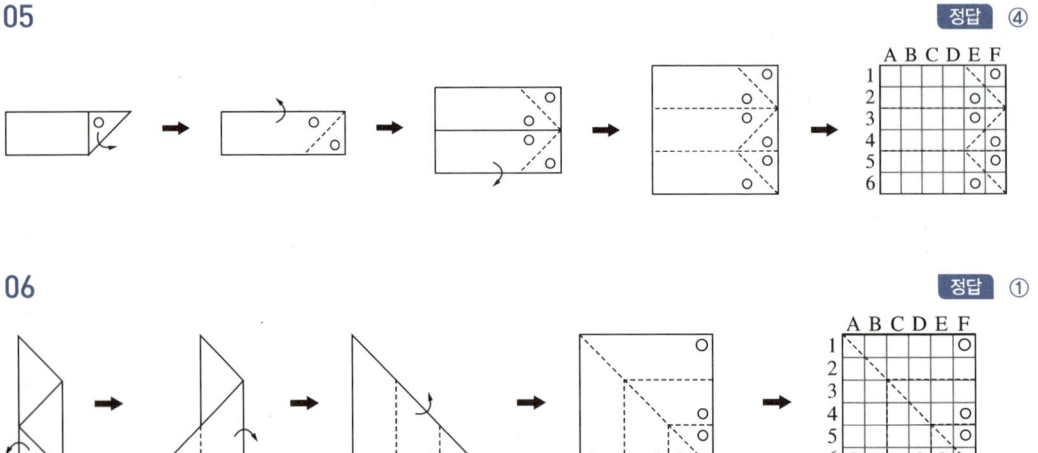

정답 ④

06

정답 ①

07

정답 ②

도형이 오른쪽의 도형으로 변할 때 도형들은 각각의 규칙을 가지고 이동하는데 ◇은 아래로 두 줄 이동, ○은 위로 한 줄 이동, ▲은 제자리에서 시계 방향으로 90° 회전, ★은 시계 반대 방향으로 90° 회전하며 다른 도형과 같은 줄에 위치하게 될 시 색 반전한다. 따라서 주어진 첫 번째 도형을 기준으로 ?에 들어갈 도형에서 ◇과 ○은 세 번째 줄, ▲은 시계 방향으로 총 270° 회전, ★은 색 반전이 한 번 발생하며 시계 반대 방향으로 총 270° 회전하게 된다.

08

정답 ④

각 행 안의 도형은 모서리 수가 7, 12, 17로 변한다.

09

정답 ③

도형이 오른쪽의 도형으로 변할 때 도형들은 각각의 규칙을 가지고 이동하는데 ⬟은 시계 반대 방향으로 세 칸 이동, ■은 제자리에서 45° 회전, ▷은 시계 방향으로 두 칸 이동을 하며, ○은 시계 방향으로 한 칸 이동한다. 또한 도형과 배경의 색이 같아질 경우 해당 도형을 색 반전하고, 두 도형이 겹칠 경우 두 도형 중 꼭짓점의 개수가 적은 쪽이 내부에 위치한다. 따라서 주어진 마지막 도형을 기준으로 ?에 들어갈 도형에서 ⬟은 시계 반대 방향으로 세 칸 이동 후 색 반전, ■은 제자리에서 45° 회전, ▷은 시계 방향으로 두 칸 이동하게 되고, ○은 시계 방향으로 한 칸 이동 후 색 반전을 하게 된다.

10

정답 ①

도형이 오른쪽의 도형으로 변할 때 도형들은 각각의 규칙을 가지고 이동하는데 △과 ○은 좌우 이동, ♥은 시계 방향으로 한 칸씩 이동을 하며, ⬠은 시계 반대 방향으로 한 칸씩 이동한다. 또한 도형의 자리가 겹쳐질 경우, 해당 도형은 색 반전을 하게 된다. 따라서 주어진 마지막 도형을 기준으로 ?에 들어갈 도형에서 △은 왼쪽으로 한 칸, ○은 오른쪽으로 한 칸, ♥은 시계 방향으로 한 칸 이동하게 되고, ⬠은 시계 반대 방향으로 한 칸 이동하게 된다. 이때 겹치는 ♥과 ⬡은 색 반전이 된다.

02 입체도형

01	02	03	04	05	06	07	08	09	10	11	12	13	14	15	16	17	18	19	20
③	①	④	①	③	②	④	①	①	③	④	④	④	①	③	④	④	①	④	②
21	22	23	24	25															
①	②	②	③	①															

01 ③

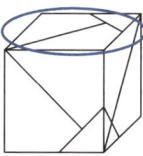

02 ①

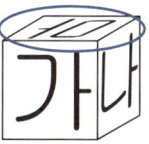

03 ④

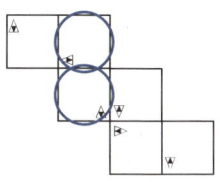

04 ①

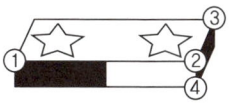 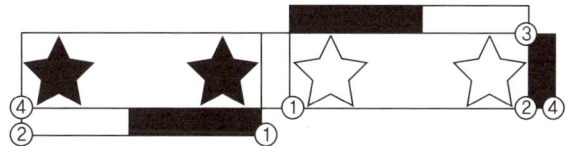

05

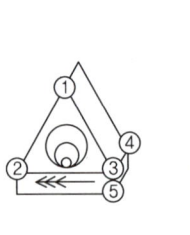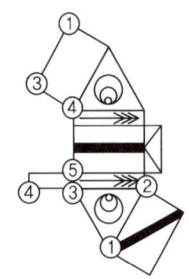

06

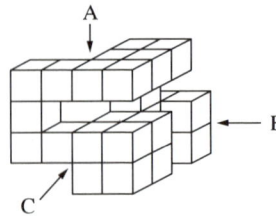

07

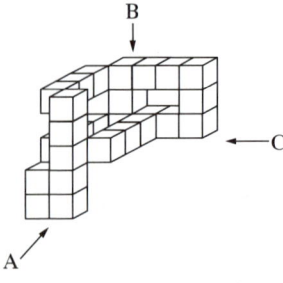

08

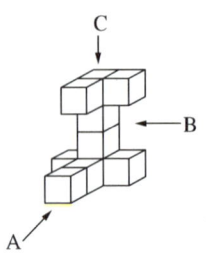

09
정답 ①
10
정답 ③
11
정답 ④
12
정답 ④
13
정답 ④

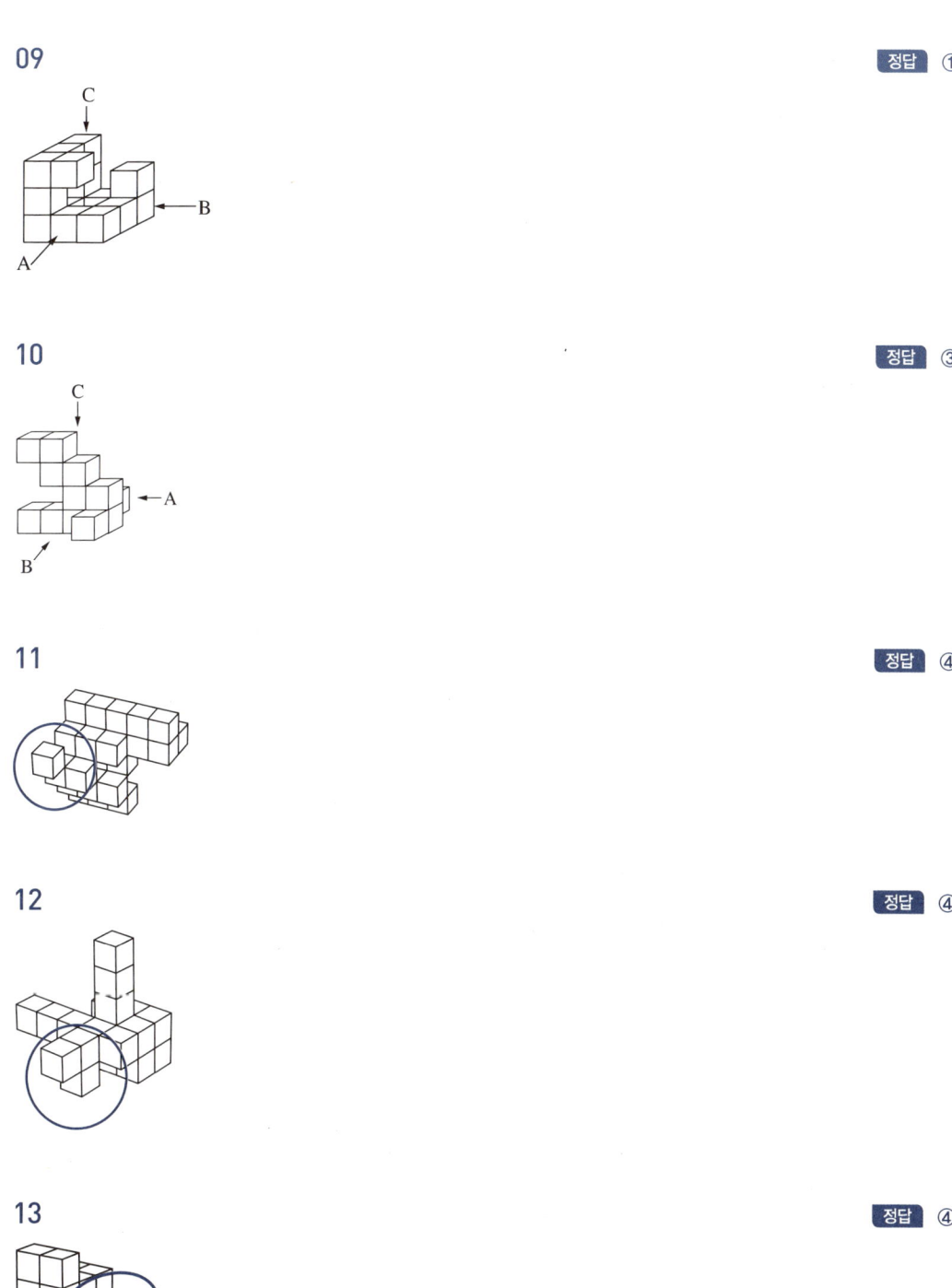

14 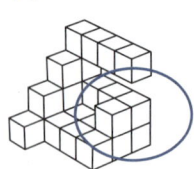 정답 ①

15 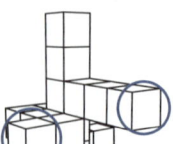 정답 ③

16   정답 ④

17 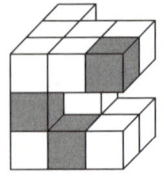 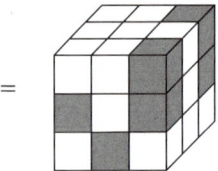 정답 ④

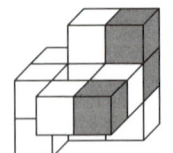 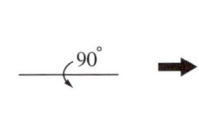 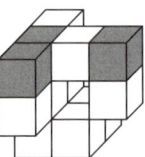

18 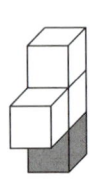 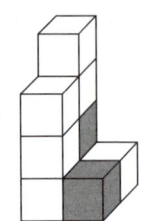 정답 ①

19
정답 ④

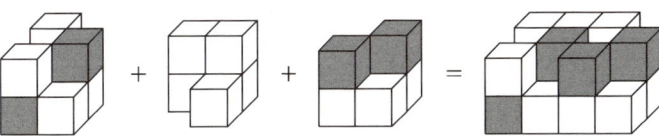

20
정답 ②

오답분석

① 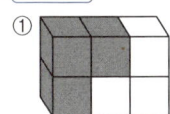   ③ 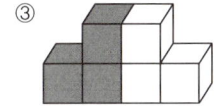   ④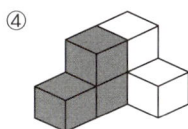

21
정답 ①

- 1층 : 7×6−2=40개
- 3층 : 42−15=27개
- 2층 : 42−8=34개
- 4층 : 42−29=13개
- ∴ 40+34+27+13=114개

22
정답 ②

- 1층 : 4×5−4=16개
- 2층 : 20−9=11개
- 3층 : 20−15=5개
- ∴ 16+11+5=32개

23
정답 ②

- 1층 : 4×5−3=17개
- 2층 : 20−7=13개
- 3층 : 20−13=7개
- ∴ 17+13+7=37개

24
정답 ③

- 1층 : 4×4−2=14개
- 2층 : 16−8=8개
- 3층 : 16−11=5개
- ∴ 14+8+5=27개

25
정답 ①

- 1층 : 4×4−3=13개
- 2층 : 16−5=11개
- 3층 : 16−11=5개
- ∴ 13+11+5=29개

PART

3

최종점검 모의고사

제1회 최종점검 모의고사
제2회 최종점검 모의고사
제3회 최종점검 모의고사
제4회 최종점검 모의고사

제1회 최종점검 모의고사

01	02	03	04	05	06	07	08	09	10	11	12	13	14	15	16	17	18	19	20
②	②	④	④	②	④	②	①	③	②	④	④	③	②	②	④	④	③	④	④
21	22	23	24	25	26	27	28	29	30	31	32	33	34	35	36	37	38	39	40
③	③	②	③	④	①	④	①	①	③	③	④	③	①	②	④	④	①	③	③
41	42	43	44	45	46	47	48	49	50										
④	①	①	④	②	④	④	④	④	③										

01
정답 ②

문맥상 빈칸에는 부조화된 인지상태를 조화된 상태로 바꾼다는 뜻의 단어가 들어가야 하므로, 기존의 것을 다른 방향이나 다른 상태로 바꿈을 뜻하는 '전환(轉換)'이 가장 적절하다.

[오답분석]
① 전이(轉移) : 자리나 위치 등을 다른 곳으로 옮김
③ 변환(變換) : 다르게 하여 바꿈
④ 이양(移讓) : 다른 사람에게 넘겨줌

02
정답 ②

제시된 명제를 정리하면 경란이는 5,000원, 종민이는 6,000원, 재민이는 7,000원을 가지고 있다. 따라서 재민이가 돈이 제일 많음을 추론할 수 있다.

03
정답 ④

앞의 항에 +1, +2, +3을 번갈아 적용하는 수열이다.
따라서 ( )=14+2=16이다.

04
정답 ④

-2, $\times 2$, -3, $\times 3$, -4, $\times 4$, …인 수열이다.
따라서 ( )=35×4=140이다.

05
정답 ②

n을 자연수라고 하면 n항$\times 3-(n+1)$항이 $(n+2)$항인 수열이다.
따라서 ( )=$-23\times 3-74=-143$이다.

06

정답 ④

속이는 짓이나 짓궂은 짓, 또는 좋지 못한 행동을 하다.

[오답분석]
① 날개나 꼬리 따위를 세차게 흔들다.
② 날이 있는 물체를 이용하여 물체를 자르다.
③ 몸이나 몸체를 부르르 떨거나 움직이다.

07

정답 ②

올라갈 때의 거리를 $x$km라고 하면, 내려갈 때의 거리는 $(x+3)$km이므로 다음 식이 성립한다.
$\frac{x}{2} + \frac{x+3}{4} = 3$
→ $2x + x + 3 = 12$
→ $3x = 9$
∴ $x = 3$

따라서 영희가 등산한 총거리는 $2x+3=6+3=9$km이다.

08

정답 ①

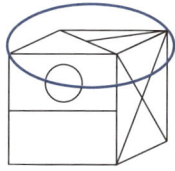

09

정답 ③

• 우측면도   • 정면도   • 윗면도

10

정답 ②

[오답분석]
①·③·④는 용도가 같은 물건이다.
① 음식물 분쇄, ③ 필기, ④ 몸에 착용

11

정답 ④

청소년들이 촛불시위에 참여하고 인터넷에서 정치적 의견을 낸다는 것은 청소년들이 정치에 참여할 만한 역량이 된다는 주장을 뒷받침하는 근거이다. 따라서 ④는 필자의 주장에 대한 반대 의견이 아니라, 청소년들에게 투표권이 부여되어야 한다는 필자의 주장을 뒷받침하는 근거가 된다.

오답분석

①·②·③ 청소년들은 정치에 참여할 여력이 없거나 정치에 참여하기에 미숙한 존재라는 입장을 나타내므로 청소년들에게 투표권이 부여되어야 한다는 제시문의 주장에 대한 반대 의견의 근거가 될 수 있다.

12

정답 ④

렌즈별로 1년 동안 교체(=구매) 횟수를 구하면 다음과 같다.
- A : 12÷1=12번을 구매해야 한다.
- B : 서비스가 1+1로 한 번에 4개월치의 렌즈를 구매할 수 있으므로 12÷4=3번을 구매해야 한다.
- C : 3월, 7월, 11월은 1+2의 서비스로 1월, 2월, 3월(~4, 5월), 6월, 7월(~8, 9월), 10월, 11월(~12월) 총 7번을 구매해야 한다.
- D : 서비스가 1+2로 한 번에 6개월치의 렌즈를 구매할 수 있으므로 12÷6=2번을 구매해야 한다.

렌즈를 구입하는 데 1년에 드는 비용은 다음과 같다.
- A : 30,000×12=360,000원
- B : 45,000×3=135,000원
- C : 20,000×7=140,000원
- D : 65,000×2=130,000원

따라서 D렌즈가 가장 적은 비용으로 사용할 수 있다.

13

정답 ③

두 번째, 세 번째 명제를 통해 '어떤 남학생은 채팅과 컴퓨터 게임을 모두 좋아한다.'를 추론할 수 있다.

14

정답 ②

오답분석

①은 제9조 – (5), ③은 제9조 – (4), ④는 제9조 – (3)에 따라 적절하지 않은 내용이다.

15

정답 ②

민서와 언니가 동일한 좌석에 앉게 되는 것은 주사위를 던져 나온 두 눈의 합이 3, 7, 11이 될 때이다.
- 두 눈의 합이 3이 되는 경우 : (1, 2), (2, 1)
- 두 눈의 합이 7이 되는 경우 : (1, 6), (2, 5), (3, 4), (4, 3), (5, 2), (6, 1)
- 두 눈의 합이 11이 되는 경우 : (5, 6), (6, 5)

따라서 민서와 언니가 동일한 좌석에 앉을 확률은 $\frac{10}{36} = \frac{5}{18}$ 이다.

16

정답 ④

'티라노사우르스'를 p, '공룡임'을 q, '곤충을 먹음'을 r, '직립보행을 함'을 s라고 하면, 각 명제는 순서대로 $p \to q$, $r \to \sim q$, $\sim r \to s$이다. 두 번째 명제의 대우와 첫 번째·세 번째 명제를 정리하면 $p \to q \to \sim r \to s$이므로 $p \to s$가 성립한다. 따라서 ④가 답이다.

17

정답 ④

A관, B관이 1분에 채울 수 있는 물의 양은 각각 $\frac{1}{10}$, $\frac{1}{15}$ 이다.

$$\frac{1}{10} \times 4 + \frac{1}{15} x = 1$$

$$\rightarrow \frac{1}{15} x = \frac{3}{5}$$

$$\therefore x = 9$$

따라서 B관을 9분 동안 틀어야 한다.

18

정답 ③

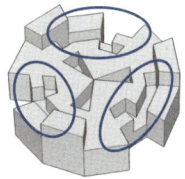

19

정답 ④

레이저가 현대의 거의 모든 제품과 서비스에 막대한 영향을 끼치는 최첨단 기술로 자리 잡았다는 내용을 통해 추론할 수 있다.

오답분석

① 다른 방향으로 쉽게 퍼지는 보통의 빛과 달리 레이저 광선은 다른 방향으로 쉽게 퍼지지 않는다.
② 단일한 파장과 방향성을 가진 광자로 이루어진 레이저 광선과 달리 보통의 빛은 다양한 광자로 이루어져 있다.
③ 보통의 빛과 다른 특성을 지닌 레이저 광선은 보통의 빛이 할 수 없는 일들을 하고 있으므로 보통의 빛으로는 CD의 음악을 재생할 수 없다.

20

정답 ④

갈등을 성공적으로 해결하기 위해서는 누가 옳고 그른지 논쟁하는 일은 피하는 것이 좋으며, 상대방의 양 측면을 모두 이해하고 배려하는 것이 중요하다.

21

정답 ③

단위가 작아 눈으로 풀 수 있는 문제이다. 2010년과 2040년의 수치를 표시해가면서 3배 이상 되는 국가만 빠르게 선별한다. 따라서 2010년 대비 2040년의 고령화율이 3배 이상 되는 국가는 ㄱ(한국), ㄹ(브라질), ㅁ(인도)이다.

22

작년 TV와 냉장고의 판매량을 각각 $3k$, $2k$대, 올해 TV와 냉장고의 판매량을 각각 $13m$, $9m$대라고 하자.
작년 TV와 냉장고의 총판매량은 $5k$대, 올해 TV와 냉장고의 총판매량은 $22m$대이다. 올해 총판매량이 작년보다 10% 증가했으므로
$5k\left(1+\dfrac{10}{100}\right)=22m$
→ $\dfrac{11}{2}k=22m$
∴ $k=4m$

따라서 작년의 냉장고 판매량은 $2\times 4m=8m$대이고, 냉장고의 판매량은 작년보다 $\dfrac{9m-8m}{8m}\times 100=12.5\%$ 증가했다.

23

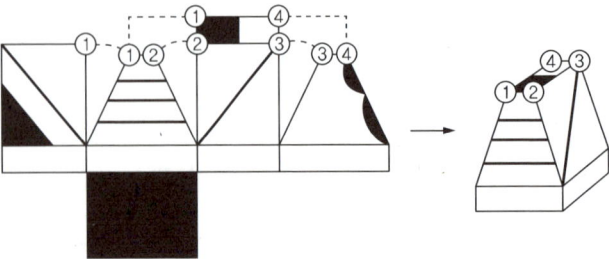

24

두 번째 문단에서 보면 농업경제의 역사에서 정원이 갖는 의미는 시대와 지역에 따라 매우 달랐으나, 여성들의 입장은 지역적인 편차가 없었으므로 ③은 적절하지 않다.

25

아버지, 은서, 지은이의 나이를 각각 x, $\dfrac{1}{2}x$, $\dfrac{1}{7}x$라고 하자.
$\dfrac{1}{2}x-\dfrac{1}{7}x=15$ → $7x-2x=210$
∴ $x=42$
따라서 아버지의 나이는 42세이다.

26

제시문을 요약하면 다음과 같다.
- 얼굴을 맞대고 하는 접촉이 매체를 통한 접촉보다 결정적인 영향력을 미친다.
- 새 어형이 전파되는 것은 매체를 통해서보다 사람과의 직접적인 접촉에 의해서라는 것이 더 일반적인 견해이다.
- 매체를 통해서보다 자주 접촉하는 사람들을 통해 언어 변화가 진전된다는 사실은 언어 변화를 여러 측면으로 이해하는 관점에서 핵심적인 내용이라 할 수 있다.

종합해보면 제시문은 '접촉의 형식도 언어 변화에 영향을 미치는 요소이다.'라는 주장에 대한 상술 문장이다.
따라서 보기의 문장이 들어갈 곳은 (가)이다.

27　정답 ④

'본성 대 양육 논쟁'이라는 화제를 제기하는 (나)문단이 첫 번째에 배치되어야 하며, (다)문단의 '이러한 추세'가 가리키는 것이 (나)문단에서 언급한 '양육 쪽이 일방적인 승리를 거두게 된 것'이므로, (나) – (다) 순으로 이어지는 것이 자연스럽다. 또한 (라)문단의 첫 번째 문장, '더욱이'는 앞 내용과 연결되는 내용을 덧붙여 앞뒤 문장을 이어주는 말이므로 (다)의 뒤에 이어져야 하며, 본성과 양육 논쟁의 가열을 전망하면서 본성과 양육 모두 인간 행동에 필수적인 요인임을 밝히고 있는 (가)문단이 가장 마지막에 배치되는 것이 적절하다.

28　정답 ①

- S전자 : 8대 구매 시 2대를 무료로 증정하기 때문에 32대를 사면 8개를 무료로 증정받아 32대 가격으로 총 40대를 살 수 있다. 32대의 가격은 80,000×32=2,560,000원이다. 그리고 구매 금액 100만 원당 2만 원이 할인되므로 구매 가격은 2,560,000-40,000=2,520,000원이다.
- B마트 : 40대 구매 금액인 90,000×40=3,600,000원에서 40대 이상 구매 시 7% 할인 혜택을 적용하면 3,600,000×0.93=3,348,000원이다. 1,000원 단위 이하는 절사하므로 구매 가격은 3,340,000원이다.

따라서 B마트에 비해 S전자가 334만-252만=82만 원 저렴하다.

29　정답 ①

'날씨가 좋다.'를 A, '야외활동을 한다.'를 B, '행복하다.'를 C라고 하면 전제1은 A → B, 전제2는 ~A → ~C이다. 전제2의 대우는 C → A이고 삼단논법에 의해 C → A → B가 성립하므로 결론은 C → B나 ~B → ~C이다. 따라서 빈칸에 들어갈 내용으로 적절한 것은 '야외활동을 하지 않으면 행복하지 않다.'이다.

30　정답 ③

- 1층 : 6×5-6=24개
- 2층 : 30-8=22개
- 3층 : 30-12=18개
- 4층 : 30-17=13개

∴ 24+22+18+13=77개

31　정답 ③

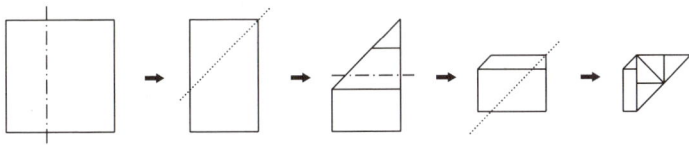

32　정답 ④

현존하는 가장 오래된 실록은 전주 사고에 보관되어 있던 『조선왕조실록』으로, 이는 강화도 마니산에 봉안되었다가 1936년 병자호란 때 훼손된 것을 현종 때 보수하여 숙종 때 강화도 정족산에 다시 봉안했다. 현재는 서울대학교에 보존되어 있다.

[오답분석]

① 원본을 포함해 모두 5벌의 실록을 갖추게 되었으므로 재인쇄하였던 실록은 모두 4벌이다.
② 강원도 태백산에 보관하였던 실록은 서울대학교에 있다.
③ 현재 한반도에 남아 있는 실록은 강원도 태백산, 강화도 정족산, 장서각의 것으로 모두 3벌이다.

33

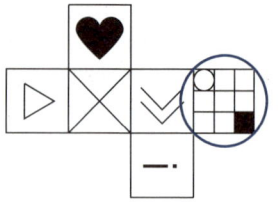

정답 ③

34

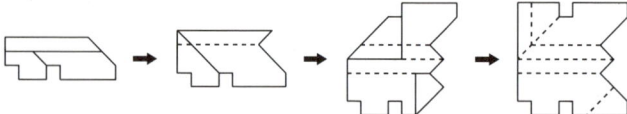

정답 ①

35

정답 ②

②는 팀워크와 구분되는 응집력에 대한 설명이다. 팀워크는 공동의 목적 달성이라는 의지를 갖추고 서로 협력하여 성과를 내는 것을 의미한다.

36

정답 ④

A는 대화의 분위기를 풀어볼 목적으로 농담을 하였다. 실제로 적절한 농담은 대화에서 긍정적인 기능을 한다. 그러나 상대방의 상황이 매우 좋지 않을 때에는 오히려 역효과가 나기 쉽다. 자신의 기분을 대수롭지 않게 대한다고 느낄 수 있기 때문이다.

37

정답 ④

협동조합이 산지에서 구매한 배추가격을 a원이라고 하면, 협동조합이 도매상에 판매한 가격은 $(1+0.2)a=1.2a$원이다.
도매상이 소매상에게 판매한 배추가격을 x원이라고 하자.
도매상이 협동조합으로부터 배추를 구입한 가격은 판매가의 80%라고 하였으므로 다음 식과 같다.
$0.8x=1.2a$
$\therefore x=1.5a$
이를 토대로 소매상이 소비자에게 판매한 최종 배추가격을 구하면 $(1+0.2)\times 1.5a=1.8a$원이다.
따라서 상승한 배추가격은 $0.8a$원이므로, 협동조합의 최초 구매가격의 80%이다.

38

정답 ①

첫 번째 명제와 세 번째 명제, 그리고 두 번째 명제의 대우 명제를 연결하면 '바다에 가면 산에 가지 않겠다.'가 성립한다.

39

정답 ③

농도 4%의 소금물 300g에 들어있는 소금의 양은 $\frac{4}{100}\times 300=12$g이므로, 소금 100g을 추가로 넣었을 때 소금물의 농도는 $\frac{12+100}{300+100}\times 100=28\%$이다.

40

주어가 '패스트푸드점'이기 때문에 임금을 받는 것이 아니라 주는 주체이므로 '대체로 최저임금을 주거나'로 수정하는 것이 적절하다.

41

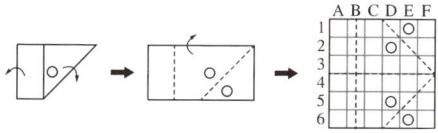

42

43

C의 진술이 참일 경우 D의 진술도 참이 되므로 1명만 진실을 말하고 있다는 조건이 성립하지 않는다. 따라서 C의 진술은 거짓이 되고, D의 진술도 거짓이 되므로 C와 B는 모두 주임으로 승진하지 않았음을 알 수 있다. 따라서 B가 주임으로 승진하였다는 A의 진술도 거짓이 된다. 결국 A가 주임으로 승진하였다는 B의 진술이 참이 되므로 주임으로 승진한 사람은 A사원이 된다.

44

구리는 전선의 재료가 되므로 재료와 가공품의 관계에 해당한다. ④는 계란이 마요네즈의 재료가 되므로 제시된 단어의 관계와 동일하다.

45

자료의 분포는 B상품이 더 고르지 못하므로 표준편차는 B상품이 더 크다.

[오답분석]
① 사계절 판매량을 각각 더해보면 된다. 상품 A의 경우 2000이고, 상품 B의 경우 2000이 조금 넘는다.
③ 봄의 판매량의 합은 80으로 가장 작다.
④ 시간이 지남에 따라 두 상품의 차는 점차 감소한다.

46

첫 번째 문단에서 '카타르시스'와 니체가 말한 비극의 기능을 제시하며 비극을 즐기는 이유를 설명하고 있다.

47

정답 ④

- ⊙ : 뒤 문장에서 '문명의 꾸준한 발달'에 대해 설명하고 있으므로 '발달'이 적절하다.
- ⓒ : 뒤 문장의 '자연에 대한 치밀한 탐구'와 호응해야 하므로 '치열'이 적절하다.
- ⓒ : 뒤 문장의 '생활 편의'를 통해 '긍정적인'을 유추할 수 있다.
- ⓔ : 첫 문장의 '급부상'을 통해 '갑자기'를 유추할 수 있다.

48

정답 ④

'매우 불만족'으로 평가한 고객 수는 전체 150명 중 15명이므로 10%의 비율을 차지한다. 따라서 응답한 전체 고객 중 $\frac{1}{10}$ 이 '매우 불만족'으로 평가했다는 것을 알 수 있다.

오답분석
① 응답자의 합계를 확인하면 150명이므로 옳은 설명이다.
② '매우 만족'이라고 평가한 응답자의 비율이 20%이므로, 150×0.2=30명(A)이다.
③ '보통'이라고 평가한 응답자의 수를 역산하여 구하면 48명(B)이고, 비율은 32%(C)이다. 따라서 약 $\frac{1}{3}$ 이라고 볼 수 있다.

49

정답 ④

50

정답 ③

조건을 표로 나타내면 다음과 같다. 따라서 수요일에 야근하는 사원은 D이다.

구분	월요일	화요일	수요일	목요일	금요일
A	O		×	O	
B	O	×	×	O	O
C	O		×	O	
D	O	×	O	O	×
E	O	O	×	O	×

제2회 최종점검 모의고사

01	02	03	04	05	06	07	08	09	10	11	12	13	14	15	16	17	18	19	20
④	④	④	③	①	②	④	③	③	②	④	①	②	④	③	④	④	③	①	④
21	22	23	24	25	26	27	28	29	30	31	32	33	34	35	36	37	38	39	40
②	②	①	④	④	④	④	④	④	①	①	②	④	②	②	④	③	③	①	①
41	42	43	44	45	46	47	48	49	50										
③	③	④	③	②	③	④	④	②	③										

01
정답 ④

'새로운 물건을 만들거나 새로운 생각을 내어놓음'의 용법으로 쓰이는 '개발'로 써야 한다.

02
정답 ④

B와 C가 초콜릿 과자를 먹고 D와 E 중 한 명 역시 초콜릿 과자를 먹으므로 C가 초콜릿 과자 1개를 먹었음을 알 수 있다. 남은 커피 과자 3개는 A, D, E가 나눠 먹게 된다. 이때 A가 커피 과자 1개를 먹었다면 D와 E 중 한 명은 초콜릿 과자 1개와 커피 과자 1개를 먹고, 나머지 한 명은 커피 과자 1개를 먹는다.
따라서 A와 D가 커피 과자를 1개씩 먹었다면, E는 초콜릿과 커피 두 종류의 과자를 하나씩 먹게 된다.

03
정답 ④

처음 농도 9%의 소금물의 양을 xg이라고 하면, 다음 식이 성립한다.
$x \times \dfrac{9}{100} = (x+200) \times \dfrac{6}{100}$
→ $9x = 6x + 1,200$
→ $3x = 1,200$
∴ $x = 400$
따라서 처음 농도 9%의 소금물의 양은 400g이다.

04
정답 ③

제시문에서는 멸균에 대해 언급하며, 멸균 방법을 물리적·화학적으로 구분하여 다양한 멸균 방법에 대해 설명하고 있다. 따라서 글의 주제로 ③이 가장 적절하다.

05
정답 ①

아메리카노를 A, 카페라테를 B, 유자차를 C, 레모네이드를 D, 녹차를 E, 스무디를 F로 변환하여 각각의 조건을 비교해 보면 A>B, D>C, E>B>D, F>E>A가 된다. 이를 연립하면 F>E>A>B>D>C가 되므로 가장 많이 팔리는 음료는 F, 즉 스무디임을 알 수 있다.

06

정답 ②

(에너지 효율)=(유용하게 사용된 에너지의 양)÷(공급한 에너지의 양)×100

- A : $\frac{5}{20} \times 100 = 25\%$
- B : $\frac{10}{20} \times 100 = 50\%$
- C : $\frac{5}{40} \times 100 = 12.5\%$
- D : $\frac{10}{40} \times 100 = 25\%$

따라서 B조명기구의 효율이 가장 높다.

07

정답 ④

08

정답 ③

첫 번째 문장을 읽고, 이것의 대우 명제인 '사과 가격이 상승하지 않으면, 사과 수확량이 감소하지 않는다.'를 추론할 수 있으므로 ②가 적절함을 알 수 있다. ④ 역시 같은 식으로 추론하였을 때, 적절한 결론임을 알 수 있다. 그러나 이 문제는 단순히 논리적인 사고를 할 수 있느냐의 여부가 중요한 것이 아니라, 하나의 추론의 결과물과 다른 추론을 연결할 것을 요구한다. 그 예가 ①과 ③이다.

①이 적절함을 알기 위해서는 첫 번째의 대우 명제와 세 번째 명제를 연결할 수 있어야 한다. 마찬가지로 일반 선택지가 적절함을 알기 위해서는 세 번째 대우 명제와 첫 번째 명제를 연결시킬 수 있어야 한다. 따라서 ③은 이러한 연결을 통해서 얻어지는 결론이 아니므로 적절하지 않다.

09

정답 ③

[오답분석]
ⓒ 인간관계에서의 커다란 손실은 사소한 것으로부터 비롯되기 때문에 사소한 일에 대한 관심을 두는 것은 매우 중요하다.
ⓔ 거의 모든 대인관계에서 나타나는 어려움은 역할과 목표에 대한 갈등과 애매한 기대 때문에 발생한다. 신뢰의 시작은 처음부터 기대를 분명히 해야 가능하다.

대인관계능력 향상 방안
- 상대방에 대한 이해심
- 사소한 일에 대한 관심
- 약속의 이행
- 기대의 명확화
- 언행일치
- 진지한 사과

10
정답 ②

두 소행성이 충돌할 때까지 걸리는 시간을 x초라 하면 (거리)=(속력)×(시간)이므로 다음 식이 성립한다.
$10x+5x=150$
$\therefore x=10$
따라서 두 소행성은 10초 후에 충돌한다.

11
정답 ④

20대의 연도별 흡연율은 40대 흡연율로, 30대는 50대의 흡연율로 반영되었다.

12
정답 ①

구입 후 1년 동안 대출되지 않은 도서가 5,302권이므로 절반 이하가 대출되었다.

오답분석
② 구입 후 3년 동안 4,021권이, 5년 동안 3,041권이 대출되지 않았으므로 적절한 설명이다.
③ 구입 후 1년 동안 1회 이상 대출된 도서는 4,698권이고, 이 중 2,912권이 1회 대출되었다. $\frac{2,912}{4,698}\times100 ≒ 62\%$이므로 적절한 설명이다.
④ $\frac{5,302\times0+2,912\times1+970\times2+419\times3+288\times4+109\times5}{10,000}=\frac{7,806}{10,000}≒0.78$이다.

13
정답 ②

제시문은 A병원 내과 교수팀의 난치성 결핵균에 대한 치료성적이 세계 최고 수준으로 인정받았으며, 이로 인해 많은 결핵 환자들에게 큰 희망을 주었다는 내용의 글이다. 따라서 (다) 난치성 결핵균에 대한 치료성적이 우리나라가 세계 최고 수준임 → (나) A병원 내과 교수팀이 난치성 결핵의 치료 성공률을 세계 최고 수준으로 높임 → (라) 현재 치료 성공률이 80%에 이름 → (가) 이는 난치성 결핵환자들에게 큰 희망이 될 것임 순서로 연결되어야 한다.

14
정답 ④

고전주의 범죄학에서는 인간의 모든 행위는 자유 의지에 입각한 합리적 판단에 따라 이루어지므로 범죄에 비례해 형벌을 부과할 경우 범죄가 억제될 수 있다고 주장한다. 따라서 이러한 주장에 대한 반박으로는 사회적 요인의 영향 등을 고려할 때 범죄는 개인의 자유 의지로 통제할 수 없다는 내용의 ④가 가장 적절하다.

오답분석
①·②·③ 고전주의 범죄학의 입장에 해당한다.

15
정답 ③

ⓑ 획득 : 얻어 내거나 얻어 가짐
ⓒ 내재 : 어떤 사물이나 범위의 안에 들어 있음
ⓒ 성립 : 일이나 관계 따위가 제대로 이루어짐
ⓞ 요구 : 받아야 할 것을 필요에 의하여 달라고 청함

오답분석
㉠ 내포 : 어떤 성질이나 뜻 따위를 속에 품음
㉣ 확보 : 확실히 보증하거나 가지고 있음
㉤ 취득 : 자기 것으로 만들어 가짐
㉦ 장려 : 좋은 일에 힘쓰도록 북돋아줌

16

정답 ④

'어휘력이 좋다.'를 A, '책을 많이 읽다.'를 B, '글쓰기 능력이 좋다.'를 C라고 하면 전제1은 ~A → ~B, 전제2는 ~C → ~A이다.
삼단논법에 의해 ~C → ~A → ~B가 성립하므로 결론은 ~C → ~B나 B → C이다.
따라서 빈칸에 들어갈 내용으로 적절한 것은 '글쓰기 능력이 좋지 않으면 책을 많이 읽지 않은 것이다.'이다.

17

정답 ④

풋귤은 젖산을 분해하는 구연산 함량이 1.5%~2%로 완숙과보다 3배 정도 높다.

[오답분석]
① 마지막 문단을 통해 풋귤이 감귤의 미숙과로 솎아내 버려졌음을 알 수 있다.
② 풋귤 추출물의 피부 보습 효과 실험을 통해 확인할 수 있다.
③ 동물 대식세포를 이용한 풋귤 추출물의 염증 억제 실험을 통해 확인할 수 있다.

18

정답 ③

[오답분석]

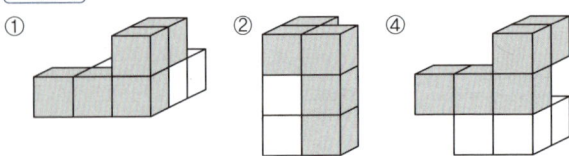

19

정답 ①

제시문은 프리온 단백질을 발견한 프루시너에 대한 글로, 프루시너가 프리온의 존재를 발표하기 전 분자 생물학계의 중심 이론을 설명하고, 그에 대해 반대의 주장을 펼친 프루시너의 이론과 그가 공로를 인정받게 된 과정에 대해 설명하고 있다.

20

정답 ④

지원자 4의 진술이 거짓이면 지원자 5의 진술도 거짓이고, 지원자 4의 진술이 참이면 지원자 5의 진술도 참이다.
즉, 1명의 진술만 거짓이므로 지원자 4, 5의 진술은 참이다. 이때 지원자 1과 지원자 2의 진술은 모순이다.
ⅰ) 지원자 1의 진술이 참인 경우
　　지원자 2는 A부서에 선발이 되었고, 지원자 3은 B부서 또는 C부서에 선발되었다. 이때, 지원자 3의 진술에 따라, 지원자 4가 B부서, 지원자 3이 C부서에 선발되었다.
　　∴ A-지원자 2, B-지원자 4, C-지원자 3, D-지원자 5
ⅱ) 지원자 2의 진술이 참인 경우
　　지원자 3은 A부서에 선발이 되었고, 지원자 2는 B 또는 C부서에 선발되었다. 이때, 지원자 3의 진술에 따라, 지원자 4가 B부서, 지원자 2가 C부서에 선발되었다.
　　∴ A-지원자 3, B-지원자 4, C-지원자 2, D-지원자 5
따라서 옳은 것은 ④이다.

21

정답 ②

코칭을 준비할 경우 어떤 활동을 다룰 것이며 시간은 어느 정도 소요될 것인지에 대해서 직원들에게 구체적이고 명확히 밝혀야 한다. 또한 지나치게 많은 지시와 정보로 직원들을 압도하는 일이 없도록 하고, 질문과 피드백에 충분한 시간을 할애해야 한다.

[오답분석]

ㄴ. 직원 스스로 해결책을 찾도록 유도한다.
ㅁ. 핵심적인 질문으로 효과를 높일 뿐 아니라 적극적으로 경청한다.

> 코칭의 진행 과정
> 1. 시간을 명확히 알린다.
> 2. 목표를 확실히 밝힌다.
> 3. 핵심적인 질문으로 효과를 높인다.
> 4. 적극적으로 경청한다.
> 5. 반응을 이해하고 인정한다.
> 6. 직원 스스로 해결책을 찾도록 유도한다.
> 7. 코칭 과정을 반복한다.
> 8. 인정할 만한 일은 확실히 인정한다.
> 9. 결과에 대한 후속 작업에 집중한다.

22

정답 ②

학력이 높을수록 도덕적 제재를 선호하는 비중이 증가한다.

[오답분석]

① 학력과는 무관하게 나타났다.
③ 대졸자와 중졸자의 응답자 수를 알 수 없으므로 판단할 수 없다.
④ 인터넷 여론조사는 젊은 층 위주의 편향된 결과를 낳기 때문에 전 국민의 의견을 반영한다고 볼 수 없다(인터넷 미사용층의 배제).

23

정답 ①

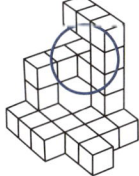

24

정답 ④

제시된 문제는 사례의 적절성을 판단하는 것으로, 본문에서는 대중문화 속에서 사는 현대인들은 다른 사람이 나를 어떻게 볼지에 대해 조바심과 공포감을 느끼며, 이러한 현상은 광고 때문에 많이 생긴다고 했다. 그러나 ④의 내용은 단순한 공포심을 나타내고 있을 뿐이다.

[오답분석]

①·②·③ 매체를 통해 정보를 얻고, 그 정보대로 실행하지 않으면 남들보다 열등한 상태에 놓이게 될 것으로 여겨 대중매체가 요구하는 대로 행동하는 사례이다.

25
정답 ④

두 사람이 내릴 수 있는 층은 1~8층이므로 두 사람이 엘리베이터에서 내리는 경우의 수는 8×8=64가지이고, 같은 층에서 내리는 경우의 수는 8가지이다.

따라서 두 사람이 같은 층에서 내릴 확률은 $\frac{8}{64}=\frac{1}{8}$이고, 서로 다른 층에서 내릴 확률은 $1-\frac{1}{8}=\frac{7}{8}$이다.

26
정답 ④

n을 자연수라고 하면 n항÷(−2)+4=(n+1)항인 수열이다.
따라서 (　)=−16÷(−2)+4=12이다.

27
정답 ④

앞의 항에 +1, $+\frac{1}{2}$, $+\frac{1}{3}$, $+\frac{1}{4}$, …인 수열이다.

따라서 (　)=$\frac{29}{12}+\frac{1}{5}=\frac{157}{60}$이다.

28
정답 ④

$\underline{A\ B\ C} \rightarrow B^2 = A \times C$
따라서 (　)=$\sqrt{8\times 2}=4$이다.

29
정답 ④

〈왼쪽〉　〈오른쪽〉

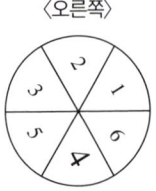

회전했을 때 숫자에 해당하는 모양은 각각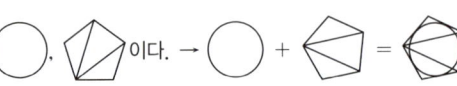

30
정답 ①

- 양여 : 자기의 소유를 남에게 건네줌
- 양도 : 재산이나 물건을 남에게 넘겨줌. 또는 그런 일

오답분석
② 무엇을 내주거나 갖다 바침
③ 사물을 다른 사람에게서 넘겨받음
④ 장소나 주소 따위를 다른 데로 옮김

31
정답 ①

제시문은 물리적 태세와 목적론적 태세, 지향적 태세라는 추상적 개념을 구체적인 사례를 통해 설명하고 있다.

32
정답 ②

- 선을 본 사람이 마음에 차지(들지) 않는다.
- 그 선생님은 사람이 너무 차서(냉담해서) 학생들이 따르지 않는다.
- 퇴근길 버스에 사람이 차서(가득해서) 숨이 막혔다.

33
정답 ④

제시문은 예전과는 달라진 덕후에 대한 사회적 시선과 그와 관련된 소비 산업에 관해 이야기하고 있다. (다) 덕후의 어원과 더 이상 숨기지 않아도 되는 존재로의 변화 → (가) 달라진 사회 시선과 일본의 오타쿠와 다른 독자적 존재로서 진화해가는 한국 덕후 → (나) 진화된 덕후들을 공략하기 위해 발달하고 있는 산업 순으로 진행되는 것이 적절하다.

34
정답 ②

오답분석

① 용돈을 받는 남학생과 여학생의 비율은 각각 82.9%, 85.4%이다. 따라서 여학생이 더 높다.
③ 전체 인원을 100명이라 한다면, 월간 용돈을 5만 원 이상 받는 고등학생의 비율은 40%이므로 $\frac{40}{100} \times 100 = 40$명이다.
④ 전체에서 용돈기입장의 기록, 미기록 비율은 각각 30%, 70%이다. 따라서 기록하는 비율이 더 낮다.

35
정답 ②

갈등해결 방법에 있어서 명심해야 할 점 9가지 중 옳지 않은 행동은 '어려운 문제는 피하도록 한다.', '사람들과 눈을 자주 마주치지 않도록 한다.' 2가지이다.
어려운 문제를 피하는 것은 갈등이 심화하는 원인이 될 수 있기 때문에 어려운 문제는 피하지 말고 맞서 바로 해결하는 것이 중요하다. 또한 사람들과 눈을 자주 마주치는 것은 갈등해결에 있어 상대방에게 신뢰감과 존중감을 줄 수 있는 적절한 행동으로 볼 수 있다.

36
정답 ④

1월 대비 4월의 도입단가 증가율 $= \frac{55-40}{40} \times 100 = 37.5\%$

$37.5 \div 3 = 12.5$이므로 1월 대비 4월의 손해액은 $-100 \times 12.5 = -1,250$억 달러이다.

37
정답 ③

본인에 대해 아버지가 걱정하는 비율은 27.1%이다.

38
정답 ③

효진이는 화분을 수진이보다는 많이 샀지만 지은이보다는 적게 샀으므로 효진이는 3~5개를 샀을 것이다. 그러나 주어진 제시문만으로는 몇 개의 화분을 샀는지 정확히 알 수 없다.

39

정답 ①

막내의 나이를 x살, 서로 나이가 같은 3명의 멤버 중 한 명의 나이를 y살이라 하자.
$y=105\div 5=21(\because y=5$명의 평균 나이$)$
$24+3y+x=105 \rightarrow x+3\times 21=81$
$\therefore x=18$
따라서 막내의 나이는 18살이다.

40

정답 ①

첫 번째 문단에서의 '특히 해당 건물은 조립식 샌드위치 패널로 지어져 있어 이번 화재는 자칫 대형 산불로 이어져'라는 내용과 빈칸 앞뒤의 '빠르게 진화되었지만', '불이 삽시간에 번져'라는 내용을 미루어 볼 때, 해당 건물의 화재가 빠르게 진화되었지만 사상자가 발생한 것은 조립식 샌드위치 패널로 이루어진 화재에 취약한 구조이기 때문으로 볼 수 있다. 따라서 빈칸에 들어갈 내용으로 가장 적절한 것은 ①번이다.

[오답분석]
② 건조한 기후와 관련한 내용은 제시문에서 찾을 수 없다.
③ 해당 건물이 불법 가건물에 해당되지만 해당 건물의 안정성과 관련한 내용은 제시문에서 찾을 수 없다.
④ 소방 시설과 관련한 내용은 제시문에서 찾을 수 없으며, 두 번째 문단에서의 '화재는 30여 분 만에 빠르게 진화되었지만,'이라는 내용으로 보아 소방 대처가 화재에 영향을 줬다고 보기는 어렵다.

41

정답 ③

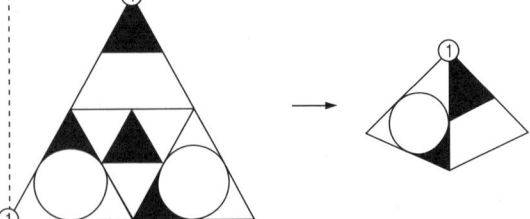

42

정답 ③

공유경제는 제품을 여럿이 함께 공유하며 경제활동을 하는 것을 의미하므로 단순히 사진을 업로드하고 자신의 일상을 여러 사람들과 공유하는 소셜네트워크 서비스를 공유경제의 사례로 보기 어렵다.

43

정답 ④

빈칸 뒤의 내용을 보면 공유경제에서는 기존 기업과 달리 거래 당사자들이 이익을 취할 뿐만 아니라 거래를 통해 사회 전체에 기여한다고 하였으므로 공유경제는 모두에게 이익이 되는 구조를 지향한다는 ④가 빈칸에 들어갈 내용으로 가장 적절하다.

44

정답 ③

동수는 혼자 하루 동안 $\frac{1}{8}$을 만들 수 있고, 세협이는 혼자 하루 동안 $\frac{1}{9}$을 만들 수 있다.

둘이 함께 프라모델을 만든 날의 수를 x일이라 하면

$\frac{1}{8}+\left(\frac{1}{8}+\frac{1}{9}\right)\times x+\frac{1}{9}=1$

→ $9+(9+8)x+8=72$ → $17x=55$

∴ $x=\frac{55}{17}$

45

정답 ②

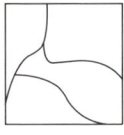

46

정답 ③

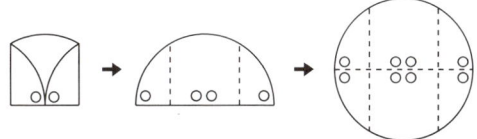

47

정답 ④

흰색 원은 위로 한 칸, 검은색 원은 아래로 한 칸씩 움직인다. 원이 움직인 후에 회색 칸은 왼쪽으로 한 칸씩 움직이며, 회색 칸 위에 있는 원은 색이 반전된다.

48

정답 ④

제시된 낱말은 도구와 용도의 관계이다. 피아노는 연주하는 데 쓰이고, 연필은 글씨를 쓰는 데 쓰인다.

49

정답 ②

연도별 미세먼지의 관측횟수는 2022년에 최고치를 기록했다.

50

정답 ③

제3회 최종점검 모의고사

01	02	03	04	05	06	07	08	09	10	11	12	13	14	15	16	17	18	19	20
①	③	②	④	①	③	④	③	③	④	④	③	②	③	②	③	③	①	③	④
21	22	23	24	25	26	27	28	29	30	31	32	33	34	35	36	37	38	39	40
④	④	③	④	③	④	①	④	④	④	④	①	①	④	④	④	④	④	②	④
41	42	43	44	45	46	47	48	49	50										
②	③	④	②	②	③	③	④	③	②										

01 정답 ①

주어진 명제의 대우 명제는 '당근을 먹으면 토끼의 털은 검은색이 아니다.'이다.

02 정답 ③

동네 마트 등 주변에서 가전제품처럼 쉽게 구할 수 있었던 미니태양광이 자격기준의 강화로 쉽게 설치할 수 없게 되었다는 의견이 제기되고 있다. 따라서 까다로워진 기준은 태양광 설치의 대중화에 방해가 되고 있음을 알 수 있다.

[오답분석]
① 서울시는 태양광 미니발전소가 발전설비인 만큼 안전문제가 발생할 수 있으므로 보급업체의 자격 기준을 강화하였다.
② 베란다형 태양광 미니발전소 설치는 2016년에 8,311개로 2014년도의 1,777개에 비해 3배 이상 증가하였다.
④ 지난해까지는 전기공사업 면허 없이도 보급업체로 참여할 수 있었다.

03 정답 ②

규칙은 가로로 적용된다. 첫 번째 도형과 두 번째 도형의 색칠된 부분을 합친 도형이 세 번째 도형이다.

04 정답 ④

의약품 특허권을 둘러싼 사건의 시작을 제시하며 도입부 역할을 하는 (라)문단이 처음에 오고, 미국의 세부적인 요구 사항을 언급한 (가)문단이 그다음에 와야 한다. 이어 칠레 정부의 대처를 설명하는 (다)문단이 세 번째로 오고, 이러한 의약품 특허권이 지식재산권 협정을 예고했다는 (나)문단이 마지막에 오는 것이 가장 적절하다.

05 정답 ①

1. (가)=194−(23+13+111+15)=32
   따라서 (가)는 32명이다.
2. 1차에서 D사를 선택하고, 2차에서 C사를 선택한 소비자 수는 21명, 1차에서 E사를 선택하고 2차에서 B사를 선택한 소비자 수는 18명이다. 따라서 차이는 21−18=3명이다.

06

- 2022년 전년 대비 감소율 : $\frac{20-15}{20} \times 100 = 25\%$
- 2023년 전년 대비 감소율 : $\frac{15-12}{15} \times 100 = 20\%$

따라서 2022년과 2023년의 경제 분야 투자규모의 전년 대비 감소율의 차이는 5%p이다.

[오답분석]

① 2024년 총지출을 a억 원이라 가정하면, $a \times 0.05 = 16$억 원 → $a = \frac{16}{0.05} = 320$, 총지출은 320억 원이므로 300억 원 이상이다.

② 2021년 경제 분야 투자규모의 전년 대비 증가율은 $\frac{20-16}{16} \times 100 = 25\%$이다.

④ 2020 ~ 2024년 동안 경제 분야에 투자한 금액은 $16 + 20 + 15 + 12 + 16 = 79$억 원이다.

07

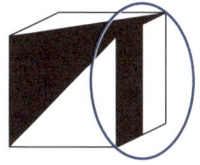

08

곡물별 2022년과 2023년의 소비량 변화는 다음과 같다.
- 소맥 : $|680 - 697| = 17$백만 톤
- 옥수수 : $|860 - 880| = 20$백만 톤
- 대두 : $|240 - 237| = 3$백만 톤

따라서 소비량의 변화가 가장 작은 곡물은 대두이다.

[오답분석]

① 제시된 자료를 통해 확인할 수 있다.
② 제시된 자료를 통해 2024년에 모든 곡물의 생산량과 소비량이 다른 해에 비해 많음을 알 수 있다.
④ • 2022년 전체 곡물 생산량 : $695 + 885 + 240 = 1,820$백만 톤
 • 2024년 전체 곡물 생산량 : $750 + 950 + 260 = 1,960$백만 톤
따라서 2022년과 2024년의 전체 곡물 생산량의 차이는 $1,960 - 1,820 = 140$백만 톤이다.

09

- 첫 번째 문제를 맞힐 확률 : $\frac{1}{5}$
- 첫 번째 문제를 틀릴 확률 : $1 - \frac{1}{5} = \frac{4}{5}$
- 두 번째 문제를 맞힐 확률 : $\frac{2}{5} \times \frac{1}{4} = \frac{1}{10}$
- 두 번째 문제를 틀릴 확률 : $1 - \frac{1}{10} = \frac{9}{10}$

∴ 두 문제 중 하나만 맞힐 확률 : $\frac{1}{5} \times \frac{9}{10} + \frac{4}{5} \times \frac{1}{10} = \frac{13}{50} = 26\%$

10

수호는 주스를 좋아하므로, 디자인 담당이 아니다. 또한 편집 담당과 이웃해 있으므로 기획 담당이다. 편집 담당은 콜라를 좋아하고, 검은색 책상에 앉아 있다. 그런데 종대는 갈색 책상에 앉아 있으므로 종대는 디자인 담당이며, 민석이가 검은색 책상에 앉아 있다. 그러므로 수호는 흰색 책상에 앉아 있다. 이를 정리하면 다음과 같다.

수호	민석	종대
흰색 책상	검은색 책상	갈색 책상
기획	편집	디자인
주스	콜라	커피

[오답분석]
ㄷ. 수호가 편집을 하지 않는 것은 맞지만, 민석이는 콜라를 좋아한다.
ㄹ. 민석이는 편집 담당이므로 검은색 책상에 앉아 있다.

11

정답 ④

제시문에서 '보통 브랜드 핵심은 특수한 기법을 써서 측정할 수 있고,'라고 했으므로, ③이 옳지 않다.

12

정답 ③

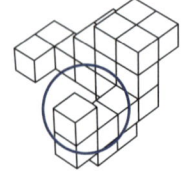

13

정답 ②

제시문에서는 종합지급결제사업자 제도가 등장한 배경과 해당 제도를 통해 얻을 수 있는 이익과 우려되는 상황에 대해 다루고 있다. 따라서 ②가 가장 적절한 주제이다.

[오답분석]
① 제시문에서는 은행의 과점체제 해소를 위한 여러 방안 중 금융당국 판단에서 가장 큰 효과가 기대되는 종합지급결제사업자 제도에 대해서만 언급하고 있으므로 지나치게 포괄적인 주제이다.
③ 제시문은 비은행 업계가 은행의 권리를 침해한다기보다는 은행의 과점체제인 현 상황을 개선하기 위해 은행 업무 중 일부를 비은행 기관이 같이 하게 된 배경과 그로 인해 발생하는 장점과 단점을 다루고 있다. 따라서 위 글의 주제로 보기에 적절하지 않다.
④ 제시문은 종합지급결제사업자 제도의 도입으로 인한 은행과 비은행의 경쟁과 그로 인해 발생할 수 있는 장점과 단점을 다루고 있으며 이는 소비자의 실익에만 국한되어 있지 않기 때문에 주제로 보기에는 적절하지 않다.

14

구분	건축학과	기계공학과	화학공학과	신소재공학과	합계
2022년도 입학생 수	50	a	100	b	320
2023년도 입학생 수	100	$a+30$	$100 \times \frac{80}{100} = 80$	$50 \times 2 = 100$	$320 \times \frac{125}{100} = 400$

- 2023년도 입학생 수의 합 : $400 = 100 + (a+30) + 80 + 100 \rightarrow a = 90$
- 2022년도 입학생 수의 합 : $320 = 50 + 90 + 100 + b \rightarrow b = 80$

∴ 2023년 신소재공학과 입학생 수의 2022년 대비 증감률 : $\frac{100-80}{80} \times 100 = 25\%$

15

정답 ②

마우스와 키보드는 컴퓨터의 하위어에 해당되고 대등 관계이다. 마우스와 키보드는 컴퓨터 이용 시 함께 사용되면서 서로의 역할을 보완해 준다. 마찬가지로 숟가락과 젓가락도 식사 도구의 하위어에 해당되고 대등 관계이며, 식사 시 함께 사용되면서 서로의 역할을 보완해 준다.

16

정답 ③

세 번째 조건에 따라 D는 여섯 명 중 두 번째로 키가 크므로 1팀에 배치되는 것을 알 수 있다. 또한 두 번째 조건에 따라 B는 2팀에 배치되므로 한 팀에 배치되어야 하는 E와 F는 아무도 배치되지 않은 3팀에 배치되는 것을 알 수 있다. 마지막으로 네 번째 조건에 따라 B보다 키가 큰 A는 2팀에 배치되므로 결국 A, B, C, D, E, F는 다음과 같이 배치된다.

1팀	2팀	3팀
C > D	A > B	E, F

따라서 키가 가장 큰 사람은 C이다.

17

정답 ③

- ⓒ 효과(效果) : 보람이 있는 좋은 결과
- ㉠ 활용(活用) : 살려서 잘 응용함
- ㉤ 사용(使用) : 물건을 쓰거나 사람을 부림
- ㉣ 효율(效率) : 들인 노력과 얻은 결과의 비율

[오답분석]

- ㉡ 효용(效用) : 보람 있게 쓰거나 쓰임. 또는 그런 보람이나 쓸모
- ㉢ 조율(調律) : 문제를 어떤 대상에 알맞거나 마땅하도록 조절함을 비유적으로 이르는 말
- ⓐ 과시(誇示) : 자랑해 보임
- ⓞ 효능(效能) : 효험을 나타내는 능력

18

정답 ①

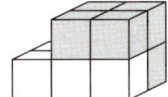

19 정답 ③

수익률을 구하면 다음과 같다.

구분	개인경영	회사법인	회사 이외의 법인	비법인 단체
수익률(%)	$\left(\dfrac{270}{150}-1\right)\times100=80$	$\left(\dfrac{40}{25}-1\right)\times100=60$	$\left(\dfrac{17}{10}-1\right)\times100=70$	$\left(\dfrac{3}{2}-1\right)\times100=50$

따라서 수익률이 가장 높은 사업 형태는 개인경영이다.

[오답분석]

① 사업체 수를 보면 다른 사업 형태보다 개인경영 사업체 수가 많은 것을 확인할 수 있다.
② 사업체 1개당 매출액을 구하면 다음과 같다.

- 개인경영 : $\dfrac{270}{900}=0.3$십억 원=3억 원

- 회사법인 : $\dfrac{40}{50}=0.8$십억 원=8억 원

- 회사 이외의 법인 : $\dfrac{17}{85}=0.2$십억 원=2억 원

- 비법인 단체 : $\dfrac{3}{15}=0.2$십억 원=2억 원

따라서 사업체 1개당 매출액이 가장 큰 예식장 사업 형태는 회사법인이다.
④ 개인경영 형태의 예식장 수익률은 80%로 비법인 단체 형태의 예식장 수익률인 50%의 2배인 100% 미만이다.

20 정답 ④

제시문의 첫 문단에서 위계화의 개념을 설명하고, 이러한 불평등의 원인과 구조에 대해 살펴보고 있으므로 글의 제목으로 ④가 적절하다.

21 정답 ④

(자기자본)=(발행 주식 수)×(액면가)

→ (발행 주식 수)=$\dfrac{(자기자본)}{(액면가)}$

A : $\dfrac{100,000}{5}=20,000$

B : $\dfrac{500,000}{5}=100,000$

C : $\dfrac{250,000}{0.5}=500,000$

D : 80,000

ㄴ. 아래 ㄱ에 따라, 주당 순이익은 B-D-A-C 순서로 높다. 이는 주식가격이 높은 순서와 일치한다.
ㄷ. 20,000×4=80,000

[오답분석]

ㄱ. • A : $\dfrac{10,000}{20,000}=0.5$ • B : $\dfrac{200,000}{100,000}=2$

• C : $\dfrac{125,000}{500,000}=0.25$ • D : $\dfrac{60,000}{80,000}=0.75$

ㄹ. • A : $\dfrac{10,000}{100,000}\times100=10\%$ • B : $\dfrac{200,000}{500,000}\times100=40\%$

• C : $\dfrac{125,000}{250,000}\times100=50\%$ • D : $\dfrac{60,000}{80,000}\times100=75\%$

22

정답 ④

8명이 경기를 하면 4개의 조를 정하는 것과 같다. 1~4위까지의 선수들을 만나지 않게 하려면 각 조에 1~4위 선수가 각각 한 명씩 배치되어야 한다. 이 선수들을 먼저 배치하고 다른 선수들이 들어가는 경우의 수는 4!=24가지이다. 다음으로 만들어진 4개의 조를 두 개로 나누는 경우의 수를 구하면 $_4C_2 \times _2C_2 \times \dfrac{1}{2!}=3$가지이다.

따라서 가능한 대진표의 경우의 수는 24×3=72가지이다.

23

정답 ③

밑줄 친 '엿볼'은 '남이 보이지 아니하는 곳에 숨거나 남이 알아차리지 못하게 하여 대상을 살펴보다.'는 뜻으로 이와 같은 뜻으로 쓰인 것은 ③이다.

오답분석

①·② 잘 보이지 아니하는 대상을 좁은 틈 따위로 바라보다.
④ 잘 드러나지 아니하는 마음이나 생각을 알아내려고 살피다.

24

정답 ④

제시문은 집단을 중심으로 절차의 정당성을 근거로 한 과도한 권력, 즉 무제한적 민주주의에 대해 비판하는 글이다. 따라서 빈칸에 들어갈 내용은 ④가 가장 적절하다.

25

정답 ③

ㄷ. (합격자 수)=(진학 희망자 수)×(대학진학 희망자)×(희망대학 진학자)이므로 국문학과 합격자 수를 학교별로 구해보면 다음과 같다.
  - A고등학교 : 700×0.6×0.2=84명
  - B고등학교 : 500×0.5×0.1=25명
  - C고등학교 : 300×0.2×0.35=21명
  - D고등학교 : 400×0.05×0.3=6명
  따라서 합격자 수가 많은 순서로 나열하면 'A고등학교 → B고등학교 → C고등학교 → D고등학교'이다.

오답분석

ㄱ. • B고등학교의 경제학과 합격자 수 : 500×0.2×0.3=30명
   • D고등학교의 경제학과 합격자 수 : 400×0.25×0.25=25명
   따라서 B고등학교가 더 많다.
ㄴ. A고등학교의 법학과 합격자는 700×0.2×0.3=42명으로 40명보다 많고, C고등학교의 국문학과 합격자는 300×0.2×0.35=21명으로 20명보다 많다.

26

정답 ④

합격한 사람의 수를 x명이라 하면, 불합격한 사람의 수는 $(200-x)$명이다.
$55 \times 200 = 70x + 40 \times (200-x)$
→ $11,000 = 30x + 8,000$ → $30x = 3,000$
∴ $x = 100$
따라서 합격한 사람은 100명이다.

27 정답 ①

오답분석

ㄷ. 세계는 감각으로 인식될 때만 존재한다. 따라서 책상은 인식 이전에 그 자체로 존재할 수 없다.
ㄹ. 사과의 단맛은 주관적인 속성으로, 둥근 모양은 객관적으로 성립한다고 여겨지는 형태에 해당하지만, 버클리는 주관적 속성으로 인식했다.

28 정답 ④

'채소나 생선 따위에 소금이나 식초, 설탕 따위가 배어들게 하다.'라는 뜻의 단어는 '절다(절이다)'가 맞다.

오답분석

① 생선을 조린다.
② 옷을 다린다.
③ 마음을 졸인다.

29 정답 ④

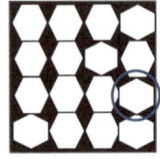

30 정답 ④

참여율이 4번째로 높은 해는 2021년이므로 2021년 참여율의 전년 대비 증가율은 $\frac{14.6-12.9}{12.9} \times 100 ≒ 13.2\%$이다.

31 정답 ④

보기의 문장에서 '묘사(描寫)'는 '어떤 대상이나 현상 따위를 있는 그대로 언어로 서술하거나 그림으로 그려서 나타내는 것'이다. 그러므로 문장 앞에는 어떤 대상이나 현상이 나와야 하며, 이는 '분주하고 정신없는 장면'이 적절하다. 또한 보기에서의 묘사는 '본 사람이 무엇을 중요하게 판단하고, 무엇에 흥미를 느꼈느냐에 따라 크게 다르다.'고 했으므로 보기 뒤에는 '어느 부분에 주목하고, 또 어떻게 그것을 해석했는지에 따라 즐겁기도 하고 무섭기도 하다.'가 적절하다. 따라서 보기의 문장은 (라)에 들어가야 한다.

32 정답 ①

수신에는 실제로 회의에 참석해야 하는 을이 들어가는 것은 적절하지만, 그의 상사인 B팀 팀장은 실제로 회의에 참석하는 것이 아니므로 참조에 들어가는 것이 적절하다.

오답분석

②·③ A팀 팀장은 해당 메일에서 요청하는 일을 수행해야 하는 사람은 아니지만, 갑에게 해당 업무를 지시한 사람이므로, 갑이 해당 업무를 어떻게 수행했는지 알려주기 위해 A팀 팀장을 참조에 넣는 것은 적절하다.
④ B팀 팀장은 해당 메일에서 요청하는 일을 수행해야 하는 사람은 아니지만, 실제로 업무를 수행하는 을의 팀장이므로 을이 어떠한 업무를 지원하게 되었는지 알리기 위해 B팀 팀장을 참조에 넣는 것은 적절하다.

33

정답 ①

부산이 4번째 여행지였을 때 가능한 순서는 다음과 같다.

전주	강릉	춘천	부산	안동	대구

따라서 전주는 민호의 1번째 여행지이다.

34

정답 ④

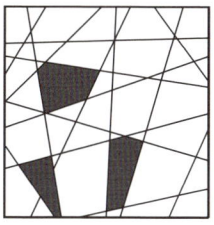

35

정답 ④

이어지는 문장의 의미를 고려하면 재산이 많은 사람은 약간의 세율 변동에도 큰 영향을 받는다는 것을 알 수 있다. 그러므로 '영향이 클 수 있기 때문에'로 수정해야 한다.

36

정답 ④

장피에르 교수 외 고대 그리스 수학자들의 학문에 대한 공통적 입장은 새로운 진리를 찾는 기쁨이라는 것이다.

[오답분석]
① · ③ 제시문과 반대되는 내용이므로 옳지 않다.
② 제시문에 언급되어 있지 않아 알 수 없다.

37

정답 ④

서울과 부산 간의 거리는 혜영이와 준호가 이동한 거리의 합과 같다. 따라서 $(85+86.2) \times 2.5 = 428$km이다.

38

정답 ③

옷의 정가를 x원이라 하자.
$x \times (1-0.2) \times (1-0.3) = 280,000$
→ $0.56x = 280,000$
∴ $x = 500,000$
따라서 할인받은 금액은 총 $50-28=22$만 원이다.

39

정답 ②

- 떡을 만들기 위해 쌀가루를 체에 내리다(치다).
- 얼굴의 부기가 내리지(빠지지) 않아서 외출을 할 수 없다.
- 이번 일은 이쯤에서 끝내는 것이 좋겠다고 결론을 내렸다(지었다).

40

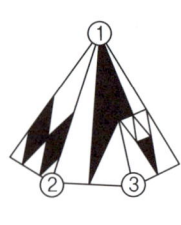
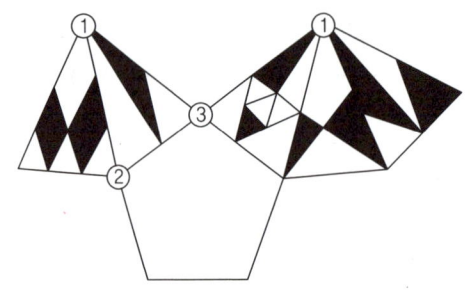

41

정답 ②

n을 자연수라고 하면 n항×3−1이 $(n+1)$항인 수열이다.
따라서 (　)=527×3−1=1,580이다.

42

정답 ③

$\underline{A\ B\ C} \rightarrow A+B=C$
따라서 (　)=4+7=11이다.

43

정답 ④

앞의 항에 $\times \frac{1}{4}$과 $\div 2+4$가 번갈아 적용되는 수열이다.

따라서 빈칸에 들어갈 수는 $\frac{11}{8}$이다.

44

정답 ②

A가 1시간 동안에 정리할 수 있는 면적을 $x\,\mathrm{m}^2$라 하면, B가 정리할 수 있는 면적은 $\frac{2}{3}x\,\mathrm{m}^2$이다.

$\left(x+\frac{2}{3}x\right)\times 5=100 \rightarrow \frac{5}{3}x=20$

$\therefore x=12$

따라서 면적은 $12\,\mathrm{m}^2$이다.

45

정답 ②

수요탄력성이 완전 비탄력적인 상품은 가격이 내리면 지출액이 감소하며, 수요탄력성이 완전 탄력적인 상품은 가격이 내리면 지출액이 증가한다고 설명하고 있다. 그러므로 소비자의 지출액을 줄이려면 수요탄력성이 낮은 생필품의 가격은 낮추고, 수요탄력성이 높은 사치품은 가격을 높여야 한다고 추론할 수 있다.

46

정답 ③

F가 5등이라면 E는 1등, 2등, 4등 모두 될 수 있으므로 E의 정확한 등수는 알 수 없다.

47

정답 ③

C가 E보다 높은 점수를 기록했다면 C는 D, E, F보다 높은 등수가 되어야 하므로 1등이 된다. 또한 모두 서로 다른 점수를 얻었을 때, 3등인 B가 10점 만점에서 8점을 기록하였으므로 1등인 C는 10점 만점을 기록한 것을 알 수 있다.
따라서 C와 B의 점수 차이는 2점이 된다.

48

정답 ④

- 9% 소금물 100g에 들어 있는 소금의 양 : $\frac{9}{100} \times 100 = 9g$

- 4% 소금물 150g에 들어 있는 소금의 양 : $\frac{4}{100} \times 150 = 6g$

따라서 그릇 B에 들어 있는 소금물의 농도는 $\frac{9+6}{100+150} \times 100 = 6\%$이다.

49

정답 ③

ⓒ 메모이므로 '글'에 해당한다.
ⓔ 의사표시를 글로 적은 메모의 일종이므로 '글'에 해당한다.

[오답분석]
ⓐ 전화이므로 '말'에 해당한다.
ⓓ 손짓이므로 '비언어적 수단'에 해당한다.
ⓜ 전화상 대화이므로 '말'에 해당한다.

50

정답 ②

의사결정에 있어 질보다 양을 추구한다.

제4회 최종점검 모의고사

01	02	03	04	05	06	07	08	09	10	11	12	13	14	15	16	17	18	19	20
①	③	④	④	①	②	④	④	③	①	①	③	①	④	③	④	③	①	④	③
21	22	23	24	25	26	27	28	29	30	31	32	33	34	35	36	37	38	39	40
④	③	④	②	①	①	③	④	③	④	②	①	③	③	①	①	②	③	④	④
41	42	43	44	45	46	47	48	49	50										
②	②	②	④	②	③	③	④	④	③										

01 정답 ①

'본받다'는 '본을 받다'에서 목적격 조사가 생략되고, 명사 '본'과 동사 '받다'가 결합한 합성어이다. 즉 하나의 단어로 '본받는'이 옳은 표기이다.

02 정답 ③

③은 어떤 처지가 되지 않기 위해 회피해야 할 일에 대한 것으로, 가언적 명령이다.
• 정언적 명령 : 무조건적으로 지켜야 하는 명령
• 가언적 명령 : 일정한 목적을 설정하고 이 목적을 달성하려면 어떤 행동을 하는 것이 타당한가에 관해 내려지는 명령

03 정답 ④

석훈이는 평균 6m/s로 소영이는 4m/s의 속도로 달리기 때문에 1초에 10m씩 가까워진다.
점점 가까워지다가 만나게 되고 그 과정을 한 번 더 반복하게 되는데, 두 번째 만날 때까지 둘이 달린 거리는 트랙의 둘레의 2배와 같다.
따라서 1분 15초 동안 달린 거리는 10m/s×75sec=750m이며 트랙의 둘레는 그 절반인 375m이다.

04 정답 ④

당뇨병에 걸린 사람에게 인슐린을 주사하여 당뇨병을 치료할 수 있으나, 인슐린이 당뇨병을 예방하는 약은 아니다.

05 정답 ①

최소한 사야 하는 감자 박스를 x박스라고 하자.
• A가게에서 드는 돈 : $10,000x$원
• B가게에서 드는 돈 : $(8,000x+3,000)$원
$10,000x > 8,000x+3,000$
∴ $x > 1.5$
따라서 B가게에서 사는 것이 A가게에서 사는 것보다 저렴하려면 최소한 2박스를 사야 한다.

06

배의 속력을 x, 강물의 속력을 y라 하면
$4 \times (x-y) = 20 \rightarrow x-y = 5 \cdots \bigcirc$
$2 \times (x+y) = 20 \rightarrow x+y = 10 \cdots \bigcirc$
$\bigcirc$, $\bigcirc$을 연립하면 $2y = 5$
$\therefore y = 2.5$
따라서 강물의 속력은 2.5km/h이다.

07

정답 ④

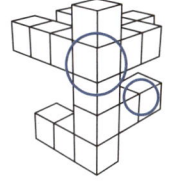

08

정답 ④

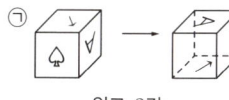 위로 2칸   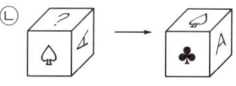 위로 1칸

$\therefore$

09

정답 ③

- (가) : 빈칸 앞 문장은 어려워질 경제 상황이 특정인들에게는 새로운 기회가 될 수도 있다는 내용이, 뒤 문장은 특정인에게만 유리한 상황이 비효율적이라는 부정적인 내용이 위치하고 있다. 따라서 ⓒ이 가장 적절하다.
- (나) : 빈칸을 제외한 문단의 내용이 집단 차원에서의 다양성 확보의 중요성을 주장하고, 그 근거로 반대 경우의 피해 사례를 제시하고 있으므로 ⓐ이 가장 적절하다.
- (다) : 빈칸을 제외한 문단의 내용이 유전자 다양성 확보 시 단점에 대한 내용이므로, '그럼에도 불구하고 다양성 확보가 중요한 이유'로 글을 마무리하는 ⓒ이 가장 적절하다.

10

정답 ①

ㄱ. 해외연수 경험이 있는 지원자의 합격률은 $\frac{95}{95+400+5} \times 100 = \frac{95}{500} \times 100 = 19\%$로, 해외연수 경험이 없는 지원자의 합격률인 $\frac{25+15}{25+80+15+130} \times 100 = \frac{40}{250} \times 100 = 16\%$보다 높다.

ㄴ. 인턴 경험이 있는 지원자의 합격률은 $\frac{95+25}{95+400+25+80} \times 100 = \frac{120}{600} \times 100 = 20\%$로, 인턴 경험이 없는 지원자의 합격률인 $\frac{15}{5+15+130} \times 100 = \frac{15}{150} \times 100 = 10\%$보다 높다.

오답분석

ㄷ. 인턴 경험과 해외연수 경험이 모두 있는 지원자 합격률(19.2%)은 인턴 경험만 있는 지원자 합격률(23.8%)보다 낮다.

ㄹ. 인턴 경험과 해외연수 경험이 모두 없는 지원자와 인턴 경험만 있는 지원자 간 합격률 차이는 23.8−10.3=13.5%p이다.

11

정답 ①

ⅰ) 수민이의 말이 참인 경우
  수민이와 한별이는 농구장, 영수는 극장에 갔다. 수영장에 간 사람이 없으므로 모순이다.
ⅱ) 한별이의 말이 참인 경우
  수민이와 한별이는 수영장 또는 극장에 갈 수 있고, 영수는 극장에 갔다. 농구장에 간 사람이 없으므로 모순이다.
ⅲ) 영수의 말이 참인 경우
  수민이는 수영장 또는 극장, 영수는 수영장 또는 농구장에 갈 수 있고, 한별이는 농구장에 갔다.
따라서 수민이는 극장, 영수는 수영장, 한별이는 농구장에 갔다.

12

정답 ③

상대방에게 잘못을 지적하며 질책을 해야 할 때는 '칭찬의 말+질책의 말+격려의 말'의 순서인 샌드위치 화법으로 표현하는 것이 좋다. 즉, 칭찬을 먼저 한 다음 질책의 말을 하고, 끝에 격려의 말로 마무리한다면 상대방은 크게 반발하지 않고 질책을 받아들이게 될 것이다.

[오답분석]
① 상대방의 잘못을 지적할 때는 지금 당장의 잘못에만 한정해야 하며, 추궁하듯이 묻지 않아야 한다.
② 상대방의 말이 끝나기 전에 어떤 답을 할까 궁리하는 것은 좋지 않다.
④ 상대방을 설득해야 할 때는 일방적으로 강요하거나 상대방에게만 손해를 보라는 식으로 대화해서는 안 된다. 먼저 양보해서 이익을 공유하겠다는 의지를 보여주는 것이 좋다.

13

정답 ①

먼저 A상자에 1개의 비품을 넣을 수 있는 경우는 볼펜 또는 형광펜 또는 지우개로 3가지가 나오며 이에 따라 B상자에 9개의 비품을 넣는 방법은 다음과 같다.

ⅰ) A상자에 볼펜 1자루를 넣었을 경우 B상자에 다른 비품을 넣는 방법은 6가지이다.

형광펜(자루)	1	2	3	4	5	6
지우개(개)	8	7	6	5	4	3

ⅱ) A상자에 형광펜 1자루를 넣었을 경우 B상자에 다른 비품을 넣는 방법은 5가지이다.

볼펜(자루)	1	2	3	4	5
지우개(개)	8	7	6	5	4

ⅲ) A상자에 지우개 1개를 넣었을 경우 B상자에 다른 비품을 넣는 방법은 3가지이다.

볼펜(자루)	3	4	5
형광펜(자루)	6	5	4

따라서 구하는 경우의 수는 6+5+3=14가지이다.

14

정답 ④

• 정면도   • 우측면도   • 윗면도

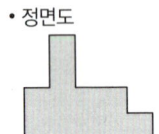
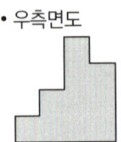
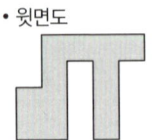

15

정답 ③

덕진과 휘영이 형제이고, 덕진의 자식인 진철과 휘영의 자식인 수환은 사촌지간이다. 따라서 덕진은 수환의 삼촌이다.

16

정답 ④

고객만족도 점수를 정리하면 A회사는 90점, B회사는 95점, C회사는 $(90+95) \div 2 = 92.5$점이므로 A회사의 점수가 가장 낮은 것을 알 수 있다.

17

정답 ③

- 간헐적(間歇的) : 얼마 동안의 시간 간격을 두고 되풀이하여 일어나는
- 이따금 : 얼마쯤씩 있다가 가끔

오답분석

① 근근이 : 어렵사리 겨우
② 자못 : 생각보다 매우
④ 빈번히 : 번거로울 정도로 도수(度數)가 잦게

18

정답 ①

ⓒ 기틀 : 어떤 일의 가장 중요한 계기나 조건
㉠ 전개(展開) : 내용을 진전시켜 펴 나감
㉢ 연출(演出) : 연극이나 방송극 따위에서 각본을 바탕으로 배우의 연기, 무대 장치, 의상, 조명, 분장 따위의 여러 부분을 종합적으로 지도하여 작품을 완성하는 일
㉥ 주역(主役) : 주된 역할

오답분석

㉡ 조연(助演) : 한 작품에서 주역을 도와 극을 전개해 나가는 역할을 함
㉣ 상연(上演) : 연극 따위를 무대에서 하여 관객에게 보이는 일
㉤ 터전 : 집터가 되는 땅
㉦ 전환(轉換) : 다른 방향이나 상태로 바뀌거나 바꿈

19

정답 ④

같은 양의 물건을 k라고 하면 갑, 을, 병 한 사람이 하루에 사용하는 양은 각각 $\frac{k}{30}$, $\frac{k}{60}$, $\frac{k}{40}$이며, 세 사람이 함께 하루 동안 사용하는 양은 $\frac{k}{30} + \frac{k}{60} + \frac{k}{40} = \frac{9k}{120} = \frac{3k}{40}$이다.

세 사람에게 나누어 줄 물건의 양을 합하면 $3k$이며, $3k$의 물건을 세 사람이 하루에 사용하는 양으로 나누면 $3k \div \frac{3k}{40} = 40$이다. 따라서 세 사람이 함께 모두 사용하는 데 걸리는 시간은 40일이다.

20

정답 ③

상대방의 요구를 거절할 때는 사과한 다음 할 수 없는 이유를 설명하는 것이 옳다. 불가능한 경우에는 모호한 것보다 단호하게 거절하는 것이 좋지만, 정색을 하면서 딱 부러지게 말하는 것은 상대의 감정을 상하게 할 수 있으므로 옳지 않다.

21

정답 ④

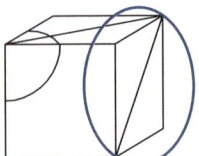

22

정답 ③

농도 5%의 소금물 200g에 들어있는 소금의 양은 $200 \times \frac{5}{100} = 10$g이다.

처음 300g의 소금물에 들어있는 소금의 양을 xg이라고 하면,

$\frac{x+10}{300+200} \times 100 = 9$

→ $x + 10 = 45$

∴ $x = 35$

따라서 처음 300g의 소금물에 들어있는 소금의 양은 35g이다.

23

정답 ④

영업부서에 지급되는 S등급과 A등급의 상여금의 합은 $(500 \times 1) + (420 \times 3) = 1,760$만 원이고, B등급과 C등급의 상여금의 합은 $(300 \times 4) + (200 \times 2) = 1,600$만 원으로 S등급과 A등급의 상여금의 합은 B등급과 C등급의 상여금의 합보다 많다.

오답분석

①·③ 마케팅부서와 영업부서의 등급별 배정인원은 다음과 같다.

구분	S	A	B	C
마케팅부서	2	6	8	4
영업부서	1	3	4	2

② A등급 1인당 상여금은 B등급 1인당 상여금보다 $\frac{420-300}{300} \times 100 = 40\%$ 많다.

24

정답 ②

ⓒ은 무력한 자아를 되돌아보고 자책하고 한탄하는 내향적 공격성을 나타내는 것이므로 ②에 제시된 예는 적절하지 않다.

25

정답 ①

- A : 테니스를 친다.
- B : 마라톤을 한다.
- C : 축구를 한다.
- D : 등산을 한다.

[제시문 A]를 간단히 나타내면 A → B, B → ~C, C → D이다. 이를 연립하면 C → ~A와 C → D가 성립한다. 따라서 [제시문 B]는 참이다.

26

A등급 선수 한 명에게 지급될 금액을 x원이라고 하자.

이때, B등급 선수 한 명에게 지급될 금액은 $\frac{1}{2}x$원, C등급 선수 한 명에게 지급될 금액은 $\frac{1}{2}x \times \frac{2}{3} = \frac{1}{3}x$원이다.

$5x + 10 \times \frac{1}{2}x + 15 \times \frac{1}{3}x = 45,000,000 \rightarrow 15x = 45,000,000$

∴ $x = 3,000,000$

27

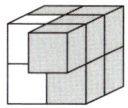

28

회전했을 때 숫자에 해당하는 모양은 각각 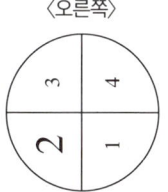 이다. →

29

×4, ÷2를 반복하는 수열이다.
따라서 ( ) = 48 ÷ 2 = 24이다.

30

×2, −7을 반복하는 수열이다.
따라서 ( ) = (−17) × 2 = −34이다.

31

각 항을 3개씩 묶고 이를 각각 A, B, C라고 하면 다음과 같은 규칙이 성립한다.
$A + C \times 2 = B$
따라서 ( ) = 5 + 10 × 2 = 25이다.

32

제시된 글은 일본의 라멘과 한국 라면의 차이점을 서술하는 글이다. '한국의 라면은 그렇지 않다.'라고 서술하는 (가) 뒤에는 한국의 라면에 대한 설명이 나와야 하므로, (라)가 적합하다. 또한 '일본의 라멘이 어떠한 맛을 추구하고 있는지에 대해서 생각해보면 알 수 있다.'라고 서술하는 (라) 뒤에는 일본의 라멘 맛에 관해서 서술하는 (나)가 적절하고, 그 뒤를 이어 라면의 독자성에 관해서 서술하는 (다)가 제일 마지막에 오는 것이 타당하다.

33

정답 ③

대부분이 모두를 뜻하지는 않으므로, 책 읽기를 좋아하는 사람 중에는 어린이가 아닌 사람이 있다.

34

정답 ③

제시된 상황에서 A가 가장 먼저 답장해야 할 사람은 메일을 보낸 당사자인 경영지원팀 직원 B이며, 바뀐 사내 행사의 내용과 일정에 대해 확인하는 것이 가장 먼저이다.

오답분석
①·② 담당자 업무와 관련한 내용을 담당자에게 알리기 전 곧바로 윗사람에게 보고하는 것은 서로 간에 예의에서 벗어난 행동이다.
④ A가 답장해야 할 내용이 사내 행사와 관련된 것은 맞지만, 사내 행사의 직접적인 관련자보다는 우선 그 메일을 보낸 사람인 B에게 먼저 답장을 하는 것이 더 적절한 행동이다.

35

정답 ①

- 주말 입장료 : $11,000+15,000+20,000\times2+20,000\times\frac{1}{2}=76,000$원

- 주중 입장료 : $10,000+13,000+18,000\times2+18,000\times\frac{1}{2}=68,000$원

따라서 요금 차이는 $76,000-68,000=8,000$원이다.

36

정답 ①

기술이 내적인 발전 경로를 가지고 있다는 통념을 비판하기 위해 다양한 사례 연구를 논거로 인용하고 있다. 따라서 인용하고 있는 연구 결과를 반박할 수 있는 자료가 있다면 글쓴이의 주장은 설득력을 잃게 된다.

37

정답 ②

800g 소포의 개수를 x, 2.4kg 소포의 개수를 y라 하면
$800x+2,400y\leq16,000 \rightarrow x+3y\leq20$ … ㉠
B회사는 동일지역, C회사는 타지역이므로
$4,000x+6,000y=60,000 \rightarrow 2x+3y=30 \rightarrow 3y=30-2x$ … ㉡
㉡을 ㉠에 대입하면
$x+30-2x\leq20 \rightarrow x\geq10$ … ㉢
㉡, ㉢을 동시에 만족하는 정수 x, y값은 $x=12$, $y=2$이다.
따라서 800g 소포는 12개, 2.4kg 소포는 2개 보냈다.

38

정답 ③

'최고의 진리는 언어 이전, 혹은 언어 이후의 무언(無言)의 진리이다.', '동양 사상의 정수(精髓)는 말로써 말이 필요 없는 경지'라고 한 부분을 보았을 때 동양 사상은 언어적 지식을 초월하는 진리를 추구한다는 것이 지문의 핵심내용이다.

39

정답 ④

제시된 글은 영화의 시퀀스를 구성하는 요소와 개념에 대해 설명한 후, 씬의 제시 방법에 따른 시퀀스의 종류를 언급하고 있다. 또한 시퀀스의 연결 방법과 효과, 시퀀스의 길이에 따른 특징을 설명한 후 영화를 감상할 때 시퀀스 분석이 지니는 의의를 언급하며 글을 마무리하고 있다. 그러나 영화의 발전 과정과 시퀀스의 상관관계에 관한 내용은 확인할 수 없다.

40

정답 ④

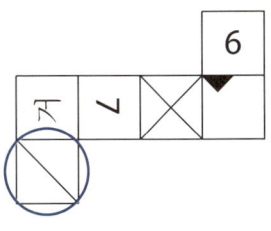

41

정답 ②

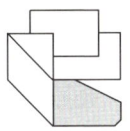

오답분석

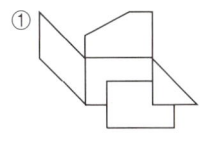 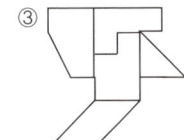 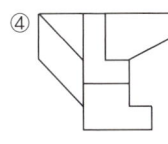

42

정답 ②

오답분석
① 더위에 지친 나는 일을 놓고(그만두고) 한숨 자기로 했다.
③ 회의실에서는 긴장을 놓고(풀고) 있어서는 안 된다.
④ 그 상자는 구석에 놓고(두고) 빨리 여기로 와보아라.

43

정답 ②

빈칸 바로 뒤에 '자신의 주머니'와 이에 따른 대안의 한계를 지적하고 있으므로 정부나 기업 차원이 아닌 개인 차원의 대안이다. 따라서 ②가 가장 적절하다.

44

정답 ④

구분	뮤지컬 좋아함	뮤지컬 안 좋아함	합계
남학생	24	26	50
여학생	16	14	30
합계	40	40	80

따라서 80명의 학생 중 임의로 선택한 1명이 뮤지컬을 좋아하지 않는 학생이었을 때, 그 학생이 여학생일 확률은 $\frac{14}{40} = \frac{7}{20}$이다.

45
정답 ②

통신회사의 기본요금을 x라 하면
$x+60a+30\times 2a=21,600$ → $x+120a=21,600$ ⋯ ㉠
$x+20a=13,600$ ⋯ ㉡
㉠, ㉡을 연립하면 $100a=8,000$
∴ $a=80$

46
정답 ③

- 선연하다 : 실제로 보는 것같이 생생하다.
- 뚜렷하다 : 엉클어지거나 흐리지 않고 아주 분명하다.

47
정답 ③

제시문은 유추에 의한 단어 형성에 대해서만 설명하는 글이다.

[오답분석]
① 첫 번째 문단에서 확인할 수 있다.
② 세 번째 문단에서 확인할 수 있다.
④ 마지막 문단에서 확인할 수 있다.

48
정답 ④

49
정답 ④

- 1층 : $5\times 5-5=20$개
- 2층 : $25-6=19$개
- 3층 : $25-6=19$개
- 4층 : $25-7=18$개
- 5층 : $25-10=15$개
∴ $20+19+19+18+15=91$개

50
정답 ③

간장은 '메주'를 소금물에 담가 우려낸 '짠맛'이 나는 흑갈색 '액체'이므로 '간장'을 연상할 수 있다.

충청남도교육청 교육공무직원 소양평가 답안카드

문번	1	2	3	4	문번	1	2	3	4	문번	1	2	3	4
1	①	②	③	④	21	①	②	③	④	41	①	②	③	④
2	①	②	③	④	22	①	②	③	④	42	①	②	③	④
3	①	②	③	④	23	①	②	③	④	43	①	②	③	④
4	①	②	③	④	24	①	②	③	④	44	①	②	③	④
5	①	②	③	④	25	①	②	③	④	45	①	②	③	④
6	①	②	③	④	26	①	②	③	④	46	①	②	③	④
7	①	②	③	④	27	①	②	③	④	47	①	②	③	④
8	①	②	③	④	28	①	②	③	④	48	①	②	③	④
9	①	②	③	④	29	①	②	③	④	49	①	②	③	④
10	①	②	③	④	30	①	②	③	④	50	①	②	③	④
11	①	②	③	④	31	①	②	③	④					
12	①	②	③	④	32	①	②	③	④					
13	①	②	③	④	33	①	②	③	④					
14	①	②	③	④	34	①	②	③	④					
15	①	②	③	④	35	①	②	③	④					
16	①	②	③	④	36	①	②	③	④					
17	①	②	③	④	37	①	②	③	④					
18	①	②	③	④	38	①	②	③	④					
19	①	②	③	④	39	①	②	③	④					
20	①	②	③	④	40	①	②	③	④					

※ 절취선을 따라 분리하여 실제 시험과 같이 사용하면 더욱 효과적입니다.

※ 본 답안카드는 마킹연습용 모의 답안카드입니다.

고사장

성 명

수험번호

감독위원 확인 (인)

충청남도교육청 교육공무직원 소양평가 답안카드

충청남도교육청 교육공무직원 소양평가 답안카드

문번	1	2	3	4	문번	1	2	3	4	문번	1	2	3	4
1	①	②	③	④	21	①	②	③	④	41	①	②	③	④
2	①	②	③	④	22	①	②	③	④	42	①	②	③	④
3	①	②	③	④	23	①	②	③	④	43	①	②	③	④
4	①	②	③	④	24	①	②	③	④	44	①	②	③	④
5	①	②	③	④	25	①	②	③	④	45	①	②	③	④
6	①	②	③	④	26	①	②	③	④	46	①	②	③	④
7	①	②	③	④	27	①	②	③	④	47	①	②	③	④
8	①	②	③	④	28	①	②	③	④	48	①	②	③	④
9	①	②	③	④	29	①	②	③	④	49	①	②	③	④
10	①	②	③	④	30	①	②	③	④	50	①	②	③	④
11	①	②	③	④	31	①	②	③	④					
12	①	②	③	④	32	①	②	③	④					
13	①	②	③	④	33	①	②	③	④					
14	①	②	③	④	34	①	②	③	④					
15	①	②	③	④	35	①	②	③	④					
16	①	②	③	④	36	①	②	③	④					
17	①	②	③	④	37	①	②	③	④					
18	①	②	③	④	38	①	②	③	④					
19	①	②	③	④	39	①	②	③	④					
20	①	②	③	④	40	①	②	③	④					

※ 본 답안카드는 마킹연습용 답안카드입니다.

※ 절취선을 따라 분리하여 실제 시험과 같이 사용하면 더욱 효과적입니다.

고사장

성 명

수 험 번 호

⓪	①	②	③	④	⑤	⑥	⑦	⑧	⑨
⓪	①	②	③	④	⑤	⑥	⑦	⑧	⑨
⓪	①	②	③	④	⑤	⑥	⑦	⑧	⑨
⓪	①	②	③	④	⑤	⑥	⑦	⑧	⑨
⓪	①	②	③	④	⑤	⑥	⑦	⑧	⑨
⓪	①	②	③	④	⑤	⑥	⑦	⑧	⑨
⓪	①	②	③	④	⑤	⑥	⑦	⑧	⑨

감독위원 확인

(인)

충청남도교육청 교육공무직원 소양평가 답안카드

충청남도 교육청

교육공무직원 소양평가

교육공무직 ROAD MAP

전국 시·도 교육청

부산광역시 교육청

대전광역시 교육청

세종특별자치시 교육청

전라북도 교육청

경상남도 교육청

충청남도 교육청

울산광역시 교육청

경상북도 교육청

※ 도서의 이미지 및 구성은 변동될 수 있습니다.

답안채점 • 성적분석 서비스

모바일 OMR

| 도서 내 모의고사 우측 상단에 위치한 QR코드 찍기 | 로그인 하기 | '시작하기' 클릭 | '응시하기' 클릭 | 나의 답안을 모바일 OMR 카드에 입력 | '성적분석 & 채점결과' 클릭 | 현재 내 실력 확인하기 |

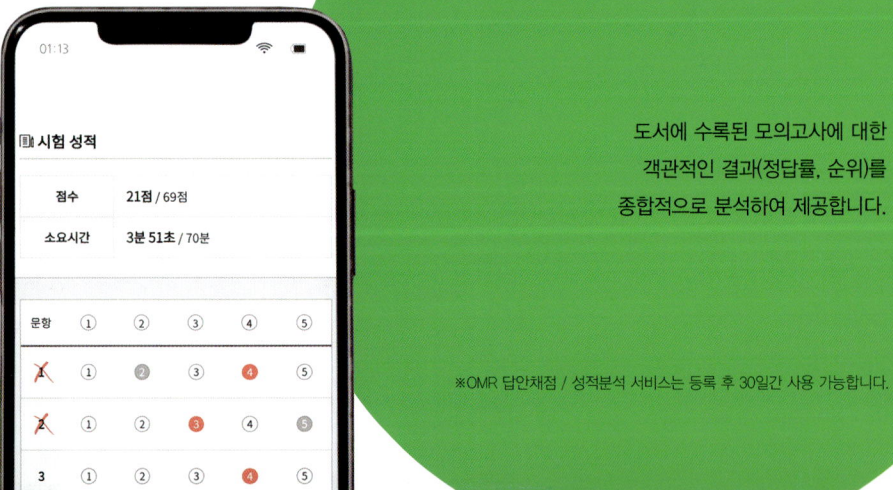

도서에 수록된 모의고사에 대한 객관적인 결과(정답률, 순위)를 종합적으로 분석하여 제공합니다.

※OMR 답안채점 / 성적분석 서비스는 등록 후 30일간 사용 가능합니다.

2026 최신판 시대에듀 충청남도교육청 교육공무직원 소양평가 인성검사 3회 + 모의고사 7회 + 면접 + 무료 공무직특강

개정5판1쇄 발행	2025년 11월 20일 (인쇄 2025년 10월 28일)
초 판 발 행	2021년 01월 15일 (인쇄 2020년 12월 24일)
발 행 인	박영일
책 임 편 집	이해욱
편 저	SDC(Sidae Data Center)
편 집 진 행	안희선 · 조승흠
표지디자인	김경모
편집디자인	김경원 · 장성복
발 행 처	(주)시대고시기획
출 판 등 록	제10-1521호
주 소	서울시 마포구 큰우물로 75 [도화동 538 성지 B/D] 9F
전 화	1600-3600
팩 스	02-701-8823
홈 페 이 지	www.sdedu.co.kr
I S B N	979-11-434-0194-6 (13320)
정 가	25,000원

※ 이 책은 저작권법의 보호를 받는 저작물이므로 동영상 제작 및 무단전재와 배포를 금합니다.
※ 잘못된 책은 구입하신 서점에서 바꾸어 드립니다.